Kleine deutsche Geschichte

Kleine deutsche Geschichte

Von
Ulf Dirlmeier
Andreas Gestrich
Ulrich Herrmann
Ernst Hinrichs
Konrad H. Jarausch
Christoph Kleßmann
Jürgen Reulecke

Philipp Reclam jun. Stuttgart

Aktualisierte und ergänzte Ausgabe 2006
Kartenzeichnung: Theodor Schwarz, Urbach
Satz und Druck: Reclam, Ditzingen
Buchbinderische Verarbeitung: IBB GmbH, Weinsberg
Printed in Germany 2006

ISBN-13: 978-3-15-010613-6
ISBN-10: 3-15-010613-3

www.reclam.de

Inhalt

Einleitung

Was ist »deutsche Geschichte«?

Von Ulrich Herrmann

Das vorliegende Büchlein bietet eine »deutsche Geschichte« vom Mittelalter bis zur Gegenwart. Kann es das überhaupt geben – eine »deutsche« Geschichte?

Bevor man sich auf die Lektüre und Vergegenwärtigung einer »deutschen Geschichte« einläßt, erscheint es ratsam, sich zu vergewissern, was das eigentlich ist – »deutsche Geschichte« – oder was damit gemeint oder bezeichnet sein könnte; denn die Erzählung einer Vergangenheit und Gegenwart setzt die Konstruktion ihres Gegenstandes voraus. Es gibt zahlreiche Möglichkeiten solcher (Re-)Konstruktionen – als Geschichte eines Volkes, einer Nation, eines Staates; der Ereignisse auf einem bestimmten Territorium; einer Kultur- und Sozialgeschichte. Es hängt von dem jeweiligen Gesichtspunkt und Blickwinkel ab, was dann jeweils als »deutsche Geschichte« in den Blick kommt.

Ist eine »deutsche« Geschichte, eine Geschichte »der Deutschen« als eines Volkes, denkbar? Wohl kaum; denn einigermaßen feststehende Grenzen eines Siedlungs-, Sprach- und Kulturraums dieser »Deutschen« über die Jahrhunderte hinweg bestanden nicht. »Die« Deutschen mögen sich – mehr oder minder – zusammengehörig gefühlt haben, über politische Grenzen hinweg, in abgesonderten Siedlungsgebieten von Auswanderern, bis hin nach Übersee. Aber deswegen hatten sie in der Regel keine gemeinsame Vergangenheit und keine gemeinsame Geschichte.

Gewiß, seit der Aufteilung des fränkischen Reiches

nach Karl dem Großen und dem Übergang der Herrschaft von den Franken auf die Sachsen trennten sich nach und nach – auch schon im Bewußtsein der Zeitgenossen – die Franken von den »Deutschen« jenseits, östlich des Rheins; man sprach vom *regnum teutonicum.* Aber von einem »deutschen« Nationalbewußtsein konnte zunächst keine Rede sein, ebensowenig von einem territorial eindeutig identifizierbaren »deutschen« Staat. Das tritt erst im 11. Jahrhundert auf. Vielmehr sind »die Deutschen« Bestandteil eines »Reiches«, das von der Ostsee bis Sizilien reicht.

Dieses Heilige Römische Reich »deutscher Nation« – das sich im 15. Jahrhundert als Regierungsform ausbildet – endete erst 1806, als Franz II. die Kaiserkrone niederlegte. In diesem »Reich« waren »die Deutschen« weder als Staat noch als Nation organisiert, und innerhalb dieses Reiches hatten deutschsprachige Bevölkerungen politische Eigenständigkeit erringen können (z. B. die Niederländer und die Schweizer am Ende des Dreißigjährigen Krieges). Ja, innerhalb dieses Reichsverbandes führten zum Beispiel im 18. Jahrhundert Reichsfürsten – Preußen und Österreich – Kriege gegeneinander. Offensichtlich vermittelten weder die gemeinsame Sprache noch die Reichszugehörigkeit ein gemeinsames »National«-Bewußtsein und auch kein Selbstverständnis als »Deutsche«, etwa im Sinne einer Kulturnation. »Die Deutschen« waren damals im »politischen« Sinne keine Nation und kein Staat; sie lebten in »Deutschland«, ohne daß dessen Grenzen genau anzugeben gewesen wären; und sie waren im »kulturellen« Sinne kein Volk: konfessionell getrennt, landsmannschaftlich orientiert, lokal und regional organisiert in einer Vielzahl von Städten und Residenzen. Schiller und Goethe formulierten diesen Sachverhalt in zwei berühmt gewordenen *Xenien* (Nr. 95 und 96):

Das Deutsche Reich

Deutschland? aber wo liegt es? Ich weiß das Land
nicht zu finden,
Wo das gelehrte beginnt, hört das politische auf.

Deutscher Nationalcharakter

Zur *Nation* euch zu bilden, ihr hoffet es, Deutsche,
vergebens;
Bildet, ihr könnt es, dafür freier zu Menschen
euch aus.

Gleichwohl bestand das Bedürfnis im ausgehenden 18. Jahrhundert, so etwas wie »Nationalbewußtsein« auszubilden, dessen Anfänge man rückblickend durchaus mit der Reformation und der Entwicklung einer deutschen literarischen Hochsprache betrachten kann. Die Schaffung einer »National«-Literatur, die Gründung eines »National«-Theaters sind Belege für dieses Bedürfnis. Aber an eine national-»staatliche« Einheit war nicht zu denken.

Als im Gefolge der territorialen Neuordnung Europas und »Deutschlands« – zuerst durch Napoleon, dann durch den Wiener Kongreß 1814 – Deutschland neu definiert wurde, verstand man darunter den Deutschen Bund (1815 bis 1866). Aber die »deutschen« Patrioten wollten mehr: die staatliche Einheit. Sie war das erklärte Ziel der Frankfurter Verfassungs-Versammlung in der Paulskirche 1848/1849. Die »kleindeutsche Lösung«, die Bismarck mit militärischen Mitteln erzwang, entfernte Österreich aus diesem »Deutschland«, das von 1871 bis 1945 die Bezeichnung »Deutsches Reich« annahm. Österreich hat nach dem Ersten Weltkrieg versucht, in das Deutsche Reich zurückzukehren; die Alliierten haben es untersagt. Der Österreicher Adolf Hitler betrachtete es als einen seiner Triumphe als deutscher Reichskanzler, dies im Jahre 1938 rückgängig gemacht zu haben.

Strenggenommen dürfte sich eine »deutsche Geschichte« zunächst nur auf den Zeitraum nach 1871 (bis 1945) beziehen: ein »Nationalstaat« einte – unter Preußens Führung – »die Deutschen«. Jetzt kam Deutschland als »Deutsches Reich« auch zu allen »nationalen« Symbolen und Attributen: Briefmarken und Geldscheine mit der »Germania«, Reichstag, Reichsregierung, Reichsgesetzgebung usw. – aber ohne »National«-Hymne. Die preußische »Nationalhymne« war *Heil dir im Siegerkranz*, vor 1866 galt als »deutsche« Nationalhymne eine Vertonung von Ernst Moritz Arndts *Was ist des deutschen Vaterland?*; dann setzte sich nach 1871 *Deutschland, Deutschland über Alles* durch, als offizielle deutsche Nationalhymne seit 1922 – in der ersten deutschen Republik, ironischerweise unverändert auf die Melodie *Gott erhalte Franz den Kaiser*. Dabei blieb es, allerdings in der Bundesrepublik Deutschland – aus leicht verständlichen Gründen – nur mit dem Text der dritten Strophe. (Das war das Ergebnis fehlgeschlagener Versuche, die Bundespräsident Heuss angeregt hatte, eine neue Nationalhymne einzuführen.) Das Gedicht stammt von Hoffmann von Fallersleben, geschrieben 1841 im Vormärz als *Das Lied der Deutschen*, das heißt als Ausdruck der Hoffnung auf Volksherrschaft, auf bürgerliche Freiheitsrechte und als Appell für die Herbeiführung der nationalen politischen Einheit »Deutschlands« im Rahmen einer verfassungsmäßigen freiheitlichen Ordnung. Die Hoffnungen der Revolution von 1848 erfüllten sich nicht, und das kaiserliche imperialistische Deutschland besang dröhnend seine Sendung und (angebliche) Weltgeltung: »Deutschland, Deutschland über Alles …« – bis alles in Scherben fiel.

Eine »Nation« wird durch einen politischen Willen, eine nationale Idee, geformt. Das war – nach dem Vorbild der Franzosen – Preußens politisches Bewußtsein seit der napoleonischen Besatzung. Diesem »Nationalismus« mußte der »Staat« sozusagen nachgeliefert werden. So wurde denn auch im 19. Jahrhundert »deutsche« Geschichte verstanden und geschrieben: vom Aufstieg Preußens im 17. und 18. Jahrhundert über den Deutschen Bund zur Reichsgründung. »Deutsche« Geschichte war im wesentlichen Hinführung zum zweiten deutschen Kaiserreich. Es schien, als hätten Volk, Nation und Staat unter Preußens Führung in den Kriegen nach außen – gegen Dänemark, Österreich und Frankreich – und durch die Bekämpfung der Feinde im Innern – vor allem der Sozialisten und Katholiken – ihre Übereinstimmung gefunden. Die Reichsverfassung von 1871 sprach von »ganz Deutschland« als dem Insgesamt der Bundesstaaten; die Weimarer Verfassung berief sich in ihrer Präambel auf »Das Deutsche Volk, einig in seinen Stämmen und von dem Willen beseelt, sein Reich in Freiheit und Gerechtigkeit zu erneuen und zu befestigen«.

Und was war mit Volk, Nation und Staat »der Deutschen« 1945 nach dem Ende dieses Deutschen Reiches? Die Österreicher entwickelten ein eigenes Bewußtsein als Staatsnation, und die Deutschen fanden sich in zwei Staaten wieder, ohne doch – wie sich 1989/1990 zeigte – das Zusammengehörigkeitsgefühl eines Volkes verloren zu haben. Die Präambel des Grundgesetzes der Bundesrepublik Deutschland von 1949 sprach von einer übergangsweisen staatlichen Ordnung für »das Deutsche Volk«, zugleich im Namen jener »Deutschen«, die daran nicht hatten mitwirken können, und schloß mit der Verpflichtung: »Das gesamte Deutsche Volk bleibt aufgefordert, in freier Selbstbestimmung die Einheit und Freiheit Deutschlands zu vollenden«. Übrigens sprach die erste Verfassung der DDR von 1949 in eben diesem Sinne ebenfalls vom »deutschen Volk« und von »Deutschland«.

Die deutsche Geschichte als eine Geschichte unklarer Grenzen und schließlich als eine Geschichte der Zweistaatlichkeit endete, infolge der Wende von 1989, mit dem

Moskauer Zwei-plus-Vier-Vertrag vom 12. September 1990 (BRD, DDR, Frankreich, UdSSR, UK, USA). Mit diesem Vertrag wurde das Recht der Deutschen auf Ausübung des Selbstbestimmungsrechtes anerkannt, vor allem aber: die bestehenden Grenzen der BRD und der DDR sind die endgültigen Grenzen der neuen Bundesrepublik, die jetzt und in Zukunft keinerlei Gebietsansprüche mehr erheben wird (Art. 1). Die Alliierten des Zweiten Weltkriegs beendeten ihre Rechte und Verantwortlichkeiten. »Das vereinte Deutschland hat demgemäß volle Souveränität über seine inneren und äußeren Angelegenheiten.« (Art. 7)

Die zweite Gründung eines deutschen Nationalstaates am Ende des 20. Jahrhunderts beantwortet die Frage von Ernst Moritz Arndt »Was ist des Deutschen Vaterland?« zum ersten Mal in der deutschen Geschichte mit Zustimmung aller Deutschen eindeutig und abschließend. Damit hat sich Deutschland von einem Unruheherd in der Mitte Europas zu einem Stabilitäts- und Integrationsfaktor gewandelt. Damit geht einher ein neues, an Frieden und kooperativer guter Nachbarschaft gebundenes Nationalbewußtsein, das identisch ist mit einer Zustimmung zur verfassungsmäßigen Ordnung der neuen »Berliner Republik«. Zum ersten Mal in der deutschen Geschichte hat ein deutscher Nationalstaat feste Grenzen, zustandegekommen mit der Zustimmung seiner Nachbarn, besonders der Polen.

Aus historischem Blickwinkel ist die deutsche Wiedervereinigung das Resultat einer langen Vorgeschichte – die Integrationspolitik Konrad Adenauers nach Westen, die Ostpolitik von Willy Brandt –, vorangetrieben durch den Helsinki-Prozeß für Sicherheit und Zusammenarbeit in Europa, der mit dem Namen des deutschen Außenministers Hans-Dietrich Genscher verbunden ist. Ihm war es auch gelungen, die Figuration Zwei-plus-Vier herbeizuführen. Letztlich hat Michail Gorbatschow, damals Generalsekretär der KPdSU und Staatsoberhaupt der UdSSR, im Vertrauen auf die Politik der Regierung Kohl/Genscher den Weg zur deutschen Einheit freigemacht.

Mit dem Eintritt in das 21. Jahrhundert ergibt sich eine neue Lesart der deutschen Geschichte: nicht mehr entlang der Grenzenfrage, sondern im Rahmen des europäischen Einigungsprozesses. Immer mehr Entscheidungen in wichtigen Politikbereichen fallen nicht mehr in Berlin, sondern in Brüssel und Straßburg. Aber die Kräfte der Zentralisierung wecken immer auch die Gegenkräfte der kulturellen Regionalisierung. Regionalförderung ist auch für die Kommission in Brüssel eine wichtige Agenda, und die noch auf unabsehbare Zeit erforderliche Förderung der strukturschwachen Regionen in Ostdeutschland ist, schon wegen ihrer enormen haushaltspolitischen Auswirkungen, ein zentrales Thema unserer europäisch-deutschen Innenpolitik. Die neue Bundesrepublik muß sich nicht nach außen behaupten oder beweisen: ihre Hauptaufgabe ist die Vollendung der inneren Einheit – ein neues Kapitel in der Geschichte der Deutschen.

Aber was heißt »innere Einheit«? Gleiche Lebensverhältnisse in Ost und West, Nord und Süd? Die gab es auch in der alten Bundesrepublik nicht. Eine regionale »Normalverteilung« der parteipolitischen Optionen in der Bevölkerung? Dagegen sprechen die dauerhaften Wahlerfolge der CSU in Bayern und der PDS im Osten. Gleiche Zukunftschancen für junge Leute? Dagegen spricht die hohe Jugendarbeitslosigkeit in den strukturschwachen Regionen im Osten und Norden.

Wichtige innenpolitische Ziele der Bundes- und Länderpolitik – Senkung der Arbeitslosigkeit, ausgeglichene Haushalte, Verringerung der Staatsschulden – lassen sich angesichts der noch auf lange Sicht unvermeidbaren Transferleistungen von West nach Ost nicht verwirklichen. Einstweilen herrscht Ratlosigkeit, nicht minder aber auch in der erweiterten Europäischen Union. Zwei Transitorien scheinen sich gegenseitig zu blockieren.

Das vorliegende Büchlein kann den detaillierten Überblick in Gebhardts *Handbuch der deutschen Geschichte* (das auch als Taschenbuch-Ausgabe erhältlich ist) nicht ersetzen, auch nicht die umfangreichen Epochendarstellungen, die in den letzten Jahren von den Verlagen C. H. Beck, Oldenbourg, Propyläen, Siedler, Suhrkamp und Vandenhoeck & Ruprecht herausgebracht worden sind. Die 1996 erstmals erschienene *Kleine deutsche Geschichte* von Hagen Schulze behandelt im wesentlichen nur das 19. und 20. Jahrhundert. Einzelheiten lassen sich leicht im *Ploetz* und in Steins *Kulturfahrplan* nachschlagen; Personen, Ereignisse und Institutionen verzeichnet mit großer Genauigkeit das *Lexikon der deutschen Geschichte* im Kröner Verlag; ein handlicher zweibändiger *Atlas zur Weltgeschichte* ist bei dtv erschienen.

Auf diese Darstellungen und Nachschlagewerke wird hier verwiesen. Im Unterschied zu ihnen haben die Autoren dieses Bandes ein anderes Ziel verfolgt: nicht »die« deutsche Geschichte zu rekonstruieren und nachzuerzählen – was bei dem zur Verfügung stehenden Raum von vornherein aussichtslos sein mußte –, sondern in das Verständnis der »Grundzüge« und »Grundstrukturen« in der jeweiligen Epoche deutscher Geschichte einzuführen. Die Gliederung orientiert sich deshalb an den Epochen der politischen Geschichte, in der Darstellung durchaus Bezug nehmend auf wichtige sozial- und kultur-, wirtschafts- und geistesgeschichtliche Aspekte. Die Epochendarstellungen können dabei im Prinzip nicht mehr liefern als die »Konstellationsanalysen« und die »Strukturgeschichte« der jeweiligen Epoche. Das hat den Vorzug, daß die Triebkräfte und die Rahmenbedingungen des Geschehens vor allem an seinen »Scheidewegen« im Mittelpunkt stehen und die vergangene Gegenwart gestaltet wird zu dem, was erinnerte erzählte Vergangenheit sein soll: Geschichte als Einsicht in die Geschichtlichkeit der Gegenwart.

Literaturhinweise

Conze, Werner: Die Deutsche Nation. Göttingen 1963.

Demandt, Alexander (Hrsg.): Deutschlands Grenzen in der Geschichte. München 1990.

Falter, Jürgen W. [u. a.]: Sind wir ein Volk? Ost- und Westdeutschland im Vergleich. München 2006.

Langewiesche, Dieter: Reich, Nation und Staat in der jüngeren deutschen Geschichte. In: Historische Zeitschrift 254 (1992) S. 341–381.

Schieder, Theodor: Nationalismus und Nationalstaat. Göttingen 1992.

Schulze, Hagen: Kleine deutsche Geschichte. München 1996.

Sheehan, James J.: What is German History? Reflections on the Role of the *Nation* in German History and Historiography. In: Journal of Modern History 53 (1981) S. 1–23.

– German History 1770–1866. Oxford 1989.

Theorie der Geschichte. Beiträge zur Historik. 5 Bde. München 1977 ff. Bd. 1: Objektivität und Parteilichkeit. Bd. 2: Historische Prozesse. Bd. 3: Theorie und Erzählung in der Geschichte. Bd. 4: Formen der Geschichtsschreibung. Bd. 5: Historische Methode.

Wehler, Hans-Ulrich (Hrsg.): Scheidewege der deutschen Geschichte. Von der Reformation bis zur Wende, 1517–1989. München 1995. (Beck'sche Reihe. 1123.)

Winkler, Heinrich August: Der lange Weg nach Westen. 2 Bde. München 2000.

Früh- und Hochmittelalter
(6.–13. Jahrhundert)

Von Ulf Dirlmeier

Epochenüberblick

Die Dreiteilung der europäischen Geschichte in Antike, Mittelalter und Neuzeit geht auf Christoph Cellarius (1638–1707) zurück und ist bedingt durch philologisch-ästhetische Wertungen und Deutungsschemata, wie sie sich seit dem 17. Jahrhundert entwickelt haben. Umstritten war und ist der Beginn der mittelalterlichen Periode im Auflösungsprozeß des römischen Imperiums. Die Erklärungsmodelle reichen von der auf den Germaneneinfällen des 3. und der Völkerwanderung des 4. bis 6. Jahrhunderts aufbauenden »Katastrophentheorie« über die besonders von der Siedlungs-, der Wirtschafts- und Sozialgeschichte vorgetragene »Kontinuitätstheorie« bis hin zu dem modifizierten kultur- und wirtschaftshistorischen Kontinuitätsansatz des belgischen Historikers Henri Pirenne (1922/37): Pirenne ging – stark verkürzt – von einer seit der Antike ununterbrochenen Entwicklung aus, die erst im 8. Jahrhundert durch den Einbruch des Islam in die Mittelmeerwelt ihre entscheidende Zäsur erfahren habe. Wie dem auch sei: Man wird in Europa von einem das 6. und 8. Jahrhundert überspannenden Brückenzeitalter auszugehen haben, das nicht abrupt, sondern allmählich in die Zeitperiode übergeht, die wir als Mittelalter bezeichnen. Entscheidend war wohl nicht so sehr die Islamisierung des Mittelmeerraums als vielmehr die beginnende rechtliche, kulturelle, soziale und wirtschaftliche Neuorientierung des sich durch die Großreichsbildung der Karolinger formierenden Europas. Der gesamtgesellschaftliche Ablösungsprozeß aus antiken Befindlichkeiten gestaltete sich dabei regional ganz unterschiedlich, ging etwa in Südfrankreich und Italien viel langsamer vonstatten als im nördlichen und östlichen Europa. Unübersehbar sind aber auch dort die massiven sozialen und wirtschaftlichen Veränderungen vom 9. bis zum Beginn des 13. Jahrhunderts. Zu nennen sind die herrschaftliche Durchdringung des Landes, erkennbar beispielsweise an dem überwiegenden Verschwinden der Freien aus den überlieferten Quellen, die Verbesserungen in der vorherrschenden Wirtschaftsform, der Landwirtschaft, unter anderem durch das Vordringen der Dreifelderwirtschaft und ihrer zunehmenden Marktorientierung, der damit zusammenhängende Bevölkerungsanstieg besonders im 12. Jahrhundert sowie das Wiederaufblühen des Städtewesens mit all seinen Voraussetzungen wie Folgen: eine sich ständig intensivierende Handelstätigkeit, die Verdichtung kaufmännischen Kapitals in Handelsgesellschaften, unterschiedliche Spezialisierungs-, Diversifizierungs- und Konzentrationsprozesse in Handwerk und Gewerbe, ein zunehmendes Stadt-Land-Gefälle mit teilweise erheblichem demographischem und wirtschaftlichem Druck besonders auf stadtnahe Räume.

Aus dem in der Mitte des 9. Jahrhunderts einsetzenden und rund ein Jahrhundert dauernden Verfall des Karolingerreichs sind überregionale Großeinheiten entstanden, die sich ihrerseits in einem mehrere Generationen anhaltenden und bis ungefähr zur Mitte des 11. Jahrhunderts währenden Formierungsprozeß zu eigenständigen *regna* ausbildeten. Die spätere Staatenwelt Europas hat im Hochmittelalter ihre Wurzeln. Das ostfränkisch-deutsche Reich ist Ergebnis dieses Zeitalters; es wurde geprägt durch die dauernde Rivalität großer Adelsverbände, die trotz der sich im Königtum ablösenden Großdynastien – Ottonen, Salier und Staufer – das Recht zur Wahl des

Königs behaupteten und bewahrten, welches Kern der Reichsverfassung bis zu ihrem Ende war. Das ostfränkisch-deutsche *regnum* erfuhr weitere entscheidend wichtige Ausformungen durch die Erneuerung des *imperium* unter Otto I. (936–972), durch die Herrschaft des seit dem späten 11. Jahrhundert so genannten römischen Königs über Reichsitalien und das Königreich Burgund (1032), durch die Entstehung einer feudalisierten Reichskirche, die sich freilich im Investiturstreit zumindest teilweise der unmittelbaren königlichen Kontrolle entzogen hat. Insbesondere die in hohem Maß politische wie religiös-ideologische Konfrontation von Papsttum und Kaisertum wurde wie die damit zusammenhängende Italienpolitik zu einem Kennzeichen deutscher Geschichte im Hochmittelalter mit weitreichenden innen- wie außenpolitisch belastenden Bezügen in das 14. und 15. Jahrhundert hinein.

Frühmittelalterliche Voraussetzungen der deutschen Geschichte (6.–9. Jahrhundert)

482–511	Chlodwig I., Frankenkönig.
498?	Taufe Chlodwigs.
511	Reichsteilung unter Chlodwigs Söhne.
558–561	Chlothar I., Alleinherrscher über das Frankenreich.
656	Sog. Staatsstreich Grimoalds.
679–714	Pippin der Mittlere, Hausmeier von Austrien, regiert ab 687 das Gesamtreich.
714–741	Karl Martell, Hausmeier im Gesamtreich.
732	Sieg Karl Martells über die Araber bei Poitiers.
741–768	Pippin der Jüngere, Hausmeier von Neustrien, Burgund, der Provence, ab 751 König.
754	Vertrag Pippins mit Papst Stephan II.
768–814	Karl der Große, ab 771 Alleinherrscher, ab 800 Kaiser.

772 – etwa 800	Sachsenkriege.
800	Kaiserkrönung Karls in Rom.
813–840	Ludwig der Fromme, ab 813 Mitkaiser, ab 814 Alleinherrscher.
817	Reichsteilungsplan (*Ordinatio Imperii*).
831	Neuer Reichsteilungsplan.
833	Niederlage Ludwigs gegen seine Söhne bei Colmar; Kirchenbuße des Kaisers.
840	Beginn des Bruderkriegs zwischen Lothar I., Ludwig »dem Deutschen« und Karl dem Kahlen um die Aufteilung des Reichs.

Die Rahmenbedingungen

Die Voraussetzungen für gesellschaftliche und wirtschaftliche Neuansätze nach dem Ende der römischen Reichsstrukturen in Mitteleuropa (frühes 5. Jahrhundert) waren zunächst wenig günstig: der bereits in der Spätantike zu beobachtende Bevölkerungsrückgang setzte sich fort. Verstärkt durch die »Pest Justinians« (542), erreichte die demographische Entwicklung im 6. und 7. Jahrhundert ihren Tiefstand, bevor eine zögernde Erholung einsetzte.

Bevölkerungsentwicklung des frühen und hohen Mittelalters (geschätzte Werte, in Millionen)

Jahr	Europa gesamt	Mittel- und Westeuropa	Jahr	Europa gesamt	Mittel- und Westeuropa
500	27,5	9,0	1100	48,0	–
650	18,0	5,5	1150	50,0	–
700	27,0	–	1200	61,0	–
			1250	69,0	–
1000	38,5–42,0	12,0	1300	73,0	–
1050	46,0	–	1340	73,5–77,0	35,5

Der Bevölkerungsrückgang begünstigte einen allgemeinen wirtschaftlichen Schrumpfungsprozeß, den Rückgang von Handel, Gewerbe und Geldumlauf. Dabei wurde der Zustand einer autarken Naturalwirtschaft aber nie erreicht, der Austausch von Wirtschaftsgütern hat keineswegs vollständig aufgehört.

Im dominierenden agrarischen Bereich – bis zu 90% der mittelalterlichen Bevölkerung lebten auf dem Land bei natürlich beträchtlichen zeitlichen und regionalen Abweichungen – begann im 6. Jahrhundert offenbar eine Anpassung der Anbaumethoden an Klima- und Bodenbeschaffenheit des nordalpinen Raumes, erkennbar am Einsatz des hier besser geeigneten Räderpflugs mit eiserner Pflugschar und am langsamen Übergang zur Dreifelderwirtschaft. Die Ertragslage, besonders im Getreideanbau, blieb aber unbefriedigend. Man rechnet mit einem durchschnittlichen Saat-Ernte-Verhältnis von 1:2, das nur örtlich auf 1:12 ansteigen konnte. Diese bis in das Zeitalter der Industrialisierung nicht grundsätzlich behobene Strukturschwäche (im Spätmittelalter stiegen die Ernteerträge möglicherweise im Durchschnitt auf 1:5) war die Hauptursache für die Krisenanfälligkeit der vormodernen Ernährungswirtschaft.

Dennoch haben die bescheidenen, vielleicht auch durch ein frühmittelalterliches Klimaoptimum begünstigten agrarischen Produktivitätsfortschritte ausgereicht, um die wieder zunehmende Bevölkerung Europas zu ernähren. Um darüber hinaus Überschüsse zu erzielen, die einem im Hochmittelalter wachsenden Teil der Bevölkerung den Übergang in nichtagrarische Erwerbstätigkeiten möglich machten, mußte der Getreideanbau in Mitteleuropa allerdings auch flächenmäßig ausgedehnt werden. Das führte zu einer frühmittelalterlichen Rodungstätigkeit, deren erste Ansätze im 7. Jahrhundert zu beobachten sind und die mit dem karolingischen Landesausbau (8. und beginnendes 9. Jahrhundert) deutlich zugenommen hat.

Vom fränkischen Kernland zwischen Rhein und Loire ausgehend, wurde im 7. und 8. Jahrhundert die fränkische Grundherrschaft mit ihrem Fronhofsystem zur vorherrschenden Organisationsform. Die zur Bewirtschaftung des Herrenlandes (Meierhof) unentbehrliche Fronarbeit der Hörigen des Hofverbandes steht in engem Zusammenhang mit einer charakteristischen Gesellschaftsentwicklung der Karolingerzeit: Abhängigkeitsverhältnisse und persönliche Bindungen nahmen zu, alle gesetzgeberischen Maßnahmen gegen diese Ausbreitung der Unfreiheit erwiesen sich als wirkungslos, sofern sie überhaupt ernst gemeint waren. Die sich ausbildende spezifisch mittelalterliche Form der Abhängigkeit, die Hörigkeit, bedeutete für die ehemals Freien einen Statusverlust, für die zunächst in sklavenähnlicher Stellung auf den Fronhöfen arbeitenden *servi* und *mancipia* dagegen den Aufstieg zum Stand der Halbfreiheit.

Die Masse der Landbevölkerung, zunehmend Unfreie, wurde von der zahlenmäßig kleinen adligen Oberschicht dominiert. Zum fränkischen »Reichsadel«, seit dem 6. Jahrhundert formiert, stießen im 7. und 8. Jahrhundert Gefolgsleute der Karolinger, die besonders über den Kriegsdienst zu Pferd die Möglichkeit zum Aufstieg fanden. Aus dieser Schicht des fränkischen Reichsadels sonderte sich im Übergang zwischen frühem und hohem Mittelalter dann eine engere Elite, aus der die späteren deutschen und französischen Fürstenhäuser hervorgingen.

Die handwerkliche Gütererzeugung hat im frühen Mittelalter besonders im Rahmen von Grundherrschaft und Klosterwirtschaft weitergelebt. Zeugnisse dafür sind, neben archäologischen Befunden, z. B. das *Capitulare de villis* (um 800, mit Vorschriften zur Verwaltung der Königshöfe) und der Sankt Galler Klosterplan. Doch gab es daneben sehr früh bereits eine eindeutig marktorientierte Gewerbeproduktion: Schmuck-, Glas- und Keramikherstellung sind für den Rhein-Mosel-Raum schon seit dem

6. Jahrhundert nachweisbar, häufig wohl in Kontinuität zur Spätantike; gut belegt, unter anderem durch frühe Ausfuhrverbote, ist die karolingische Waffenproduktion (Schwerter); in der Textilerzeugung werden mit den vieldiskutierten *pallia frisonica* (Tuche aus Friesland bzw. England) schon landschaftliche Spezialisierungen greifbar.

Ein deutlicher Rückgang des Handelsvolumens im frühen Mittelalter ist, besonders im Mittelmeerraum, unbestreitbar. Es werden aber auch *Neuansätze* sichtbar: Im Norden des Frankenreichs begann Mitte des 6. Jahrhunderts der Güteraustausch mit England und Skandinavien, seit dem 7. Jahrhundert entstanden neue Seehandelsplätze, von denen Quentowik am Fluß Canche (668) am frühesten schriftlich belegt ist. Neben Juden wurden Friesen, Skandinavier und Franken zu den Trägern des Fernhandels mit Luxuswaren, zu denen auch Sklaven zählten. Mit einer allgemeinen Belebung der Wirtschaftsbeziehungen ist ab dem 8. Jahrhundert zu rechnen, allerdings wurden durch den Verfall der Römerstraßen (seit dem 5. Jahrhundert) besonders Transaktionen über Land durch eine schlechte Infrastruktur behindert.

Dem zunächst reduzierten, aber entwicklungsfähigen Weiterleben von Handel und Gewerbe entsprach der Zustand des Geldwesens. Das allmähliche Verschwinden der Großmünzen aus Gold und der kleinen Werte aus Bronze ist ebenso Krisenzeichen wie der Verlust der Einheitlichkeit im Münzwesen: im fränkischen Merowingerreich gab es rund 800 Prägestätten! Aber der Übergang zur reinen Silberwährung im Karolingerreich am Ende des 8. Jahrhunderts war maßgeblich für die Entwicklung des europäischen Geldwesens bis zur Wiederaufnahme der Goldprägung um die Mitte des 13. Jahrhunderts.

Auch für die Weiterexistenz eines Städtewesens gelten die Jahrhunderte des Frühmittelalters nicht mehr ausschließlich als eine dunkle Zeit. Die antiken Städte an Rhein und Donau konnten ihre alten zentralörtlichen

Funktionen sicher nur sehr partiell behaupten, sofern sie sich überhaupt als Inseln in einer rustikalen Umwelt (E. Ennen) halten konnten. Aber neben den weiterbestehenden Bischofssitzen (wie Mainz, Trier, Köln) signalisieren doch die schon erwähnten Seehandelsplätze (neben Quentowik beispielsweise Dorestad in der Verzweigung von Rhein und Lek sowie Haithabu am Südufer der Schlei) neue, vorstädtische Entwicklungsansätze. Und bereits im 9. Jahrhundert wird im Maas-Schelde-Raum der Beginn der hochmittelalterlichen Wiederbelebung des Städtewesens erkennbar.

Die vielfältigen wirtschaftlichen Entwicklungsansätze und der demographische Aufschwung wurden in Mitteleuropa durch die Teilung des Karolingerreiches und durch die zunehmenden Außenbedrohungen im 9. und beginnenden 10. Jahrhundert (Normannen, Sarazenen, Ungarn) nach übereinstimmender Ansicht der neueren Forschung zwar behindert und verlangsamt, aber nicht tiefergreifend unterbrochen. Das Abflauen der Außenbedrohungen ermöglichte in Mitteleuropa seit der Mitte des 10. Jahrhunderts einen neuen Wachstumsschub, der sich zur hochmittelalterlichen Expansionsphase steigerte.

Grundzüge der politischen Entwicklung

Verglichen mit allen anderen germanischen Völkerschaften erzielten die Franken bei ihrer von Nordgallien ausgehenden Reichsbildung überragende Erfolge. Der Aufstieg begann im wesentlichen mit dem Frankenkönig Chlodwig (481–511), dessen Sieg (486) über Syagrius, den letzten römischen Statthalter in Gallien, in der neueren Forschung mit Recht als »Machtübernahme«, nicht als Eroberung bezeichnet wird. Chlodwigs Herrschaft war nicht Fremdherrschaft, sondern beruhte auf der »Interessengemeinschaft zwischen den Gallo-Römern im Norden und den Franken« (K. F. Werner). Sein Übertritt zum katholischen Glauben (Taufe 498?) ermöglichte die Kooperation und schließlich die Verschmelzung von gallo-römischer und fränkischer Oberschicht. Das war, im Gegensatz zu anderen germanischen Staatswesen, ein herrschaftsstabilisierender Faktor und eine wesentliche Voraussetzung für das spätere Zusammengehen von Reich und Kirche.

Chlodwigs Söhne erweiterten ihr Erbe durch beträchtliche Eroberungen im Osten (Thüringen) und Süden (Burgund). Unter Chlothar I. gelang sogar zwischen 558 und 561 noch einmal die Zusammenfassung des merowingischen Gesamtreichs unter einheitlicher Königsherrschaft, doch der Grundsatz der Erbteilung erwies sich als stärker. Es mag durchaus sein, daß die nachfolgenden dynastischen Konflikte der Merowinger und besonders deren häßliche Begleiterscheinungen um des Effektes willen oft übertrieben negativ dargestellt werden; aber es bleibt unbestreitbar, daß sich im Verlauf der Auseinandersetzungen mit Austrien, Neustrien und Burgund drei rivalisierende Teilreiche ausbildeten, in denen die tatsächliche Macht im 7. Jahrhundert zunehmend vom König auf den Hausmeier (*maior domus*) überging. Ein erster Versuch der Arnulfinger-Pippiniden (der Vorfahren der Karolinger) zur förmlichen Ablösung der alten Dynastie in Austrien scheiterte mit dem »Staatsstreich« des Hausmeiers Grimoald (656) nicht zuletzt am Problem der fehlenden Legitimität. Dagegen gelang es Pippin dem Mittleren (679–714), die Erblichkeit des Hausmeieramts für seine Familie durchzusetzen – ein wichtiger Schritt zur schließlich doch erreichten Rangerhöhung der Dynastie auf Kosten der Merowinger. Karl Martell (714–741), Pippins Sohn aus einer Nebenehe, konnte sich ab 716 gegen hinhaltenden Widerstand als Hausmeier des Gesamtreiches durchsetzen. Er praktizierte die Vergabe von Land (meist aus Kirchenbesitz) an Gefolgsleute als Lohn für Kriegsdienst zu Pferd. Das war

Karoliner

Arnulf, † 629
Bischof von Metz 614–629

Pippin (der Ältere), † 640
Hausmeier in Austrien

Ansegisel Domesticus ∞ Begga, † 693 (?)
† vor 679, Hausmeier

1. Plektrudis ∞ Pippin (der Mittlere), † 714, Hausmeier ∞ 2. Chalpaida
in Austrien 679–714
im Gesamtreich 687–714

1. Chrotrud ∞ Karl Martell, † 741, Hausmeier ∞ 2. Swanahilde
im Gesamtreich 714–741

Karlmann, † 754
Hausmeier 741–747

Bertha ∞ Pippin (der Jüngere), † 768
Hausmeier 741–751, Kg. 751–768

2. Hildegard, † 783 ∞ Karl (der Große), † 814
Kg. 768, K. 800–814

Karlmann, † 771
Kg. 768–771

1. Irmingard ∞ Ludwig I. (der Fromme), † 840 ∞ 2. Judith
Mitk. 813, K. 814–840

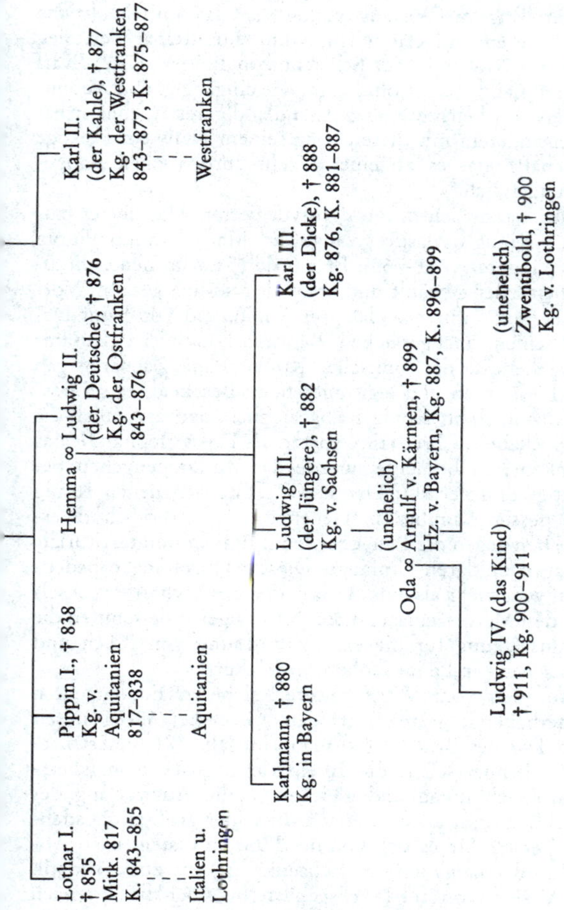
Lothar I.
† 855
Mitk. 817
K. 843–855
Italien u.
Lothringen
Pippin I., † 838
Kg. v.
Aquitanien
817–838
Aquitanien
Hemma ∞ Ludwig II.
(der Deutsche), † 876
Kg. der Ostfranken
843–876
Karl II.
(der Kahle), † 877
Kg. der Westfranken
843–877, K. 875–877
Westfranken
Karlmann, † 880
Kg. in Bayern
Ludwig III.
(der Jüngere), † 882
Kg. v. Sachsen
Karl III.
(der Dicke), † 888
Kg. 876, K. 881–887
(unehelich)
Oda ∞ Arnulf v. Kärnten, † 899
Hz. v. Bayern, Kg. 887, K. 896–899
Ludwig IV. (das Kind)
† 911, Kg. 900–911
(unehelich)
Zwentibold, † 900
Kg. v. Lothringen

längerfristig die Voraussetzung für das mittelalterliche Lehnswesen und ermöglichte ihm unmittelbar den Sieg über die Araber in der Schlacht von Poitiers (732). Karl Martell hat damals wohl kaum, wie eingängig, aber vereinfachend oft behauptet, das Abendland gerettet; aber er hat unter anderem mit diesem Sieg seinem Haus ein Prestige verschafft, das es zu einer Macht europäischen Ranges aufsteigen ließ.

Der letzte Schritt vom privilegierten Hausmeier zur neuen Königsdynastie gelang Karl Martells Sohn Pippin dem Jüngeren (741–768): Er wurde 751 zum neuen Frankenherrscher gewählt und erstmals feierlich gesalbt. Voraussetzung dafür war das von Abt Fulrad von Saint-Denis, seinem maßgeblichen Berater, konzipierte Zusammengehen mit der römischen Kirche. Papst Zacharias gab den berühmten und legitimierenden Bescheid, es sei besser, den auch als König zu bezeichnen, der tatsächlich die Macht habe … Drei Jahre später, als Papst Stephan II. das Frankenreich besuchte, wurde das Zusammengehen bekräftigt und vertieft: Der Papst salbte den neuen König und dessen Familie, im Gegenzug erhielt er Schutzversprechen gegen die Langobarden in Italien und territoriale Zusagen unklaren Umfangs. Diese Abmachungen bedeuteten weit mehr als eine Bestätigung des Dynastiewechsels von den Merowingern zu den Karolingern, sie schufen die Voraussetzung für die enge Zuordnung von Reich und römischer Kirche im Hohen Mittelalter.

Auf den vom Vater gelegten sicheren Fundamenten weiterbauend, gelang Karl dem Großen (768–814), seit dem Tod des Bruders Karlmann im Jahr 771 unbestrittener Alleinherrscher, die Intensivierung der Königsherrschaft nach innen und gleichzeitig die Ausweitung des Reiches an fast allen Grenzen. In seiner größten Ausdehnung erstreckte es sich von der Elbe im Osten (nach Abschluß der langwierigen Sachsenkriege) bis zum Atlantik im Westen, von der Nordseeküste bis über die Pyrenäen und tief in die italienische Halbinsel im Süden. Das unter Pippin eingeleitete Zusammengehen mit der Papstkirche wurde noch verstärkt, als Karl – eine Bestätigung seiner überragenden Stellung in der westlichen Christenheit – am Weihnachtstag des Jahres 800 die Kaiserkrone aus den Händen des Papstes empfing. Als Folge wurden die Spannungen mit dem byzantinischen Kaisertum im Osten ebenfalls zu einer Konstante der mittelalterlichen Geschichte.

Karls des Großen politische Erfolge und sein Charisma als Herrscher waren geeignet, die Probleme des riesigen Reiches zu verdecken, die unter seinem Sohn und Nachfolger Ludwig dem Frommen (813/814–840) rasch deutlich wurden, voran das Dilemma zwischen Geblütsrecht (Beteiligung aller Erbberechtigten an der Macht) und Bewahrung der Reichseinheit. Es zeigte sich auch, daß die fehlenden Infrastrukturen zur Aufrechterhaltung einer zentralen Herrschaft über das Großreich nur unvollständig durch lehnsrechtliche Bindungen zu ersetzen waren. Geschwächt wurde die Stellung des Herrschers überdies durch den zunehmenden Einfluß der Kirche, der zu einer Art Mitregierung der Bischöfe führte (Ludwigs des Frommen von seinen Söhnen erzwungene Kirchenbuße 833). Zu diesen Schwierigkeiten im Inneren kam die wachsende Außenbedrohung. Seit der Mitte des 9. Jahrhunderts nahmen die Einfälle der Normannen und der Sarazenen an Häufigkeit und Intensität in dramatischer Weise zu, selbst das Binnenland war nicht mehr sicher. Die Unfähigkeit der Zentralgewalt zu wirksamem Schutz schwächte deren Ansehen und begünstigte den Aufstieg regionaler Gewalten. Der mit dem Teilungsvertrag von Verdun (843) eingeschlagene Weg hin zur Auflösung der Reichseinheit erwies sich am Ende des 9. Jahrhunderts als irreversibel.

Das Hohe Mittelalter (10.–13. Jahrhundert)

Die Rahmenbedingungen

Das Gebiet des entstehenden fränkisch-deutschen Reiches nördlich der Alpen war insgesamt dünner besiedelt und wirtschaftlich weniger entwickelt als die westliche Hälfte des Karolingerreiches, als das künftige Frankreich. Doch setzte auch hier gegen die Mitte des 10. Jahrhunderts ein erneutes Wachstum ein, das sich gegen Ende des Jahrhunderts verstärkte und zur hochmittelalterlichen Expansionsphase überleitete, deren Ende unterschiedlich in das ausgehende 13. bzw. in die erste Hälfte des 14. Jahrhunderts datiert wird. Kennzeichnend für diese rund 250 Jahre sind vielfältige wirtschaftliche Fortschritte, aber auch zunehmende Spannungen innerhalb eines sich differenzierenden und komplizierenden Gesellschaftsgefüges. Das anhaltende Bevölkerungswachstum (s. Tabelle S. 22), dessen Maximum wohl im 12. Jahrhundert lag, ermöglichte nicht nur die umfangreiche Ostsiedlungsbewegung und den Wiederaufstieg des Städtewesens: Unter dem stetigen Bevölkerungsdruck wurde in vielen Teilen (Mittel-)Europas eine Siedlungsdichte und eine Ausdehnung des Kulturlandes erreicht, die, wenn überhaupt, vielfach erst in der Neuzeit übertroffen werden konnte. Parallel zu diesen Ausdehnungs- und Verdichtungsprozessen mehren sich aber die Indizien für eine relative Übervölkerung, wobei die sich häufenden Versorgungskrisen und Hungersnöte an erster Stelle zu nennen sind.

Für Teile der bäuerlichen Bevölkerung ergaben sich aus der hochmittelalterlichen Entwicklung Chancen zur Verbesserung der rechtlichen und materiellen Lage. Ein höheres Maß an persönlicher Freiheit versprach die Teilnahme an Rodungsunternehmen, an der Ostsiedlungsbewegung oder die Abwanderung in die Stadt, und die verbreitete Auflösung der Fronhofsysteme ermöglichte die Umwandlung körperlicher Leistungsverpflichtungen (bis über drei Tage Fronarbeit pro Woche) in feste Geldzahlungen, die allerdings nachfolgend durch den kontinuierlichen Wertverlust der Silberwährung an Gewicht verloren. Man sollte trotzdem die wirtschaftliche Lage der bäuerlichen Bevölkerung, besonders in den Getreidezonen, nicht zu optimistisch sehen. Zwar setzten sich die bereits im frühen Mittelalter bekannten Verbesserungen (eiserner Räderpflug, Dreifelderwirtschaft) weitgehend durch, und der vermehrte Einsatz von Wind- und Wassermühlen konnte von schwerer Arbeit entlasten, aber nach wie vor wurde die Wirtschaftsbilanz der Höfe von den trotz einer gewissen Steigerung niedrigen Ernteerträgen (5:1 im Verhältnis zur Aussaat als Durchschnitt?) bestimmt. Wohl wegen des ungelösten Düngerproblems blieb die Getreideerzeugung auf Dauer hinter dem Bevölkerungswachstum zurück, die Flächenausdehnung (»Vergetreidung«) bis in ungünstige Lagen konnte ebenfalls keine Problemlösung bringen. Verstärkt wohl auch durch eine ungünstige Klimaentwicklung, kulminierten die ertragsbedingten Mangelerscheinungen des späten 13. Jahrhunderts in den schweren Hungerkrisen der ersten Hälfte des 14. Jahrhunderts.

Deutliche Strukturveränderungen im landwirtschaftlichen Bereich wurden durch die sich wandelnde Nachfragesituation bewirkt: Die Bevölkerungskonzentration in den Städten förderte die Marktorientierung der Landwirtschaft und den Handel mit Agrarerzeugnissen. So ließ der Bedarf an tierischen Produkten Zonen intensiver Grünlandnutzung entstehen: von der Nordseeküste (Marschen) über die Mittelgebirge bis zu den Alpen und deren Vorland, wo im 12. und 13. Jahrhundert zahlreiche Viehhöfe (Schwaigen) gegründet wurden. In den klimatisch geeigneten Landschaften – und teilweise darüber hinaus – wuchsen die Rebflächen, die jetzt auf steilere Hanglagen ausgedehnt wurden. In den ganz Europa umspannenden Weinhandel wurden Landschaften des Reiches einbezogen, voran das Elsaß und der Rheingau. Der Bedarf des Textil- und Färbereigewerbes stimulierte auch den Anbau von Flachs (z. B. in Oberschwaben) und von Farbpflanzen (z. B. Waid in der Oberrheinebene). Dieser marktorientierte Trend zur Ausbildung regionaler Sonderkulturen verstärkte sich noch im Spätmittelalter.

Insgesamt wurden die wirtschaftlichen Veränderungen und Fortschritte des Hohen Mittelalters entscheidend von den Städten geprägt. Der im Maas-Schelde-Raum seit dem 9. Jahrhundert erkennbare Aufstieg des mitteleuropäischen Städtewesens erreichte westlich und östlich des Rheins seinen Höhepunkt im 12. bzw. 13. Jahrhundert. Bei den zahlreichen Neugründungen und Stadterhebungen dieses Zeitraums spielten neben machtpolitischen Zielsetzungen auch wirtschaftliche Erwägungen eine Rolle. Am Ende des Mittelalters zählte das Reich rund 4000 Städte, von denen die allermeisten vor 1350 entstanden sind. Köln stand mit wohl 35 000 bis 40 000 Einwohnern zu Beginn des 14. Jahrhunderts an der Spitze, aber die Masse der Städte kam auf weniger als 2000 Köpfe.

Neben den oberitalienischen Kommunen waren die Städte nördlich der Alpen besonders erfolgreich um politische Selbständigkeit bemüht. Seit dem späten 11. Jahrhundert entwickelte sich das eigene Stadtrecht. Unter Führung der Oberschicht (dem meist aus Stadtadel und Fernhändlern gebildeten Meliorat) gelang es besonders bischöflichen und königlichen Städten, de facto weitgehende Unabhängigkeit vom Stadtherrn zu erringen. Die damit verbundenen teilweise harten Auseinandersetzungen wurden im wesentlichen im 13. Jahrhundert abgeschlossen. Innerhalb der Bürgerschaft wurden gleichzeitig die rechtlichen Unterschiede zwischen Freien und Unfreien (Ministeriale, Zensuale, Hörige) eingeebnet, während soziale Differenzierungen akzentuiert wurden. Reichtum bildete das entscheidende Schichtmerkmal und bestimmte zugleich den unterschiedlichen Anteil der Stadtbewohner an den politischen Entscheidungen. Die Orientierung am wirtschaftlichen Erfolg erleichterte bis zu einem gewissen Grad die soziale Mobilität, aber die Beteiligung der Aufsteiger am Stadtregiment gelang nicht ohne innere Konflikte, Verfassungskämpfe häuften sich ab dem Beginn des 14. Jahrhunderts. Sie führten in vielen Fällen dazu, daß der in Zünften organisierte Teil der Bürgerschaft Zugang zum Rat erhielt.

Während die kleinen Ackerbürger-Städte agrarisch geprägt blieben, dominierten in den überregionalen Wirtschaftszentren (wie z. B. Lübeck, Köln, Augsburg, Nürnberg) Handel und spezialisiertes Handwerk. Wichtigster revierbildender Gewerbezweig war zuerst das Textilgewerbe, danach die Metallverarbeitung. Die Konzentration auf die Städte erleichterte das Eindringen kaufmännischen Kapitals; seit dem 12. Jahrhundert wird das Verlagssystem nachweisbar. Die schon im 11. Jahrhundert beginnende Verlagerung der handwerklich-gewerblichen Produktion in die Städte war gewollt, die Diskriminierung des Landhandwerks und die wirtschaftliche Beherrschung des Umlandes gehörten zur Zielsetzung aller Städte.

Die von Bevölkerungswachstum und Entfaltung des Städtewesens getragene Nachfrage nach gewerblichen Produkten ermöglichte trotz infrastruktureller und fiskalischer Hemmnisse vom 11. bis 13. Jahrhundert einen Handelsaufschwung, der als »kommerzielle Revolution« bezeichnet wird. Dazu gehören neue, meist von Italien ausgehende Organisationsformen (Handelsgesellschaften), neue Handelstechniken (Buchführung, seit dem 13. Jahrhundert auch nördlich der Alpen nachweisbar) und neue Handelswege wie die Gotthardstraße oder der direkte Seeweg von Italien nach Brügge. Die Ausweitung des Handels gelang, obwohl die religiös-moralisch bestimmten offiziellen Wirtschaftsnormen dem entgegenstanden. Aber Zins- und Wucherverbote wurden erfolgreich umgangen, im Hohen Mittelalter konnten sogar neue Formen des Geldverkehrs entwickelt werden. So verbreitete sich ungefähr bis 1300 der

Wechselbrief auch im Europa nördlich der Alpen, dessen Rückstand gegenüber Italien wohl geringer war, als bisher von der Forschung angenommen. Schon zeitgenössisch wurden Schattenseiten des hochmittelalterlichen Wirtschaftswachstums beklagt, die nicht nur ethisch-moralischer Art (Geldgier, Wucher) waren: die Bautätigkeit, die Salzgewinnung von Lüneburg bis Reichenhall, der bis ins 13. Jahrhundert expandierende Bergbau und die Erzverhüttung ließen den Holzverbrauch derartig ansteigen, daß Waldzerstörung und Holzmangel kritisch beobachtet, zugleich erste Versuche zur Abhilfe unternommen wurden.

Andere Aufstiegsmöglichkeiten als durch Handel und Reichtumserwerb bestanden in der vergleichsweise noch offenen hochmittelalterlichen Gesellschaft in der Adelswelt außerhalb der Städte. Der Dienst für Könige und Fürsten ermöglichte besonders den Ministerialen (ursprünglich unfreien Dienstleuten), Anschluß an den niederen Adel zu gewinnen. Behilflich war die Orientierung am hochmittelalterlichen Ritterideal, das hinsichtlich Bewußtsein und Lebensstil die erforderlichen Unterscheidungsmerkmale gegenüber der nichtadligen Bevölkerungsmehrheit liefern konnte.

Zu den unerfreulichsten Entwicklungen in der Gesellschaft des Hohen Mittelalters zählt die in bisher unbekannter Schärfe auftretende, oft nur vordergründig religiös motivierte Intoleranz gegen Minderheiten. Neben »Ketzern« waren davon in erster Linie die Juden betroffen, deren Rechtsstellung und materielle Lage seit den schweren Kreuzzugspogromen Ende des 11. Jahrhunderts in einem stetigen Wechsel von Verfolgung und fiskalisch bedingter Duldung immer weiter verschlechtert wurde. Noch bis in die erste Hälfte des 14. Jahrhunderts konnten sich aber jüdische Kreditgeber großen Stils behaupten, im Dienst von Territorialherren – beispielsweise des Erzbischofs von Trier – oder in Städten wie Straßburg, Augsburg und Nürnberg.

Von den karolingischen Reichsteilungen zur Herrschaft der Ottonen

843	Vertrag von Verdun zwischen den Söhnen Ludwigs des Frommen über die Reichsteilung.
870	Vertrag von Meersen über die Teilung des Mittelreichs zwischen Karl dem Kahlen und Ludwig dem Deutschen.
ab 879	Erneute schwere Normanneneinfälle; 886 Belagerung von Paris.
880	Vertrag von Ribemont über die Zugehörigkeit Lotharingiens/Lothringens zum Ostfrankenreich.
888	Tod Karls des Dicken; Ende der letzten Gesamtherrschaft über das Karolingerreich,
ab 900	Beginn der Ungarneinfälle.
900–911	Ludwig das Kind, letzter Karolingerkönig im Ostfrankenreich.
911–918	Konrad I., erster nichtkarolingischer König.
919–936	Heinrich I., erster nichtfränkischer König aus dem sächsischen Haus der Liudolfinger-Ottonen.
921	Bonner Vertrag Heinrichs I. mit Karl dem Einfältigen, König des westfränkischen Reichs.
925	Lotharingien/Lothringen kommt erneut an das ostfränkische/deutsche Reich.
933	Ungarnsieg Heinrichs I. bei Riade (an der Unstrut?).
936–973	Otto der Große, ab 962 Kaiser.
938	Aufstand von Ottos Halbbruder Thankmar.
nach 950	Beginn des Silberbergbaus im Harz.
951–952	Erster Italienzug Ottos; Heirat mit Adelheid von Burgund.
955	Ottos Sieg über die Ungarn auf dem Lechfeld.
961–965	Ottos zweiter Italienzug; Kaiserkrönung in Rom.
966–972	Ottos dritter Italienzug.
967	Gründung des Erzbistums Magdeburg.
972	Otto II. und die byzantinische Prinzessin Theophanu heiraten.
973–983	Otto II., seit 967 Mitkaiser.
982	Niederlage Ottos gegen die Araber in Süditalien (Cap Colonne).

983	Slawenaufstand an der östlichen Reichsgrenze; Verlust des ostelbischen Territoriums.
983–1002	Otto III., mündig ab 994, ab 996 Kaiser.
1000/1001	Errichtung von romverbundenen Kirchenorganisationen in Polen und Ungarn.
1001	Aufstand der Römer gegen Otto.
1002–1024	Heinrich II., ab 1014 Kaiser.
1004	Erster Italienzug Heinrichs,
bis 1018	Konflikte Heinrichs mit dem Polenherzog Boleslaw Chrobry.
1007	Gründung des Bistums Bamberg.
1013/1014	Zweiter Italienzug Heinrichs mit der Kaiserkrönung.

In der älteren Forschung wurde vielfach in fahrlässiger bis bewußter Verfälschung nicht eindeutig genug zwischen »germanisch«, »fränkisch« und »deutsch« unterschieden. Selbst heute noch kann man Karl den Großen in popularisierenden Darstellungen als »ersten deutschen Kaiser« apostrophiert finden. Dabei verstellt das Fehlen präziser Unterscheidungen von vornherein das Verständnis für die mittelalterliche deutsche Geschichte. Mehr noch: Beiderseits gepflegte Fehlinformationen über den gemeinsamen historischen Ursprung und dessen Bedingungen haben über Jahrhunderte wesentlich zum deutsch-französischen Feindbild der Vergangenheit beigetragen. Es ist selbstverständlich unstrittig, daß das Karolingerreich etwas grundsätzlich anderes war als das Reich der Deutschen, daß aber Deutschland wie Frankreich gemeinsam aus dieser frühmittelalterlichen Reichsbildung hervorgegangen sind. Allerdings: Bis heute ist es nicht gelungen – und es wird nach Sachlage nie gelingen können –, ein fixes Datum zu benennen, das den Beginn der »deutschen« Geschichte markieren könnte. Die Ansätze reichen von der Frühdatierung der älteren Forschung (Vertrag von Verdun 843) bis zur gegenwärtigen Spätdatierung der deutschen Reichsbildung in das 11. oder gar 12. Jahrhundert (C. Brühl). Weitgehend Einigkeit besteht nur darin, daß es ein punktuelles Anfangsdatum gar nicht geben kann, weil der Übergang vom karolingischen Teilreich zum mittelalterlichen Reich der Deutschen ein gestreckter Prozeß war.

Für die Ereigniskette, an deren Ende nicht mehr das wenigstens ideell noch gemeinsam beherrschte fränkische Karolingerreich stand, sondern eigenständige Nachfolgereiche zu finden sind, ist in der Tat der Vertrag von Verdun (843) ein geeignetes Anfangsdatum. Mit nordsüdlich ausgerichteten Grenzen wurden damals zuerst ein überwiegend romanisches Westreich, ein überwiegend germanisches Ostreich und ein gemischtes Mittelreich konzipiert. Dabei waren allerdings – das muß hervorgehoben werden – keinerlei »nationale« Motive maßgeblich: die drei erbberechtigten Brüder Karl, Lothar und Ludwig (mit dem ahistorischen Beinamen »der Deutsche«) sollten lediglich gleichwertige Anteile erhalten, und der Älteste, Lothar, die beiden Kaiserresidenzen Aachen und Rom.

Von diesen drei Teilreichen erwies sich das geopolitisch gewiß unglücklich zugeschnittene Mittelreich als das instabilste. Durch weitere Teilungsverträge (Meersen 870, Ribemont 880) kam dessen Nordteil – Elsaß und Lothringen – an das Ostfrankenreich; der Südteil bildete nach der letzten karolingischen Gesamtherrschaft (Karl III., † 888) zunächst zwei selbständige *regna*: Hochburgund und Italien.

In dem nun nach Westen vergrößerten Ostfrankenreich herrschte allerdings weiter die karolingische Dynastie (Ludwig »der Deutsche«, † 876; Arnulf von Kärnten, † 899; Ludwig das Kind, † 911), und es ist zu beachten: die nördlichen Teile des Mittelreichs – Lothringen und Elsaß – kamen 870 und 880 nicht an »Deutschland«, und noch weniger wurden sie von »Deutschland« erobert. Es handelte sich um dynastische Teilungen innerhalb eines Ge-

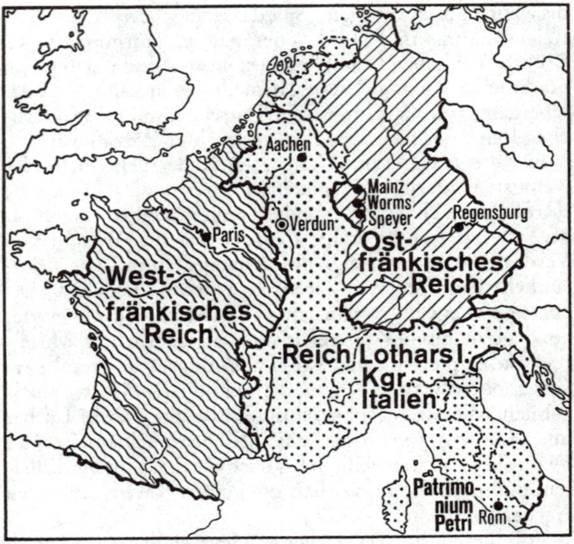

Die Reichsteilung von Verdun 843

samtreiches, durch die allerdings langfristig geschichtlich höchst wirksame Grenzziehungen zwischen Frankreich und Deutschland vorbereitet wurden.

Eine Zäsur trotz aller unbestreitbaren karolingischen Kontinuitäten bedeutete im Ostfrankenreich die Regelung der Nachfolge nach dem Tod des letzten Karolingers, Ludwigs des Kindes († 911). Statt sich nun dem Westfrankenreich unter Karl dem Einfältigen anzuschließen – wie dies die Lothringer taten! –, wählte der Stammesadel der Franken, Schwaben, Bayern und Sachsen als neuen König Konrad I. (911–918) aus dem fränkischen Haus der Konradiner. Das war sicher noch keine unumkehrbare Festle-

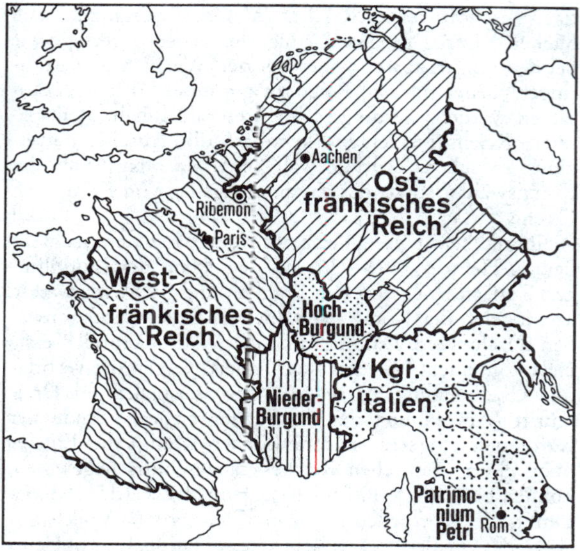

Die Reichsteilung von Ribemont 880

gung, aber von diesem Schritt der ostfränkischen Großen leitet sich zum einen ab, daß das mittelalterliche Reich der Deutschen ein »Wahlreich« wurde, keine »Erbmonarchie«, zum anderen, daß es unteilbar blieb.

Konrads Legitimierungsbedarf wird in der erstmals im Ostfrankenreich vollzogenen Königssalbung greifbar. Wesentliches Thema seiner Regierungszeit wurde der Konflikt mit den vorangehend erstarkten Stammesgewalten (in Bayern, Franken, Sachsen, Lothringen und abgeschwächt auch in Schwaben hatte sich das sogenannte jüngere Stammesherzogtum ausgebildet); dabei suchte der König die Unterstützung der Kirche in Gestalt wichtiger Bischöfe seines Reiches (Mainz, Konstanz). Doch blieben Konrad größere Erfolge hier ebenso versagt wie bei der Ungarnabwehr oder bei dem Versuch, die Lothringer wieder für sein Reich zu gewinnen. In ersten Ansätzen werden allerdings schon zentrale Inhalte der späteren Reichsgeschichte erkennbar: die Auseinandersetzung zwischen Zentralgewalt und Machtanspruch der Königswähler sowie das Zusammengehen von König und Kirche.

Konrad selbst designierte als Nachfolger den Sachsenherzog Heinrich (919–936) aus dem Haus der Liudolfinger. Zunächst nur von den Franken und Sachsen gewählt, konnte sich der König dann auch in Bayern und Schwaben durchsetzen. Damit wurde das Ostfrankenreich erstmals von einem Nichtfranken regiert. Gegen die verbreitete Überzeugung, es sei nun gewissermaßen im Dreischritt (Abtrennung des Ostfrankenreiches – Ende der Karolinger – erster nichtfränkischer König) die Entstehung eines »deutschen Reiches« abgeschlossen gewesen, können berechtigte Bedenken angemeldet werden. Sie betreffen die Wortbedeutung von »Deutsch« (= Volkssprache), das Fehlen eines deutschen Nationalbewußtseins und die ausgeprägten fränkisch-karolingischen Kontinuitäten. Wenn dabei besonders auf die Beibehaltung der Bezeichnung *rex Francorum* verwiesen wird, darf allerdings gefragt werden: Welcher andere Titel wäre angesichts des mittelalterlichen Legitimitätsdenkens in einem bis dahin fränkisch-karolingischen Teilreich möglich gewesen? Und man darf festhalten: Das Ostfrankenreich unter der neuen sächsischen Dynastie, vom Westfranken Karl III. anerkannt (Vertrag von Bonn 921), war nicht mehr identisch mit dem karolingischen Teilreich des ausgehenden 9. Jahrhunderts. Mit allen notwendigen Einschränkungen und als Periodisierungshilfe kann man somit die deutsche Geschichte nach wie vor mit dem Regierungsantritt des sächsischen Hauses beginnen lassen.

Für Heinrich I. stellte sich die Aufgabe, das Verhältnis zum Westfrankenreich zu regeln, die Angriffe im Norden und Osten abzuwehren sowie einen Ausgleich mit den Stammesgewalten zu suchen. Gegenüber den Herzögen mußte er beträchtliche Zugeständnisse machen, und für die Anerkennung durch Karl III. mußte er auf Lothringen verzichten (921), das er vier Jahre später aber doch noch seinem Reich anschließen konnte – ein Ereignis mit Folgen: die 843 im Vertrag von Verdun zwischen Westfranken und Mittelreich festgelegte Grenze bildete ab 925 auf lange Sicht die Grenze (richtiger: den Grenzraum) zwischen Deutschland und Frankreich.

Die Erfolge gegen Dänen und Slawen im Norden, vor allem aber der Sieg über die Ungarn bei Riade (933, wohl an der Unstrut), ließen Heinrichs Reich zur mitteleuropäischen Vormacht aufsteigen und stärkten die Stellung des Königs derart, daß er die Nachfolge seines Sohnes Otto durchsetzen konnte. Den anschließenden Wahlakt und die Krönung (936), ganz in karolingischer Tradition, hat Widukind von Corvey in seinem Bericht festgehalten.

Die Anfangsjahre Ottos I. (936–973) waren alles andere als einfach. Sein Anspruch auf unmittelbare Königsherrschaft und besonders auf Ausübung der Kirchenhoheit (Besetzung der Bischofsstühle im Reich) führte ihn in gefährliche Konflikte mit den Stammesherzögen und Angehörigen der eigenen Familie (Thankmar, Heinrich), die sich von der Teilhabe an der Macht ausgeschlossen fühlten. Noch kurz vor der Lechfeldschlacht geriet Otto durch den Aufstand seines Sohnes Liudolf (953/954) in eine zunächst fast aussichtslos scheinende Notlage. Ottos Versuche, durch die Ernennung von Verwandten zu Amtsherzögen einen Ausgleich zu finden, waren wenig erfolgreich. Trotzdem wurden wesentliche Entwicklungen der Reichsgeschichte in die Wege geleitet: Otto nahm nach dem Zusammenbruch des Aufstands von 938/939 das Herzogtum Franken an sich und begründete damit die

1. Hatheburg ∞ Heinrich I., † 936, Hz. v. Sachsen, Kg. 919–936 ∞ 2. Mathilde

Thankmar † 938

1. Edgitha (T. d. angelsächs. Kg.s) ∞ Otto I. (der Große), † 973 Kg. 936, K. 962–973 ∞ 2. Adelheid v. Hochburgund

Liudolf, † 957 Hz. v. Schwaben ∞ Ida v. Schwaben

Luitgard ∞ Konrad (der Rote), † 955 Hz. v. Lothringen/Kärnten

Otto II., † 983 Kg. 961, Mitk. 967 K. 973–983 ∞ Theophanu (Byzanz)

Judith ∞ Otto, † 1004 Hz. v. Kärnten

Otto III., † 1002 Kg. 983, K. 996–1002

Heinrich, Gf. v. Speyer ∞ Adelheid

Brun, † 999 (P. Gregor V.)

Konrad † 1011, Hz. v. Kärnten

Wilhelm † 1046, Bischof v. Straßburg

Konrad II., † 1039 Kg. 1024, K. 1027–1039 ∞ Gisela v. Schwaben

Konrad (der Jüngere) † 1039

1. Gunhild von Dänemark ∞ Heinrich III., † 1056, Kg. 1039, K. 1046–1056 ∞ 2. Agnes v. Poitou

1. Bertha v. Turin ∞ Heinrich IV., † 1106, Kg. 1056 K. 1084–1106 ∞ 2. Praxedis

Mathilde v. England ∞ Heinrich V., † 1125 Kg. 1106, K. 1111–1125

Ottonen und Salier

Gerberga
∞ 1. Giselbert
v. Lothringen
∞ 2. Ludwig IV.
v. Frankreich

Französische
Karolinger
bis 987/1012

Hadwig
∞ Hz. Hugo
v. Francien

Kapetinger

Heinrich, † 955
Hz. v. Bayern
∞ Judith
v. Bayern

Heinrich
(der Zänker), † 995
Hz. v. Bayern
∞ Gisela
v. Burgund

Heinrich II., † 1024
Hz. v. Bayern 995
Kg. 1002
K. 1014–1024
∞ Kunigunde

1. Friedrich I. v. ∞ Agnes ∞ 2. Leopold III.
Staufen, Hz.
v. Schwaben

v. Babenberg
Mgf. v. Österreich

Staufer

österr. Babenberger

»königsnahe« Tradition der Gebiete um Main und Mittelrhein (P. Moraw). Außerdem hat das Scheitern der Ausgleichs- und Familienpolitik dazu beigetragen, daß der König – auch hier ganz im Rückgriff auf karolingische Traditionen – verstärkt die Kirche (Reichsbischöfe und -äbte) als Stütze seiner Herrschaft heranzog. Ottos Bruder Brun, Erzbischof von Köln und zugleich Herzog von Lothringen, verkörperte exemplarisch diese Entwicklung. Durch das Reichskirchensystem verfügte das ottonische Reich zunächst über konkurrenzlose Machtmittel, aber längerfristig überwog das Gefährdungspotential. Natürlich war das in der Mitte des 10. Jahrhunderts nicht vorhersehbar, aber Ottos I. Einbeziehung der Reichskirche in sein Herrschaftssystem hat zweifellos den Konflikt zwischen Kaiser und Papst im letzten Drittel des 11. Jahrhunderts heraufbeschworen.

Der Sieg über die Ungarn auf dem Lechfeld (955) ist für sich allein sicher keine Epochengrenze, aber ein deutliches Signal des grundlegenden Wandels der politischen Großwetterlage in Europa. Das Nachlassen der Außenbedrohung an allen Grenzen begünstigte den demographischen und wirtschaftlichen Aufschwung, es ermöglichte der westlichen Christenheit, von der Defensive zur Offensive überzugehen. Unmittelbar aber bedeutete der Ungarnsieg von 955 für Otto I. einen Zuwachs an Macht und Prestige, der es ihm erlaubte, in vollem Umfang die Tradition der karolingischen Italienpolitik aufzugreifen. In engem Zusammenwirken mit dem Papst – das im *Pactum Ottonianum* besiegelt wurde – konnte Otto im Februar 962 in Rom das westliche Kaisertum erneuern. Dieses Eintreten in die karolingische Kaiserpolitik bedeutet entgegen einer früher verbreiteten Auffassung sicher kein unausweichliches Unglück für die nachfolgende Geschichte der Deutschen, die davon allerdings maßgeblich mitgestaltet wurde, mit Konsequenzen bis in die jüngste Vergangenheit: die Übernahme der karolingischen Großreichsidee bedeutete den Anspruch auf Oberherrschaft, potentiell über die gesamte Christenheit. Diese Zielsetzung ist schon im Hochmittelalter (12. Jahrhundert) von Deutschlands Nachbarn heftig kritisiert worden, und sie hat dazu geführt, daß in Deutschland, anders als in England und Frankreich, kein zentrales Königtum, kein geschlossener »Nationalstaat« entstehen konnte. Das gab im 19. Jahrhundert vielen Deutschen die Überzeugung, zu spät und zu kurz gekommen zu sein.

Auch dank der erfolgreichen Missionspolitik im Osten (Errichtung des Erzbistums Magdeburg 967) und dank des Ausgleichs mit Byzanz (Eheschließung zwischen Otto II. und der Prinzessin Theophanu 972 in Rom) stand das erneuerte Kaisertum bei Ottos I. Tod (973) auf einem Gipfel an Macht und Ansehen. Krisenerscheinungen zeigten sich aber sehr bald in Randgebieten: Otto II. (973–983) wurde 982 von den Arabern in Unteritalien schwer geschlagen, gleichzeitig (ein Kausalzusammenhang bleibt strittig) ging im Slawenaufstand von 983 das Missionswerk zwischen Elbe und Oder fast vollständig zugrunde. Die Stabilisierung der Lage während Ottos III. (983–1002) Unmündigkeit (bis 994) war Verdienst seiner Mutter Theophanu († 991) und seiner Großmutter Adelheid († 999). Unter dem Einfluß des Reimser Erzbischofs Gerbert von Aurillac entwickelte Otto III. ein früher meist als phantastisch kritisiertes Herrschafts- und Reichskonzept, das neuerdings auch als Höhepunkt imperialer Politik bewertet wird. Er wollte die *Renovatio imperii Romanorum*, die Erneuerung des antiken Römerreichs, mit Rom als Hauptstadt und mit einem Kaiser, der weltliche wie geistliche Amtsgewalt in seiner Person vereinigt. Die Errichtung unmittelbar mit Rom – nicht mehr mit der deutschen Reichskirche! – verbundener Kirchenorganisationen in Polen (1000) und Ungarn (1001), der Bau einer Kaiserpfalz in Rom, die Einführung des römisch-byzantinischen Hofzeremoniells beweisen, wie ernst Otto III. seine Pläne meinte. Gescheitert ist er schließlich vor allem am Widerstand der stadtrömischen Bevölkerung (Aufstand 1001).

Der Herrschaftsantritt des letzten Sachsenkaisers, Heinrichs II. (1002–1024), ist verfassungsgeschichtlich bedeutsam. In einer offenen Situation ohne designierten Nachfolger wurde er nicht aufgrund geblütsrechtlicher Ansprüche, sondern durch einen Wahlakt auf den Thron erhoben. Dabei haben – auch dies ist für die Zukunft wichtig – erstmals geistliche Große zusammen mit den weltlichen Königswählern entschieden. Trotz der vorhergegangenen problemlosen Vater-Sohn-Nachfolgen hatte sich im Reich das Erbrecht also nicht durchsetzen können.

Heinrich II. wollte anstelle der *Renovatio imperii Romanorum* ausdrücklich die *Renovatio regni Francorum.* Das bedeutete natürlich eine gewisse Beschränkung, aber keinesfalls den Bruch mit der Kaiserpolitik karolingischer Tradition. Das wiederholte Eingreifen in Italien und die ständigen Kämpfe an der Ostgrenze, besonders gegen den Polenherzog Boleslaw Chrobry, bezeugen das Festhalten an Großreichs- und Kaiseridee.

Die Mittel für diese Politik bezog Heinrich II. vor allem von der Reichskirche, die er großzügig gefördert hat (Bistumsgründung Bamberg), von der er aber gleichzeitig Leistungen forderte wie kein Herrscher vor ihm. Dem lag die Überzeugung zugrunde, der geweihte König habe Schutz und Wohlstand der Kirche zu garantieren, dürfe dafür aber auch vorbehaltlose und unbegrenzte Unterstützung seitens der Kirche verlangen. Der Kaiser fühlte sich dabei auf so sicherem Boden, daß er auch der von Cluny ausgehenden Kloster- und Kirchenreform seine fördernde Aufmerksamkeit schenkte. Die Konsequenzen waren sicher nicht vorhersehbar.

Die Salierkaiser
Das Reich auf dem Weg in den Investiturstreit

1024–1039	Konrad II., erster Salier, ab 1027 Kaiser.
1026/1027	Erster Italienzug Konrads.
1032	Konrad wird Nachfolger des Burgunderkönigs Rudolf III.
1037/1038	Zweiter Italienzug Konrads.
1039–1056	Heinrich III., ab 1046 Kaiser.
1044	Beginn der Opposition Gottfrieds von Lothringen gegen Heinrich.
1046/1047	Erster Italienzug; Absetzung von drei Päpsten in Sutri. Bischof Suidger von Bamberg wird erster deutscher Papst (Clemens II.).
1049–1059	Leo IX., erster Reformpapst.
1055	Zweiter Italienzug Heinrichs.
1056–1106	Heinrich IV., mündig ab 1065, ab 1084 Kaiser.
1059	Papstwahldekret Nikolaus' II.
1073	Beginn des von Sachsen ausgehenden Aufstands gegen Heinrich.
1073–1085	Papst Gregor VII.
1075	Sieg Heinrichs über die Sachsen bei Homburg an der Unstrut.
1075?	*Dictatus Papae* Gregors VII.
1076	Heinrich bricht mit Gregor (Synode von Worms) und wird von diesem gebannt.
1077	Kirchenbuße Heinrichs in Canossa; Aufhebung des Banns.
1080	Heinrich wird erneut von Gregor gebannt.
1084	Kaiserkrönung Heinrichs in Rom durch den Gegenpapst Clemens III.; Flucht Gregors.
1085	Gottesfrieden für Deutschland verkündet.
1095	Kreuzzugsaufruf Papst Urbans II. auf der Synode von Clermont.
1096	Judenpogrome im Zusammenhang mit den Kreuzzugsvorbereitungen.
1104/1105	Heinrich V. schließt sich der Opposition gegen seinen Vater an.

1106–1125	Heinrich V. ab 1111 Kaiser.
1110/1111	Erster Italienzug Heinrichs; erpreßte Zugeständnisse Papst Paschalis' II. (*Pravilegium*).
1112	Heinrich wird gebannt.
1116–1118	Zweiter Italienzug Heinrichs.
1122	Nach langwierigen Verhandlungen Abschluß des Wormser Konkordats zwischen Heinrich und Papst Calixt II.

Die Wahl Konrads II. (1024–1039) und damit der problemlose Übergang zur fränkischen Dynastie der Salier (die Bezeichnung ist nicht zeitgenössisch) bezeugt die Stabilität des Königtums im Reich, die in Gegensatz zur gleichzeitigen Machtlosigkeit der Krone in Frankreich steht. Konrad war mit den Ottonen verwandt und hat deren Politik weitgehend unverändert weitergeführt (Kaiserkrönung 1027, Friedensschluß mit Polen 1033, Italienzug 1036/1037). In der Wahl seiner Mittel ist er aber andere Wege gegangen. Ohne Konfrontationskurs gegen den Hochadel hat er mit den Valvassoren (nachgeordnete Lehnsträger) in Italien und mit den persönlich unfreien Ministerialen in Deutschland neue Schichten als Stützen seiner Herrschaft herangezogen; erste Kontakte zu den sich formierenden Bürgerschaften der Städte werden erkennbar. Trotz dieser Neuansätze blieb aber unter Konrad II. – dem Stifter des Speyerer Domes – die Reichskirche der wichtigste Helfer des Herrschers, der für Kirchenämter auch Geldzahlungen verlangte und deswegen posthum der Simonie (Ämterkauf) beschuldigt wurde.

Zu den bedeutenden Entscheidungen der Regierungszeit Konrads II. gehört die erneute territoriale Erweiterung des Reiches. Gestützt auf Verträge Heinrichs II., konnte er 1032 die Nachfolge des erbenlosen Königs Rudolf III. von Burgund antreten und sich 1033 in Payerne (Peterlingen) krönen lassen. Zwar war die Königsgewalt in dem bis zur Rhonemündung reichenden Gebiet nur schwach ausgebildet, aber Burgund war nun neben Deutschland und Italien das dritte der *regna*, die zusammen das Gesamtreich, das *imperium*, bildeten.

Heinrich III. (1039–1056), bereits 1026 als Nachfolger designiert, begann seine Herrschaft in einer besonders starken Stellung. Sein Vater hatte ihn als Herzog in Franken, Schwaben und Bayern eingesetzt, dazu kam 1039 noch Kärnten. Es ist bezeichnend für die Möglichkeiten und Grenzen einer »Zentralisierung« des Reiches unter den Saliern, daß Heinrich III. diese Herzogtümer wieder als Lehen ausgegeben hat. Allerdings besetzte er sie zur Betonung des Amtscharakters jeweils mit Landfremden.

Soweit die Quellen darüber ein Urteil überhaupt erlauben, war Heinrich III. wohl der frömmste hochmittelalterliche Herrscher. Gerade deswegen beanspruchte und verwirklichte er gegenüber der Kirche Eingriffsrechte über das Maß seiner Vorgänger hinaus. So wurden die Absetzung dreier schismatischer Päpste durch Heinrich (Sutri 1046), die Kaiserkrönung mit Annahme des Titels eines *Patricius Romanorum* (damit verbunden war das Recht der ersten Stimme bei der Papstwahl) und die Einsetzung des Bamberger Bischofs Suidger (Clemens II., 1046–1047) als ersten in einer ganzen Reihe deutscher Päpste lange zu den unbestrittenen Höhepunkten der mittelalterlichen Kaisergeschichte gerechnet.

Neuerdings werden aber die Krisenerscheinungen der schon zeitgenössisch heftig kritisierten Regierung Heinrichs III. entschiedener hervorgehoben. Nördlich der Alpen mußte er auf die Lehnshoheit über Ungarn verzichten, gegenüber dem aufständischen Lothringerherzog Gottfried blieb er ohne wirklichen Erfolg, und der Versuch, im Reich einen allgemeinen Frieden zu verkünden, scheiterte 1043 und 1044 an der wachsenden Adelsopposition. An Heinrichs III. Kirchenpolitik wurde zweifellos zu seinen Lebzeiten noch keine grundsätzliche Kritik geäußert, und das von Cluny propagierte Schlagwort von der Kirchenfreiheit (*libertas ecclesiae*) wurde noch nicht gegen Kaiser und Reich eingesetzt. Aber gerade aus seinem Selbstverständnis als sakral legitimierter Herrscher heraus hat Heinrich III. die Reformbewegung vorbehaltlos unterstützt und damit, sicher ungewollt, zu Weichenstellungen beigetragen, die für das Reich verhängnisvoll wurden. Entscheidend dafür war das Pontifikat des dritten »deutschen« Papstes, Leos IX. (1049–1054), eines Vetters des Kaisers. Zur Unterstützung seines Reformprogramms holte er unter anderem nach Rom: den Mönch Hildebrand, nachmals der Papst des Investiturstreits (Gregor VII.), und Humbert von Moyenmoutier, später als Humbert von Silva-Candida einer der wirkungsvollsten Propagandisten der Reformbewegung. Leo IX. selbst hat auf das Einverständnis mit dem Kaiser großen Wert gelegt, aber die Synodalbeschlüsse gegen den Ämterkauf (Simonie) und gegen die Annahme von Kirchenämtern ohne kanonische Wahl (1049) waren für den Fall gefährlich, daß zwischen geistlichem und weltlichem Oberhaupt der Christenheit einmal kein enges persönliches Vertrauensverhältnis mehr bestand.

Der Ausbruch des Konflikts – noch beschleunigt durch Heinrichs III. frühen Tod – zeigte schnell, daß es tatsächlich um viel mehr ging als um individuelle Verständigung: das Thema der Auseinandersetzung war die Entflechtung von Reichsgewalt und Kirche, die Beendigung der Symbiose, die sich im Reichskirchensystem der Karolinger, Ottonen und Salier entwickelt hatte. Damit begann, rückblickend betrachtet, nach der Mitte des 11. Jahrhunderts ein Wandel, der maßgebend für die europäische Geschichte wurde. Die Entwicklung wandte sich gegen die universal angelegten Herrschaftsvorstellungen karolingischer Tradition, sie begünstigte die kleinräumigeren, »nationalen« Lösungen, und sie verlief mit Umwegen (kirchlicher Weltherrschaftsanspruch) in Richtung einer grundsätzlichen Trennung von Kirche und Staat im abendländischen Kulturkreis. Der »Investiturstreit« beschränkte sich in der Tat nicht auf den Konflikt um die Investitur in Kirchenämter durch Laien.

Heinrich IV. (1056–1106), als dritter Salier in ununterbrochener Folge schon zu Lebzeiten des Vaters designiert (1053), wurde 1065 formell für mündig erklärt und konnte seit ungefähr 1068 tatsächlich in Eigenverantwortung handeln. Die schwache vormundschaftliche Reichsregierung (eine förmliche Regentschaft gab es nicht) erst der Kaiserinwitwe Agnes, dann der Erzbischöfe Anno von Köln und Adalbert von Bremen nützte der Hochadel zur Besitzausdehnung auf Kosten des Königsguts und die Reformkirche zur Emanzipation vom Einfluß des Kaiserhofs. Der Versuch, diese Entwicklungen umzukehren, mußte zum Konflikt führen. Gestützt auf Berater wohl überwiegend ministerialischer Herkunft, begann Heinrich IV. sehr energisch, als neue Machtbasis für das Königtum ein vom Harz ostwärts reichendes Gebiet unmittelbarer und geschlossener Herrschaft aufzubauen und durch Burgen abzusichern. Dagegen erhob sich im Jahr 1073, von Sachsen ausgehend, ein umfassender Adelsaufstand. Aus kritischer Lage durch Wormser Bürger (überwiegend salische Ministerialen?) gerettet, erreichte der König mit seinem Sieg über die Sachsen (1075) einen ersten Gipfel seiner Macht.

Trotz Papstwahlen ohne Beteiligung des Kaiserhofs und trotz potentiell reichsfeindlicher Beschlüsse (Papstwahldekret 1059, Ausweitung des Tatbestands der Simonie auf die Laieninvestitur) waren römische Kurie und Reichsregiment nach 1056 immer wieder um die Bewahrung eines Modus vivendi bemüht. Dies galt noch zu Beginn von Heinrichs IV. selbständiger Herrschaft und für die ersten Jahre des 1073 in unkanonischer Wahl erhobenen Papstes Gregor VII., obwohl dessen direkter Anspruch auf Oberhoheit (*Dictatus Papae* 1075?) nicht mehr kompromißfähig war. Taktisch unklug, ging aber der König zuerst in die Offensive. Als Sieger in Deutschland wollte er seine Kirchenherrschaft auch in Italien wieder in vollem Umfang zur Geltung bringen (Besetzung der Bistümer Mailand, Fermo, Spoleto) und provozierte damit förmlich den päpstlichen Einspruch, der allerdings ungewöhnlich schroff formuliert wurde. Unterstützt vom Reichsepiskopat, der seine politische Stellung durch das Reformpapsttum bedroht sah, wagte Heinrich IV. daraufhin Anfang 1076 den endgültigen Bruch mit Gregor. Die Reaktion des Papstes – Absetzung und Bannung des Königs – bedeutete den offenen Ausbruch des »Investiturstreits«.

Der nachfolgende, jahrzehntelange Konflikt – erstmals unter massivem Einsatz von Propagandaschriften geführt – kann hier nicht in seinen wechselvollen Einzelheiten verfolgt werden. Mit dem berühmten Bußgang nach Canossa (1077) erzwang Heinrich IV., bedrängt durch die neuformierte Adelsopposition, die Lösung vom Kirchenbann. Viel schwerer als dieser oft überbetonte taktische Erfolg wiegt aber, daß der sakralen Legitimation des weltlichen Herrschers (Gottesgnadentum), seinem Anspruch auf gleichberechtigte und gleichwertige Stellung neben dem geistlichen Oberhaupt, schwerer Schaden zugefügt wurde, auch in den Augen der Zeitgenossen. Trotz glänzender Erfolge in Deutschland (Gottesfrieden 1085, Krönung des ältesten Sohnes, Konrad, 1087 in Aachen) wie in Italien (Kaiserkrönung 1084, Flucht Gregors VII. und dessen Tod im Exil 1084/85) konnte Heinrich, immer wieder von Rückschlägen getroffen, die alte Stellung des ottonisch-salischen Kaisertums nie wieder erreichen. Seine durch Opposition in der eigenen Familie tragisch gefärbten Herrscherjahre bedeuten vielmehr »den Niedergang des salischen Königtums und des westeuropäischen Kaisertums« (A. Haverkamp). Dem entspricht, daß 1095 der Papst (Urban II., 1088–1099), nicht der Kaiser die Christenheit zur Wiedergewinnung der Heiligen Stätten – zum Kreuzzug – aufgerufen hat; das Reichsoberhaupt wie das Reich als solches blieben unbeteiligt. Trotzdem haben diese Jahre in der deutschen Geschichte eine tiefe Spur hinterlassen: die schweren Judenverfolgungen, die während der Kreuzzugsvorbereitungen 1096 im Rheingebiet ausbrachen, bedeuten den Wendepunkt zur allmählichen Verschlechterung der wirtschaftlichen und rechtlichen Stellung der jüdischen Minderheit.

Heinrich V. (1106–1125), ebenfalls zu Lebzeiten des Vaters designiert und 1098 bereits gekrönt, schloß sich 1104/1105 dem Papst und der Adelsopposition an. Kaum an die Macht gekommen, folgte er aber ganz den traditionellen Bahnen der Kaiserpolitik auch gegenüber der Papstkirche – ein Verhalten, das im Verlauf der deutschen Geschichte mehrfach zu beobachten ist. Nun zeigte sich, daß machtpolitisch kurzfristig noch Erreichbares auf Dauer nicht mehr durchzusetzen war. Auf seinem ersten Italienzug konnte Heinrich V. Reichsitalien 1110 ziemlich mühelos zurückgewinnen, schwieriger verliefen die Verhandlungen mit Papst Paschalis II. (1099–1118) über Kaiserkrönung und wechselseitige Rechte. Zunächst suchte man die Einigung auf einem radikal-utopischen Weg. Der Verzicht auf alle verliehenen Reichsgüter und Regalien sollte die Kirche von sämtlichen weltlichen Ansprüchen und Verpflichtungen befreien. Gewinner im geistlichen Bereich wäre der Papst, im weltlichen Heinrich V. geworden. Das Vertragsprojekt scheiterte jedoch am Widerstand der Hauptbetroffenen, des Hochadels und der hohen Geistlichkeit. Die Reaktion des Königs entsprach noch einmal dem salischen Verständnis von Kirchenherrschaft: er setzte den Papst gefangen und erpreßte große Zugeständnisse, besonders hinsichtlich der Bischofsinvestitur (*Pravilegium* 1111). Aber nur die versprochene Kaiserkrönung konnte verwirklicht werden, der »Vertrag« selbst wurde kirchlicherseits schon 1112 für ungültig erklärt, und Heinrich V. verfiel erneut dem Kirchenbann.

Während die Territorialpolitik des Kaisers in Deutschland auf anhaltende Opposition stieß, kamen die Verhandlungen mit dem Papst nur langsam weiter. Dabei war durch Ivos von Chartres grundsätzliche Trennung von geistlichem und weltlichem Bereich (*spiritualia-temporalia*) der Weg zur Lösung an sich vorgezeichnet, auf dieser Basis hatte sich die Kurie bereits 1107 mit England und Frankreich geeinigt. Daß sich die Verhandlungen zwischen Papst und Kaiser so viel schwieriger gestalteten, war unmittelbare Folge des Reichskirchensystems: die enge Verflechtung von Staat und Kirche gab der Frage nach dem Investiturrecht ihr politisches Gewicht. Erst 1122 konnte das (seit dem 17. Jahrhundert so bezeichnete) »Wormser Konkordat« verkündet werden, das dem Kaiser innerhalb Deutschlands durch das Teilnahmerecht bei der Wahl weiterhin einen gewissen Einfluß auf die Einsetzung von Bischöfen und Äbten sicherte. Über die Bewertung des Konkordats ist viel gestritten worden. Sicher ist, daß starke Herrscher – die Staufer haben das bewiesen – vor allem durch lehnsrechtliche Verpflichtung die Reichskirche nach wie vor als Instrument ihrer Politik einsetzen konnten. Ebenso sicher ist aber auch, daß nach 1122 die Rechtsgrundlagen des ottonisch-salischen Kirchensystems als wichtigste Voraussetzung für eine raumübergreifende Herrschaft nicht mehr bestanden haben.

Der Aufstieg der Staufer zum letzten Höhepunkt des hochmittelalterlichen Kaisertums

1125–1137	Lothar III. von Supplingenburg, ab 1133 Kaiser.
1127	Der Staufer Konrad wird Gegenkönig.
1134/1135	Die Staufer Friedrich von Schwaben und Konrad müssen Lothar anerkennen.
1138–1152	Konrad III., der erste Staufer auf dem Königsthron.

1142 Konrad erkennt den Welfen Heinrich den Löwen als Sachsenherzog an.
1147 Konrad bricht zum zweiten Kreuzzug auf, den Bernhard von Clairvaux in die Wege geleitet hatte.
1148 Bündnis Konrads mit Byzanz.
1152–1190 Friedrich I. Barbarossa, ab 1155 Kaiser.
1153 Friedrich schließt Konstanzer Vertrag mit Papst Eugen III.
1154 Heinrich der Löwe erhält auch das Herzogtum Bayern.
1154/1155 Erster Italienzug Friedrichs.
1156 Die Ostmark (das spätere Österreich) wird den Babenbergern mit weitreichenden Vorrechten als Herzogtum verliehen.
1156–1167 Rainald von Dassel, Reichskanzler, 1159 Erzbischof von Köln.
1157 Reichsversammlung in Besançon, Empörung über ein Schreiben des Papstes bzw. dessen Auffassung vom Kaisertum.
1158–1162 Zweiter Italienzug Friedrichs.
1158 Reichsversammlung in Roncaglia, Verkündung der Reichsrechte.
1162 Zerstörung Mailands.
1166–1168 Vierter Italienzug Friedrichs.
1167 Seuchenkatastrophe vor Rom.
1176 Heinrich der Löwe verweigert in Chiavenna weitere Hilfe für den fünften Italienzug Friedrichs; Niederlage des Kaisers bei Legnano.
1177 Friede von Venedig zwischen Friedrich und Papst Alexander III.
1180 Prozeß gegen Heinrich den Löwen.
1183 Konstanzer Friede zwischen Friedrich und den oberitalienischen Städten.
1186 Eheschließung Heinrichs VI. mit Konstanze von Sizilien.
1189 Aufbruch Friedrichs zum Kreuzzug.
1190–1197 Heinrich VI., ab 1191 Kaiser.
1191 Erster Italienzug; Rückzug Heinrichs vor Neapel.
1192 Richard Löwenherz, König von England, wird bei Wien gefangengenommen.

1194 Freilassung des englischen Königs gegen hohes Lösegeld; Heinrich in Palermo zum König von Sizilien gekrönt.

1196 Heinrichs »Erbreichsplan« scheitert; Wahl seines nicht ganz zweijährigen Sohnes Friedrich zum deutschen König.

1197 Gescheiterter Aufstand gegen Heinrich in Sizilien.

1198 Doppelwahl: Philipp von Schwaben (1198–1208) und der Welfe Otto IV. (1198–1218, ab 1209 Kaiser).

1200/1201 Papst Innozenz III. entscheidet sich für Otto; Anspruch auf Approbationsrecht.

1208 Allgemeine Anerkennung Ottos nach der Ermordung Philipps.

1212–1250 Friedrich II., ab 1220 Kaiser.

1212 Abenteuerlicher Weg Friedrichs nach Deutschland, um Otto die Krone streitig zu machen.

1214 Otto unterliegt zusammen mit dem englischen König bei Bouvines gegen König Philipp II. Augustus von Frankreich.

1215 Kreuzzugsversprechen Friedrichs.

1220 Bündnis Friedrichs mit den geistlichen Fürsten (*confoederatio*). Königswahl Heinrichs (VII.).

1226 Goldbulle von Rimini für den Deutschen Orden.

1227 Papst Gregor IX. bannt Friedrich vorübergehend.

1228/1229 Kreuzzug Friedrichs. Vertrag über die Rückgabe Jerusalems an die Christen.

1230 Ausgleich zwischen Friedrich und dem Papst in San Germano.

1232 Gesetz zugunsten der Fürsten (*Statutum in favorem principum*); daraufhin Empörung Heinrichs (VII.).

1235 Triumphaler Deutschlandzug des Kaisers; Heinrich (VII.) wird abgesetzt und inhaftiert; Mainzer Reichslandfriede.

1239 Friedrich erneut und endgültig vom Papst gebannt.

1245 Absetzung des Kaisers auf dem Konzil von Lyon.

1246 Friedrich zieht das Herzogtum Österreich als Reichslehen ein.
1247 Graf Wilhelm von Holland als Gegenkönig in Deutschland gewählt.
1248 Niederlage Friedrichs vor Parma.

Die Nachfolgeregelung von 1125 beweist, daß ein gutes Jahrhundert salischer Herrschaft nicht ausgereicht hatte, das Erbrecht gegenüber dem Wahlrecht des Hochadels durchzusetzen. Man muß darin nicht unbedingt ein »nationales« Unglück der Deutschen sehen, aber hier besteht einer der grundsätzlichen Entwicklungsunterschiede zu den westeuropäischen Königreichen.

Nach dem Tod Heinrichs V. im Jahre 1125 hatten der Schwabenherzog Friedrich II. und dessen Bruder Konrad die besten erbrechtlichen Ansprüche, waren sie doch Söhne von Heinrichs IV. Tochter Agnes aus der Ehe mit Friedrich von Staufen. Aber die Wähler entschieden sich für den Sachsenherzog Lothar von Supplingenburg (1125 bis 1137). Dieser war allerdings, anders als das bei späteren »springenden« Wahlen der Fall war, kein (vermeintlich) besonders schwacher Kandidat, sondern das mächtigste Mitglied der antisalischen Fürstenopposition. Trotz Konrads Gegenkönigtum (Ende 1127) konnte er sich auch im Süden des Reichs durchsetzen, mit Nürnberg, Speyer und Ulm gewann er staufische Schlüsselpositionen. Friedrich (1134) und Konrad (1135) mußten sich schließlich unterwerfen. Die kurze Regierungszeit und der erneute Dynastiewechsel 1138 erlauben kein sicheres Urteil darüber, ob Lothar III. mit seiner Reichspolitik nördlich und südlich der Alpen tatsächlich neue Wege zu einem anderen Verlauf der deutschen Geschichte angedeutet hat. Bleibende Auswirkungen hatten seine Förderung der Slawenmission als Auftakt der im 12. Jahrhundert voll einsetzenden Ostsiedlungsbewegung sowie seine papstfreundli-

Welf IV., † 1101
Hz. v. Bayern

Heinrich (der Schwarze) ∞ Wulfhild
† 1126, Hz. v. Bayern Billung

Heinrich (der Stolze), † 1139 ∞ Gertrud
Hz. v. Bayern u. Sachsen v. Supplingenburg

Heinrich (der Löwe), † 1195 ∞ 2. Mathilde
Hz. v. Sachsen u. Bayern v. England

Heinrich I.
† 1227
Pfalzgf.
bei Rhein
∞ Agnes
v. Staufen

Otto IV., † 1218
dt. Kg. 1198
(Doppelwahl)
K. 1209–1218
∞ 1. Beatrix (T. v.
Kg. Philipp
v. Schwaben

Wilhelm
† 1213

Otto (das Kind)
† 1252, Hz. v. Braunschweig u. Lüneburg

spätere Welfen

Friedrich V.
† 1191
Hz. v.
Schwaben

Staufer und Welfen

Friedrich v. Büren ∞ Hildegard
† vor 1094 T. d. Hz. v. Schwaben

Friedrich I., † 1105 ∞ Agnes
Hz. v. Schwaben T. v. K. Heinrich IV.

Judith ∞ Friedrich II.
† 1147
Hz. v. Schwaben

Konrad III., † 1152
Hz. v. Ostfranken
Kg. 1138–1152

Friedrich I. (Barbarossa) ∞ 2. Beatrix
† 1190, Hz. v. Schwaben v. Burgund
Kg. 1152, K. 1155–1190

Heinrich VI., † 1197
dt. Kg. 1169
Kg. v. Sizilien 1194
K. 1191–1197
∞ Konstanze
v. Sizilien

Konrad
† 1196
Hz. v.
Schwaben

Otto v.
Burgund
† 1200

Philipp
v. Schwaben
† 1208 (ermord.)
Hz. v. Schwaben
dt. Kg.
1198–1208
(Doppelwahl)

1. Konstanze ∞ Friedrich II., † 1250, Kg. v. ∞ 2. Isabella
v. Aragon Sizilien 1197, dt. Kg. 1212 v. Jerusalem
K. 1220–1250

Heinrich (VII.)
† 1242
dt. Kg. 1220–1235

(unehelich)
Manfred, † 1266, Kg.
v. Sizilien 1258–1266

Konrad IV.
† 1254
dt. Kg. 1237–1254

Konradin, † 1268
(hingerichtet)
Hz. v. Schwaben

che Politik. Lothars Ruf als angeblicher Lehnsmann des Papstes rechtfertigte künftig die Ansprüche der Kurie gegenüber König bzw. Kaiser.

Nach fehlgeschlagenem erstem Anlauf kam die Krone mit der Wahl Konrads III. (1138–1152) doch noch an die im Südwesten des Reichs begüterten Staufer. Sie waren als Parteigänger der Salier aufgestiegen, aber keineswegs – wie früher romantisch-verklärend dargestellt – aus kleinen oder gar unfreien Anfängen. Die neue Dynastie versuchte noch einmal, ein universales Kaisertum als reale politische Macht durchzusetzen, folgte damit also karolingisch-ottonisch geprägten Traditionen. Daß im Dienst dieser Zielsetzung auch durchaus neuartige, »moderne« Mittel eingesetzt wurden, besonders unter Friedrich II., hat in der Beurteilung der Staufer zu zahlreichen Kontroversen geführt. Ganz ahistorisch hat dabei oft die Frage dominiert, wie weit sich diese Dynastie um ein zentralistisches und »nationales deutsches« Königtum verdient gemacht hat. Vielfach übersehen wurde aber die negative Aufnahme der staufischen »Weltherrschaftspläne« in Westeuropa. Die Erinnerung daran hat die Reichsgründung von 1871 mit ihrem falschen Rückgriff auf das mittelalterliche Kaisertum erheblich belastet.

Die Anfänge der staufischen Königsherrschaft waren eher bescheiden. Es gehört zu den Folgen des Investiturstreits, daß territoriale Herrschaft (die früher sogenannte Hausmacht) zur wichtigsten Voraussetzung eines tatsächlich handlungsfähigen Königtums wurde. In dieser Hinsicht aber war Konrad III. seinem wichtigsten Rivalen eindeutig unterlegen: der Welfenherzog Heinrich der Stolze verfügte nämlich über zwei Herzogtümer, Sachsen und Bayern. Die heftigen Kämpfe zwischen staufischer und welfischer Partei im gesamten Reich schwächten sich ab, als 1142 Heinrich der Löwe, noch minderjährig, von Konrad als Sachsenherzog anerkannt wurde. Ein förmlicher Ausgleich konnte zu Lebzeiten des Königs allerdings nicht erzielt werden. Zumindest subjektiv sicher zu Recht haben Zeitgenossen die anhaltende Friedlosigkeit als Krisen- und Verfallszeichen empfunden.

Konrad III. hat versucht, die »territoriale« Schwäche seines Königtums zu beheben. Vor allem in Franken begann er, ein nach Osten ausgreifendes Königsterritorium zu organisieren. In salischer Tradition bevorzugte er dabei Ministerialen als Verwaltungsträger, und wo er im Zeittrend roden lassen konnte, wurden die angesetzten Bauern seiner direkten Herrschaft unterstellt; der Hochadel als zwischengeschobene Gewalt blieb ausgeschaltet. Konrad III. hat auf diese Weise künftige Wege der staufischen Erwerbspolitik vorgezeichnet und selber erste Erfolge erzielt. Sie blieben aber zu begrenzt, um eine spürbare Machtverschiebung zugunsten des Königtums zu bewirken.

Trotz der wenig positiven Perspektiven im Konflikt mit den Welfen hat Konrad III. für sich eine kaisergleiche Stellung beansprucht. Das zeigte seine Teilnahme am zweiten Kreuzzug (1147–1149), den Bernhard von Clairvaux inspiriert hatte, das zeigte sich in den erfolgreichen Verhandlungen mit dem byzantinischen Kaiser, und das zeigte sich gegenüber dem Papst: Konrad führte demonstrativ den bis dahin nicht kanzleiüblichen Titel eines *rex Romanorum semper augustus.* Mit dieser eigentlich ahistorischen Verknüpfung von deutschem Königtum und Römerreich beanspruchte er die Herrschaft über das gesamte *imperium,* einschließlich Italien und Burgund, nur aufgrund der Königswahl und ohne eine förmliche Übertragung durch den Papst. Konrad hat damit Grundzüge der staufischen Kaiserpolitik vorgezeichnet. Doch von seinen großen Plänen – darunter ein gemeinsames Vorgehen mit Byzanz gegen die Normannen Süditaliens – konnte er nichts verwirklichen. Die Stellung des engeren deutschen Reichsgebiets zur Kirche, die Stellung von König bzw. Kaiser im entstehenden europäischen Kräftesystem waren gleichermaßen offene Fragen.

Friedrich I. Barbarossa (1152–1190), wohl dank vorhergehender Absprachen mit den Welfen im Frühjahr 1152 recht mühelos gewählt, verkündete demonstrativ gleich zum Herrschaftsantritt einen allgemeinen Reichslandfrieden. Dementsprechend wurden die beiden vorweg wichtigsten Aufgaben – der Ausgleich im Innern und die Klärung des Verhältnisses zur Papstkirche – auf dem Verhandlungsweg angegangen.

Mit dem Hochadel, der sich damals zum Reichsfürstenstand (in der Lehnsordnung unmittelbar nach dem Herrscher folgend) abschloß, suchte Friedrich I. in Abkehr vom salischen Konfrontationskurs einen Interessenausgleich und sanktionierte von Reichs wegen legitime Ansprüche. Davon profitierten die Zähringer (Reichsrechte für Berthold IV. in Burgund), Welf VI. (Reichsrechte in Italien) und besonders Heinrich der Löwe, mit dem Barbarossa eine enge Kooperation einging. Der Welfe erhielt unter anderem das bisher allein dem König zustehende Recht der Regalieninvestitur (Amtseinsetzung und Übertragung königlicher Rechte) für die Missionsbistümer Oldenburg, Ratzeburg und Mecklenburg, vor allem aber das Herzogtum Bayern (1154). Der zu seinen Gunsten als Bayernherzog abgesetzte Babenberger Heinrich »Jasomirgott« wurde auf bezeichnende Weise zufriedengestellt: Die seit dem 10. Jahrhundert babenbergische Ostmark wurde von Bayern abgetrennt und zum Herzogtum erhoben (1156). In der darüber ausgestellten Urkunde (*privilegium minus*) wurden die herzoglichen Befugnisse gestärkt (Gerichtsgewalt, Erbrecht) und die Pflichten gegenüber dem Reich gemindert. Im Rückblick betrachtet war das ein wichtiger Schritt hin zum fürstlichen Territorialstaat allgemein und speziell zur Sonderentwicklung Österreichs.

Daß die Verkleinerung des alten bayerischen Stammesherzogtums keine Zufallsentscheidung war, erwies sich Jahre später bei der Behandlung des Welfenbesitzes im Norden des Reiches. Das anfänglich reibungslose Zusammenwirken

Friedrichs und Heinrichs des Löwen – in der Forschung als Zweiteilung des *regnum* bezeichnet – geriet um 1175 rasch in die Krise. Die Verweigerung einer weiteren Italienhilfe durch den Welfen in Chiavenna (1176) war unmißverständlich. Danach wurden die bis dahin von Barbarossa übergangenen Klagen der sächsischen Gegner Heinrichs zum Ausgangspunkt für den politisch motivierten Prozeß gegen den Herzog, dem Anfang 1180 durch Fürstenspruch alle Reichslehen, also auch Bayern und Sachsen, aberkannt wurden. Ohne daß es einen juristisch verankerten »Leihezwang« gegeben hätte, wurden beide Herzogtümer von Friedrich aus politischen Erwägungen wieder ausgegeben, dabei allerdings geteilt: das neue Herzogtum Westfalen erhielt der Kölner Erzbischof, das verkleinerte Sachsen ging an Markgraf Bernhard von Anhalt; in Bayern wurde Otto von Wittelsbach eingesetzt, die abgetrennte Steiermark erhob der Kaiser ebenfalls zum Herzogtum.

Die Maßnahmen von 1156 und 1180 lassen zusammengesehen ein politisches Programm erkennen: die Aufteilung der großen Stammesherzogtümer in überschaubare Einheiten mit vom Herrscher privilegierter Fürstenherrschaft. Die Inhaber dieser Privilegien sollten durch Lehnsrecht und politische Interessengleichheit an das Reichsoberhaupt gebunden bleiben. Diese Klammer hat sich allerdings als zu schwach erwiesen. Von Barbarossa ungewollt, wurden in der zweiten Hälfte des 12. Jahrhunderts die Voraussetzungen dafür geschaffen, daß in Deutschland – anders als in Westeuropa – moderne Staatlichkeit im Rahmen der Territorien entstanden ist.

Die Förderung der Fürstenmacht im *regnum* bedeutet aber keinen Verzicht auf die unmittelbare Wahrnehmung von Herrschaftsrechten durch Friedrich I. Das zeigt seine Präsenz in Burgund (1156) und an der Ostgrenze (Polenfeldzug 1157), vor allem aber seine Kirchen- und Territorialpolitik. Er hat von Anfang an und mit viel Erfolg auf die stauferfreundliche Besetzung von Bistümern im Reich gedrängt und bewies damit sein grundsätzliches Festhalten an der direkt ausgeübten Kirchenhoheit. Es gelang ihm dann auch, die Reichskirche in ganz ungewöhnlichem Umfang zu Leistungen für seine Politik heranzuziehen; dazu gehörten beispielsweise die Versorgung des Hofes, Heeresfolge und diplomatische Dienste.

Territorialpolitisch konnte Friedrich die Ansätze Konrads III. erheblich ausbauen. Von den Bündner Pässen über das Bodenseegebiet, den Oberrhein, das Rhein-Main-Gebiet, das Egerland bis nach Thüringen und Sachsen entstand eine Zone von Reichsgutkomplexen, die meist unter ministerialischer Verwaltung standen. Eine flächenhafte Abschließung zum »Königsstaat« ist allerdings nirgends erfolgt, möglicherweise war sie gar nicht angestrebt. Im Rahmen dieser Erwerbspolitik ergaben sich selbstverständlich Berührungen mit dem damals auch östlich des Rheins mächtig aufstrebenden Städtewesen, und über Barbarossas Verhältnis zum Bürgertum als entwicklungsfähigem Machtfaktor ist viel diskutiert worden. Er stand natürlich hier gleichfalls unter den Sachzwängen seiner Zeit: Wo der Kaiser auf die Dienste eines bischöflichen Stadtherrn angewiesen war, konnte er schlecht als Förderer der »bürgerlichen Freiheiten« auftreten; aber wo er selbst unmittelbare Herrschaft ausübte, hat er – wie in Hagenau, Gelnhausen, Aachen – durch großzügige Privilegien die materielle Entwicklung nachhaltig gefördert. Die Berührungen mit Handel, Märkten, Messen, Kaufleuten, Geldwesen, kurz: mit der sich entfaltenden »Wirtschaft«, entwickelten sich dabei so eng wie unter keinem seiner Vorgänger.

Gegenüber der Papstkirche beschritt Friedrich I. ebenso zunächst den Verhandlungsweg und erreichte im Konstanzer Vertrag (1153) das vorläufige Einvernehmen zwischen geistlichem und weltlichem Oberhaupt der westlichen Christenheit. Damit verbunden war seine Hinwendung nach Italien, zu der es politisch gar keine Alternative gab. Zudem war die Wiederherstellung der Reichsherrschaft südlich der Alpen wirtschaftlich-fiskalisch ein sehr attraktives Ziel. Die vereinbarte Kaiserkrönung in Rom (1155) wurde vollzogen, danach verschlechterte sich das Klima zwischen Barbarossa und Papst Hadrian IV. (1154–1159) zusehends. Der von seiten des Kaisers verweigerte Zug gegen die Normannen führte dann in Umkehrung der bisherigen Frontstellung zum Vertrag des Papstes mit dem Normannenkönig Wilhelm (Benevent 1156).

Das nach wie vor tiefsitzende Mißtrauen zwischen höchster geistlicher und weltlicher Gewalt wurde auf der Reichsversammlung von Besançon (1157) sichtbar. Kanzler Rainald von Dassel, Mitgestalter der Reichspolitik in diesen Jahren, weckte die Emotionen, als er aus einem Papstbrief den Terminus *beneficium* im Zusammenhang mit der Kaiserkrönung als »Lehen«, nicht als »Wohltat« übersetzte und damit propagandistisch gegen das Papsttum zu wirken suchte. Am Kaiserhof wurde in den folgenden Jahren ganz in diesem Sinne eine hochgespannte Kaiser- und Reichsideologie entwickelt. Dazu gehörten Formulierungen über den Vorrang des Kaisers, die sicher nicht als konkreter Anspruch auf Weltherrschaft interpretiert werden dürfen, gleichwohl war die Wirkung auf Deutschlands Nachbarn anhaltend negativ.

Vom ideologischen Überbau einmal abgesehen, ging es seit 1158 (Beginn des zweiten Italienzugs) um die Wiederherstellung der Reichsrechte in Italien. Die nach dem ersten Sieg über Mailand auf der Reichsversammlung von Roncaglia dazu verkündeten Grundsätze hätten eine »zentralistisch ausgerichtete kaiserliche Herrschaft in Reichsitalien« (A. Haverkamp) bedeutet. Die anschließenden langjährigen Auseinandersetzungen mit den oberitalienischen Städten um die Verwirklichung waren reich an dramatischen Ereignissen (Kirchenschisma 1159, Zerstörung Mailands 1162, Seuchenkatastrophe im kaiserlichen Heer 1167). Der Konflikt ist nicht als der Aufeinanderprall von Reaktion und Fortschritt, sondern als die Austragung konträrer politisch-ökonomischer Interessen zu interpretieren.

Nachdem sich eine machtpolitische Lösung als unerreichbar erwiesen hatte (Niederlage von Legnano 1176), begann der Kaiser Verhandlungen, die zum Frieden von Venedig (1177) mit dem Papst und zum Frieden von Konstanz (1183) mit den lombardischen Städten führten. Barbarossa mußte auf die Errichtung einer flächendeckenden Herrschaft verzichten, mußte Mailand und dessen Verbündeten weitgehende Selbständigkeit zugestehen, behielt aber vor allem wirtschaftliche Vorteile. Von einem völligen Scheitern der kaiserlichen Politik kann nicht gesprochen werden. Friedrich behauptete eine starke Position, besonders in Mittelitalien, und sein Ansehen war nicht beeinträchtigt. Das beweist unter anderem das Zustandekommen der so folgenreichen Eheverbindung zwischen seinem Sohn Heinrich VI. und Konstanze von Sizilien (1186), der zu diesem Zeitpunkt bereits wahrscheinlichen Erbin des normannischen Königreichs.

Der Versuch, das 1187 von Saladin eroberte Jerusalem für die Christenheit zurückzugewinnen, wird wegen Friedrichs Tod am 10. Juni 1190 in Kleinasien oft als eine Art Abgesang stilisiert. Aber der vielleicht bestgeplante aller Kreuzzüge sollte den Höhepunkt, nicht das Ende von Barbarossas universaler Herrschaft markieren. Über die tatsächlichen Erfolgsaussichten sind nur müßige Spekulationen möglich, doch rechtfertigt das Auseinanderfallen des Expeditionsheeres nach des Kaisers Tod eindeutig auch die personenbezogene Darstellung hochmittelalterlicher Geschichte. Barbarossas Bedeutung als großer Exponent der westlichen universalen Kaiseridee wird auch nicht durch den Mißbrauch geschmälert, den Spätere mit seiner Person getrieben haben.

Die kurze Regierungszeit von Friedrichs Sohn Heinrich VI. (1190–1197) gilt als Höhepunkt der imperialen Politik der Staufer. Aber besonders seine Anfangsjahre verdeutlichen die nach wie vor engen Grenzen des königlich-kaiserlichen Machtpotentials. Mit Heinrich dem Löwen, vorzeitig aus dem englischen Exil zurückgekehrt, mußte sich der König kompromißweise arrangieren, um nach seinem 1189 angefallenen sizilischen Erbe greifen zu können. In Rom erreichte er zwar die Kaiserkrönung, aber er war zu schwach, um sich gegen den normannischen Prätendenten Tankred von Lecce durchzusetzen: Vor Neapel mußte Heinrich VI. umkehren. Eingriffe des Kaisers in Bistumsbesetzungen nach der Rückkehr führten in Deutschland zu einer weiträumigen, von der welfisch-englischen Opposition unterstützten Aufstandsbewegung. Erst ein nicht ganz zufälliger Glücksfall befreite den Staufer aus seiner prekären Lage, nämlich die Festnahme des zum Reichsfeind erklärten englischen Königs Richard Löwenherz auf dem Heimweg vom Kreuzzug (1192 bei Wien). Er wurde vor seiner Freilassung (1194) vom Kaiser gnadenlos ausgepreßt: Richard mußte für sein Königreich den Lehnseid leisten und immenses Lösegeld in Silber bezahlen.

Die Verwendung dieser Mittel bestätigt die Schwerpunktverlagerung der staufischen Kaiserpolitik nach Süden. Denn Heinrich benützte das Silber, um Sizilien doch noch zu gewinnen, und besiegelte im zweiten Anlauf seinen Erfolg mit der Krönung im Dom von Palermo (Ende 1194). Mit der fast gleichzeitigen Geburt seines Sohnes Konstantin-Roger (dem späteren Friedrich II.) konnte in der Erbmonarchie Sizilien die Stauferherrschaft als gesichert gelten und durch den Einsatz deutscher Ministerialen ausgebaut werden. Heinrichs Versuch, durch den »Erbreichsplan« seiner Dynastie auch die deutsche Krone auf Dauer zu sichern, scheiterte jedoch – mehr am Widerstand des Papstes als an dem der Fürsten.

Mit weitgespannten politischen Plänen befaßt und im Aufbruch zum Kreuzzug begriffen, ist Heinrich VI. Ende 1197 ganz unerwartet wohl an Malaria gestorben, was für die Staufer eine dynastische Katastrophe und für die deutsche Geschichte vielleicht eine Schicksalswende bedeutete. Allerdings müssen alle Überlegungen zu den Erfolgschancen und Auswirkungen des »Erbreichsplans« bloße Spekulationen bleiben.

Die unmittelbare Folge von Heinrichs VI. frühem Tod war ein neuer staufisch-welfischer Thronstreit, bei dem der Kreis der Beteiligten weit über den der Königswähler hinausreichte. Die zu beobachtende »Europäisierung« ergab sich zwingend aus der Verbindung zwischen deutschem Königtum und universaler Kaiserpolitik, die ihrem Anspruch nach über die Reichsgrenzen hinausgriff. Für die Könige von England und Frankreich – beide waren im Kampf um den englischen Festlandsbesitz begriffen – war die Frage der Thronfolge 1197/1198 von ebenso legitimem Interesse wie für den Papst, der mit dem künftigen obersten Herrscher der westlichen Christenheit einen tragbaren Ausgleich zu finden hatte.

Die große Partei der Stauferanhänger, der Friedrich II. nicht zur Verfügung stand, entschied sich für Barbarossas Sohn Philipp von Schwaben (1198–1208). Die antistaufische Gruppierung im Nordwesten des Reichs, von England unterstützt, wählte dagegen Heinrichs des Löwen Sohn Otto IV. (1198–1218), dessen Herrscherqualitäten neuerdings wesentlich günstiger als in der bisherigen Forschung beurteilt werden.

In der machtpolitisch nicht entschiedenen Situation konnte Innozenz III. (1198–1216), einer der großen Päpste des Mittelalters, die weltlichen Befugnisse des geistlichen Oberhaupts wesentlich erweitern und schärfer formulieren. Aus der besonderen Nähe des Papsttums zu Gott leitete er konkrete Rechtsansprüche ab: die Verfügungsgewalt über die Kaiserkrone und außerdem den Auftrag zur Prüfung und gegebenenfalls Verwerfung der deutschen Königswahl. In der zur Jahreswende 1200/1201 ausgesprochenen Entscheidung des Papstes für Otto IV. wird ein Kreis bevorrechtigter Königswähler erwähnt – der erste Hinweis auf das spätere Kurkolleg. Politisch ließ sich das Königtum des Welfen zunächst nicht durchsetzen. Philipps Erfolg schien gesichert, bis seine Ermordung in Bamberg (1208) den vollständigen Umschwung brachte: im Herbst 1208 konnte Otto IV. erneut und diesmal ohne Gegenstimmen gewählt werden. Die historische Bedeutung des Thronstreits lag nicht in der oft beklagten »Verschleuderung des Reichsguts«, die unter Friedrich II. rasch wettgemacht wurde; langfristig wichtiger war neben dem erneuten Dynastiewechsel die kirchenrechtliche Fixierung des päpstlichen Einflusses auf die deutsche Königswahl. Dadurch wurde im späten 13. und im 14. Jahrhundert die Wiederherstellung eines aktionsfähigen Königtums immer wieder erschwert.

Wie im Jahrhundert zuvor König Heinrich V. wechselte auch jetzt der erfolgreiche Schützling des Papstes in die Bahnen traditioneller Kaiserpolitik – Indiz dafür, daß es in den Augen der Zeitgenossen keine realistische Alternative gegeben hat. Als Otto IV. nach der Kaiserkrönung in Rom (1209) trotz des päpstlichen Bannfluchs zur Eroberung Süditaliens aufbrach, griff Innozenz III., beeinflußt vom französischen König, auf die Staufer zurück, die er kurz zuvor noch als »Geschlecht der Kirchenverfolger« gebrandmarkt hatte. Er ließ den schon 1196 zum deutschen König gewählten Friedrich II. von einer antiwelfischen Fürstengruppe zum künftigen Kaiser erklären (1211). Friedrichs II. abenteuerlicher Wettlauf mit dem nach Deutschland zurückkehrenden Welfen ist oft und mit anziehenden Details erzählt worden. Bei der Erklärung seines raschen Erfolgs nach der glücklichen Ankunft in Konstanz sollten aber neben dem persönlichen Charme harte Fakten nicht außer acht gelassen werden: die Unterstützung des Papstes und das Geld des französischen Königs Philipp II. (1180–1223). Dessen Sieg bei Bouvines (1214) über Otto IV. und den englischen König hat endgültig für Friedrich II. entschieden. Der bedeutungslos gewordene Welfe starb 1218 auf der Harzburg.

Auch ohne weltanschaulich bedingte Überhöhung oder Dämonisierung bleibt Friedrich II. (1212–1250) eine der faszinierendsten Herrschergestalten des Mittelalters. Seine Sprachkenntnisse, wissenschaftliche Interessen und die Weite seines Horizonts geben ihm eine Sonderstellung, freilich innerhalb seiner Zeit und nicht als erratischer Vorbote einer fernen Zukunft. Völlig abwegig ist die häufige Frage nach seiner Zugehörigkeit zur deutschen Geschichte: gerade durch seine sizilisch-deutsche Herkunft entspricht er in geradezu idealer Weise der hochmittelalterlichen Konzeption des universalen Kaisertums, das keine »nationale« Beschränkung kennen konnte.

Trotz seiner Herrscherinteressen im Mittelmeerraum hat Friedrich II. genauso in der Geschichte des Reichsgebiets nördlich der Alpen tiefe Spuren hinterlassen. Um die Königswahl seines Sohnes Heinrich (VII.) (1220–1235, † 1242) zu ermöglichen und damit zugleich den Zusammenhalt zwischen dem Imperium und dem Königreich Sizilien zu sichern, garantierte er den geistlichen Reichsfürsten innerhalb ihrer Gebiete die alleinige Ausübung wichtiger, auch wirtschaftlich-fiskalisch interessanter Hoheitsrechte wie beispielsweise Münz- und Zollregalien (Bündnis mit den geistlichen Fürsten 1220). Diese Verleihung bedeutete nicht den Anfang der deutschen Territorialstaatlichkeit, sondern die Legitimierung bestehender Zustände als Voraussetzung des politischen Zusammenwirkens von Kaiser und Fürsten. Welchen Wert Friedrich II. darauf legte, zeigt das Schicksal seines Sohnes Heinrich (VII.). Durch den Versuch einer selbständigen (Territorial-)Politik geriet der König in Konfrontation mit den weltlichen Reichsfürsten, die daraufhin 1231 die gleiche Sicherstellung verlangten, die 1220 ihre geistlichen Standesgenossen erhalten hatten. Mit dem *Statutum* (Gesetz zugunsten der Fürsten 1232) entsprach Friedrich II. dieser Forderung. Der gedemütigte Sohn ließ sich kurz darauf in eine Rebellion gegen den Kaiser verwickeln, wurde abgesetzt und inhaftiert (1235); die Umstände seines Todes in Süditalien (1242) bleiben unklar.

Der Interessenausgleich mit den Fürsten hat allerdings, nur auf den ersten Blick überraschend, herrschaftsverdichtende und -erweiternde Aktivitäten der staufischen Reichsgewalt nördlich der Alpen nicht ausgeschlossen. Neben Indizien für weit nach Nordosten ausgedehnte Interessen (1226 Erhebung Lübecks zur Reichsstadt und Privilegierung des Deutschen Ordens für Ostpreußen) ist die erfolgreiche staufische Territorial- oder Reichslandpolitik besonders auffällig. Einige wenige Überlieferungsreste wie die Reichssteuerliste von 1241 belegen, daß zu dieser Politik zumindest in Ansätzen der Aufbau einer verschriftlichten Verwaltung gehört hat. Friedrichs II. triumphaler Zug nach Deutschland 1235, die Bestimmungen des damals erlassenen Mainzer Reichslandfriedens (z. B. Einsetzung eines königlichen Hofrichters), die Wahl des Kaisersohnes Konrad IV. zum römisch-deutschen König, die 1236 geplante und 1246 verwirklichte Einziehung des Herzogtums Österreich – dies alles zeigt nachdrücklich, welche Möglichkeiten der Reichsgewalt geblieben waren, trotz des angeblichen Verzichts in den Fürstenprivilegien von 1220 und 1232. Es ist wohl so: Gerade weil Friedrich II. die Stellung der Reichsfürsten grundsätzlich garantierte, konnte selbst bei längerer Abwesenheit seine Politik nördlich der Alpen zugunsten der staufischen Dynastie wirksam werden.

Das Schicksal der Staufer und damit die weitere Entwicklung der deutschen Geschichte hat sich aber in Italien entschieden. Nach der Kaiserkrönung (1220) hat Friedrich II. seine Herrschaft im Königreich Sizilien gesichert und mit dem Aufbau eines zentralen Verwaltungsapparates (auch für den Bereich der Wirtschaft) begonnen. Er geriet allerdings darüber hinaus in seinen ersten schweren Konflikt mit der Papstkirche. Wegen der wiederholten Verschiebung des bereits 1215 gelobten Kreuzzugs wurde Friedrich II. von Papst Gregor IX. (1227–1241) gebannt, er brach trotzdem 1228 ins Heilige Land auf und erreichte überraschend durch Verhandlungen mit Sultan al Kamil von Ägypten die Rückgabe Jerusalems an die Christen (1229). 1230 konnte er sich im Frieden von San Germano nochmals mit dem Papst einigen, aber der Versuch des Kaisers, von der gesicherten Basis im Süden aus Oberitalien wieder unter seine Macht zu bringen, führte zum endgültigen Bruch: die Kirche mußte diese aus ihrer Sicht tödliche Umklammerung nach Möglichkeit verhindern. 1239 wurde Friedrich II. vom Papst erneut gebannt. Die sich anschließende wortgewaltige Auseinandersetzung zwischen Kaiserhof und Kurie mit ihren wechselseitigen Anschuldigungen ist der Ursprung mancher Friedrich-Mythen, wie etwa seiner heimlichen Zuneigung zum Islam. Auf Betreiben Papst Innozenz' IV. (1243–1254) wurde der Staufer in rechtsförmlichem Verfahren auf dem Konzil von Lyon für abgesetzt erklärt (1245). Er erlitt danach zwar Rückschläge, aber trotz der Niederlage von Parma (1248) war seine Stellung in Italien nicht ernsthaft gefährdet, als der Kaiser, erst sechsundfünfzigjährig, überraschend starb (1250). Für die feste Verankerung der Stauferherrschaft zumindest im Königreich Sizilien spricht ihr Weiterbestehen bis zur unglücklichen Niederlage von Friedrichs Sohn Manfred gegen den vom Papst geförderten Prätendenten Karl von Anjou in der Schlacht von Benevent (1266). Selbst das Unternehmen des Friedrich-Enkels Konradin (1268 in Neapel hingerichtet), der allerletzte staufische Italienzug, war aufgrund des noch immer starken Stauferanhangs durchaus kein verzweifeltes Abenteuer ohne Erfolgsaussichten.

Für die deutsche Geschichte bedeutet der Untergang der Staufer gewiß einen gravierenden Einschnitt, aber keine Katastrophe. Endgültig gescheitert ist damals die hochmittelalterliche Konzeption eines universalen Kaisertums und zunächst auch die Ausübung einer wirksamen Königsgewalt in Deutschland, im *Regnum Teutonicum*. Für das Reich nördlich der Alpen mußten nun andere Organisationsformen entwickelt werden.

Literaturhinweise

Rahmenbedingungen

Abel, Wilhelm: Agrarkrisen und Agrarkonjunktur. Eine Geschichte der Land- und Ernährungswirtschaft Mitteleuropas seit dem hohen Mittelalter. 3., neubearb. und erw. Aufl. Hamburg/Berlin 1978.

Arnold, Klaus: Kind und Gesellschaft in Mittelalter und Renaissance. Paderborn/München 1980.

Aubin, Hermann / Zorn, Wolfgang (Hrsg.): Handbuch der Deutschen Wirtschafts- und Sozialgeschichte. Bd. 1: Von der Frühzeit bis zum Ende des 18. Jahrhunderts. Stuttgart ²1978.

Borst, Arno: Lebensformen im Mittelalter. Frankfurt a. M. ¹²1987.

Bosl, Karl: Europa im Aufbruch. Herrschaft, Gesellschaft, Kultur vom 10. bis zum 14. Jahrhundert. München 1980.

– Die Gesellschaft in der Geschichte des Mittelalters. Göttingen ⁴1987.

Brühl, Carlrichard: *Fodrum, gistum, servitium regis.* Studien zu den wirtschaftlichen Grundlagen des Königtums im Frankenreich und in den fränkischen Nachfolgestaaten Deutschland, Frankreich und Italien vom 6. bis zur Mitte des 14. Jahrhunderts. 2 Bde. Köln/Graz 1968.

Bumke, Joachim: Geschichte der deutschen Literatur im hohen Mittelalter. München 1990.

Cipolla, Carlo M. / Borchardt, Knut (Hrsg.): Bevölkerungsgeschichte Europas. München 1971.

– (Hrsg.): Europäische Wirtschaftsgeschichte. Bd. 1: Mittelalter. Stuttgart / New York 1983.

Ennen, Edith: Die europäische Stadt des Mittelalters. 4., erw. und Überarb. Aufl. Göttingen 1987.

– Frauen im Mittelalter. 4., überarb, und erw. Aufl. München 1991.

– / Janssen, Walter: Deutsche Agrargeschichte. Vom Neolithikum bis zur Schwelle des Industriezeitalters. Wiesbaden 1979.

Goetz, Hans-Werner: Leben im Mittelalter vom 7. bis zum 13. Jahrhundert. München ³1987.

Hägermann, Dieter / Schneider, Helmuth: Landbau und Handwerk. 750 v. Chr. bis 1000 n. Chr. Berlin 1991.

Haverkamp, Alfred: Juden und Christen zur Zeit der Kreuzzüge. Sigmaringen 1997.
Kühnel, Harry (Hrsg.): Bildwörterbuch der Kleidung und Rüstung. Vom Alten Orient bis zum ausgehenden Mittelalter. Stuttgart 1992.
Ludwig, Karl-Heinz / Schmidtchen, Volker: Metalle und Macht. 1000 bis 1600. Berlin 1992.
Rösener, Werner: Bauern im Mittelalter. München ³1987.
Sprandel, Rolf: Verfassung und Gesellschaft im Mittelalter. Paderborn 1975.
Werner, Karl Ferdinand: Naissance de la Noblesse. Paris 1998.
Witthöft, Harald: Münzfuß, Kleingewicht, Pondus Caroli und die Grundlegung des nordeuropäischen Maß- und Gewichtswesens in fränkischer Zeit. Ostfildern 1984.

Grundzüge der politischen Entwicklung

Abulafia, David: Herrscher zwischen den Kulturen. Friedrich II. von Hohenstaufen. Berlin 1991.
Althoff, Gerd: Otto III. Darmstadt 1996.
Angenendt, Arnold: Das Frühmittelalter. Die abendländische Christenheit von 400 bis 900. Stuttgart 1990.
Beumann, Helmut: Die Ottonen. 2., verb. und erw. Aufl. Stuttgart 1991.
Boockmann, Hartmut: Der Deutsche Orden. Zwölf Kapitel aus seiner Geschichte. München ³1989.
Borgolte, Michael: Die mittelalterliche Kirche. München 1992.
Bosl, Karl (Hrsg.): Handbuch der Geschichte der böhmischen Länder. Bd. 1: Die böhmischen Länder von der archaischen Zeit bis zum Ausgang der Hussitischen Revolution. Stuttgart 1967.
Boshof, Egon: Ludwig der Fromme. Darmstadt 1996.
Brühl, Carlrichard: Die Anfänge der deutschen Geschichte. Wiesbaden 1972.
– Deutschland – Frankreich. Die Geburt zweier Völker. Köln/Wien 1990.
Csendes, Peter: Heinrich VI. Darmstadt 1993.
Erkens, Franz-Reiner: Konrad II. Regensburg 1998.
Engels, Odilo: Die Staufer. 5., verb. Aufl. Stuttgart 1992.
Fried, Johannes: Die Formierung Europas 840–1046. München 1991.

Fried, Johannes: Der Weg in die Geschichte. Die Ursprünge Deutschlands bis 1024. Berlin 1994.
Fuhrmann, Horst: Einladung ins Mittelalter. 4., durchges. Aufl. München 1989.
Haverkamp, Alfred: Aufbruch und Gestaltung. Deutschland 1056–1273. München ²1993.
Hlawitschka, Eduard: Vom Frankenreich zur Formierung der europäischen Staaten- und Völkergemeinschaft 840–1046. Ein Studienbuch zur Zeit der späten Karolinger, der Ottonen und der frühen Salier in der Geschichte Mitteleuropas. Darmstadt 1986.
Hucker, Bernd Ulrich: Kaiser Otto IV. Hannover 1990. (Monumenta Germaniae Historica. Historische Schriften. 34.)
Jakobs, Hermann: Kirchenreform und Hochmittelalter 1046–1215. 3., überarb. und erw. Aufl., München 1994.
Kantorowicz, Ernst: Kaiser Friedrich der Zweite. Berlin 1927. Erg.-Bd. Ebd. 1931. [Mehrere Aufl.]
Keller, Hagen: Zwischen regionaler Begrenzung und universalem Horizont 1024–1250. Berlin 1985.
Laudage, Johannes: Alexander III. und Friedrich Barbarossa. Köln/Weimar 1997.
Mayer, Hans Eberhard: Geschichte der Kreuzzüge. 7., verb. Aufl. Stuttgart [u. a.] 1989.
Opll, Ferdinand: Friedrich Barbarossa. Darmstadt 1990.
Prinz, Friedrich: Grundlagen und Anfänge. Deutschland bis 1056. München 1985.
Riché, Pierre: Die Welt der Karolinger. Übers. von C. und U. Dirlmeier. Stuttgart 1981.
– Die Karolinger. Eine Familie formt Europa. Übers. von C. und U. Dirlmeier. München 1991.
Schneider, Reinhard: Das Frankenreich. 2., überarb. und erw. Aufl. München 1990.
Seibt, Ferdinand (Hrsg.): Handbuch der Europäischen Geschichte. Bd. 2: Europa in Hoch- und Spätmittelalter. Stuttgart 1987.
Stürner, Wolfgang: Friedrich II. Tl. 1: Die Königsherrschaft in Sizilien und Deutschland 1194–1220. Darmstadt 1992.
Weinfurter, Stefan: Herrschaft und Reich der Salier. Grundlinien einer Umbruchszeit. Sigmaringen 1990.
Werner, Karl-Ferdinand: Deutschland. A. Begriff; geographisch-historische Problematik; Entstehung. In: Lexikon des Mittelalters. Bd. 3. München/Zürich 1986. Sp. 781–789.

Spätmittelalter

(Mitte 13. Jahrhundert bis Ende 15. Jahrhundert)

Von Ulf Dirlmeier

Epochenüberblick

Der Begriff »Spätmittelalter« ist verhältnismäßig jung, geprägt in den zwanziger und dreißiger Jahren unseres Säkulums, vorgeformt indes mit Wendungen wie »letzte Zeiten des Mittelalters« bereits in den Handbüchern des späten 19. Jahrhunderts. Jede Epocheneingrenzung und -beschreibung enthält Willkürliches, basiert auf zeittypischen Erfahrungen und gesellschaftlichen Befindlichkeiten. Für die deutschnationale Geschichtsschreibung des 19. und beginnenden 20. Jahrhunderts bedeutete in ihrer engen Verquickung mit der politischen Selbstdarstellung der wilhelminischen Epoche der Untergang der staufischen Königsdynastie das Ende des mittelalterlichen »Höhepunkts« deutscher Geschichte. Die Zeit danach konnte nur noch eine Ära des Verfalls sein. In der Tat hat die Forschung der letzten Jahrzehnte in vielfältigen Ansätzen deutlich werden lassen, daß mit der zweiten Hälfte des 13. Jahrhunderts eine neue Epoche einsetzte. Das »Neue« ist allerdings nicht als politische Zäsur zu beschreiben, es vollzog und entfaltete sich vielmehr in einem langfristigen sozialen, wirtschaftlichen, letztlich auch herrschaftlichen Wandlungsprozeß, dessen Wurzeln in jener Schwellenzeit um 1250 liegen. Das »Ende« des Spätmittelalters ist strittig und wird bis heute unterschiedlich interpretiert. In einer sehr deutschen Auslegung gilt als magischer Fixpunkt die Reformation. Die Grundlagen für diese Auffassung wurden bereits von Georg von Below und Willy Andreas zu Beginn des 20. Jahrhunderts formuliert, sie bestimmen im Verein mit der – je nach Geschmack – als zusätzlich oder dominant herausgestellten Erscheinung: »Entdeckung Amerikas« (1492) die wissenschaftlichen wie populären Geschichtsbilder bis heute.

Mit dem Begriff Spätmittelalter verbinden sich seit Anfang an Vorstellungen von Vergehen, Verfall, Absterben. Johan Huizinga hat diese Stimmung in dem Titel seines weithin bekannten kulturgeschichtlichen Werkes vom »Herbst des Mittelalters« (1919) wiedergegeben. Von wirtschaftsgeschichtlicher Seite schien Wilhelm Abels These von einer säkularen »Agrarkrise« bzw. – modifiziert – von einer »Agrardepression« in der Zeit zwischen 1300 und 1500 diese Einschätzungen zu bestätigen, doch man konnte in den letzten Jahren zahlreiche Steine aus Abels Lehrgebäude herausbrechen. Noch fehlen regional vergleichende empirische Untersuchungen, um es vollends zum Einsturz zu bringen. Den Krisencharakter des Spätmittelalters scheinen auch die Seuchenumzüge mit ihren tatsächlichen oder unterstellten demographischen Folgeerscheinungen, mit ihren Auswirkungen auf die Kulturlandschaft zu spiegeln. Ganz davon abgesehen, daß Wüstungsprozesse, vor allem Bevölkerungsentwicklungen aufgrund der schlechten Quellenlage erst seit dem Ende des 15. Jahrhunderts exakter meßbar und damit interpretierbar werden, sind der Ausbruch der Pest 1347 und die zahlreichen überregionalen Epidemien des 15. Jahrhunderts bis hin zum erstmaligen Auftreten der Syphilis gleichsam selbst Ausdruck eines entscheidend neuartigen Grundzuges der Epoche: der Internationalität. Mobilität, weite Reisen und die Erfahrung des Fremden bestimmten zwar das ganze Mittelalter, das Reisen wurde aber nun zu einem »massenhaften« Phänomen. Kaufleute, Handwerker wie Schuhmacher und Bäkker, selbst Ballenbinder haben sich auf Dauer in fremden, weit ab von ihrem Ursprung liegenden Regionen niedergelassen, vor allem die Wirtschaft, der Geld- und Warenverkehr wurden international – Entgrenzungen von Räumen allenthalben. Die oberdeutsche Wirtschaft lebte vom Italienhandel, brachte damit die Produkte der Levante und Indiens auf die deutschen Märkte; Köln und Frankfurt wurden zu Drehscheiben des Handels zwischen England, Flandern, Oberdeutschland und Italien; Lübeck entwickelte sich zum Haupt der Hanse, die einen von Nordosteuropa bis Flandern reichenden Wirtschaftsraum erschloß. Bargeldloser Geldverkehr zwischen Brügge und Florenz, Augsburg und Rom gehörte zum Alltag der europaweit agierenden Handelskompanien. Die Verstetigung des internationalen Austausches veränderte selbst die von vornherein auf Universalität angelegte Kirche. Die Überdehnung ihrer Internationalität sollte zu einem Movens der Reformation werden. Die intensive Großräumigkeit der Beziehungen führte letztlich auch zum Wandel der politischen Strukturen in Deutschland. Bei der Entscheidung zwischen zentralem Königtum/Kaisertum und fürstlicher Gewalt trugen zwar zunächst die Fürsten und ihre mehr und mehr von römisch-rechtlich ausgebildeten und international geschulten Juristen durchsetzten Verwaltungen den Sieg davon. Dem inneren Ausbau der Territorien folgte aber schließlich in der zweiten Hälfte des 15. Jahrhunderts nicht zuletzt durch die Internationalisierung der Konflikte – die Bedrohung durch die Osmanen, die aktuellen bzw. beginnenden Auseinandersetzungen mit Burgund und Frankreich – die Verdichtung des Reiches und die Ausbildung von Vorformen zentraler, vom König mehr oder minder unabhängig agierender Institutionen (z. B. Reichstag, Reichssteuergesetzgebung). In vielfältiger Hinsicht ist damit das Spätmittelalter nicht vorwiegend eine »Krisenzeit«, sondern eine Übergangszeit, zugleich eine Epoche, in denen sich gesellschaftliche Strukturen entwikkeln, die bis weit ins 18., ja teilweise ins 19. Jahrhundert hineinreichen.

Das Reich im Spätmittelalter: Die Rahmenbedingungen

Das Spätmittelalter erlebte einen tiefgreifenden Wandel der sozialen und wirtschaftlichen Grundbedingungen. Das stürmische Bevölkerungswachstum des Hochmittelalters geriet ab Ende des 13. Jahrhunderts ins Stocken, und spätestens gegen die Mitte des 14. Jahrhunderts erfolgte eine dramatische Trendumkehr. Erst in der zweiten Hälfte des 15. Jahrhunderts begannen die Bevölkerungszahlen, zunächst zögernd, wieder zuzunehmen.

Bevölkerungsentwicklung, Schätzwerte in Millionen

Jahr	Europa gesamt	Mittel- und Westeuropa	Reichsgebiet
1340	73	35	11
1450	53	24	8
1500	76	33	10,5

Die kausalen Zusammenhänge der demographischen Schwankungen in vorindustriellen Gesellschaften sind nicht endgültig geklärt. Sicher ist, daß die spätmittelalterliche Bevölkerungskrise durch äußere Einflüsse wesentlich verstärkt wurde. Dazu zählen Mißernten und Hungerkatastrophen wie die von 1315 und 1317, besonders aber die Rückkehr der Pest nach Europa, die dort zuletzt im frühen Mittelalter aufgetreten war. Nach dem dramatischen Seuchenzug von 1347 bis 1351 blieb sie bis weit in die Neuzeit eine immer wieder akut werdende Bedrohung.

Im Zusammenhang mit dem ersten Pestausbruch ab 1347, der örtlich wohl zu Sterberaten von mehr als 30 % geführt hat, kam es verbreitet zu irrationalen Reaktionen der Bevölkerung. Dazu gehörte die massenhafte Bußbewegung der

Geißler, vor allem aber das Auftreten von schweren Judenverfolgungen, deren eigentliche Ursachen tiefer im religiösen, wirtschaftlichen und sozialen Bereich zu suchen sind. Entgegen oft aufgestellten Behauptungen war es insgesamt jedoch nicht so, daß die Erschütterungen der Pestkatastrophe einen anhaltenden Zusammenbruch der öffentlichen Ordnung und der privaten Moral bewirkt hätten.

Mittelfristig hatte die von der Pest beschleunigte Bevölkerungsabnahme gravierende Folgen: Sie führte nicht nur zum Ende der Ostsiedlungsbewegung, sondern im gesamten Reich, besonders aber in den ungünstigeren Lagen, zu einem deutlichen Rückgang der Siedlungsdichte und des Kulturlandes. Bezogen auf den hochmittelalterlichen Höchststand dürfte diesem Wüstungsprozeß rund ein Viertel der ländlichen Siedlungen zum Opfer gefallen sein. Unbestreitbar ist auch, daß die veränderte Boden-Mensch-Relation des Spätmittelalters trotz der Aufgabe von Anbauflächen zu einem relativen Überangebot an Getreide und damit zu einem säkularen Absinken der Getreide-Durchschnittspreise geführt hat. Dieser langfristige Trend war für die Zeitgenossen natürlich kaum faßbar. Viel spürbarer waren die gerade für das Spätmittelalter typischen kurzfristigen Preisausschläge des Getreidemarktes, die in erntebedingten Krisenjahren mehrere hundert Prozent betragen konnten. Zweifellos waren marktabhängige Getreideproduzenten und die Bezieher von Agrarabgaben – neben geistlichen Institutionen besonders der Adel – vom säkularen Preisverfall des Getreides betroffen. Man hat daraus eine allgemeine Krise des Adels, speziell des niederen Adels, am Ausgang des Mittelalters ableiten wollen. Neuere Forschungen können aber zeigen, daß Auswege vorhanden waren und genutzt wurden, beispielsweise der gut bezahlte Solddienst oder der wesentlich risikoärmere Dienst für einen Landesherrn.

Neben Merkmalen der Rezession gibt es in der spätmittelalterlichen Landwirtschaft durchaus positiv zu bewertende Tendenzen: Die Stagnation des Getreidemarktes erzwang Rationalisierung und Modernisierung, die erkennbar wird in der Vergrößerung der Höfe, besonders jedoch im Ausweichen auf Spezialkulturen wie Wein oder auf die Erzeugung tierischer Produkte, außerdem im Übergang zu Gewerbepflanzen für den Textilbereich (dem Leinengrundstoff Flachs, den Blau- bzw. Rotfärbepflanzen Waid und Krapp).

Erst recht kein einheitlicher Krisenbefund ergibt sich aus dem Blick auf die Städte und deren Wirtschaftsentwicklung im Spätmittelalter, das auch als »Blütezeit des Städtewesens« (P. Moraw) bezeichnet wird. Durch Zuwanderung vom Land konnten seuchenbedingte Bevölkerungsverluste weitgehend ausgeglichen werden, so daß der demographische Rückgang in den Städten unter dem Durchschnitt blieb. Diese relativ stabile Bevölkerung profitierte zweifellos vom langfristigen Sinken der Getreidepreise bei gleichzeitigem Steigen von Löhnen und von Preisen gewerblicher Produkte: die Kaufkraft von Zeitlöhnen, bezogen auf Grundnahrungsmittel wie Getreide (Brot) und Fleisch, lag in der Vergangenheit nie so hoch wie im Spätmittelalter. Trotzdem waren das keine rundweg »goldenen Zeiten«, denn die Verdienstmöglichkeiten waren begrenzt, das Dasein unsicher, und ein großer Teil der Stadtbewohner lebte am Rand des Existenzminimums, ohne die Möglichkeit zu eigenständiger Risiko- oder Altersvorsorge.

Die Dynamik spätmittelalterlicher Städte, die so wenig zum Bild einer allgemeinen Krise paßt, spiegelt sich in baulichen Entwicklungen (Straßenpflasterung, Repräsentativbauten), besonders deutlich aber im wirtschaftlichen Bereich durch die Entfaltung von Handel und Gewerbe. Textilproduktion (Barchentweberei), Metallgewinnung und -verarbeitung, Papierherstellung, Schiffbau, Geld- und Kreditwesen, schließlich noch der Buchdruck signalisieren innovatorische Impulse und qualitatives Wachstum.

Den großen Wirtschaftszentren im Reich gelang dabei die Überrundung der Mehrzahl ihrer mediterranen Konkurrenten und der Aufstieg in führende Positionen. Im Norden konnte der aus Kaufleutevereinigungen erwachsende Städtebund der Hanse den Handel in der Nord- und Ostsee dominieren, zudem in dieser Region bestimmenden politischen Einfluß ausüben. Ein vergleichbarer Zusammenschluß ist im Süden des Reiches nicht gelungen, doch die Wirtschaftsmacht von Städten wie Nürnberg und besonders Augsburg ist über die »Hochfinanz« (W. von Stromer) immer wieder in politische Geltung umgesetzt worden.

Die mittelalterliche Stadtentwicklung hat allerdings auch dunkle Seiten aufzuweisen. Dazu gehört an erster Stelle die Vernichtung bzw. Vertreibung der jüdischen Minderheit. Ökonomisch durch die Entwicklung des Kreditwesens entbehrlich geworden und ohne ausreichenden politischen Rückhalt, wurden die Juden Opfer von wiederholten Pogromen und Enteignungsaktionen, bei deren Vorbereitung ihre christlichen Konkurrenten aus der Hochfinanz teilweise eine häßliche Rolle gespielt haben. Innerhalb der christlichen Stadtbevölkerung verursachten die einseitige Vermögensentwicklung und die Machtverteilung zugunsten einer schmalen Führungsschicht wachsende soziale Spannungen, die sich in manchmal sehr blutigen Verfassungskonflikten entluden. Insgesamt zeigte sich in der städtischen Gesellschaft des späten Mittelalters eine Neigung zu Ausgrenzungen, Enge und Verhärtung – wenig günstige Aspekte für die frühneuzeitliche Entwicklung.

Es ist also gar nicht zu bestreiten, daß die spätmittelalterliche Gesellschaft in Stadt und Land erhebliche Krisenerscheinungen aufweist Doch dürfte es voreilig sein, diese Symptome zu einer das ganze Zeitalter kennzeichnenden generellen Krise zusammenzufügen. Dagegen sprechen neben den erwähnten wirtschaftlichen Indikatoren die im weitesten Sinn kulturellen Leistungen auf dem Gebiet des kirchlichen und profanen Bauwesens, der darstellenden Künste und ganz besonders der Wissenschaft: Das ausgehende Mittelalter erlebte den ersten Universitätsboom der deutschen Geschichte. Von Prag (1348) bis Tübingen (1477) wurden auf Reichsgebiet insgesamt 14 auf Dauer erfolgreiche Universitäten gegründet, und die Zahl der Immatrikulierten stieg im gesamten 15. Jahrhundert (Universitätsgründungen auf Reichsgebiet: Prag 1348; Wien 1365/1385; Heidelberg 1386; Köln 1388; Erfurt 1392; Leipzig 1409; Rostock 1419; Löwen 1426; Greifswald 1456; Freiburg i. Br. 1460; Basel 1460; Ingolstadt 1472; Mainz 1476; Tübingen 1477).

Trotz gegenläufiger Tendenzen wurden somit im Spätmittelalter die Grundlagen dafür geschaffen, daß Teile des Reichs im 16. Jahrhundert zu den wirtschaftlich und technisch führenden Regionen Europas zählten. Allerdings gilt dies nicht für das Reich als Ganzes, denn es entspricht der Verfassungsentwicklung, daß auf Reichsebene eine unmittelbare Kommunikation mit »der Wirtschaft« kaum mehr möglich war. Dagegen sind dem Fürstenstaat zunehmend Ordnungs- und Gestaltungskompetenzen auch wirtschaftlichen Inhalts zugewachsen. Das war Teil der Entwicklung zum modernen Staat, die in Deutschland eben in den Territorien stattfand und bereits im späten Mittelalter eingeleitet wurde.

Vom Ende der Staufer zum Wahlkönigtum
(Mitte 13. Jahrhundert bis Mitte 14. Jahrhundert)

1252 Der letzte Stauferkönig, Konrad IV., zieht nach Italien.
1254 Gründung des Rheinischen Städtebunds.
1256 Wilhelm von Holland fällt bei Alkmaar im Kampf gegen die Friesen.

1257	Doppelwahl: Richard von Cornwall († 1272) und Alfons von Kastilien († 1284); Kurkolleg erstmals erkennbar.
1266	Manfred, letzter Stauferkönig von Sizilien, fällt in der Schlacht von Benevent.
1267/1268	Italienzug Konradins.
1273–1291	Rudolf von Habsburg, gegen Ottokar II. von Böhmen gewählt.
1273/1274	Programm der Rückforderung (Revindikation) entfremdeten Reichsguts.
1278	König Ottokar von Böhmen unterliegt Rudolf in der Schlacht von Dürnkrut.
1278/1282	Rudolf verleiht die Herzogtümer Österreich und Steiermark an seine Söhne.
1291	Friedensbund zwischen Uri, Schwyz, Nidwalden.
1292–1298	Adolf von Nassau.
1296	Adolf verkündet die Einziehung von Meißen und Thüringen.
1298	Schlacht von Göllheim, Albrecht von Habsburg siegt über Adolf.
1298–1308	Albrecht I. von Habsburg.
1299	Vertrag mit König Philipp dem Schönen von Frankreich.
1301/1302	Niederwerfung der rheinischen Kurfürsten durch Albrecht.
1303	Albrecht erlangt die Approbation von Papst Bonifaz VIII.
1304	Beginn von Albrechts Zugriff auf Böhmen.
1308	Ermordung Albrechts durch seinen Neffen Johann (Parricida).
1308–1313	Heinrich VII. von Luxemburg, ab 1312 Kaiser.
1309	Übersiedlung des Papstes Clemens V. nach Avignon.
1310/1311	Ehe zwischen Heinrichs Sohn Johann und Elisabeth von Böhmen. Krönung in Prag.
1310–1313	Italienzug Heinrichs.
1313	Kaiserkrönung in Rom.
1314	Doppelwahl: Ludwig der Bayer (1314–1347, ab 1328 Kaiser) und Friedrich der Schöne von Österreich (1314–1330).

1315	Niederlage der Habsburger am Morgarten gegen die auf Ludwigs Seite stehenden Schweizer Eidgenossen.
1322	Ludwig besiegt Friedrich bei Mühldorf (Inn).
1324	Ludwig wird von Papst Johann XXII. gebannt.
1327–1330	Italienzug Ludwigs mit Kaiserkrönung in Rom.
1335–1337	Vergebliche Verhandlungen mit Papst Benedikt XII.
1338	Kurverein von Rhense und Kaisergesetz Ludwigs.
1342	Erwerbung der Grafschaft Tirol durch Ludwig.

Nach dem Scheitern der tendenziell im wesentlichen auf Italien ausgerichteten staufischen Kaiserpolitik stellte sich dem römisch-deutschen Königtum die Aufgabe, seine Stellung im Reich neu zu gestalten. Die Erfolge in Richtung einer zentralen Monarchie, vergleichbar mit der Entwicklung bei den westeuropäischen Nachbarn, blieben allerdings sehr bescheiden. Damit wurde im Spätmittelalter eine den Gang der neuzeitlichen deutschen Geschichte bestimmende Entscheidung getroffen: für den Aufstieg der landesherrlichen Dynastien, *für die Territorialisierung des Reiches*. Das wird heute nicht mehr nur negativ bewertet, man sieht hier vielmehr auch die Grundlage der politischen und kulturellen Vielfalt in Deutschland anstelle eines hauptstadtorientierten Zentralismus. Die föderative Struktur der Bundesrepublik hat ihre historischen Wurzeln im Mittelalter.

Nachdem Konrad IV., der letzte Stauferkönig, nach Italien abgezogen war (1252), konnte sich keiner der unter starker Beteiligung des Auslands gewählten Könige allgemein durchsetzen. Wilhelm von Holland, der wohl die besten Aussichten hatte, fiel schon 1256 im Kampf gegen die Friesen. Alfons von Kastilien hat das Reichsgebiet nie betreten, und Richard von Cornwall ist nicht über das Niederrheingebiet hinausgekommen. Aus den rund zwei Jahrzehnten dieses *Interregnums* sind zwei Ereignisse verfassungsgeschichtlich bemerkenswert: 1254 versuchten die Städte, vereinigt im »Rheinischen Städtebund«, erstmals gestaltend in die Reichspolitik einzugreifen. Der von manchen Forschern als Hinweis auf eine denkbare andere deutsche Geschichte (Bürgertum und König gegen die Fürsten) aufgewertete Bund beweist indessen nur, daß die Interessen der Städte für einen weiträumigen, dauerhaften Zusammenschluß viel zu gegensätzlich waren: an der Doppelwahl von 1257 (Alfons von Kastilien und Richard von Cornwall) ist der Bund bereits zerbrochen. Von eben dieser Wahl an – dies das zweite wichtige Ereignis der Verfassungsgeschichte – kann man de facto von »Kurkolleg« und »Kurfürsten« sprechen, denn aus dem ursprünglich viel größeren Kreis der Königswähler waren nurmehr beteiligt: die rheinischen Erzbischöfe von Mainz, Trier und Köln, der König von Böhmen, der Pfalzgraf bei Rhein, der Herzog von Sachsen und der Markgraf von Brandenburg.

Die gewachsene Macht und Selbständigkeit dieses Wählerkollegiums hat den Gestaltungsspielraum des Königtums ebenso eingeschränkt wie die weiterbestehende Verbindung mit dem Kaisertum. So war die Besetzung des deutschen Throns eine Frage von europäischem Interesse, mit der unvermeidlichen Folge auswärtiger Interventionen. Vor allem wurde das Papsttum, unter Bonifaz VIII. (1294–1303) auf dem Höhepunkt seiner weltlichen Machtfülle angelangt, zu einem zeitweise dominierenden Faktor der Reichspolitik und beanspruchte Befehlsgewalt über den deutschen König.

So war es Gregor X. (1271–1276), der nach dem Tod Richards von Cornwall (1272) ultimativ eine Neuwahl verlangte und damit zugleich Alfons von Kastilien als Reichsoberhaupt verwarf. Die kurfürstlichen Wähler entschieden sich 1273 in Frankfurt gegen den mächtigen Böhmenkönig

Ottokar II. Przemysl, dessen Herrschaft dank Gewinnen aus der nachstaufischen Zeit »von der Adria bis zur Ostsee« (H. Thomas) reichte. Ihr Kandidat, von dem sie sich die Ausübung einer legitimationsstiftenden, aber nicht übermächtigen Königsgewalt erwarten konnten, war Rudolf von Habsburg (1273–1291), der bis heute wohl populärste König des Spätmittelalters. Er war nur Graf, kein Reichsfürst, trotzdem keineswegs so »arm«, wie es die anekdotische Überlieferung will. Man kann ihn als einen der erfolgreichsten und mächtigsten Territorialherren des Südwestens bezeichnen.

Kurfürsten und Papst gegenüber mußte Rudolf Entgegenkommen zeigen, dennoch hat er auf die Stärkung seiner Königsmacht nicht verzichtet. Sein wichtigstes Instrument dabei war die Wiedergewinnung (Revindikation) staufischen Reichsguts. Trotz Anfangserfolgen erwies es sich allerdings, daß geschlossene Reichsgutkomplexe als Basis der Königsherrschaft nicht mehr zu gewinnen waren. Rudolfs Revindikationspolitik hat dennoch ihre Spuren in der Geschichte hinterlassen: sie gab ihm den Rechtstitel zum Vorgehen gegen Ottokar von Böhmen. Nach dem entscheidenden Sieg über den Böhmenkönig (Dürnkrut 1278) übertrug Rudolf die Herzogtümer Österreich, Steiermark und Kärnten seinen Söhnen (1278, 1282). Das war der Ausgangspunkt für den weit über die Reichsgeschichte hinauswirkenden Aufstieg der Habsburgerdynastie im Südosten.

Da Rudolfs Griff nach der Kaiserkrone fehlschlug, war es ihm nicht möglich, als Kaiser zu Lebzeiten einen Sohn zum König und Nachfolger wählen zu lassen. 1291 mißlang ein letzter Versuch, doch noch den einzigen überlebenden Sohn, Albrecht, durchzusetzen. Damals wurde zur gegenseitigen Absicherung der Friedensbund zwischen Uri, Schwyz und Nidwalden geschlossen, im Rückblick betrachtet der Anstoß zur späteren Sonderentwicklung der Schweizer Eidgenossenschaft.

Statt Albrecht wollten die Wähler 1292 den mittelrheinischen Grafen Adolf von Nassau (1292–1298), womit sie sich für einen schwachen Kandidaten entschieden. Der von Rudolf von Habsburg eingeschlagene Weg zu einer ausgeglicheneren Machtverteilung zwischen Königtum und Territorialfürsten im Reich wurde so schon wieder verlassen. Daß Adolf seine Wähler düpierte und wie sein Vorgänger »Hausmachtpolitik« betrieb (Erwerb von Thüringen und Meißen), blieb bei der Kürze seiner Herrschaft bedeutungslos. In der Schlacht von Göllheim bei Worms (1298), häufig als eine der letzten Ritterschlachten des Mittelalters bezeichnet, fiel Adolf im Kampf gegen Albrecht von Österreich, den die Kurfürsten in rechtlich zweifelhafter Weise gegen ihn auf den Thron erhoben hatten.

Albrecht I. (1298–1308) gilt als erster »Fürstenkönig« (P. Moraw) des Spätmittelalters, das heißt als erster Herrscher mit fürstlicher Hausmacht als Basis. Seine Regierungszeit verdeutlicht zweierlei sehr nachdrücklich: einerseits, welche Möglichkeiten zum Machterwerb dem deutschen König noch immer offenstanden; andererseits aber, wie weit sich der Einfluß des Papstes durchgesetzt hatte, für den das Reichsoberhaupt so etwas wie eine Schachfigur wurde im Konflikt mit dem mächtig aufstrebenden König Philipp dem Schönen von Frankreich (1285–1314). Albrechts Ausgreifen in den Nordwesten des Reichs begründete eine territorialpolitische Konstante der Habsburger im Spätmittelalter. Der Versuch, durch den Erwerb von Holland und Seeland die wichtigste Verkehrsstraße des Reichs vom Gotthard bis zur Rheinmündung zu kontrollieren, scheiterte allerdings. Die mißtrauisch gewordenen rheinischen Kurfürsten planten bereits Albrechts Absetzung (1300), wurden aber vom König allesamt geschlagen (1301/1302).

Für den siegreichen Habsburger war nun die Aussöhnung mit dem Papst vorrangig, der ihn bis dahin wegen des Thronstreits mit Adolf von Nassau scharf ablehnte. Eine Verhandlungsdelegation erreichte 1303 die ersehnte Approbation nur unter demütigenden Bedingungen (Gehorsamseid). Daß Bonifaz VIII. gleichwohl den Vorrang des Reiches in der Christenheit hervorhob, macht den politischen Zusammenhang klar: ihm ging es um einen Bundesgenossen in der Auseinandersetzung mit Philipp dem Schönen von Frankreich. Von der Hypothek der faktischen Unterwerfung wurde Albrecht ohne eigenes Verdienst durch Bonifaz' jähen Sturz (Attentat von Anagni 1303) glücklich befreit. Bevor Erfolg oder Mißerfolg seiner territorialpolitischen Wendung nach Osten (Böhmen) feststand, wurde Albrecht I. 1308 von seinem Neffen Johann erschlagen.

In der erneut offenen Nachfolgesituation schien die Thronbesteigung des Kapetingers Karl von Valois möglich, die sein Bruder, der französische König Philipp der Schöne, sorgfältig vorbereitet hatte. Diese Konstellation, für deutschnationale Historiker des 19. Jahrhunderts eine Schreckensvision, war für die Zeitgenossen nicht ungewöhnlich. Es war auch keineswegs eine »nationale Reaktion«, daß sich die Kurfürsten, beeinflußt vom Trierer Erzbischof Balduin, für dessen Bruder Heinrich VII. von Luxemburg (1308–1313) entschieden haben. Man kannte im Westen des Reiches die Herrschaftsmethoden der Kapetinger und fürchtete sie.

Aus der kurzen Regierungszeit des Luxemburgers sind zwei Ereignisse hervorzuheben: die »Erwerbung« Böhmens für das Haus Luxemburg und der Zug zur Kaiserkrönung nach Italien. Bei der Verpflanzung der luxemburgischen Dynastie nach Böhmen handelt es sich keineswegs um zielgerichtete Territorialpolitik nach dem Vorbild von Heinrichs VII. Vorgängern. Vielmehr lag die Initiative eindeutig bei einer böhmischen Adelsgruppe, auf deren Drängen Heinrichs Sohn Johann 1310 mit der Königstochter Elisabeth von Böhmen verheiratet und 1311 in Prag gekrönt wurde. Die dauerhafte Etablierung des Hauses Luxemburg in Böhmen mit ihren weitreichenden Folgen war damals allenfalls eine Option. Heinrich VII. selbst hat von diesem Zuwachs für seine Dynastie keinerlei konkreten Nutzen gehabt. Er wollte auch kein territorial fundiertes Königtum wie seine Vorgänger, sondern eine wieder auf das Kaisertum abgestützte Herrschaft. Heinrichs Italienzug (1310–1313) wurde in der Forschung oft als hoffnungslos anachronistisch bewertet, aber er zeigte doch, daß im wirtschaftlich hochentwickelten Oberitalien noch immer Reichsrechte aktiviert und finanziell genutzt werden konnten. Besonders beachtlich ist, daß der Luxemburger nach seiner Kaiserkrönung (1312) – der ersten nachstaufischen – unter Berufung auf die Würde seines Amtes päpstliche Forderungen und Anordnungen zurückgewiesen hat. Im Gegensatz zu seinen Vorgängern wagte er also eindeutigen Widerstand, allerdings gegenüber einem unter Clemens V. (1305–1314) entscheidend geschwächten Papsttum (Übersiedlung nach Avignon 1309).

Nicht genug mit den Dynastiewechseln seit 1273, die mit dem Ausbau der Königsmacht in Frankreich so scharf kontrastieren: von 1314 an führte das Fehlen verbindlicher Wahlregelungen im Reich überdies noch zu dem achtjährigen Thronstreit zwischen dem Wittelsbacher Ludwig von Bayern (1314–1347), von den Luxemburgern unterstützt, und Friedrich von Österreich (1314–1330), dem Kandidaten der Habsburger. Unter anderem begünstigt durch die habsburgischen Verluste im Konflikt mit der entstehenden Eidgenossenschaft (Schlacht am Morgarten 1315), konnte sich Ludwig 1322 bei Mühldorf am Inn entscheidend durchsetzen. Danach entfaltete er, gestützt auf sein Kernland Oberbayern mit München als Hauptstadt, eine erfolgreiche Erwerbspolitik. Durch Heirat, Erbe und Einzug vakanter Lehen gewann er die Mark Brandenburg, Niederbayern, Holland, Seeland, Hennegau und Friesland. Zusammen mit den Aussichten auf Tirol und Oberitalien eröffnete er den Wittelsbachern damit Chancen, zur mächtigsten Dynastie im Reich aufzusteigen.

Der Erfolg im Reich bescherte Ludwig aber die Auseinandersetzung mit der Papstkirche, ein unerwünschtes hochmittelalterliches Erbe, von dem er sich nicht zu befreien vermochte. Wegen seines Eingreifens in Oberitalien wurde er vom Papst gebannt und beging den Fehler, sich auf ein kirchenrechtliches Verfahren einzulassen. Von führenden papstkritischen Theologen (Marsilius von Padua, Wilhelm von Ockham) unterstützt, konnte der Wittelsbacher zwar zeitlebens eine Unterwerfung vermeiden, eine grundsätzliche Neugestaltung der Beziehungen zur Kirche wurde aber nicht erreicht: Ludwig schwankte, auch nach der römischen Kaiserkrönung (1328), zwischen höchsten Ansprüchen und der Bereitschaft zum Einlenken. In den Rahmen der bewegten Auseinandersetzung gehört ein »erster Höhepunkt der Reichsverfassungsgeschichte« (P. Moraw) im Spätmittelalter: der »Rhenser Kurverein« von 1338. Dabei handelte es sich nicht um eine nationale Reaktion gegen die Ansprüche der Kurie, sondern in erster Linie um den Schutz kurfürstlicher Eigeninteressen. Doch wurden darüber hinaus Reichsrechte eindeutig formuliert: ein mehrheitlich gewählter deutscher König braucht keine päpstliche Approbation. Zusammen mit Ludwigs gleichzeitig verkündetem Gesetz, das die Verleihung der Kaiserwürde an die Königswahl band, wurde die Richtung gewiesen für ein von päpstlicher Bevormundung befreites Königtum. Dieses Ziel selbst zu erreichen, hatte Ludwig allerdings keine Chance, obwohl er bis zu seinem Tod auf der Jagd (1347) unbesiegt geblieben ist.

Neue Ansätze zur Gestaltung des Reiches ab der Mitte des 14. Jahrhunderts

1346–1378	Karl IV., ab 1355 Kaiser.
1347–1351	Rückkehr der Pest nach Europa. Judenverfolgungen.
1348	In Prag Gründung der ersten deutschen Universität durch Karl.
1354/1355	Erster Italienzug Karls mit Kaiserkrönung in Rom.
1356	Erlaß der Goldenen Bulle: Regelung der Königswahl, Rechte der Kurfürsten. Erster Hansetag, Beginn der Entwicklung zur Städtehanse.
1368/1369	Karls zweiter Italienzug.
1373	Kauf der Mark Brandenburg durch Karl.
1376	Königswahl Wenzels. Zusammenschluß des Schwäbischen Städtebunds.
1378	Beginn der abendländischen Kirchenspaltung (Schisma).
1378–1400	Wenzel († 1419).
1384	Ausgleich zwischen Fürsten und Städten (Heidelberger Stallung).
1386	Niederlage der Habsburger bei Sempach gegen die Schweizer Eidgenossen.
1388/1389	Städtekrieg und abschließender Landfriede von Eger.
1400	Absetzung Wenzels durch die vier rheinischen Kurfürsten.
1400–1410	Ruprecht von Wittelsbach.
1401/1402	Ruprechts gescheiterter Italienzug.
1405	Zusammenschluß der Gegner Rudolfs im Marbacher Bund.
1410	Doppelwahl: Siegmund (1410–1437, ab 1433 Kaiser) und Jobst von Mähren († 1411).
1411/1415	Siegmund überträgt die Mark Brandenburg an Graf Friedrich von Zollern.
1413	Vorbereitung des Konstanzer Konzils durch Siegmund.
1414–1418	Konzil von Konstanz.

1415 Verurteilung und Hinrichtung des Jan Hus in Konstanz.
1417 Wahl Papst Martins V.; Ende des Schismas.
1419 Beginn der hussitischen Revolution in Böhmen.
1422/1427 Festlegung militärischer und finanzieller Leistungen des Reiches für den Kampf gegen die Hussiten.
1431–1433 Italienzug Siegmunds mit Kaiserkrönung in Rom.
1433 Ausgleich mit den gemäßigten Hussiten (Prager Kompaktaten).
1438–1439 Albrecht II. von Habsburg.
1440–1493 Friedrich III., ab 1452 Kaiser.
1442 Erfolgloser Reichsreformplan Friedrichs.
1444–1449 Soester Fehde.
1448 Abschluß eines Konkordats für Österreich.
1448–1453 Städtekrieg; Nürnberg gegen Markgraf Albrecht Achilles von Zollern.
1450–1456 Münstersche Stiftsfehde.
1452 Italienzug Friedrichs mit Kaiserkrönung in Rom.
1452–1463 Territoriale Auseinandersetzungen Friedrichs mit seinem Bruder Albrecht VI. von Österreich.
1457/1458 Nach dem Tod des Ladislaus Postumus setzt sich in Böhmen Georg von Podiebrad († 1471), in Ungarn Matthias Corvinus († 1490) durch.
1458–1460 Schinderlingszeit (Münzkrise).
1471 Friedrich nimmt erstmals wieder an einem Reichstag teil.
1473 Friedrich bricht das Trierer Treffen mit Karl dem Kühnen von Burgund (1465–1477) vorzeitig ab.
1474/1475 Belagerung von Neuß durch Karl den Kühnen; Aufgebot eines Reichsheers.
1476 Karl der Kühne bestätigt öffentlich das Eheversprechen zwischen Maria von Burgund und Maximilian von Österreich.
1476 Niederlagen des Burgunderherzogs bei Grandson und Murten.
1477 Niederlage und Tod Karls des Kühnen in der Schlacht von Nancy.

1477	Hochzeit Maximilians mit Maria, Beginn der Kämpfe mit Frankreich um das burgundische Erbe.
1482	Tod Marias von Burgund.
1486	Maximilian in Frankfurt zum König gewählt.
1488	Gefangenschaft Maximilians in Brügge; Aufgebot eines Reichsheers.
1489	Offizielle Zulassung der Städte zu Reichstagen.
1493	Im Frieden von Senlis behauptet Habsburg im wesentlichen das burgundische Erbe.
1493–1519	Maximilian I., ab 1508 Kaisertitel.
1494	König Karl VIII. von Frankreich marschiert in Italien ein.
1495	Wormser Reichstag. In den »Beschlüssen von Worms« Weichenstellungen für die künftige Verfassungsentwicklung im Reich.

Erst der Luxemburger Karl IV. (1346–1378), zum Gegenkönig erhoben, erreichte einen Durchbruch zur Neuordnung der Reichsverfassung und den Wiederaufstieg des Königtums zur gleichberechtigten Stellung im politischen Kräftespiel Europas, auch gegenüber der Papstkirche. Im Vergleich zu seinen Vorgängern konnte er eine Machtfülle erreichen, die als »hegemoniales Königtum« (P. Moraw) eingestuft wird. Das war zu Beginn keineswegs absehbar, denn der Luxemburger wurde wegen seiner vom Papst geförderten Wahl zunächst als »Pfaffenkönig« abqualifiziert, und die Reichsstädte konnte er im wesentlichen erst durch den Ausgleich mit der Wittelsbacher Partei (1350) für sich gewinnen. Es zeigt die fehlende Kommunikation zwischen hoher Reichspolitik und der breiten Bevölkerungsmehrheit, daß die seit 1348 auch nördlich der Alpen mit voller Wucht grassierende Pest Karls Aufstieg nicht erkennbar behindert oder zu einer Unterbrechung der politischen Auseinandersetzung geführt hat. An der damals verbreiteten Inszenierung von Judenpogromen war der

Luxemburger allerdings in unrühmlicher Weise direkt beteiligt. Zumindest in Nürnberg (1349) hat er von der Vernichtung der Judengemeinde unmittelbar und materiell profitiert.

Von Böhmen mit dem zur Hauptstadt aufgewerteten Prag griff Karls dynastische Territorialpolitik weit nach Norden und Osten (Ostseeraum, Polen, Ungarn) aus. Sein Interesse an Positionen längs der Achse Prag–Nürnberg–Frankfurt, der Plan einer neuen Handelsverbindung Adria-Prag-Ostsee und seine Verbindungen zur erfolgreichen Hanse beweisen, daß der Territorialerwerb nicht zuletzt im Hinblick auf wirtschaftliche Vorteile konzipiert war.

Karls erster Italienzug brachte ihm zwar die Kaiserkrone, aber wenig Respekt oder Zuneigung bei den zeitgenössischen italienischen Chronisten, denen die fiskalische Nutzung der Reichsrechte krämerhaft und wenig herrscherlich erschien. Trotzdem bedeutete der Kaisertitel einen Autoritätsgewinn für den Luxemburger, der ihm den nach Rhense (1338) entscheidenden zweiten Schritt in der spätmittelalterlichen Verfassungsentwicklung ermöglichte: den Erlaß der Goldenen Bulle (1356). Sie enthielt vor allem die definitive Regelung der Rechte der Kurfürsten, die Festlegung des Verfahrens bei der Königswahl und die Bestätigung der vollen Handlungsfähigkeit des gewählten Königs – eine päpstliche Approbation wurde darin nicht erwähnt.

Von der Goldenen Bulle weniger begünstigt wurden neben den Habsburgern besonders die Reichsstädte, denen selbständige Zusammenschlüsse verboten wurden. Karl IV. hat zwar zu reichen Bürgern, besonders im oft besuchten Nürnberg, enge Beziehungen unterhalten. Die Städte als solche hat er aber weniger gefördert als finanziell belastet: 1373 mußten sie zum Kauf der Mark Brandenburg beitragen, 1376 die Königswahl von Karls Sohn Wenzel mitfinanzieren. Diese erstmals seit der Zeit

Friedrichs II. gegen alle Widerstände durchgesetzte Nachfolgeregelung zu Lebzeiten gehört unbestreitbar zu den Erfolgen der Spätzeit des Luxemburgers, zu denen auch der zweite Italienzug (1368/1369) und die Frankreichreise (1377/1379) zählen. Es sind dennoch Probleme erkennbar: Dazu gehört, gegen die Vorschriften der Goldenen Bulle, der Zusammenschluß süddeutscher Reichsstädte zum »Schwäbischen Städtebund« (1376), um weitere Geldforderungen des Kaisers abzuwehren, was als Beleg für die nachhaltige Vertrauenskrise zu sehen ist. Noch gravierender war aber 1378 der Beginn der großen abendländischen Kirchenspaltung (Schisma) durch die Wahl Urbans VI. in Rom und Clemens' VII. in Avignon. Den Ausbruch dieser Krise mit ihren negativen Folgen für die westliche Christenheit hatte Karl IV. nicht mehr aufhalten können.

Die Thronbesteigung seines Sohnes Wenzel (1378–1400, † 1419) hat der Dynastie und dem Königtum als solchem keinen Vorteil gebracht. Dazu mögen die schwierigen äußeren Bedingungen beigetragen haben, doch es zählt zu den unglücklichen Zufällen der Reichsgeschichte, daß Wenzel die Fähigkeiten fehlten, die vom Vater begonnene Festigung des Königtums weiterzuführen. Im Reich erschwerte der wachsende Einfluß der Einigungen und Sonderbünde die Herrschaftsausübung, Wenzel lavierte und verlor so seine Stellung über den Parteien. Trotz zeitweise energischer Ausgleichsbemühungen (Heidelberger Stallung 1384) konnte er den Zusammenstoß der Fürsten und Städte 1388 nicht verhindern. Die Herren erwiesen sich militärisch als eindeutig überlegen, dementsprechend brachte ihnen der Landfriede von Eger (1389), der eindeutige Höhepunkt von Wenzels Königtum, erhebliche Vorteile. Mit dauerhaften Folgen: zwar blieben die großen Reichsstädte je für sich politisch einflußreich, aber sie wurden nicht als dritter Machtfaktor neben Fürsten und Königtum institutionalisiert. Wenzel verlor wenig später durch die Adelsaufstände in Böhmen praktisch seine Handlungsfähigkeit im Reich. Von den vier rheinischen Kurfürsten wurde er 1400 in unrechtmäßigem Verfahren für abgesetzt erklärt, unter dem Vorwurf der Tatenlosigkeit im Schisma und der Minderung des Reiches. Er hat noch bis 1419 in Böhmen gelebt und die Anfänge von Jan Hus gesehen, Einfluß auf die Reichsgeschichte hatte er nicht mehr.

Mit der Wahl des Pfalzgrafen Ruprecht (1400–1410) wollten die rheinischen Kurfürsten die Entwicklung zum Königtum mit territorialer Basis im Osten des Reiches rückgängig machen. Obwohl sich Ruprecht durch moderne Züge seiner Verwaltung und die intellektuellen Qualitäten seiner Umgebung auszeichnete, fehlte es ihm an Macht für eine wirksame Herrschaft. Das Nebeneinander von Modernität und Erfolglosigkeit kennzeichnet unter anderem seinen Italienzug 1401/1402. Er wurde bis in die Details der Bezahlung im Zusammenspiel mit italienischer und oberdeutscher Hochfinanz vorausgeplant, aber am Ende blieb nur ein Schuldenberg in erdrückender Höhe. Ruprechts Scheitern zeigt, daß die westlichen Reichsfürsten gegenüber den Großdynastien im Osten kaum mehr in der Lage waren, das Königtum in ihren Reihen zu halten.

Durch die letzte mittelalterliche Doppelwahl kam die Krone wieder an das Haus Luxemburg; nach dem frühen Tod seines Vetters und Konkurrenten Jobst von Mähren († 1411) konnte sich jedoch Wenzels Bruder Siegmund (1410–1437) allgemein durchsetzen. Die Projekte und Aktivitäten des sprachgewandten letzten Luxemburgers waren derart umfassend und vielseitig, daß sich die Forschung mit seiner Würdigung bis heute ausgesprochen schwer tut.

Siegmund wurde nach seiner Wahl bezeichnenderweise durch politische Interessen, die von Polen bis zur Adria reichten, noch für vier Jahre vom Reich ferngehalten. Er hat in dieser Zeit trotzdem schon folgenreiche Maßnahmen eingeleitet: 1411 (endgültig und in vollem Umfang 1415) übertrug er die Mark Brandenburg an Burggraf Friedrich von Nürnberg aus dem Hause Zollern – im Rückblick betrachtet war dies eine Entscheidung mit weltgeschichtlichen Konsequenzen. Siegmund hat ferner 1413 in Gesprächen mit Papst Johannes XXIII. die Einberufung des Konstanzer Konzils (1414–1418) vorbereitet und ermöglicht. Auf dieser größten internationalen Konferenz des Mittelalters konnte mit der Wahl Papst Martins V. (1417–1431) das große Kirchenschisma beendet werden. Obwohl im übrigen die Kirchenreform nicht recht vorankam, war das ein Erfolg – auch für Siegmund persönlich. Schwer belastet wurde das Reich allerdings durch eine andere Konzilsentscheidung: die Verbrennung des Prager Kirchenkritikers und Reformators Jan Hus als Ketzer (1415) führte in Böhmen zum Ausbruch der hussitischen Revolution. Die theologischen, ständischen und sozialrevolutionären Zielsetzungen innerhalb der Bewegung waren teilweise konträr, aber ihre Stoßkraft war so groß, daß die militärische Intervention zu katastrophalen Niederlagen der Reichsheere führte. In der ab 1433 durch mühsame Verhandlungen beigelegten Auseinandersetzung werden immerhin erste Ansätze zur Entwicklung von Militär- und Finanzstrukturen des Reiches erkennbar, die dann im 16. Jahrhundert mit mehr Erfolg verwirklicht werden konnten.

Durch die Heirat seiner Tochter Elisabeth mit Herzog Albrecht V. von Österreich gelang Siegmund ein dynastisch bedeutsamer Schachzug. Daß davon ausschließlich das Haus Habsburg profitierte, konnte er nicht voraussehen. Seine Politik als Reichsoberhaupt – 1433 mit der Kaiserkrone geschmückt – macht dagegen den Eindruck des Unsteten. Siegmund schwankte zwischen Fürsten, Ritterschaft und den Städten, die er nur zeitweise auf seine Seite ziehen konnte. Weder gelang ihm die Wiederherstellung von Karls IV. hegemonialem Königtum noch die Entwicklung eines anderen Ansatzes zur geregelten Koexistenz der unterschiedlichen Machtfaktoren im Reich. So ist es sicher kein Zufall, sondern Ausdruck einer verbreiteten Stimmungslage, daß zu Siegmunds Zeiten mehr denn je über Reichsreformen geschrieben und geredet wurde. Das bekannteste Ergebnis ist die kurz nach des Kaisers Tod anonym erschienene *Reformatio Sigismundi.*

Der Übergang der Krone an das Haus Habsburg eröffnete 1438 eine in der deutschen Geschichte bis dahin unbekannte dynastische Kontinuität. Der Wechsel beruhte nicht auf »springender« Wahl, sondern entsprach Siegmunds Ehepolitik und seinem ausdrücklichen Willen. Nach dem vorzeitigen Tod Albrechts II. (1438–1439) folgte mit Friedrich III. (1440–1493) die längste Regierung eines mittelalterlichen Reichsoberhaupts, und eine besonders problematische dazu. Dies deswegen, weil in den Jahrzehnten dieses Herrschers neben Phasen der Inaktivität, Machtlosigkeit und Erniedrigung auch auf vielen Gebieten Neuansätze und Weichenstellungen für die Zukunft zu beobachten sind. Dabei ist der Anteil kaiserlichen Wollens und Planens oft nur schwer faßbar: Der Wandel der Rahmenbedingungen in der zweiten Hälfte des 15. Jahrhunderts war sicher eine ganz eigenständige Entwicklung, aber wie weit konnte Friedrich III. den Aufstieg des Hauses Habsburg tatsächlich vorausplanen? Sind die am Ende seiner Regierungszeit erkennbaren Erfolge ein Ergebnis der kaiserlichen Beharrlichkeit oder nur des physischen Überlebens? Und wie erklärt sich das Nebeneinander von kaufmännischer Rationalität und – in unseren Augen – naivem Aberglauben bei Friedrich? Nach der Aachener Krönung (1442) und einem fehlgeschlagenen Anlauf zur Stärkung der Königsgewalt im Reich ist Friedrich III. in seine Erblande zurückgegangen, bis 1471 hat er an keinem Reichstag mehr teilgenommen und persönliches Eingreifen in Reichsangelegenheiten vermieden. Nur am Konflikt mit der machtvoll expandierenden Eidgenossenschaft war er unmittelbar beteiligt, aber im Interesse der Habsburger, nicht des Reiches. Als König erlitt er vor allem im Südwesten einen schwerwiegenden Ansehensverlust, als er im Rahmen dieser Auseinandersetzung 1444 die gewalttätigen Söldnerbanden der Armagnaken ins Land holte, aber nicht kontrollieren konnte.

Nur durch Schriftsätze beteiligt war Friedrich III. am sogenannten Zweiten Städtekrieg mit Markgraf Albrecht Achilles und der Stadt Nürnberg als Protagonisten. Der Ausgang dieses Konflikts (1448–1453) entschied trotz Nürnbergs Selbstbehauptung erneut gegen die Städte als selbständigen Machtfaktor der Reichspolitik. Friedrichs Abwesenheit bei den inneren Auseinandersetzungen dieser Jahre (das gilt etwa für die Soester Fehde 1444–1449 und die Münstersche Stiftsfehde 1450–1456) hat Reich oder Königtum als solche gewiß nicht in Frage gestellt. Aber die rückblickend von der Forschung gerade für damals erkannten Ansätze zur Modernisierung des Reiches durch Verdichtung und Verrechtlichung (P. Moraw), das heißt durch Verstetigung und Intensivierung von Herrschaft, Ständevertretung und Verwaltung, waren für die Zeitgenossen sicher nicht als Fortschritte spürbar.

Friedrich III. hat die Jahrzehnte von 1444 bis 1471 natürlich nicht, wie früher gelegentlich unterstellt, ganz untätig verbracht, aber seine Politik war im wesentlichen von den Interessen seiner Dynastie bestimmt. Das gilt auch für die Kirchenpolitik: Das Zusammengehen mit dem Papst gegen das Konzil von Basel brachte Friedrich nicht nur die Kaiserkrönung in Rom (1452), sondern ein sehr vorteilhaftes Konkordat für seine Erblande, einschließlich des Rechts auf Bistumsbesetzungen. Eine wohl kaum vorausgeplante Nebenfolge des engen Zusammenwirkens (mit Enea Silvio Piccolomini/Pius II. saß 1458–1464 ein langjähriger Vertrauter Friedrichs III. auf dem Stuhl Petri) war das allmähliche Ausscheiden des Papsttums als selbständiger Faktor der Reichspolitik. Das hat schließlich ein geregeltes Nebeneinander von Zentralgewalt und Reichsständen erleichtert.

Ziel von Friedrichs III. dynastischer »Hausmachtpolitik« war es, den gesamten habsburgisch-luxemburgischen Länderkomplex unter eigener Kontrolle zusammenzuhalten. Nach dem Tod von König Albrechts II. nachgeborenem Sohn und Erben Ladislaus Postumus (†1457) hat er in Böhmen (Georg von Podiebrad, 1458–1471) und Ungarn (Matthias Corvinus, 1458–1490) »nationale« Lösungen anstelle der habsburgischen Nachfolge nicht verhindern können. Er hat aber die Rechtsansprüche festgehalten, die 1526 dann verwirklicht werden konnten. In Österreich selbst mußte sich Friedrich mit seinem Bruder Herzog Albrecht VI. auseinandersetzen. In den Rahmen der erbitterten Kämpfe gehört die demütigende Belagerung des Kaisers in Wien (1462), vor allem aber die schwerste Münzkrise des Spätmittelalters, die Schinderlingszeit (1458–1460). Friedrich selbst war durch fiskalische Manipulationen am dramatischen Währungsverfall beteiligt und hat sich dafür geradezu den Haß der österreichischen Bevölkerung zugezogen. Das trug dazu bei, daß eine Ständeopposition lebendig blieb, die immer wieder Unterstützung von außen fand. So wurde Matthias Corvinus der gefährlichste Gegner des Kaisers, der auf der Suche nach Hilfe, zum Beispiel gegen die zunehmende Türkengefahr, den Weg zurück ins Reich fand.

Zum beherrschenden Thema von Friedrichs zweiter Regierungshälfte wurde sein und seines Sohnes Maximilian I. (1493–1519) Ringen um das burgundische Erbe, welches gleichermaßen bedeutungsvoll für die Geschichte des Reiches und der Dynastie war. Seit 1463 beteiligte sich Habsburg am europäischen Wettbewerb um die Hand von Karls des Kühnen Tochter und Erbin, Maria von Burgund. Dabei ging es um den Länderkomplex der erfolgreichen burgundischen Herzöge beiderseits des deutsch-französischen Grenzraums; mit Flandern gehörte zu dem potentiellen

Erbe auch ein wirtschaftlich-finanziell äußerst attraktives Gebiet. Friedrichs III. Trumpf im Heiratspoker war seine Kaiserwürde: er allein konnte den burgundischen Wunsch nach einer Königskrone legitim erfüllen. Der Verhandlungsabschluß war für das Treffen mit Karl dem Kühnen in Trier (1473) geplant. Es wirft Licht auf die materielle Lage des Kaisers, daß er für die Ausstattung seines Gefolges einen Kredit der Augsburger Handelsgesellschaft Fugger in Anspruch nehmen mußte.

Auf das unerwartete Scheitern der Konferenz folgte zunächst Gewalt: Karl der Kühne belagerte mehr als 10 Monate die Stadt Neuß am Niederrhein, wich aber vor einem Reichsheer, das Friedrich III. unter Ausnutzung nationaler Emotionen – sie sind am Ende des Mittelalters immer häufiger zu beobachten – auf die Beine gebracht hatte (1475). Daß sich das sonst »reichsferne« Norddeutschland beteiligte, verdient besondere Beachtung. Die Verhandlungen waren allerdings selbst während des Neußer Kriegs nicht völlig abgerissen; Karl soll damals sogar die geheime Zusage für die Ehe zwischen Maximilian und Maria gegeben haben.

Des Burgunderherzogs Laufbahn fand im Konflikt mit der Eidgenossenschaft in drei Schlachten (Grandson, Murten, Nancy) 1476/1477 ein dramatisches Ende. Da Karl der Kühne das Eheversprechen für Maria und Maximilian 1476 noch öffentlich bestätigt hatte, mußte nach seinem Tod der habsburgische Erbanspruch gegen die Zielsetzung der französischen Könige Ludwig XI. (1461–1483) und Karl VIII. (1483–1498) durchgesetzt werden. Maximilians I. doch noch erfolgreicher »Brautfahrt« (Hochzeit mit Maria in Gent 1477) schlossen sich Jahre wechselvoller Kämpfe an, nach dem frühen Tod der Gemahlin (1482) auch gegen eine flandrische Opposition. Den Tiefpunkt bedeutete Maximilians Gefangennahme durch die Bürger von Brügge, doch wurde er durch das Herannahen eines Reichsheers unter Kaiser Friedrichs Führung gerettet

(1488). Erst im Frieden von Senlis (1493) mit Karl VIII. von Frankreich wurde das burgundische Erbe, soweit es sich um Reichslehen handelte, endgültig für Maximilian gesichert – ein Erbe, das allerdings durch die langen Kriegsjahre wirtschaftlich schwer getroffen war. Der weitgehende Erfolg im Ringen um die burgundischen Länder hat Habsburgs Aufstieg zur Weltmacht vorbereitet, zudem aber den dynastischen Konflikt mit dem Hause Valois begründet. Die deutsch-französischen Gegensätze in der Geschichte der Neuzeit haben hier eine ihrer Wurzeln.

In Wechselbeziehungen zum habsburgischen Aufstieg, doch durch ihn keineswegs geradlinig befördert, kam am Ende des 15. Jahrhunderts die Reform der Reichsverfassung allmählich voran. Ihr Hauptproblem war das Verhältnis der Reichsgewalt zu den Reichsständen, voran den Kurfürsten und Fürsten. Keine der beiden Seiten hatte sich bis dahin so entscheidend durchsetzen können, daß sie in der Lage gewesen wäre, die weitere Entwicklung allein zu bestimmen. Friedrichs Versuche, nach 1471 Reichshilfen gegen Türken und Ungarn zu erhalten, konfrontierten ihn zwangsläufig mit den Gegenforderungen der Stände nach mehr institutionellem Mitspracherecht, besonders bei der Gestaltung der Außenbeziehungen, als Vorbedingung konkreter Leistungen. Dabei ging es weniger um die weitere Schwächung des real ohnehin weitgehend machtlosen Herrschers als um die Legitimierung der bestehenden Gewichtsverteilung. Friedrich III. hat aber kompromißlos an dem hohen Anspruch festgehalten, allein den Ursprung rechtmäßiger Herrschaftsausübung zu verkörpern.

Obwohl Friedrich III. durch die verstärkten Angriffe des Ungarnkönigs Matthias erneut in eine sehr kritische Phase geriet (Aufgabe seiner Residenzstädte Wien und Wiener Neustadt 1484/1485), zeigte sich, daß auch bei gegensätzlichen Grundpositionen zwischen Reichsoberhaupt und Ständen eine begrenzte Kooperation möglich war. Das erwies sich bei der Königswahl Maximilians (1486) ebenso wie bei der emotionalisierten Bereitschaft zur Hilfeleistung für den in Brügge gefangengesetzten, neugewählten König.

Neben solchen aktuellen Anlässen, die das Reich als noch immer handlungsfähig erwiesen, war das Hauptthema der Reichstage (an denen seit 1489 die Reichsstädte offiziell teilnehmen konnten) aber die Reform der Reichsverfassung. Der dringende Handlungsbedarf wurde von keiner Seite bestritten, doch die Lösungsvorschläge waren konträr: Für Friedrich III. und nach ihm Maximilian I. war der richtige Weg eine entschiedene Stärkung der königlichen Gewalt. Die Stände, vor allem Kurfürsten, Fürsten und Herren – mit dem Mainzer Erzbischof Berthold als Wortführer und gelegentlich als Scharfmacher –, wollten dagegen das Reich durch ein von ihnen dominiertes Reichsregiment retten. Der von beiden Seiten eigentlich nur als vorläufiger Kompromiß betrachtete Durchbruch in Richtung auf die (überwiegend erst im 16. Jahrhundert verwirklichte) Neuordnung der Verfassung, nämlich zum »institutionalisierten Dualismus« von König und Reich (P. Moraw) gelang auf Maximilians erstem selbständigen Reichstag 1495 in Worms. Die Umstände waren bezeichnend: Maximilian brauchte dringend Geld für seinen Krieg gegen den 1494 in Italien eingerückten französischen König Karl VIII. und sah sich entsprechend weitgehenden Forderungen der Stände gegenüber, die im wesentlichen Erzbischof Berthold formuliert hatte. Ein fürstliches Reichsregiment, das ihn de facto entmachtet hätte, konnte Maximilian abwehren. Bei der Beteiligung der Stände an der Wahrung des erstmals beschlossenen »Ewigen Landfriedens« sowie an der Besetzung des neuen Kammergerichts mußte er dagegen im wesentlichen nachgeben; dafür wurde ihm der »Gemeine Pfennig« als Reichssteuer bewilligt.

Die Beschlüsse von Worms (1495) haben zur Entfremdung der Eidgenossenschaft vom Reich beigetragen, sie hatten keinerlei Einfluß auf die sozialen Spannungen der Zeit (Bauernunruhen), sie haben die Verfassungsprobleme auf Reichsebene natürlich nicht schlagartig behoben und sie haben bekanntlich das Reich nie zu moderner Staatlichkeit im Sinn von Zentralisierung und Institutionalisierung geführt. Hingegen sind die verfassungsmäßigen Grundlagen für das Überleben des Reiches bis 1806 damals geschaffen worden.

Literaturhinweise

Rahmenbedingungen

Dirlmeier, Ulf: Untersuchungen zu Einkommensverhältnissen und Lebenshaltungskosten in oberdeutschen Städten des Spätmittelalters (Mitte 14. bis Anfang 16. Jahrhundert). Heidelberg 1978.

Dollinger, Philippe: Die Hanse. Stuttgart [5]1998.

Erfen, Irene / Spieß, Karl-Heinz (Hrsg.): Fremdheit und Reisen im Mittelalter. Stuttgart 1997.

Fouquet, Gerhard: Bauen für die Stadt. Finanzen, Organisation und Arbeit in kommunalen Baubetrieben des Spätmittelalters. Köln/Weimar/Wien 1999.

Herrmann, Bernd / Sprandel, Rolf (Hrsg.): Determinanten der Bevölkerungsentwicklung im Mittelalter. Weinheim 1987.

Herrmann, Bernd (Hrsg.): Mensch und Umwelt im Mittelalter. Stuttgart 1986.

Huizinga, Johan: Herbst des Mittelalters (1919). Stuttgart [11]1975.

Isenberg, Gabriele / Scholkmann, Barbara (Hrsg.): Die Befestigung der mittelalterlichen Stadt. Köln/Weimar 1997.

Isenmann, Eberhard: Reichsfinanzen und Reichssteuern im 15. Jahrhundert. In: Zeitschrift für historische Forschung 7 (1980) S. 1–76 und 129–218.

– Die deutsche Stadt im Spätmittelalter 1250–1500. Stadtgestalt, Recht, Stadtregiment, Kirche, Gesellschaft, Wirtschaft. Stuttgart 1988.

Johanek, Peter / Stoob, Heinz (Hrsg.): Europäische Messen und Märktesysteme in Mittelalter und Neuzeit. Köln/Weimar 1996.

Maschke, Erich: Städte und Menschen. Beiträge zur Geschichte der Stadt, der Wirtschaft und Gesellschaft. Wiesbaden 1980.

Meckseper, Cord: Kleine Kunstgeschichte der deutschen Stadt im Mittelalter. Darmstadt 1982.

North, Michael: Das Geld und seine Geschichte. Vom Mittelalter bis zur Gegenwart. München 1994.

Oexle, Otto Gerhard (Hrsg.): Nobilitas. Funktion und Repräsentation des Adels in Alteuropa. Göttingen 1997.

Pfeifer, Friedrich: Rheinische Transitzölle im Mittelalter. Berlin 1997.

Schwinges, Rainer Christoph: Deutsche Universitätsbesucher im

14. und 15. Jahrhundert. Studien zur Sozialgeschichte des Alten Reiches. Stuttgart 1986.
Stromer, Wolfgang von: Oberdeutsche Hochfinanz 1350–1450. 3 Bde. Wiesbaden 1970.
Witthöft, Harald: Umrisse einer historischen Metrologie zum Nutzen der wirtschafts- und sozialgeschichtlichen Forschung: Maß und Gewicht in Stadt und Land Lüneburg, im Hanseraum und im Kurfürstentum/Königreich Hannover vom 13. bis zum 19. Jahrhundert. 2 Bde. Göttingen 1979.
Wunder, Heide: Die bäuerliche Gemeinde in Deutschland. Göttingen 1986.

Grundzüge der politischen Entwicklung

Angermeier, Heinz: Die Reichsreform 1410–1555. Die Staatsproblematik in Deutschland zwischen Mittelalter und Gegenwart. München 1984.
Brunner, Otto: Land und Herrschaft – Grundfragen der territorialen Verfassungsgeschichte Österreichs im Mittelalter. Darmstadt [6]1984.
Dirlmeier, Ulf / Fouquet, Gerhard / Fuhrmann, Bernd: Europa im Spätmittelalter 1215–1378. München 2003.
Fried, Johannes: Die Formierung Europas 840–1046. München [2]1993.
Haverkamp, Alfred (Hrsg.): Handbuch der deutschen Geschichte. Bd. 5: 12. Jahrhundert, 1125–1198. 10., völlig neu bearb. Aufl. Stuttgart 2003.
– (Hrsg.): Handbuch der deutschen Geschichte. Bd. 1: Spätantike bis zum Ende des Mittelalters. 10., völlig neu bearb. Aufl. Stuttgart 2004. [Darin: A. H., *Perspektiven deutscher Geschichte während des Mittelalters*; Friedrich Prinz, *Europäische Grundlagen deutscher Geschichte (4.–8. Jahrhundert).*]
Heinig, Paul J.: Kaiser Friedrich III. (1440–1493). Hof, Regierung und Politik. 2 Bde. Köln/Weimar 1997.
Hoensch, Jörg K.: Kaiser Sigismund. Darmstadt 1996.
Jakobs, Hermann: Kirchenreform und Hochmittelalter 1046–1215. München [4]2001.
Krieger, Karl-Friedrich: Die Lehnshoheit der deutschen Könige im Spätmittelalter (ca. 1200–1437). Aalen 1979.

Meuthen, Erich: Das 15. Jahrhundert. 3., erw. Aufl. München 1996.

Moraw, Peter: Deutschland, E. Spätmittelalter. In: Lexikon des Mittelalters, Bd. 3. München/Zürich 1986. Sp. 835–869.

– Von offener Verfassung zu gestalteter Verdichtung. Das Reich im späten Mittelalter 1250–1490. Berlin 1989.

Peyer, Hans Conrad: Verfassungsgeschichte der alten Schweiz. Zürich 1978.

Reitemeier, Arnd: Außenpolitik im Spätmittelalter. Die diplomatischen Beziehungen zwischen dem Reich und England (1377–1422). Paderborn 1998.

Schneider, Reinhard: Das Frankenreich. 4., überarb. und erw. Aufl. München 2001.

Schubert, Ernst: König und Reich: Studien zur spätmittelalterlichen deutschen Verfassungsgeschichte. Göttingen 1979.

– Einführung in die Grundprobleme der deutschen Geschichte im Spätmittelalter. Darmstadt 1992.

Seibt, Ferdinand: Karl IV. Ein Kaiser in Europa 1346–1378. München [2]1985.

Stürner, Wolfgang: Friedrich II. 2 Bde. Darmstadt 1992–2000.

Thomas, Heinz: Deutsche Geschichte des Spätmittelalters, 1250 bis 1500. Stuttgart 1983.

– Ludwig der Bayer (1282–1347). Kaiser und Ketzer. Regensburg [u. a.] 1993.

Vaughan, Richard: Charles the Bold; the last Valois Duke of Burgundy. London 1973.

Wiesflecker, Hermann: Kaiser Maximilian I. Das Reich, Österreich und Europa an der Wende zur Neuzeit. 5 Bde. München 1971 bis 1986.

Von der Reformation bis zum Westfälischen Frieden
(Ende 15. Jahrhundert bis 1648)

Von Ernst Hinrichs

Epochenüberblick

In keinem Zeitraum seiner Geschichte hat sich das Aussehen Deutschlands so grundlegend gewandelt wie in den anderthalb Jahrhunderten zwischen Reformation und Westfälischem Frieden. Um 1500 stand das Heilige Römische Reich noch im Zentrum einer weltpolitischen Entwicklung, in deren Verlauf eine Großreichsbildung in der Mitte Europas möglich schien; 1648 jedoch war es Spielball des mächtepolitischen Kalküls der europäischen Nachbarn und zugleich Schauplatz der Ausbildung einer zentrifugalen Vielstaatlichkeit, die bis ins späte 19. Jahrhundert die politischen Realitäten in Deutschland bestimmen sollte. Um 1500 gab es im Süden und Südwesten eine blühende Städtelandschaft und eine vom oberdeutschen Bürgertum getragene wirtschaftliche Blüte; nach dem Ende des großen Krieges lag die Wirtschaft Deutschlands danieder, bestimmten nicht mehr die Stadtstaaten des späten Mittelalters, sondern der territoriale Flächenstaat das politische und wirtschaftliche Geschehen. Vor der Reformation gab es ein gesteigertes, auf vielen Ebenen des religiösen, kulturellen und politischen Lebens sich artikulierendes Reformbewußtsein, das sich aus den Wurzeln mittelalterlicher Frömmigkeit und zeitgenössischer Endzeiterwartung speiste und darauf abzielte, als Skandal empfundene Zustände und Praktiken der zeitgenössischen

Glaubens- und Kirchenpraxis zu verändern und damit die eine, als unteilbar angesehene Kirche mit neuem Leben zu erfüllen. Am Ende des Dreißigjährigen Krieges war die Einheit dieser Kirche nach mehr als einhundertjährigen, zum Teil blutigen Kämpfen endgültig verloren, hatten sich in deutschen Landen wie in vielen anderen europäischen Staaten mehrere Kirchen und Konfessionen etabliert, deren zähes Ringen um konfessionelle Besitzstände, um Durchdringung des ganzen Alltagslebens der in ihren Einflußzonen lebenden Bevölkerungen die zukünftige deutsche Geschichte bestimmen sollte. Um 1500 spürten auch die deutschen Lande etwas vom Widerhall der in Italien entstandenen, an die Antike anknüpfenden Kultur- und Bildungsbewegungen der Renaissance und des Humanismus, die in Deutschland vor allem in den auf Toleranz zielenden Schriften gelehrter, dem oberdeutschen Bürgertum entstammender Humanisten ein Echo fanden. Eineinhalb Jahrhunderte später hallte Deutschland wider von den harten Polemiken des Konfessionalismus, schienen Abgrenzung oder Vereinnahmung die einzig möglichen Lösungen des Glaubensproblems, nicht aber gegenseitiger Respekt und Duldung. Statt bedächtiger humanistischer Abgeklärtheit beherrschte jetzt der Katholiken wie Protestanten erfassende Hexenwahn das Land, und zwar nicht nur im »Hexentanz« dörflicher »Hexengemeinschaften«, sondern nicht selten auch in den Gutachten, die humanistisch gebildete Juristen an den Universitäten im Verlauf von Hexenprozessen zu erstellen hatten.

Und doch darf diese Epoche nicht nur als Zeit der Zerstörung, des Niedergangs oder gar des Verfalls gesehen werden. Im Zeichen der Reformation gewannen Glauben und Kirchen in Deutschland wie in anderen europäischen Ländern neue Kraft, angetrieben durch die Dynamik des Protestantismus, die später vom Katholizismus aufgenommen wurde; der Beitrag beider Konfessionen zur Veränderung der Lebensbedingungen und -haltungen wird von der neueren Forschung geradezu als Beitrag zum Prozeß der Modernisierung gedeutet. Die zersplitterte Staatenwelt, die aus der spätmittelalterlichen Reichsentwicklung und dem Zerfall der universellen Reichsidee Karls V. hervorging, barg auch die Chance zukunftsträchtiger politischer und kultureller Entwicklungen. Statt eines hegemonialen mitteleuropäischen Riesenreichs entstand auf deutschem Boden ein polizentrales, von sehr unterschiedlichen Impulsen getragenes politisches Gebilde, über dem sich die um ihre stärksten Elemente beraubte alte Reichsverfassung wölbte: Prachtvolle, in der Renaissance und vor allem im Barock ausgestattete fürstliche und fürstbischöfliche Residenzen im katholischen Süden und Südwesten standen neben den kleinen, nach innen gekehrten protestantischen Territorien Mittel- und Norddeutschlands, in denen die neu sich entwickelnde Landeshoheit vor allem in Richtung auf einen Ausbau der Kirchen- und Bildungsverhältnisse genutzt wurde. Im Nordosten zeichneten sich mit den Gebietsgewinnen aus der ersten Hälfte des 17. Jahrhunderts durch den brandenburgischen Kurfürsten erste Umrisse einer zukünftigen deutschen Großmacht ab, im Norden bereiteten sich die vom Krieg kaum berührten Hansestädte Hamburg und Bremen auf zukünftige Größe vor.

Dezentrale, »föderale« Strukturen zeichneten Deutschland jetzt aus; Absolutismus griff nicht von der Spitze, vom Reich, sondern von den souveränen Einzelstaaten her Platz, und er wurde auch nur dort zur Grundlage eines tragfähigen politischen Systems, wo die Territorien groß genug waren, um einer solchen Entwicklung historischen Sinn zu verleihen: Für Bayern galt das nur in der Zeit des machtbewußten Maximilian I., ansonsten bewährte sich die neue Herrschaftstechnik vor allem in Österreich und Brandenburg, wo sie die Voraussetzung für einen zukünftigen deutschen Dualismus schuf. Andere, kleinere Reichsstände begriffen sich gleichfalls als »absolutistisch«, doch waren ihre Territorien nicht selten so klein, daß sie mehr wie große Grundherren denn moderne Landesherren zu wirken vermochten. In vielen anderen Staaten behielten ständisch-korporative Verfassungselemente eine überraschend starke Lebenskraft und trugen nicht zuletzt dazu bei, daß die Idee des Föderalismus in Deutschland eine Zukunft haben sollte. Ihre Bedeutung für die zukünftige deutsche Geschichte wird von der neueren historischen Forschung weit positiver bewertet, als dies früher, in Zeiten eines monistischen Staatsverständnisses, der Fall war. Das Jahrhundert der Reformation und der Konfessionalisierung Deutschlands hat seinen grundlegenden Beitrag zu diesem zukünftigen Erscheinungsbild deutscher Verfassung und deutscher Politik geleistet: Indem jegliche Aussicht auf Einheit – ob geistlicher, politischer oder geistig-kultureller Provenienz – in der Zeit zwischen Reformation und Westfälischem Frieden zur Illusion gestempelt wurde, kristallisierte sich Vielfältigkeit, ja Widersprüchlichkeit und »Monstrosität« im Sinne Pufendorfs als Chance und Möglichkeit heraus.

Deutschland zu Beginn des 16. Jahrhunderts

1493–1519	Kaiser Maximilian I.
1495	Reichstag zu Worms: erste Reichsreform.
1496/1497	Allianz zwischen Habsburg und Spanien durch doppelten Ehevertrag: Don Juan, spanischer Erbsohn, heiratet Margarete von Burgund, Tochter Maximilians; Maximilians Sohn, Philipp von Burgund, heiratet Johanna (»die Wahnsinnige«), Tochter des spanischen Königspaares.
1512	Reichstag zu Köln: weitere Reichsreformen, Einteilung des Reichs in zehn Reichskreise.
1515	Wiener Fürstentag: doppelte Heiratsverbindung mit Erbvertrag zwischen dem Haus Habsburg und dem Haus des Jagiellonenkönigs Wladislaw von Böhmen und Ungarn.

Bevölkerung, Wirtschaft, Gesellschaft

Das Heilige Römische Reich Deutscher Nation zählte zu Beginn des 16. Jahrhunderts zu den großen, bevölkerungsreichen Territorien Europas. Mit 15 bis 16 Millionen lebten hier – ohne die italienischen Anteile – etwa so viele Menschen wie im zeitgenössischen Frankreich. Rechnet man die später (1648) aus dem Reichsverband ausscheidenden Niederlande und die Schweiz sowie die Länder der böhmischen Krone ab, so waren es immer noch 11 bis 12 Millionen, die sich im Westen und Süden Deutschlands durchaus schon ein wenig drängten, während der Norden und Osten noch Raum für Expansion boten. Und das war gut so, denn seit dem ausgehenden 15. Jahrhundert wuchs die Bevölkerung allenthalben wieder an, nachdem in den eineinhalb Jahrhunderten zuvor der Schwarze Tod und eine langdauernde Stagnationsperiode für eine erhebliche Schrumpfung gesorgt hatten. Um 1560, so lassen Schätzungen vermuten, soll mit etwa 16 Millionen der Stand von 1340 wieder erreicht worden sein.

Dieser erste frühneuzeitliche Bevölkerungsanstieg, der bis in den Dreißigjährigen Krieg anhielt, bescherte Deutschland wie den meisten europäischen Ländern im Verlauf des gesamten 16. Jahrhunderts beachtliche Steigerungsraten. Sie sind für einige Regionen mit guter Quellenüberlieferung (Mitteldeutschland, Sachsen) ziemlich exakt berechnet worden und schwanken je nach Zeit, Siedlungsraum und Erhebungsdauer zwischen 0,33 und 0,62 Prozent. Das war kein explosionsartiges Wachstum, doch reichte es aus, um den zeitgenössischen Chronisten den Eindruck einer neuartigen Dynamik zu vermitteln. Viel zitiert wird die Chronik der Grafen von Zimmern (Mitte des 16. Jahrhunderts) mit ihren Berichten über das Vordringen der Landwirtschaft in unwirtliche Wälder und Gebirge, um die Versorgung der Menschen mit Grundnahrungsmitteln zu sichern.

Die meisten dieser Menschen lebten in kleinen und

kleinsten Ansiedelungen, die, auch wenn sie sich stolz Stadt nannten, oft nicht mehr als 2000 Einwohner und sehr häufig weit weniger bargen. In der Mitte, im Süden und Südwesten Deutschlands gab es freilich eine beachtliche Anhäufung von größeren und wohlhabenden Städten (Leipzig, Annaberg, Zwickau, Nürnberg, Augsburg, Regensburg, Straßburg); im Norden spielten nur die Hansestädte eine gewisse Rolle: Lübecks Bedeutung begann zu schwinden, die zukünftige Rolle Hamburgs sich erst abzuzeichnen. Köln im Westen war zu Beginn des 16. Jahrhunderts mit etwa 30 000 Einwohnern zwar noch die größte Stadt Deutschlands, doch gehörte es nicht zu den dynamischen städtischen Zentren des Reformationszeitalters.

In diesen Städten lebte ein selbstbewußtes, wirtschaftlich prosperierendes Bürgertum, das durch Handel und Gewerbe zu Wohlstand und Ansehen gekommen war. Allerdings blickte es um 1500 eher auf eine erfolgreiche, durch die Größe Venedigs und den Handelsaufschwung der zweiten Hälfte des 15. Jahrhunderts bestimmte Vergangenheit als auf eine dynamische Zukunft. Diese gehörte in Deutschland (wie in vielen europäischen Ländern) nicht der Stadt, sondern dem territorialen Flächenstaat. Es mußten einige hundert Jahre vergehen, ehe das wirtschaftliche Schwergewicht Deutschlands wieder so eindeutig vom Bürgertum geprägt wurde, wie das im 15. und zu Beginn des 16. Jahrhunderts in Süd- und Mitteldeutschland der Fall gewesen war. Augsburg, eine Stadt, in der im Verlauf des 16. Jahrhunderts nicht zufällig zahlreiche Reichstage stattfanden, ist neben Nürnberg wohl die bedeutendste Repräsentantin dieser frühen deutschen Städtekultur in Oberdeutschland. In ihr waren freilich, wie detaillierte Untersuchungen von Steuerlisten ergeben haben, die sozialen Gewichte besonders ungleich verteilt. 8,5 % der auf etwa 30 000 Einwohner zu schätzenden Gesamtbevölkerung gehörten zur patrizischen Oberschicht, 86,5 % zur schwach bemittelten Unterschicht; zwischen beiden stand eine kleine Mittelschicht, die es schwer hatte, sich gegen die übrige Stadtbevölkerung zu behaupten.

Konnte dieses Bürgertum um 1500 auf ein Jahrhundert intensiver Blüte von Handel und Gewerbe zurückblicken, so lagen die Dinge bei den Bauern gerade umgekehrt. Für sie war eine Epoche ungünstiger konjunktureller Geschehnisse zu Ende gegangen. In ihr wurden die Nahrungsmittel des täglichen Bedarfs jahrzehntelang unzureichend nachgefragt, weil die Bevölkerungszahlen erheblich zurückgegangen waren. Nur beste und günstig zu den Märkten gelegene Böden wurden noch bearbeitet, die übrigen liegengelassen und mitsamt zahlreicher Bauerndörfer der Wüstung anheimgegeben. Viele Landbewohner waren in die wachsenden und aufblühenden Städte gegangen – nicht immer nur aus wirtschaftlichen Gründen, die sich gleichwohl oft für Landflucht und einen Berufs- und Standeswechsel ausmachen lassen. Anders als die »freien« Städter unterlagen die Bauern vieler deutscher – wie europäischer – Regionen nach wie vor beträchtlichen Einschränkungen ihrer persönlichen und wirtschaftlichen Freiheit. Nicht immer waren diese herrschaftlichen Rechte in der Zeit der schwachen Konjunktur intensiv genutzt worden; doch gerade um 1500 wandelten sich die Verhältnisse erneut, und bald schon gab es, vor allem im Südwesten, heftiges Gerangel zwischen den Herren und ihren »Vasallen« um die Nutzung von Acker, Weide und Wald.

Herren – das waren in dieser Zeit, nicht anders als Jahrhunderte zuvor und danach, die Mitglieder des Adels und des Klerus, die dem Abstraktum »Herrschaft« als Leib- oder Grundherren, als Gerichts- und auch als Landesherren Gestalt verliehen. Von der Geistlichkeit und ihrer problematischen Verflechtung in den sehr weltlichen Zusammenhang von Besitz, Herrschaft und Macht muß später noch die Rede sein. Zumindest der höhere Klerus entstammte fast komplett dem Adel, der, wie es für einen gewachsenen Adelsstand nicht anders zu erwarten ist, ein großes Maß an innerer sozialer Differenzierung aufwies: Ganz oben standen die Fürsten, die schon über Vorformen eigener Staatlichkeit in Gestalt der Landeshoheit verfügten; danach kamen die reichsunmittelbaren, das heißt nur dem römischen Kaiser bzw. deutschen König unterstehenden oder in eine Landeshoheit eingebundenen Grafen und Herren; darunter schließlich der kleine, ritterschaftliche Adel, der im Vasallendienst der Fürsten oder des Kaisers stand und gerade in dieser Funktion um 1500 eine seine Identität gefährdende Krise durchlief, weil diese Funktion in vieler Hinsicht überflüssig geworden war.

In dieser ständisch fest gefügten Welt gab es schon eine breite ländliche und städtische Unterschicht, daneben jene Gruppen, die nach den Maßstäben der Zeit am Rande oder außerhalb der ständischen Gesellschaftsordnung standen: die »unehrlichen« Leute, die Juden und die Zigeuner. Auch wo die »gute« ständische Gesellschaft ihre Ablehnung gegenüber diesen Randgruppen nicht moralisch, sondern nur gewohnheitsmäßig artikulierte, war dies für die Betroffenen häufig ein unerträglicher Druck. Die Juden wichen ihm teilweise durch die Abwanderung nach Osten aus, vor allem nach Polen-Litauen, wo sie wenigstens aus wirtschaftlichen Gründen für einige Zeit willkommen waren.

Kultur, Bildung, geistiges Leben

Auch wenn wir annehmen müssen, daß die deutsche Bevölkerung um 1500 zu einem großen Teil aus Analphabeten bestand, vermittelt das Land um diese Zeit doch das Bild einer gesteigerten geistigen Regsamkeit. Die vorreformatorische Kritik an den Zuständen in der Kirche und ihren Institutionen, die sich ja nicht allein in der noch jungen Technik des Buchdrucks Wege in die Öffentlichkeit suchte, trug gewiß erheblich zu diesem Zustand bei. Über Kirche und Reich und die notwendigen Reformen beider »an Haupt und Gliedern« wurde schon vor Luther heftig diskutiert – nicht nur in den Gelehrtenstuben der Humanisten oder in den Ratsstuben der Amtsleute, sondern auch im Haus des »gemeinen« Mannes oder auf der Straße. Basis dieser Diskussionen war allerdings nicht das Bewußtsein, daß man über die große, alte Kirche hinweg zur weltlichen Tagesordnung übergehen wollte. Im Gegenteil: Ihnen lag eine gesteigerte, intensive Frömmigkeit zugrunde, die um 1500 in heftiger Expansion begriffen war. Wallfahrten, das Wachstum des Reliquien- und Heiligenkults, der riesige Erfolg von Ablaßkampagnen, die zahllosen frommen Stiftungen, die quantitativen und qualitativen Erfolge der kirchlichen Armenpflege und vieles andere mehr sind bleibende Zeugnisse für die Frömmigkeitspraxis dieser Zeit, die erst dann und dort in heftige Kirchenkritik umschlagen konnte, wo mißbräuchlicher Umgang mit ihr unübersehbar wurde.

Rationale, auf eine gewisse Verweltlichung drängende Kritik an der Kirche war dagegen Sache einer kleinen Elite von Gebildeten bzw. Gelehrten: der Humanisten. Sie waren überwiegend keine Kleriker, sondern gingen weltlichen Berufen, besonders in der Jurisprudenz, nach; und sie beschäftigten sich keinesfalls nur mit kirchlichen Texten und ihren Traditionen. Der im Spätmittelalter in Italien entstandene Humanismus war in seinem Kern eine wissenschaftliche und Bildungsbewegung, die sich den *studia humanitatis* – den fünf Wissenschaften der Grammatik, Rhetorik, Poetik, Ethik und Geschichte – widmete und sich dabei in besonderem Maße auf die antiken Quellen bezog. In Deutschland sahen vor allem Exponenten des süddeutschen Bürgertums in dieser Bildungsbewegung ihr Ideal und machten daraus in der Regel kein Geheimnis. Conrad Celtis in Wien, Willibald Pirckheimer in Nürnberg und Conrad Peutinger in Augsburg waren große deutsche Humanisten, die auf ganz verschiedenen Gebieten weltlicher Gelehrsamkeit zu Ruhm und Ansehen kamen.

Doch der deutsche und europäische Humanismus hatte zudem eine deutliche kirchenkritische Seite, die, wenn sie auch nicht zur Kirchenspaltung führte, der Reformation doch selbst dann erheblich vorarbeitete, wenn ihre Autoren nichts weniger wollten als das. Johannes Reuchlin war einer ihrer besonders streitbaren Exponenten. Der bedeutendste unter ihnen allen war gewiß Erasmus von Rotterdam, der große Wegbereiter und spätere Gegner der Reformation, der das ganze komplizierte Geflecht der mittelalterlich-scholastischen Theologie vereinfachen wollte und dabei zu Lehren, etwa über Christus, fand, die bis heute wirksam sind. Christus war für Erasmus »weniger der Versöhner der Menschheit mit Gott am Kreuz als vielmehr – in Vollendung der antiken Ethik – der große Lehrer des Menschengeschlechts in Weisheit, Tugend und Frömmigkeit« (H. Rabe).

Der Humanismus entfaltete sich in Deutschland vor dem Hintergrund einer bedeutsamen Expansion des Bildungswesens, die er zugleich beförderte und die ohne die seit etwa 1450 praktizierte »deutsche Kunst«, den Buchdruck, nicht möglich gewesen wäre. Seit 1470 etwa läßt sich in Deutschland zumindest in den Städten eine steigende Nachfrage nach Bildung feststellen – auf der untersten Ebene, in den städtischen Lese- und Schreibschulen, aber auch »ganz oben«, in den Gelehrtenschulen und Universitäten. Nach einer vorsichtigen Schätzung gehörten um 1500 etwa 400 000 Menschen zu den aktiven Lesern, ungefähr 3 % bis 4 % der Gesamtbevölkerung. Es überrascht nicht, daß sie zumeist in Städten, zumal in den dynamischen Handels- und Gewerbestädten Süd-, Südwest- und Mitteldeutschlands lebten. Auch in den Hansestädten des Nordens gab es eine überdurchschnittliche Verbreitung der elementaren Kulturtechniken. Auf dem Land hingegen, vor allem in den entlegenen, stadtfernen Landschaften des Ostens, müssen wir zu dieser Zeit mit einem verbreiteten Analphabetismus rechnen, der im Reformationszeitalter (und danach) für die Mehrheit der gesamten deutschen Bevölkerung kennzeichnend war.

Politische Verfassung: Kaiser, Reich und Reichsreform unter Maximilian I.

Das Heilige Römische Reich Deutscher Nation – kurz: das Reich – wurde zum Ende des 15. und zu Beginn des 16. Jahrhunderts Gegenstand mehrerer verfassungspolitischer Reformen. Sie führten zu keinem vollen Erfolg, weil innerhalb dieses schwierigen politischen Körpers, der im 17. Jahrhundert einmal »Monstrum« genannt werden sollte, zwei entgegengesetzte Verfassungselemente miteinander verbunden waren: Reich und Kaiser als Verkörperung eines zentralen politischen Willens einerseits, die Reichsstände, an ihrer Spitze die sieben Kurfürsten, als dezentrale Machtträger andererseits. Diese verstanden sich als Rückgrat einer in das Reich eingelagerten, einzelstaatlichen Landeshoheit und sahen in den politischen Möglichkeiten ihrer Reichsstandschaft ein unverzichtbares Gut der Reichsverfassung. Das ganze wurde noch dadurch kompliziert, daß das Haus Habsburg, seit Albrecht II. (1438) ununterbrochen Inhaber der Königs- bzw. Kaiserwürde, zugleich Reichsstand war und mit seiner mächtigen Hausmacht durchaus andere Interessen verfolgen konnte als die des Reiches oder der übrigen Reichsstände. Als Beleg mögen die außerdeutschen politischen Ambitionen des Hauses Habsburg unter Kaiser Maximilian I. dienen: Die habsburgischen Erblande lagen am Südostrand des Reiches, die politischen Entwicklungen in Böhmen und Ungarn, in Oberitalien, Neapel und Sizilien waren

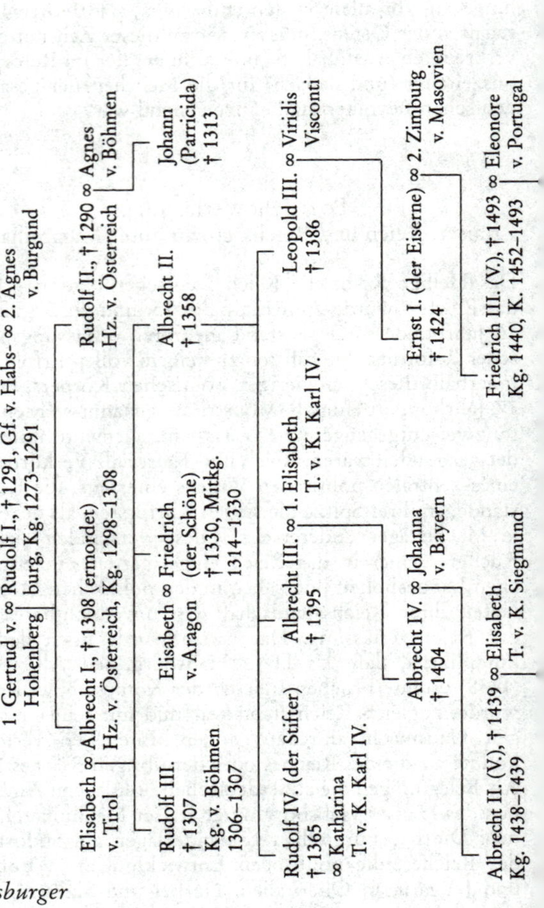
1. Gertrud v. Hohenberg ∞ Rudolf I., † 1291, Gf. v. Habsburg, Kg. 1273–1291 ∞ 2. Agnes v. Burgund
Elisabeth v. Tirol ∞ Albrecht I., † 1308 (ermordet) Hz. v. Österreich, Kg. 1298–1308
Rudolf II., † 1290 Hz. v. Österreich ∞ Agnes v. Böhmen
Rudolf III. † 1307 Kg. v. Böhmen 1306–1307
Elisabeth v. Aragon ∞ Friedrich (der Schöne) † 1330, Mitkg. 1314–1330
Albrecht II. † 1358
Johann (Parricida) † 1313
Rudolf IV. (der Stifter) † 1365 ∞ Katharina T. v. K. Karl IV.
Albrecht III. † 1395 ∞ 1. Elisabeth T. v. K. Karl IV.
Leopold III. † 1386 ∞ Viridis Visconti
Albrecht IV. † 1404 ∞ Johanna v. Bayern
Ernst I. (der Eiserne) † 1424 ∞ 2. Zimburg v. Masovien
Albrecht II. (V.), † 1439 Kg. 1438–1439 ∞ Elisabeth T. v. K. Siegmund
Friedrich III. (V.), † 1493 Kg. 1440, K. 1452–1493 ∞ Eleonore v. Portugal

Habsburger

Elisabeth, † 1505 ∞ Kasimir IV. Kg. v. Polen

Ladislaus (V.) (Postumus), † 1457 Kg. v. Ungarn und Böhmen

Maximilian I., † 1519 ∞ 1. Maria v. Burgund
röm. Kg. 1486
K. 1493–1519

Philipp I. (der Schöne), † 1506 ∞ Johanna v. Aragon-Kastilien
Kg. v. Spanien

Karl V., † 1558, Kg. v. Spanien 1516, dt. Kg. und K. 1519–1556 ∞ Isabella v. Portugal

Ferdinand I., † 1564 ∞ Anna v. Böhmen-Ungarn
Kg. 1531
K. 1556–1564

1. Maria v. Portugal ∞ Philipp II., † 1598 ∞ 4. Anna T. v. K. Maximilian II.
Kg. v. Spanien und Portugal

Maria † 1603 ∞ Maximilian II.
† 1576
K. 1564–1576

Karl, † 1590 ∞ Maria v. Bayern

Ferdinand II.
† 1595
∞ Philippine Welser

Spanische Habsburger

Rudolf II.
† 1612
K. 1576–1612

Matthias, † 1619 ∞ Anna v. Tirol
K. 1612–1619

Ferdinand II. ∞ 1. Maria Anna v. Bayern
† 1637
K. 1619–1637

1. Maria Anna v. Spanien ∞ Ferdinand III., † 1657, K. 1637–1657 ∞ 3. Eleonore Gonzaga

1. Maria Anna v. Spanien ∞ Ferdinand III., † 1657, K. 1637–1657 ∞ 3. Eleonore Gonzaga

Ferdinand IV.
† 1654, röm.-dt.
Kg. 1653–1654

Leopold I., † 1705 ∞ 3. Eleonore
K. 1658–1705 v. d. Pfalz

Marie Eleonore ∞ 2. Karl V.
† 1697 v. Lothringen

Joseph I., † 1711 ∞ Wilhelmine Amalie
K. 1705–1711 v. Braunschweig-
Lüneburg

Karl VI., † 1740 ∞ Elisabeth Christine
K. 1711–1740 v. Braunschweig-
Wolfenbüttel

Leopold Joseph
† 1729
Hz. v. Lothringen

Maria Theresia, † 1780 ∞ Franz I. (Franz Stephan)
Erzhz. v. Österreich † 1765
Kg. v. Böhmen K. 1745–1765
und Ungarn 1740–1780

Joseph II., † 1790
Mitreg. in Österreich
K. 1765–1790
∞ 1. Maria Isabella
v. Parma
2. Maria Josepha
T. v. K. Karl VII.

Leopold II., † 1792 ∞ Maria Ludovica
K. 1790–1792 v. Spanien

Marie Antoinette
† 1793
∞ Ludwig XVI.
Kg. v. Frankreich

Habsburger

Franz II. (Franz I.), † 1835
dt. K. 1792–1806
K. v. Österreich 1804–1835
∞ 2. Maria Theresia v. Neapel

Johann, † 1859
Reichsverweser 1848–1849

Ferdinand I., † 1875
K. v. Österreich 1835–1848
∞ Maria Anna v. Sardinien

Franz Karl, † 1878
∞ Sophie v. Bayern

Franz Joseph I., † 1916
K. v. Österreich 1848–1916
∞ Elisabeth v. Bayern

Karl Ludwig, † 1896
∞ 2. Maria Annunziata beider Sizilien

Franz Ferdinand, † 1914
∞ Sophie Gräfin Chotek

Otto Franz Joseph, † 1906
∞ Maria Josepha v. Sachsen

Karl I., † 1922
K. v. Österreich 1916–1918
∞ Zita v. Parma

für den habsburgischen Landesherrn von größter Bedeutung. Die zahlreichen Versuche Kaiser Maximilians I., dynastische Verbindungen in alle möglichen Richtungen zu begründen, zeigen das aufs beste: Mit seiner Heiratspolitik gegenüber den Jagiellonen, den Herren in Böhmen und Ungarn, seiner Ehe mit Maria, der burgundischen Erbin, sowie der Stiftung einer doppelten Verbindung zwischen seinem Haus und der spanischen Krone betrieb Maximilian dynastische Expansionspolitik größten Stils, die nichts oder nur wenig mit den Interessen des Reichs zu tun hatte, wie sie die meisten Reichsstände definierten. Maximilian ist es auch niemals gelungen, sein Interesse an diesen außerdeutschen Fragen so eng mit denen des ganzen Reiches zu verbinden, daß daraus zum Beispiel in Oberitalien, wo es immerhin alte Reichsinteressen gab, eine wirkungsvolle Reichspolitik erwuchs. Im Gegenteil: Die meisten übrigen Reichsstände blieben äußerst skeptisch angesichts dieser politischen Ambitionen des Habsburgers und seiner Forderungen nach Geld- und Waffenhilfe und verschlossen sich den ausgreifenden Plänen des Kaisers.

Zugleich waren bei den eigentlichen Reichsfragen Interessenkonflikte zwischen dem Kaiser als habsburgischem Landesherrn und den übrigen Reichsständen »vorprogrammiert«, als er seit 1486 als Mitregent seines Vaters, Friedrichs III., im Reich Fuß zu fassen versuchte. Maximilian war kein Gegner von Reichsreformen, doch sollten diese in seinen Augen dem Ziel dienen, aus dem Reich ein handlungsfähiges, zentralstaatliches Gebilde zu machen. Solche Vorstellungen standen in schroffem Gegensatz zu den Ideen einiger Reformer im Reich, die unter der Führung des Erzkanzlers des Reiches, des Mainzer Kurfürsten Berthold von Henneberg, standen. Ihnen schwebte eine genossenschaftliche Organisation des Reiches vor, das heißt eine Unterordnung der kaiserlichen Gewalt unter ein ständisches Reichsregiment. Maximilian konnte sich bei der Bekämpfung solcher Absichten der Unterstützung anderer Reichsstände sicher sein, denen die fast utopischen Reformvorstellungen des Mainzers viel zu weit gingen; da nimmt es nicht wunder, daß sich Maximilian angesichts der sehr unterschiedlichen Vorstellungen, die sich im Reich mit dem Thema »Reichsreform« verbanden, selbst auf die Position des Reichsstands zurückzog und zunächst einmal an die Sicherung und Erweiterung seiner eigenen Hausmacht dachte.

Vor diesem Hintergrund war es beachtlich, daß die Reichsreform der Ära Maximilians I. um 1500 – wichtigster »Reformreichstag« war der zu Worms (1495), dessen Beschlüsse danach durch zahlreiche andere Reichstage (z. B. Augsburg 1500, Köln 1512) ergänzt und modifiziert wurden – insgesamt dennoch einige dauerhafte Ergebnisse zeitigte: Die Stellung des Reichstags als oberstes Reichsorgan wurde gefestigt; das Reichskammergericht, höchstes Organ der Rechtsprechung im Reich, wurde neu eingerichtet; eine Reichssteuer zur Finanzierung der Reichsinstitutionen wurde eingeführt; sogenannte »Reichskreise« – »Mittelinstanzen« zwischen Kaiser und Reichsständen – wurden als regionale Verwaltungseinheiten geschaffen, und sie erhielten zumindest in einigen Fragen eine über den einzelnen Reichsständen stehende Handlungskompetenz; schließlich wurde für bestimmte politische Gemeinschaftsaufgaben des Reiches ein ständisch durchsetztes Reichsregiment geschaffen, dem freilich nur ein kurzes, wenig erfolgreiches Leben beschieden war.

Der Reichstag, im späteren 15. Jahrhundert institutionell entfaltet und im 16. Jahrhundert im Verlauf der gesamten älteren deutschen Geschichte zu seiner höchsten Wirksamkeit findend, war das zentrale Organ der ständischen Mitregierung im Reich. Geistliche und weltliche Kurfürsten und Fürsten, Grafen, Reichsfreiherren und schließlich die Reichsstädte waren seine – in verschiedenen Kurien zusammengefaßten und mit sehr unterschiedlichen Beteiligungsrechten versehenen – Mitglieder.

In der obersten Kurie des Reichstags saßen die Kurfürsten mit Ausnahme des Königs von Böhmen. Dieses Gremium hatte eine Sonderstellung im komplizierten Verfassungsgefüge des Reiches inne. Reichstagsbeschlüsse konnten ohne seine Zustimmung nicht wirksam werden, und ihm allein oblag die Wahl des deutschen Königs in Frankfurt (wobei auch der Böhme mitwählte). In der zweiten, der Fürstenkurie, saßen nicht nur die mit Landeshoheit und eigener »Virilstimme«, das heißt mit individuellem Stimmrecht, ausgestatteten geistlichen und weltlichen Fürsten des Reiches, sondern ebenso, freilich nur mit insgesamt zwei »Kuriatsstimmen«, alle etwa 120 Reichsgrafen und Herren und alle nicht in den Fürstenstand erhobenen Reichsprälaten. Die Kurie der Reichsstädte schließlich, erst seit dem ausgehenden 15. Jahrhundert ein eigenes Reichstagskollegium, erreichte niemals einen den übrigen Kurien vergleichbaren verfassungspolitischen Rang: Obwohl ihre Mitglieder erheblich zur Deckung der Kosten des Reiches beitrugen, wurden ihre Stellungnahmen zu Reichstagsbeschlüssen von diesen in aller Regel als unverbindliche Meinungsäußerung abgetan – dies ist nicht der einzige frühneuzeitliche Beleg dafür, daß Städte in großräumigen Flächenstaaten Europas ihr wirtschaftliches Gewicht selten in entsprechenden politischen Einfluß umsetzen konnten.

Die vom ständischen Gedanken zutiefst geprägte politische Struktur des Reiches, die dazu führte, daß Deutschland eine im Vergleich zu den großen westeuropäischen Monarchien andersartige verfassungsgeschichtliche Entwicklung nahm, setzte sich nach unten, in die Territorien, fort. Ebensowenig wie das Reich hatten die Landesherren im allgemeinen ausreichende eigene ökonomische Reserven, um die steigenden Kosten ihrer zu Staaten sich entwickelnden Länder zu bezahlen. Zwar standen manchen von ihnen, etwa dem Herzog von Bayern, dem Kurfürsten von Sachsen und natürlich dem

Haus Habsburg, erhebliche Einnahmen aus ihren Domänen und ihren »Regalien« – Hoheitsrechte wie Münzprägung, Zölle, Marktrechte – zur Verfügung; doch immer, wenn diese nicht ausreichten, war der Griff zur Steuer unerläßlich. Und da dies nach Rechtsherkommen nicht oder zumindest nicht auf Dauer ohne die Zustimmung der zu Besteuernden ging, bildeten sich in den Territorien des Reiches Verfahren der Beteiligung der Untertanen aus, sofern diese – in der Regel als Adelige, Geistliche oder Bürger, in ganz wenigen Fällen sogar als Bauern – über die Landstandschaft verfügten und somit Zugang zu den Landtagen hatten.

Landtage wurden damit zu Foren des ständischen Mitwirkungsrechts, und es lag in der Natur der Sache, daß die landsässigen Stände dort, wo eine Landesherrschaft Schwächen zeigte, ihren Einfluß über die Steuerzustimmung hinaus ausdehnten, während sie dort, wo eine starke Landesherrschaft den Ton angab, nicht recht Fuß zu fassen wußten und selbst auf ihrem ureigenen Feld, der Zustimmung zu neuen Steuern, schließlich ihren Einfluß verloren.

Kirche und kirchliche Institutionen

Die Geschichte Deutschlands und Europas im 16. Jahrhundert ist nicht zu verstehen, wenn man den ungeheuren Einfluß der Kirche auf alle Ebenen des damaligen Lebens nicht in Rechnung stellt. Schon die politische Verfassung gibt davon einen Eindruck. Im Kurfürstenkollegium, dem zentralen ständischen Verfassungsinstrument des Reiches, stellten die drei geistlichen Kurfürsten von Mainz, Trier und Köln beinahe die Hälfte der Stimmen. In der Fürstenkurie hatte die Geistlichkeit sogar eine Mehrheit, da alle Reichsbischöfe wie Reichsfürsten behandelt wurden und daher, im Gegensatz zu den Grafen und Herren und der übrigen Reichsgeistlichkeit, mit einer Virilstimme ausgestattet waren.

Doch Einfluß der Kirche bedeutete unendlich viel mehr als nur die Beherrschung wichtiger politischer Gremien. Die Kirche vor der Reformation war universelle, von Rom aus gelenkte Institution; all ihr Einfluß und all ihre Macht hatten im Prinzip in Rom ihren Ursprung und wurden faktisch in aller Regel von dort aus genutzt. Die Folge davon war, daß das riesige Corpus der deutschen Geistlichkeit, in welcher Funktion auch immer, in einer prinzipiellen Loyalität zu Rom stand und davon beeinflußt wurde, selbst wenn es zu Fragen rein nationalen Interesses Stellung zu beziehen hatte.

Rom – das hieß Papsttum! Diese oberste Institution der westlichen Christenheit trieb in der Epoche der Renaissance mit ihren überaus lebensfrohen, den weltlichen Genüssen zugewandten Päpsten einen Prozeß auf seinen Höhepunkt und zur Perversion, der schon im Hohen Mittelalter, in den Auseinandersetzungen des Papstes mit Kaiser und Königen, begonnen hatte – den Prozeß der Verweltlichung. Als Luther geboren wurde (1483), war das Papsttum weit mehr weltlich-politische Macht als kirchlich-seelsorgerische Institution – ausgestattet mit einem eigenen Staat, dem Kirchenstaat, einer eigenen, umfangreichen Verwaltung und einem ausdifferenzierten Finanzwesen, mit einem geschulten diplomatischen Personal und weltlich-politischen Beziehungen zu allen Staaten der lateinisch-westlichen Welt. Und welche andere Macht konnte sich rühmen, in den mit ihr konkurrierenden Staaten über den jeweiligen nationalen Klerus soviel Einfluß, soviel Loyalität und damit so viele politische Handlungsmöglichkeiten zu besitzen wie das Papsttum?

Dieser Prozeß der Verweltlichung trat in besonders krasser Form im kirchlichen Finanzwesen zutage. »In keiner Weise zu vertreten [...] war die Unverhältnismäßigkeit der fiskalischen Forderungen der Kurie, die ihr mit Recht – gerade in Deutschland – den Vorwurf hemmungsloser Ausbeuterei eintrugen; nicht zu vertreten war auch das Zurücktreten, wo nicht gar das völlige Verschwinden des geistlichen Sinns und Zwecks der kurialen Geldforderungen.« (H. Rabe.) Kirchliche Ämter aller Art, Dispense von kirchlichen Vorschriften, die Ausnahme sogar von strengsten kirchlichen Verboten, die Erlangung des Seelenheils bzw. die Vermeidung von Qualen im Fegefeuer durch Ablaßzahlungen – all das war in und über Rom gegen Geld zu haben. Und das war auch und gerade nach den Vorstellungen der Zeit ein Skandal – nicht in jedem Einzelfall, wohl aber vor dem Hintergrund eines auf Massenumsätze gerichteten kurialen Fiskalismus.

Und es blieb nicht ohne Folgen für die nationalen Kirchen! Jeder deutsche Bischof, jeder Abt, jedes Kloster, jeder einzelne kleine Priester unterstand dem von Rom ausgehenden fiskalischen Systemzwang. Was Wunder, daß – im umfassenden Sinne des Worts – die »Moral« der deutschen Geistlichkeit zu Beginn der Neuzeit mächtig zu wünschen übrig ließ. Was das Papsttum in dieser Zeit negativ kennzeichnete, hatte sich auch im deutschen Klerus, vor allem in seinen oberen Rängen festgefressen – »eine tief problematische Verbindung geistlicher und weltlicher Rechte und Pflichten. [...] An sich war für das kirchliche Amt nach kanonischem Recht die untrennbare Verbindung von officium und beneficium, von persönlich verpflichtendem Amt und nutzbarem Recht als wirtschaftlicher Grundlage der Lebensführung, maßgebend. Seit geraumer Zeit aber und zunehmend trat nun das Element des Amts ganz hinter das der Pfründe zurück.« (H. Rabe.)

Das kirchliche Pfründenwesen führte dazu, daß die deutsche Geistlichkeit im Grunde auf dem Weg war, ihre verfassungspolitische Qualität eines eigenen Standes zu verlieren. Nicht, daß sie sich ständisch aus dem Adel rekrutierte, war dabei das Problem; dies war im Zeichen des Zölibats nicht anders zu machen und hätte allenfalls durch eine breite Öffnung hin zum Bürgertum konterkariert werden können, die aber nicht eintrat. Daß aber »die Kirche in zahllosen Ämtern und Einrichtungen derart zum Sozialinstitut geworden war, daß die mit diesen Ämtern verbundenen geistlichen Funktionen darüber verblaßten« (E.W. Zeeden), konnte auf Dauer von einer Institution nicht ausgehalten werden, die nur in der Seelsorge und kirchlichen Praxis ihre Existenzberechtigung hatte. In diesem Sinne war eine Reformation notwendig und überfällig.

Reformation und universale Kaiserpolitik Karls V.

1483–1546	Martin Luther.
1517	Beginn der Reformation durch die Publikation der 95 Thesen gegen den Ablaß.
1518	Reichstag zu Augsburg: Einleitung des Ketzerprozesses gegen Luther; Weigerung Luthers zum Widerruf seiner Auffassungen in Anwesenheit des Kardinallegaten Cajetan. Beginn der Reformation in der Schweiz durch Zwingli.
1519–1556	Karl V.
1520	Veröffentlichung der drei großen Programmschriften Luthers.
1521	Reichstag zu Worms mit dem Wormser Edikt, durch das Luther in die Reichsacht geschickt wird.
1521–1526	Erster Krieg Karls V. gegen Franz I. von Frankreich.
1522–1523	»Pfaffenfehde« einiger Reichsritter, Niederschlagung aufständischer Ritterheere durch eine verei-

nigte Heeresmacht von Kurtrier, Kurpfalz und der Landgrafschaft Hessen.

1524–1525 Bauernkrieg.

1525 Sieg Karls V. bei Pavia.

1526–1529 Zweiter Krieg Karls V. gegen Franz I.

1526 Erster Reichstag zu Speyer: Die Lösung der Religionsfrage wird von einem bald einzuberufenden Konzil erhofft.

1527 *Sacco di Roma.*

Kirchen- und Schulvisitation im Kurfürstentum Sachsen, Ausgangspunkt für das evangelische Landeskirchentum.

1529 Zweiter Reichstag zu Speyer: *protestatio* der evangelischen Reichsstände gegen die erneute Verschärfung der kaiserlichen Religionspoltik.

1530 Reichstag zu Augsburg: definitive Bestätigung des konfessionellen Gegensatzes; Publikation des Augsburgischen Bekenntnisses *(Confessio Augustana)* der Evangelischen unter Führung Philipp Melanchthons.

1531 Erzherzog Ferdinand von Österreich, der jüngere Bruder Karls V., seit 1526 König von Ungarn und seit 1527 König von Böhmen, wird als Ferdinand I. Römischer König.

Schmalkaldischer Bund mehrerer protestantischer Reichsstände.

1532 Reichsversammlung in Nürnberg: befristeter Religionsfrieden (»Nürnberger Anstand«).

Zugleich Reichstag zu Regensburg: Verabschiedung der »Peinlichen Gerichtsordnung« Karls V. (*Constitutio Criminalis Carolina*).

1534/1535 Täuferreich von Münster.

1541 Reichstag zu Regensburg: Fortsetzung und endgültiges Scheitern der Religionsgespräche zwischen den Konfessionen.

1545–1563 Konzil zu Trient.

1546–1547 Schmalkaldischer Krieg.

1547 Schlacht bei Mühlberg; Karl V. besiegt das protestantische Heer und nimmt Kurfürst Johann Friedrich von Sachsen gefangen.

1547–1548 Reichstag zu Augsburg: erneute Aussicht auf eine Verständigung zwischen den Konfessionen durch das »Augsburger Interim« (1548).

1552 Allianz zwischen protestantischen Reichsständen und dem französischen König Heinrich II. gegen Karl V., verbunden mit militärischen Aktionen (»Fürstenkrieg«).

Passauer Vertrag: Beendigung des Fürstenkriegs unter wesentlicher Beteiligung Ferdinands und Plan eines allgemeinen Religionsfriedens.

1555 Reichstag zu Augsburg: Augsburger Religionsfrieden.

1556 Karl V. verzichtet auf die Kaiserwürde.

Zwei fundamentale Bewegungen gaben der deutschen Geschichte in der ersten Hälfte des 16. Jahrhunderts ihre besonderen Konturen: erstens die Reformation mit dem sich anschließenden Prozeß der Kirchen- und Parteienbildung; zweitens der Versuch Karls V. und des Hauses Habsburg, ein Großreich in der Mitte Europas zu errichten – mit dem Reich als dem einen und dem im 15. Jahrhundert geeinten und erstarkten Spanien als dem anderen Zentrum. Dieser Versuch des Kaisers – der letzte, der zumindest teilweise vom Reich her gedacht und unternommen wurde – scheiterte vollkommen, und mit ihm eine letzte Chance, auf dem Weg »von oben« zu einer europäischen Großmachtbildung und vielleicht sogar zu einer Einigung Europas zu kommen, an die wir uns inzwischen vermutlich längst gewöhnt hätten. Sichtbare Zeichen dieses Scheiterns waren die Teilung des habsburgischen Großreichs in einen spanischen und einen österreichisch-deutschen Teil und der resignative Rückzug Karls V. von der Macht und von der Welt (1556). Die Reformation hingegen »gelang«, wenn auch nicht in dem Umfang und in der Tiefe, die sich ihr bedeutendster Protagonist, Martin Luther, erhofft hatte, nachdem ihm die Unvermeidlichkeit der Kirchenspaltung bewußt geworden war.

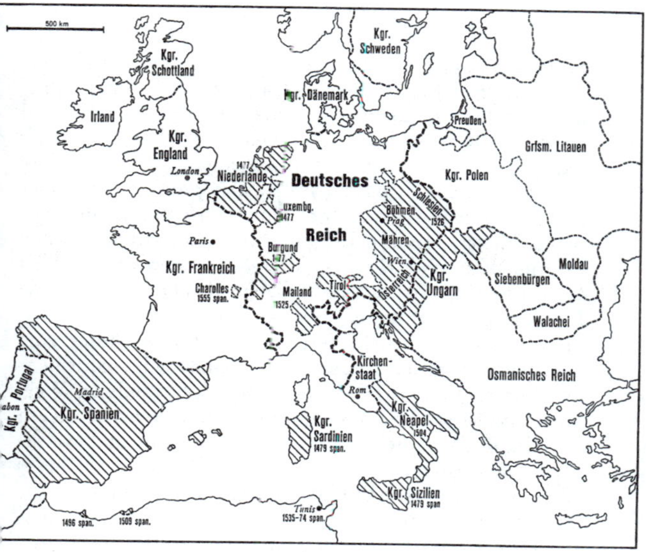

Das Reich Karls V.

Beide Ereignisketten waren in diesem halben Jahrhundert ununterbrochen aufeinander bezogen, überkreuzten und »störten« einander und brachten andere, nicht minder wichtige Ereignisse aus sich hervor: den Bauernkrieg, den habsburgisch-französischen Dauerkonflikt, die vorübergehende ständische Einigung des Reiches, den Prozeß der Konfessionalisierung. Sie müssen daher in ihren inneren Zusammenhängen gesehen werden.

Martin Luther

Für die Entwicklung Martin Luthers, eines Mönchs aus dem strengen Bettelorden der Augustiner-Eremiten, zunächst zum vehementen Kritiker der Papstkirche und dann zum Reformator, war es entscheidend, daß er durch seinen Beruf weit von der allgemeinen, weltlichen Kirchenkritik der Zeit entfernt war. Der große Ernst seines Auftretens war typisch für seinen Orden und insofern nichts Neues, sondern Erbschaft der spätmittelalterlichen Frömmigkeit und Kirchlichkeit: »In der institutionellen Gestuftheit der spätmittelalterlichen Kirche bedeutete die Existenz in einem Bettelorden objektiv den obersten Grad der Vollkommenheitsforderung.« (H. Lutz) Luther ging daher gerade in den frühen Jahren seiner sich ausformenden Lehre (1512–1517) einen völlig eigenständigen Weg, nur in Äußerlichkeiten, nicht aber im theologischen Kern beeinflußt von humanistischer Kirchenkritik und weltlichen Überlegungen seiner Zeit. Auch das Ende dieses Wegs, die Kirchenspaltung, war eine in der tiefen Ernsthaftigkeit und Konsequenz seines Denkens und Handelns angelegte, von keinem anderen seiner Zeitgenossen und baldigen Wegbegleiter beeinflußte Entscheidung.

Insofern sind die Tatsache des frühzeitigen Eintritts in den Bettelorden und die frühe Lehrtätigkeit, zu der er seit 1512 vom Orden aus in Wittenberg fand, für Luther gewiß wichtiger gewesen als seine Herkunft aus einer thüringischen »Aufsteigerfamilie«, die so oft zur Erklärung seines Tuns herangezogen wird. »Gott will uns nicht durch eigene, sondern durch fremde Gerechtigkeit und Weisheit selig machen, durch eine Gerechtigkeit, die nicht aus uns kommt und aus uns wächst, sondern von anderswoher zu uns kommt; die auch nicht unserer Erde entspringt, sondern vom Himmel kommt« – so formulierte Luther in seiner berühmten Römerbrief-Vorlesung von 1515/1516 ein erstes Mal seine Kritik an der »äußerlichen«

Werkgerechtigkeit, und er machte damit den Menschen, der in Renaissance und Humanismus auch und gerade angesichts Gottes recht groß und selbstbewußt geworden war, wieder klein und demütig. Die Römerbrief-Vorlesung enthält schon viele Elemente seiner späteren Kirchenkritik, doch konnte und wollte Luther zu dieser Zeit den Weg zur grundsätzlichen Erneuerung der Kirche noch nicht beschreiten.

Hier kommt nun dem Ablaßstreit des Jahres 1517/1518 eine besondere Bedeutung zu. Wie so oft vor Beginn großer weltgeschichtlicher Konflikte und Ereignisse war der Ausgangspunkt ein verhältnismäßig belangloser, wenn auch tief in der mißbräuchlichen Kirchenpraxis der Zeit verwurzelter: die übermäßigen Geldforderungen der römischen Kurie anläßlich der Wahl Albrechts von Brandenburg zum Erzbischof von Mainz, und damit zum Inhaber der Spitzenposition in der Hierarchie des damaligen deutschen Klerus, und die Bemühungen Albrechts, sich das nötige Geld durch einen breitgestreuten Verkauf von Ablaßbriefen – Bescheinigungen, die einen Gläubigen von Sündenschuld und -strafe befreiten – und damit durch einen hemmungslosen »Gnadenschacher« zu besorgen.

Luther und viele seiner Zeitgenossen fanden diese Praxis skandalös, insbesondere den Text der Instruktion Albrechts für die Ablaßprediger. Er regte Disputationen über das Thema an, schrieb persönlich an Albrecht und verfaßte schließlich seine berühmt gewordenen 95 Thesen, von denen wir wohl niemals ganz genau wissen werden, ob sie wirklich am 31. Oktober 1517 an das Portal der Schloßkirche zu Wittenberg geschlagen wurden. Jedenfalls machte er sie alsbald durch Versendung an einen Kreis von befreundeten Gelehrten über Wittenberg hinaus bekannt, bevor sie im Frühjahr 1518 mit ausführlichen Erläuterungen Luthers in Druck gingen. Obwohl der Form wie dem Inhalt nach keinesfalls revolutionär, waren die Thesen innerhalb kurzer Zeit im ganzen Reich bekannt.

Luther hielt sich hier noch im Rahmen der päpstlichen Autorität, griff allerdings den Ablaßbrauch mit aller Schärfe an und verstärkte die Wirkung der recht gelehrt und akademisch abgefaßten Thesen noch dadurch, daß er ihnen bald einen populär gehaltenen »Sermon von Ablaß und Gnade« folgen ließ. Dieser wurde schnell zu einem Bestseller, dem ersten der Reformationsgeschichte. 60 000 Exemplare sollen davon in zwei Jahren verkauft worden sein! Damit war Luthers Sache, die er in diesen Schriften keinesfalls schon umfassend vorgestellt hatte, unumkehrbar zu einer allgemeinen, öffentlichen geworden – zu diesem Zeitpunkt durchaus noch gegen seinen Willen!

Der Ablaßstreit wirkte wie ein gewaltiger Dammbruch, durch den schnell weitere Themen und die Person ihres Autors in den Meinungskampf gezogen wurden. Plötzlich wurde weithin über die Sakramente diskutiert; die von Luther schon in der Römerbrief-Vorlesung postulierte alleinige Autorität der Schrift (*sola scriptura*) wurde mit deutlicher Wendung gegen die theologische Tradition und gegen die Autorität des Papstes propagiert; mit einem Mal wurde der Anspruch der Kurie auf die Stellvertreterschaft Christi überhaupt in Frage gestellt.

Und auch die Front der Gegner formierte sich erstaunlich schnell – ein Beleg dafür, daß man zumindest in Deutschland die Zeichen der Gefahr richtig deutete, obwohl man von der Wucht der Ereignisse anschließend fast erdrückt wurde. Die Verteidiger und Nutznießer des Ablaßunwesens traten auf den Plan, darunter der Dominikaner Johann Tetzel, an dem sich der Streit entzündet hatte. Überhaupt schlüpften die Dominikaner, von alters her Rivalen der Augustiner, von nun an in die Rolle des bedingungslosen Anwalts der alten Sache. Darüber hinaus traten viele Weltpriester zur Verteidigung des alten Glaubens an, allen voran der Ingolstädter Theologe und brillante Polemiker Johann Eck. Und allen Gegnern Luthers stand eine vielfach bewährte Waffe zum Kampf gegen den Ketzer zur Verfügung: die Drohung mit Prozeß und Scheiterhaufen!

Daß es dazu trotz eines römischen Ketzerprozesses gegen Luther nicht kam, hing mit der großen Politik zusammen, die sich jetzt zum ersten Mal auf eine für die gesamte Reformationszeit charakteristische Weise in die innerkirchliche Auseinandersetzung mischte. Friedrich der Weise, Kurfürst von Sachsen und damit Landesherr (noch nicht Anhänger) Luthers, war nicht bereit, den inzwischen weithin bekannten Augustiner an Rom auszuliefern. Er verfügte über eine sehr wirkungsvolle Waffe: seine Stimme als Kurfürst, die gerade jetzt, angesichts des zu erwartenden Todes Kaiser Maximilians I., von verschiedenen Seiten umworben wurde. Auch Rom – Macht unter Mächten – nahm hier Einfluß, denn es hatte ein besonderes Interesse daran, einen neuerlichen und dann vermutlich überaus mächtigen deutschen Kaiser aus dem Hause Habsburg zu verhindern, und hofierte zu diesem Zweck die deutschen Kurfürsten, so gut es konnte.

Friedrich machte den Vorschlag, Luther zunächst einmal vom Legaten des Papstes beim Augsburger Reichstag (1518), Kardinal Cajetan, verhören zu lassen. Luther stellte sich dieser Herausforderung, rückte jedoch nicht von seinen Thesen ab, so daß das Verhör ergebnislos und mit dem Eindruck einer Vertiefung der Gegensätze abgebrochen wurde. Zum ersten Mal brachte Luther jetzt die große, zündende Verfahrensidee in die Öffentlichkeit, die ihm so viel Gehör verschaffen sollte: Ein allgemeines Konzil möge sich äußern, seiner Entscheidung müsse sich auch der Papst unterwerfen.

Mit dieser Forderung hatte der Konflikt eine neue Dimension erreicht. Es ging nicht mehr um Nebensächlichkeiten, wie sie letztlich der Ablaß darstellte, sondern um Rom, um die Autorität des Papstes. Sie wurde zum zentralen Thema einer Disputation mit Johann Eck, die Luther im Sommer 1519, nach Maximilians Tod, in Leipzig zu bestehen hatte. Er erklärte die päpstliche Obergewalt zu einem »historischen« Produkt, das auf Gesetzen der letzten 400 Jahre, nicht aber auf der Heiligen Schrift beruhe; er bestritt jeglicher menschlichen Satzung, auch den Konzilien, die Qualität, sich nicht irren zu können, und relativierte so die kirchliche Autorität. Er tat damit alles, um in den Augen der Gegner als Ketzer zu erscheinen. In der Leipziger Disputation brach Luther bewußt die Brükken zur alten Kirche ab. Von jetzt an wurde sein Streit mit dieser Kirche »zu einem Kampf auf Leben und Tod« (H. Rabe).

Karl V. und das Reich

Kaiser Maximilian I., der so vieles geplant, begonnen, abgebrochen, wiederaufgenommen hatte, ließ das Reich bei seinem Tod im Januar 1519 in einer komplizierten Situation zurück. Nicht nur die Religionsfragen, nicht erst das Auftreten Luthers hatten zu Unruhen geführt. Aufstandsbewegungen auf dem Land und in manchen Städten des Südwestens hatten vielmehr deutlich gemacht, daß schon lange vor dem Bauernkrieg, als wirtschaftliche und politische Unzufriedenheit von Bauern und Städtern durch kirchliche und religionspolitische Argumente zusätzliche Schubkraft erhielten, erhebliche Risse im sozialen Gefüge des Reiches bestanden. Hatte sich etwa die bäuerliche Aufstandsbewegung des »Armen Konrad« (um 1514) noch auf das Herzogtum Württemberg beschränkt, so erfaßte der »Bundschuh« (1493–1517) Stadt und Land in weiten Gebieten des Oberrheins zwischen dem Bistum Speyer im Norden und dem Breisgau im Süden.

Hinzu kam jetzt die ungeklärte Nachfolgesituation. Wie in jedem paternalistischen Staat Alteuropas war dies kein geringes Problem, denn Zeiten langen Wartens auf einen

Nachfolger oder gar ungeklärter Verhältnisse in der Nachfolge – Zeiten »ohne Herrn« also – zogen leicht verfassungspolitische und soziale Unruhen nach sich. Nicht, daß der zukünftige Kaiser gewählt werden mußte, war dabei das Problem; hier hatte die Reichsentwicklung der letzten 150 Jahre völlige Klarheit geschaffen zugunsten der Wahl durch die Kurfürsten. Neu war jedoch, daß es dem alten Kaiser nicht gelungen war, seinen Kandidaten, seinen Enkel Karl, rechtzeitig durchzusetzen, und daß als zweiter, sehr ernstzunehmender Bewerber ein bedeutender europäischer Herrscher, der französische König Franz I. – somit kein Reichsfürst – zur Verfügung stand.

Es kam zu einem regelrechten Wahlkampf um das Reich und zu einer entsprechenden publizistischen Aufheizung des politischen Klimas. Am Ende gewann Karl, der noch Jahre nach seinem Triumph vom Augsburger Kaufmann Jakob Fugger daran erinnert wurde, daß dieses Ergebnis »ohne meine Mithilfe«, das heißt ohne die Finanzierung der Bestechung mehrerer Kurfürsten durch das Augsburger Handelshaus, nicht möglich gewesen wäre. Die Kurfürsten nützten gleichfalls manche Gelegenheit, den jungen Kaiser an seine Bedingtheiten aus dieser Wahl zu erinnern. Sie nahmen nicht nur dankbar Geldgeschenke entgegen, sondern auch eine Reihe von verfassungspolitischen Wahlversprechungen (»Wahlkapitulationen«) Karls V., die fast die Qualität eines Grundgesetzes des Reichs erhielten. So durfte Karl, um nur auf einige wichtige Bestimmungen dieser Wahlkapitulationen hinzuweisen, Bündnisse mit auswärtigen Mächten nur mit Zustimmung der Kurfürsten schließen, Reichsämter und solche am kaiserlichen Hof nur mit Deutschen besetzen, Reichstage nur innerhalb des Reichsgebiets ausschreiben und fremde Soldaten im Reich nur mit Zustimmung der Reichsstände, mindestens aber der Kurfürsten einsetzen.

Freilich gewann Karl V. mit dieser Wahl viel: Denn er war nicht irgendwer, nicht nur Habsburger, nicht nur Enkel des trotz seiner reichspolitischen Mißerfolge überaus beliebten »letzten Ritters« Maximilian. Er war vor allem Inhaber der bedeutendsten Machtchancen, über die seit Karl dem Großen je ein mitteleuropäischer Fürst verfügt hatte. Als Habsburger und Enkel Maximilians war er Erbe der österreichischen Erblande, die er 1521/1522 seinem jüngeren Bruder Ferdinand übertrug; dieser war zugleich durch seine Eheschließung mit Anna aus dem Haus der Jagiellonen Erbe der Kronen Ungarns und Böhmens. Als Niederländer und Enkel Marias von Burgund erbte Karl das, was vom ehemaligen Herzogtum Burgund noch übrig war: die Niederlande und die Freigrafschaft Burgund. Als Sohn Johannas der Wahnsinnigen schließlich, der Tochter Ferdinands von Aragón und Isabellas von Kastilien, standen ihm auch Spanien und damit die amerikanischen Besitzungen zu. Karl war hier in allem Nutznießer der raffinierten Heirats- und Hausmachtpolitik Maximilians, begünstigt freilich durch manch frühen Todesfall und manche Krankheit. Mit dem Tod seines Vaters, Herzog Philipps des Schönen von Burgund, im Jahr 1506 und dem Tod seines Großvaters mütterlicherseits, des spanischen Königs Ferdinand von Aragon, im Jahr 1516 fiel ihm alles zu.

Die Wahl von 1519 war somit krönender Abschluß, denn nun kam zu dem Universum, über das Karl schon gebot, der einzige, von Anspruch und Tradition her universalistische weltliche Titel hinzu, den Europa damals zu vergeben hatte – der des Kaisers. Es ist verständlich, daß Frankreich, Rom und mancher Reichsstand diese Wahl zu verhindern suchten und dabei zuletzt, nach dem Ausscheiden Franz' I., selbst in Luthers sächsischem Gönner, Friedrich dem Weisen, einen geeigneten Kandidaten für die Nachfolge Maximilians sahen. Friedrich aber widersetzte sich standhaft und machte damit letztlich die Wahl Karls V. in Frankfurt möglich.

Reformation und Reich 1519 bis 1524

Ein solches Großreich – im Verlauf des 16. Jahrhunderts erwies sich ihm an Größe nur das Osmanische Reich Süleimans II. als ebenbürtig – verlangte nach energischer Hand und ausgefeilter Herrschaftskonzeption. Über beides verfügte der junge Monarch zunächst nicht, und er war seiner wenig ausstrahlenden, wenig »renaissancehaften«, eher introvertierten Persönlichkeit nach auch nicht in der Lage, hier schnell für Abhilfe zu sorgen. Zwar wurde er von Mercurio di Gattinara, seinem Kanzler, im Hinblick auf Idee und Realität dieses Weltreichs gut beraten, doch bedurfte er langfristiger Eingewöhnung.

Zudem kam ihm nach 1519 die *causa Lutheri* dazwischen, die längst nicht mehr nur Luthers Sache war. Im Gegenteil: Die religiöse Bewegung, für die hier und dort schon der Begriff »Reformation« benutzt wurde, breitete sich seit 1519 kraftvoll aus. Luther selber verstärkte nun seine publizistische Tätigkeit und trat 1520 mit drei großen programmatischen Schriften hervor, die fortan der Diskussion die Richtung wiesen und dafür sorgten, daß aus den verstreuten Reformideen »die« Reformation wurde. Erneut zeigte sich, welch unerhörter Gewinn der Buchdruck für diesen Vorgang war; die erfolgreichste dieser Schriften – *Von der Freiheit eines Christenmenschen* – wurde in den folgenden 15 Jahren in 36 Ausgaben verbreitet und in sechs europäische Sprachen übersetzt.

In der Schrift »An den christlichen Adel deutscher Nation von des christlichen Standes Besserung« beschränkte sich Luther zum ersten Mal nicht mehr auf Kirchliches, sondern schlug zahlreiche Reformen für Kirche und Welt vor. Seine neue Theologie, insbesondere im Hinblick auf das zentrale Problem der Sakramentenlehre, breitete Luther in der Schrift *Von der babylonischen Gefangenschaft der Kirche* aus: »Grundsätzlich [...] muß ich verneinen, daß es sieben Sakramente gibt, und kann zur

Zeit drei dafür setzen: die Taufe, die Buße, das Brot. Und diese alle sind uns durch die römische Kurie in elende Gefangenschaft geraten, und die Kirche ist all ihrer Freiheit beraubt.« Schließlich folgte der Traktat *Von der Freiheit eines Christenmenschen*, bis heute das meistgedruckte Buch Luthers. Ganz anders als der Titel nahezulegen scheint, ging es Luther nun nicht mehr um Kritik an Rom und um jene äußerliche Befreiung von den Fesseln der alten Papstkirche, die so viele Menschen seiner Zeit zu seinen Gefolgsleuten gemacht hatte. Die Freiheit, von der er jetzt sprach, war innere Freiheit, »die rechte, geistliche, christliche Freiheit, die das Herz freimacht von allen Sünden, Gesetzen und Verboten, welche alle andere Freiheit übertrifft wie der Himmel die Erde«. Kein Wunder, daß Luther sich später mißverstanden fühlte und erbost reagierte, wenn daraus »politische« Freiheit gemacht wurde – etwa 1525 von den Bauern. Doch Mißverständnisse standen zunächst, im Zeichen überwältigender Erfolge, nicht an, dagegen Zuspruch und Gefolgschaft aus allen Schichten der Bevölkerung, selbst aus dem Ausland.

Politisch bedeutsam war die Zustimmung aus dem niederen Adel und der Ritterschaft, die sich unter der Führung Ulrich von Huttens und Franz von Sickingens 1521 und 1522 in eine freilich schnell niedergeschlagene »Pfaffenfehde« gegen den Erzbischof und Kurfürsten von Trier stürzte. Auch viele Humanisten, nicht nur Luthers bedeutendster Schüler und Kollege Philipp Melanchthon, schlossen sich ihm an, manche vorübergehend, andere auf Dauer. Hier wuchs schnell eine Schicht hochgebildeter Mitstreiter heran, die in allen Teilen des Reichs für die Sache Luthers warben und als Reformatoren einzelner Städte und Landschaften in die Kirchengeschichte Deutschlands eingingen. »Für eine gewisse Zeit flossen die humanistische und die reformatorische Bewegung überhaupt ineinander« (H. Rabe) – Grund genug für seine Gegner, nun stärker mobil zu machen als in den Monaten vorsichtigen Taktierens vor der Wahl Karls V.

Anfang 1521 wurde Luther exkommuniziert, nachdem er eine Widerrufsfrist hat verstreichen lassen und die Bannandrohungsbulle demonstrativ verbrannt hatte. Wie stark seine Sache bei vielen Reichsständen schon gewirkt hatte, zeigte sich daran, daß die Reichsacht nicht, wie nach dem Reichsrecht zu erwarten, gleichsam automatisch folgte, sondern Luther zu einem letzten »Verhör« vor den Reichstag geladen wurde. In Worms traf er 1521 so zum ersten und einzigen Mal auf Karl V., der sich dieser Prozedur nur widerwillig stellte. Mehr einem weltpolitischen Kalkül und seinem dynastischen Traditionsbewußtsein als einer besonderen Neigung für das römische System folgend, war der inzwischen in Aachen (1520) zum Kaiser gekrönte Monarch zu einem politischen Vorkämpfer der Papstkirche geworden, und er war jetzt nicht mehr bereit, sich von dem deutschen Mönch über Gebühr von seinen Aufgaben und Absichten außerhalb des Reiches abhalten zu lassen.

So kam es in Worms nur zu einer kurzen, wiewohl welthistorischen Konfrontation. Luther war zu keinem Widerruf bereit, sofern er »nicht durch Schriftzeugnisse oder einen klaren Grund widerlegt« würde. Durch Edikt wurde er daraufhin mit Reichsacht belegt. Hinter diesem Akt standen freilich nur noch der Kaiser und jene wenigen Reichsstände, die Worms noch nicht verlassen hatten. Auch der Reichstag war demnach nun gespalten, eine erste Aufteilung in »evangelische« und altgläubige Reichsstände trat ein, der freilich noch keine Ausbildung von Landeskirchen folgte. Vor allem Friedrich der Weise wurde jetzt zum Landesherrn »und« Anhänger und leistete Luther seinen wohl bedeutendsten Dienst, indem er ihn vor der Reichsexekution, das heißt vor der Gefangensetzung und Aburteilung durch die Reichsgerichte, mittels »Entführung« auf die Wartburg schützte. Worms, der Form nach eine Niederlage der evangelischen Bewegung, wurde zum Ausgangspunkt ihrer bedeutendsten Erfolge im anschließenden, von der protestantischen Geschichtsschreibung gern »Sturmjahre der Reformation« genannten halben Jahrzehnt.

Kaiser, Reich und neue religiöse Bewegung entwickelten sich in dieser Zeit mehr oder minder nebeneinander her. Karl V. verließ Deutschland, wo er sich als Niederländer, der die burgundische Tradition in sich aufgenommen hatte, niemals besonders wohlfühlte. In Worms hatte er noch eine Reihe von relativ fruchtlosen Versuchen des Reichstags verfolgen können, im Benehmen mit dem Kaiser die Machtverteilung zwischen beiden Gewalten auf eine neue Grundlage zu stellen. Viel kam dabei nicht heraus, vor allem keine Harmonisierung der Reichspolitik zwischen herrschaftlicher Ordnung und föderativer Organisation. Das Interesse Karls aber galt dem politischen Bündnis mit Rom und damit einer weltpolitischen Konstellation, der er weit mehr Gewicht beimaß als den deutschen Glaubens- und den Reichsfragen: der Vorbereitung des Terrains für seine Auseinandersetzung mit Franz I. und mit Frankreich. Schon jetzt setzte er seinen Bruder Ferdinand zum Erben wesentlicher Teile der im Reich gelegenen Habsburger Länder ein, um nicht zu viel »reichische« Herrschaftslast mit sich herumzuschleppen. Er selbst »wandte sich dem Kampf seines Lebens zu, es ging um die Weltherrschaft. Die deutschen Dinge und Luther erschienen ihm nur noch als zweitrangige Episode am Rande des Weltgeschehens.« (H. Lutz.) Nur zu bald sollte sich zeigen, wie sehr er sich damit verrechnet hatte.

Die evangelische Bewegung schritt indessen stürmisch voran. Vor allem die mit der alltäglichen Seelsorge Betrauten, Weltgeistliche und Mönche, wandten sich der neuen Bewegung zu, und sie wurden insofern ihre Nutznießer, als die Reformation im praktischen Vollzug den Prediger, den es in dieser Form zuvor gar nicht gegeben hatte, auf Dauer fest im Zentrum der Gemeinde der Gläubigen etablierte. Luthers in der Ruhe der Wartburg in kürzester

Zeit erstellte Übersetzung des Neuen Testaments, nicht nur ein kirchen-, sondern auch ein sprachgeschichtliches Zeugnis von welthistorischer Bedeutung, half ihnen bei ihrem Werk; ihr zur Seite traten bald die ersten, bis heute populär gebliebenen evangelischen Kirchenlieder. Wie sich das praktische Kirchenleben in ganz Deutschland veränderte, kann hier nicht im einzelnen beschrieben werden. So falsch die Vorstellung ist, daß alles auf einen Schlag anders wurde, so tief schnitten doch Neuerungen wie die Umstellung der Liturgie, der Bildersturm, die Entleerung der Klöster, die Eheschließung von Priestern in das gewohnte kirchliche Leben ein, sofern es denn »Leben« gewesen war.

Wie jede bedeutende Bewegung brachte die Reformation ihre extremen Ausläufer und damit ihre potentiellen Gegner aus sich hervor. Gemeint ist hier nicht die in der Schweiz und im deutschen Südwesten beheimatete Bewegung Huldrych Zwinglis, die nur in einem äußerlichen Sinne von den Ereignissen in Wittenberg ausging. Diese war eine andere Art von Reformation, mit anderen politischen Voraussetzungen, einem anderen sozialen Hintergrund, in anderen Formen, mit einer anderen Theologie. Auch sie war deutsche Geschichte, hatte im Bauernkrieg im Südwesten vermutlich mehr Einfluß als Luther, trat jedoch bald in den Hintergrund. Es muß allerdings betont werden, daß mit Zwingli und der Reformation in den oberdeutschen Reichsstädten ein ausgesprochen urbanes Element in der Geschichte der Glaubensbewegungen des 16. Jahrhunderts Platz griff. Das Spannungsverhältnis, das Reichsstadt und Reformation im Südwesten Deutschlands zueinander ausbildeten, hat diesen Teil Deutschlands langfristig geprägt und den Bemühungen um eine Neukonstituierung des Glaubenslebens einen wesentlich anderen Charakter verliehen, als dies in Thüringen und Sachsen der Fall war.

Indes war Luther weit mehr betroffen von gegnerischen Aktivitäten aus seiner näheren und weiteren Umgebung.

Gemeint ist zum Beispiel Andreas Bodenstein (gen. »Karlstadt«) aus Wittenberg, ein Mann fürs Grobe, zunächst treuer Wegbegleiter, dann scharfer Kritiker Luthers, weil dieser ihm nicht radikal genug war. Er setzte Luthers *sola scriptura* ein *solo spiritu* entgegen und schürte im Namen des Geistes 1522 in Wittenberg Unruhen, die schließlich nur durch Luther selbst beendet werden konnten.

Gemeint ist natürlich auch Thomas Müntzer, der Stolberger Handwerkersohn und spätere Zwickauer, Allstädter und Mühlhausener Prediger. Müntzer war wie Karlstadt »Geisttheologe«, und er verabsolutierte das die ganze Welt durchwirkende Geistprinzip so radikal, daß er einen der Kernpunkte im Werk Luthers – die »Zwei-Reiche-Lehre«, die den Menschen in weltlich-politischen Dingen die Unterordnung unter die weltliche Gewalt befahl – nicht anerkennen konnte. Im Gegenteil: Das irdische Reich war oder sollte identisch sein mit Gottes Reich, und alle Politik stand für Müntzer unter dem Zeichen der zu errichtenden, endzeitlich verstandenen Gottesherrschaft. Solche Vorstellungen ließen ihn zu einem Kristallisationspunkt des Widerstands gegen obrigkeitliche Satzung werden, und so ordnet sich seine Geschichte ein in die Geschichte des deutschen Bauernkriegs, dessen mitteldeutsche Phase er wesentlich bestimmte.

Bauernkrieg

Dieser Bauernkrieg (1524–1526), im alemannischen Südwesten des Reiches entstanden und wie ein »Flächenbrand« (B. Moeller) nach Norden bis an den nördlichen Harzrand, östlich nach Tirol und Salzburg, nordöstlich nach Franken und Thüringen ausgreifend und damit nur den Norden und Nordwesten, Bayern, Sachsen und die Böhmischen Länder verschonend, war für die Reformatoren lutherischer Prägung ein unzeitgemäßes Ereignis. Sie hatten ihre Lehren nicht als praktische Handreichung für weltliche Verbesserungen entwickelt, und Luther reagierte auf dem Höhepunkt des Krieges überaus harsch gegen die Bauern, als er sich mißverstanden und politisch vereinnahmt fühlte. Diese sahen die Dinge anders, und sie wurden dabei von bürgerlich-städtischen Publizisten unterstützt, die ihnen mit der Redaktion von politischen Programmen zur Seite standen: »Es dürfte zu den konstituierenden Merkmalen des Bauernkriegs gehören, daß er dort und nur dort ausbrach, wo Städte nicht fernlagen und eine gewisse Verflechtung von Land und Stadt eingeführt war.« (B. Moeller.)

Den Bauern ging es um eine korrekte Definition ihrer Rechte und Pflichten gegenüber den vielen weltlichen und geistlichen Herren, die als Leib- und Gerichtsherren, als Grund- und Landesherren gleichfalls Rechte an ihrem Grund und Boden hatten oder beanspruchten. Wo die Bibel, für die Luther den Menschen so sehr die Augen geöffnet hatte, diese Ansprüche der Bauern zu untermauern schien, wurde ohne Zögern auf sie und damit auf das »göttliche Recht« wie auf ein gültiges Rechtsbuch Bezug genommen. Hierin unterschied sich diese Bewegung von zahlreichen spätmittelalterlichen Bauernrebellionen, in denen der Hinweis auf das »gute alte Recht« im Zentrum gestanden hatte.

Das bedeutendste Zeugnis, das der Bauernkrieg in dieser Hinsicht hervorbrachte, waren »Die grundlichen und rechten Hauptartikel aller Bauerschaft und Hindersessen der gaistlichen und weltlichen Oberkaiten, von wölchen si sich beschwert vermeinen«, die sogenannten »Zwölf Artikel« der oberschwäbischen Aufständischen. Sie erschienen nach dem Ausbruch der Gewalttätigkeiten und stellten die Bauern als treue Anhänger des Evangeliums hin, die darum nicht als aufrührerisch verurteilt werden dürften. Im einzelnen ging es in dieser und in ähnlichen Schriften aus anderen Gebieten um die persönlichen Belastungen, um Höhe und Ungerechtigkeit von Abgaben und Diensten, um hohe Steuern, um bedrohte Kollektivrechte in Wald und Land, in Fischfang und Jagd, um die freie Wahl der Prediger. All das belegt, daß aus diesen Artikeln das besitzende Bauerntum sprach und nicht die bäuerlichen Unterschichten. Durch das Bevölkerungswachstum, durch wachsenden herrschaftlichen Druck, der darauf abzielte, die Abgabenleistungen der Grundholden zu erhöhen und die Allmende stärker herrschaftlich zu nutzen, durch steigende Steuern schließlich waren in vielen deutschen Landschaften wirtschaftliche und soziale Spannungen entstanden, die sich, durch die allgemeine herrschaftskritische Stimmung der Reformation befördert, jetzt gewaltsam entluden.

Da die lokalen Herrschaftsgewalten und auch Kaiser und Reichsregiment auf solche Ereignisse nicht vorbereitet waren, hatten die zu beträchtlicher Größe angewachsenen Bauernheere anfangs beachtliche Erfolge. Gewaltsame Übergriffe gegen Klöster und Schlösser und große Versammlungen nicht-militärischen Zuschnitts wechselten einander ab. Zeitweise bestand sogar die Chance zu größeren politischen Reformvorhaben auf Reichsebene und zur Einberufung einer großen, repräsentativen Bauernversammlung nach Heilbronn. Doch solche Entwicklungen wurden durch die massive Gegenwehr des Schwäbischen Bundes blockiert. Dieser im späten 15. Jahrhundert gegründete Ständebund schwang sich im Bauernkrieg ein letztes Mal zu einer konzertierten politischen Aktion auf; seine Truppen bekämpften die Bauern mit großer Härte und Energie und sorgten dafür, daß der Aufstand in den meisten Gebieten schon im Frühsommer 1525 beendet war. Der große Versuch der Bauern zur Selbsthilfe war damit gescheitert. Anders, als früher von der Historie dargestellt, war allerdings nicht jahrhundertelange Recht- und Bedeutungslosigkeit der

Bauern der alleinige Preis für ihre Gewaltbereitschaft. Vielerorts trug der Aufstand vielmehr dazu bei, die bäuerlichen Anliegen im Sinne der »Zwölf Artikel« im Gedächtnis zu halten oder gar zur Grundlage von Reformen zu machen.

Reformation, Reich und religiöse Bewegungen 1525 bis 1555

Mit dem Bauernkrieg waren zugleich die »Sturmjahre« der Reformation vorüber. Was jetzt bis hin zum Augsburger Religionsfrieden (1555) folgte, war ein zähes, in der Regel politisches, auf seinem Höhepunkt auch militärisches Ringen um die kirchliche und politische Zukunft des Reiches, an dem vier sehr unterschiedliche Kräfte beteiligt waren: zum einen der Kaiser bzw. die Politik des kaiserlichen Hofs, der es vor allem anderen um die Durchsetzung dessen ging, was immer wieder die »universalistische« Politik Karls V. genannt worden ist. Sodann der Reichstag, der durch die Glaubensfrage entscheidend gespalten und dennoch kein Spielball in den Händen der kaiserlichen Politik war, sondern ein eigenständiges Gremium, das im Überkreuz von Glaubens- und Verfassungsfragen seine Position zu definieren versuchte, und dabei in einer Zeit, in der es so viele Reichstage gab wie niemals zuvor und danach, zu einer gewissen Selbständigkeit fand. Als dritte Kraft kam der deutsche Protestantismus hinzu. Er formierte sich nach 1529/1530 immer entschiedener und wurde dadurch, daß mit Landeshoheit ausgestattete Reichsstände seine Belange vertraten, zu einer eminent politischen Bewegung. Und schließlich partizipierte die alte Kirche, die gleichfalls einen Formierungsprozeß durchlief, gleichfalls ihre Partei unter den Reichsständen bildete und davon profitierte, daß eine Reihe bedeutender Päpste die Zeichen der Zeit erkannte und mit dem seit langem gepredigten Reform- und Konzilsgedanken ernst machte.

Die Politik Karls V. litt während des gesamten Zeitraums unter zwei grundsätzlichen Widersprüchen: Universalistisch und weit über das Reich hinausgreifend angelegt, wurde sie durch die Glaubensfrage und den durch sie bewirkten »erweiterten Spielraum der regionalen Kräfte in Deutschland« (H. Lutz) kontinuierlich im Reich gefesselt und konterkariert. Vom Prinzip her auf dauerhaften Frieden – Frieden unter Habsburgs Bedingungen – gerichtet, wurde sie durch den Konflikt mit Frankreich, der im Ausgang des 15. Jahrhunderts begonnen hatte und in der Auseinandersetzung zwischen Karl V. und Franz I. seinen Höhepunkt fand, ständig in den Krieg geführt. Mit beiden Widersprüchen ist der Kaiser niemals fertig geworden, an ihnen ist er schließlich gescheitert.

Was die Glaubensfrage angeht, so hat Karl nahezu alle Spielarten des Taktierens und Verhandelns gegenüber den Protestanten angewandt. Persönlich ohne tiefreichendes Interesse an der theologischen Substanz des Konflikts, war er seit dem Reichstag von Worms (1521) ein vehementer Verteidiger der alten Kirche, ohne deren Reformbedürftigkeit zu leugnen. Als aber Karl wie so viele andere sich von der Unausweichlichkeit der Glaubensspaltung überzeugt hatte, war er zu Kompromissen und Teilungslösungen bereit. Er verband damit freilich noch lange Zeit die Hoffnung auf eine Wiedervereinigung der entstehenden Konfessionen und unterstützte in diesem Sinne eine Reihe von Religionsgesprächen, die 1540/1541 in Hagenau, Worms und Regensburg stattfanden, aber ohne Erfolg blieben. Karls Religionspolitik wurde dadurch erschwert, daß ihm die Kurie außenpolitisch kein verläßlicher Partner war; sie schwankte vielmehr zwischen Frankreich und dem Reich hin und her und machte, wie mancher deutsche Reichsstand auch, die Sorge vor dem drohenden Übergewicht der habsburgischen *Monarchia* in Europa zur wesentlichen Richtschnur ihres politischen Handelns.

So fiel es Karl V. nicht schwer, die Glaubensfrage in das Machtkalkül einzubeziehen. Nach der harten Reaktion gegen Luther auf dem Reichstag zu Worms kam es in Nürnberg (1524) und Speyer (1526) zu hinhaltenden Kompromißformeln gegenüber den Lutheranern, bevor ein neuerlicher Reichstag in Speyer 1529 die harte Wormser Linie wieder aufnahm. Hier sahen sich die Vertreter des neuen Glaubens ihrerseits zu jenem welthistorischen »Protest« veranlaßt, dem sie hinfort ihren Namen verdankten. Zwischen 1530 und 1541 führte Karl gegenüber den »Protestanten« im wesentlichen Vereinigungspolitik, danach schaltete er auf Härte um und zwang seine altgläubigen Partner 1546/1547, nach einem erfolgreichen Feldzug gegen Frankreich, in einen Krieg gegen die Mehrzahl der im Schmalkaldischen Bund vereinigten protestantischen Stände – den ersten Glaubenskrieg auf deutschem Boden. Der militärische Sieg des Kaisers auf dem Höhepunkt seiner Macht im Jahr 1547 brachte dennoch keinen weiterreichenden Erfolg seiner Glaubenspolitik. Seine altgläubigen Partner – sei es Rom, seien es die führenden katholischen Reichsstände wie Bayern – entzogen ihm immer wieder ihre politische Unterstützung, weil sie keine starke habsburgische Dominanz im Reich wollten. In dieser Hinsicht gab es sogar viel Übereinstimmung zwischen katholischen und evangelischen Reichsständen. Erst als Anfang der 50er Jahre Frankreich zum ersten Mal Erfolg hatte mit seinem Versuch, deutsche Reichsstände in eine Fürstenopposition gegen den Kaiser zu führen, danach jedoch bekannt wurde, daß zu den Bündnispartnern Frankreichs der Erzfeind des Reichs, die Türken, gehörten, stellten sich die führenden Kräfte im Reich auf eine dauerhaftere Lösung der Glaubensfrage ein.

Sie wurde nach längerer Vorbereitung 1555 auf dem Reichstag zu Augsburg gefunden und als »Augsburger

Religionsfriede« bekannt. Mit dieser Entscheidung wurde die Augsburger Konfession, wie die lutherischen Protestanten seit der Festlegung ihres Bekenntnisses in Augsburg (1530) jetzt auch hießen, als einzige neue Konfession neben der katholischen reichsrechtlich anerkannt – nicht also die Zwinglianer und Calvinisten, auch nicht die Täufer, die weiterhin »Ketzer« blieben. Zu welcher Konfession ein Territorium gehörte, oblag der Entscheidung des Landesherrn (*cuius regio, eius religio*), andersgläubige Untertanen konnten diesem Zwang durch Auswanderung begegnen. Wenn ein geistlicher Fürst Protestant wurde, sollte er sein geistliches und weltliches Amt verlieren – ein höchst umstrittener und bis 1648 heftig umkämpfter Passus, dem die protestantischen Reichsstände nicht ohne Grund die Zustimmung verweigerten, weil er ihnen den Zugang zu den geistlichen Territorien versperrte.

Gerade das heftige Ringen des Reichstags in Augsburg um diesen »geistlichen Vorbehalt« beleuchtet eindringlich die Stärke, die die neue Bewegung im Reich gewonnen hatte. Der deutsche Protestantismus lutherischer Prägung konnte um diese Zeit als konsolidiert gelten, wozu nicht nur die von Luther selbst noch intensiv betriebene Abgrenzung gegenüber den anderen evangelischen Gemeinschaften beigetragen hatte, sondern auch Luthers Staats- und Politikbegriff, der die enge Anlehnung des Luthertums an die landesherrliche Obrigkeit zahlreicher Reichsstände förderte. Die beiden Sachsen (Herzog- und Kurfürstentum), die Landgrafschaft Hessen, nahezu alle nord- und ostdeutschen Territorien und Reichsstädte, die fränkischen Hohenzollernlande Ansbach und Kulmbach (Bayreuth), Württemberg und viele Reichsstädte in Südwestdeutschland waren jetzt lutherisch, ebenso große Teile Schlesiens und einige Herrschaften in den österreichischen Erbländern. Territoriale Konsolidierung hieß freilich noch nicht innere Durchdringung – hier war zwischen den Territorien und Konfessionen um die Jahrhundertmitte noch sehr vieles im Fluß. Überhaupt ist die Vorstellung unangemessen, die Konfessionen und Reichsstände hätten sich schon zu dieser Zeit blockartig und unveränderlich gegenübergestanden.

In großem zeitlichen Abstand zur Augsburger Konfession drang der Calvinismus in Deutschland ein. Johann Calvin (Jean Cauvin), der französische Reformator, hatte zwischen 1535 und 1540 einige Zeit als Glaubensflüchtling in Deutschland (Straßburg) gelebt, bevor er sich seit 1541 in Genf seinem Lebenswerk widmete. Er kannte die Theologie Luthers gut und entwickelte seine eigene Lehre in deutlicher Abgrenzung von Luther und Melanchthon: In ihrem Zentrum standen die Lehre von der Prädestination, der Vorherbestimmung des einzelnen, die synodale, die Aktivitäten der Gläubigen fördernde Gemeindestruktur und das allein den ständischen Amtsträgern aufgegebene Widerstandsrecht gegen eine unchristliche Obrigkeit. Calvins Einfluß in Deutschland blieb begrenzt und wurde nur von zwei, glaubensgeschichtlich und politisch freilich wichtigen Trägern gestützt: den Glaubensflüchtlingen (Exulanten) aus den Niederlanden und einigen, aus sehr persönlichen Gründen zum Calvinismus überwechselnden Reichsfürsten, die, da der Augsburger Religionsfriede für sie nicht galt, ihren Untertanen den neuen Glauben nicht ohne weiteres aufnötigen konnten. Niederländische Exulanten waren dafür verantwortlich, daß sich der Calvinismus im Nordwesten Deutschlands, im ostfriesischen Emden und seiner Umgebung, dauerhaft festsetzte. Fürstlicher Initiative verdankte diese Konfession ihr – freilich niemals »flächendeckendes«, von den übrigen christlichen Konfessionen heftig bekämpftes – Eindringen in der Pfalz, in Nassau, in einer Reihe von hessischen, westfälischen und rheinischen Grafschaften (z. B. Lippe, Tecklenburg, Wittgenstein), in Anhalt und später in Kurbrandenburg und Schlesien. Das Verhältnis zwischen den protestantischen Konfessionen blieb gerade in Landschaften, in denen sie koexistieren mußten, äußerst gespannt. Die weltpolitische Bedeutung, die der Calvinismus durch seine Erfolge in den

Niederlanden, in England und in der Neuen Welt gewann, blieb in Deutschland ohne Echo.

Neben den protestantischen Konfessionen, die einander trotz mancher Einigungsversuche geradezu feindlich gegenüberstanden, gab es in der ersten Hälfte des 16. Jahrhunderts eine Fülle von radikaleren protestantischen Sekten, für die sich die Bezeichnung »Täufer« durchgesetzt hat, weil sie im allgemeinen der Erwachsenentaufe anhingen. Im »Täuferreich« zu Münster gewann 1534/1535 eine solche für kurze Zeit sogar einmal politische Herrschaft. Diese fiel freilich so radikal und intolerant aus, daß damit unverdientermaßen die gesamte Täuferbewegung auf lange Zeit diskreditiert war.

Die Stadt Münster hatte seit 1531 Kenntnis von der Lehre Luthers, 1533 hatte die Ratswahl in der Stadt zum ersten Mal eine lutherische Mehrheit ergeben. Die Einwohner Münsters freilich waren mehrheitlich mit den Erfolgen der Reformation nicht zufrieden: Durch ihre vielfältigen Kontakte zu den benachbarten Niederlanden mit den Lehren des niederländischen Täufertums vertraut, öffneten sie sich seit 1533 zunehmend den täuferischen Lehren und entwickelten diese in den folgenden Jahren auf sehr konsequente, ja radikale Weise weiter. Im Hintergrund wirkten dabei die Lehren des aus Schwäbisch Hall stammenden Kürschners und Wanderpredigers Melchior Hoffmann und seiner holländischen Anhänger. Unter der Führung von zwei Handwerkern, des Bäckers Jan Matthijsz aus Münster und des Schneiders Jan Bockelson aus Leiden, kam es ab 1534 zur Errichtung eines sogenannten »Gottesreichs« in Münster, das von Endzeiterwartungen getragen und von der harten Hand seiner autoritär durchgreifenden Führer gelenkt wurde: Das Privateigentum an Geld wurde abgeschafft, der Grundbesitz der Stadt und die in ihr befindlichen Nahrungsmittel wurden zum Gemeineigentum erklärt, Schulden wurden erlassen, die Zwangsehe eingeführt und Vielweiberei zugelassen.

Das »Gottesreich« in Münster, das im September 1534 ganz von Jan Bockelson, dem stolz sich »König von Zion« nennenden wichtigsten Anführer dieser Bewegung beherrscht wurde, hatte keinen langen Bestand. Seit Ende 1534 war der Widerstand verschiedener lutherischer und katholischer Reichsstände so weit organisiert, daß militärische Aktionen gegen die Stadt möglich wurden. Unter Führung des Bischofs Franz von Waldeck wurde Münster 1535 belagert, und es fiel schließlich im Juni dieses Jahres durch Verrat. Viele der Anführer wurden hingerichtet, in Münster aber wurde ohne großen Widerstand der Lutheraner der Katholizismus wiederhergestellt – ein erster, früher Fall einer solchen »Rückeroberung«, dem später, im Zeitalter der Gegenreformation, weitere folgen sollten.

Auch die katholische Kirche durchlief um diese Zeit im Vergleich zu den »Sturmjahren der Reformation« einen Konsolidierungsprozeß. Einige bedeutende Reichsstände – wie Bayern, die geistlichen Kurfürsten und viele, durch den geistlichen Vorbehalt »bei der Stange« gehaltene geistliche Territorien – standen fest zum alten Glauben. Sie überstanden dabei auch gelegentliche politische Ungereimtheiten, die ihnen zur gleichen Zeit den Kampf gegen Habsburg als katholische Führungsmacht und das treue Ausharren bei Rom und beim alten Glauben abverlangten. Dabei half ihnen sehr, daß in den ständischen Auseinandersetzungen des Reiches mit dem Kaiser nach 1550 immer stärker Ferdinand I., der Bruder des Kaisers und römische König, die Politik des kaiserlichen Hofs zu bestimmen verstand. Er war flexibler als sein Bruder, den Reichsbelangen und -interessen gegenüber offener, in Glaubensfragen pragmatischer und in der Rolle des Nachfolgers ohnehin in gewisser Weise oppositionell, das heißt zu nahezu konspirativen Verabredungen mit einzelnen Reichsständen gegen den Kaiser bereit. Daß zum Beispiel 1552 die Fürstenopposition gegen Karl V. im »Passauer Vertrag« mit einem wegweisenden Kompromiß beendet wurde, war wesentlich Ferdinands Verdienst: Den Lutheranern wurde in diesem Vertrag vorläufige freie Religionsausübung zugestanden, die endgültige Lösung der Konfessionsfrage wurde zunächst einem Interimsausschuß, dann dem Reichstag zugewiesen.

Die wichtigste Entwicklung für die Altgläubigen vollzog sich aber auf geistlicher Ebene. Seit 1545 tagte in Trient, zwar auf Reichsgebiet, aber von Rom kontrolliert, das Konzil. Es hatte die Aufgabe, den Reformgedanken, dem sie sich so lange verschlossen hatte, auch innerhalb der alten Kirche durchzusetzen und damit Vorbereitungen für die Rückgewinnung der Gläubigen im Reich und im übrigen Europa zu treffen. In drei Sitzungsperioden, deren mittlere sehr zum Ärger des Kaisers von Trient nach Bologna verlegt wurde, legte die Papstkirche hier in einer Mischung von vorwärtsgerichteten und defensiven Beschlüssen die Grundlagen für ihre nachreformatorische Entwicklung. Die theologische Ausbildung der Geistlichen wurde durch die Einrichtung von Priesterseminaren erstmals gesichert, die Residenzpflicht der Bischöfe zur Verpflichtung gemacht und Pfründenmißbrauch verboten – deutliche Reaktionen auf die Kritik aus der Reformationszeit.

In dogmatischen Fragen ging man nicht annähernd so weit und ließ selbst Reformvorschläge aus dem eigenen Lager, etwa zum Problem der Werkgerechtigkeit, außer acht. Das theologische Gerüst der scholastischen Philosophie blieb erhalten und wurde sogar in einem konservativen Sinne verstärkt. Erst das Tridentinum machte aus dem Katholizismus eine erfolgreich um ihren Bestand kämpfende Konfession, erst jetzt erhielt er viele seiner modernen Prägungen, die ihm vor der Kirchenspaltung ganz fremd gewesen waren: den durchgängigen Gebrauch des Lateinischen etwa, die starke Betonung der kirchlichen Hierarchie und vor allem die konsequente zentralistische Ausrichtung der gesamten Kirche auf Rom. Damit war die

Kirche gut für den Kampf um verlorengegangenes Terrain im Zeitalter von Gegenreformation und katholischer Reform gerüstet.

Deutschland nach Augsburg und Trient: Das »konfessionelle Zeitalter«

1556–1564	Kaiser Ferdinand I.
1564–1576	Kaiser Maximilian II.
1576–1612	Kaiser Rudolf II.
1583	»Kölner Krieg« des Domkapitels und Landtags von Kurköln gegen den evangelischer Neigungen verdächtigen Kölner Erzbischof Gebhard Truchseß von Waldburg.
1583–1604	Straßburger Kapitelstreit: Exkommunikation von vier Kölner Prälaten (und zugleich Straßburger Domherren), Beleg für die Durchsetzung des geistlichen Vorbehalts.
1593–1609	Türkenkrieg; die wiederholte Bitte des Kaisers an die Reichsstände um Türkenhilfe stärkt deren Position und die des Reichstags.
1594	Bewilligung einer Türkenhilfe durch den Reichstag.
1603	Reichstag zu Regensburg: Aufhebung des Majoritätsprinzips in Reichsbeschlüssen, Stärkung der Position des Reichstags.
1606	Verträge von Wien: Erzherzog Matthias, Bruder des Kaisers, erhält vom Kaiser die ausübende Herrschaft über die österreichischen Erblande.

Auf ganz Europa gesehen, trat die Entwicklung im Reich, seit der Reformation gleichsam im Zentrum der Weltpolitik, jetzt zurück. In Westeuropa setzte sich die calvinische Variante der Kirchen- und Glaubensreform durch und zog durch ihren hohen Politisierungsgrad den Blick vieler Christen auf sich. Das Reich war davon an seinem nordwestlichen Rand betroffen; denn die nördlichen Provinzen der Niederlande, die von Spanien abfielen und zu einem eigenen Staatswesen zusammenwuchsen (1579/1581), gehörten formal noch zum Reich, dessen im Westfälischen Frieden vollzogene Schrumpfung mit dem niederländischen Freiheitskampf begann. Im übrigen Reich dagegen begann, insbesondere nach dem Tod Ferdinands I. (1564) und seines Sohns und Nachfolgers, Maximilians II. (1576) – beide gehörten noch zur Generation der friedliebenden und ausgleichsbereiten Politiker aus der Zeit des Religionsvergleichs –, ein Prozeß zunehmender Verhärtung der konfessionellen Fronten. Mochte auch unter den Reichsständen der Wunsch weit verbreitet sein, die Auswüchse des Konfessionskampfes, wie sie jetzt aus den Niederlanden und Frankreich bekannt wurden, im Reich zu vermeiden und die Einigkeit der reichsständischen Bewegung zu wahren: die Eigendynamik der Konfessionalisierung war letztlich nicht zu verhindern. Und schnell rächte sich, daß der Religionsfrieden auf Kosten manch faulen Kompromisses erreicht worden war und somit Auslegungsstreitigkeiten Tür und Tor offenstanden.

Vor allem die für das alte Reich so charakteristischen geistlichen Territorien gaben vielfach Anlaß zu Streit, der niemals nur ein konfessioneller blieb, sondern stets unmittelbare reichsrechtliche und damit politische Konsequenzen hatte. Die Protestanten, die sich in dieser Frage nicht an die Augsburger Beschlüsse gebunden fühlten, trieben die Säkularisierung dieser Territorien besonders in Norddeutschland machtvoll voran: Manch ein geistliches Hochstift wurde jetzt weltliches Territorium und erhielt einen lutherischen Landesherrn, alle mittel- und norddeutschen Bistümer wurden in der zweiten Hälfte des 16. Jahrhunderts evangelisch. Kaiser und katholische Reichsstände erkannten dies in der Regel nicht an und versagten den neuen evangelischen Inhabern der Hochstifte die reichsrechtliche

Anerkennung, mithin Belehnung sowie Sitz und Stimme im Reichstag. Die große gegenreformatorische Idee der »Restitution« der geistlichen Territorien erschien immer drohender am Himmel und vergiftete das politische Leben ebenso wie das heftige, überaus diesseitige Streben mancher protestantischer Landesherren nach Säkularisierung und Materialisierung von Kirchengut. Die beiden großen Konfessionen stabilisierten sich auf diese Weise zwar weiterhin, unermeßlichen Schaden erlitten dagegen Idee und Wirklichkeit des Reichs.

Dreimal im Verlauf der zweiten Jahrhunderthälfte kam es zu schweren Konflikten um geistliche Staaten und ihre konfessionspolitische Zukunft, und in allen Fällen kamen dabei Institutionen des Reichs zu Schaden.

In Köln faßte in den achtziger Jahren der Inhaber der dortigen Kurwürde Neigung zum Protestantismus und wurde von protestantischer Seite gedrängt, auf seinem Platz auch nach dem Konfessionswechsel auszuharren und für die Abschaffung des geistlichen Vorbehalts zu kämpfen. Recht menschliche Überlegungen leiteten den Kurfürsten; ohnehin niemals mit den Weihen versehen, gedachte er zu heiraten, und zwar ein protestantisches Fräulein. Die Katholiken jedoch nahmen die Sache grundsätzlich, stand mit Köln doch eine ihrer stärksten deutschen Bastionen und mit dem möglichen Übergang der Kölner Kurwürde auf einen Protestanten die Wahl zukünftiger katholischer Kaiser auf dem Spiel. Ihre massive Interventionspolitik, die den Kaiser, den spanischen König und den Papst mobilisierte, hatte Erfolg. Da die kaisertreuen Protestanten, vor allem Kurfürst August von Sachsen, zu keinem entschiedenen Vorgehen gegen das Reich bereit waren, obsiegten die Katholiken im »Kölner Krieg« und sicherten ihrer deutschen Führungsmacht Bayern auf lange Zeit die Kölner Kurwürde.

In Straßburg, wo das wahlberechtigte Domkapitel einige evangelische Mitglieder hatte, kam es 1592 zur Doppelwahl eines evangelischen und eines katholischen Bischofs. Auch hier erwies sich die katholische Politik als die stärkere, der protestantische Kandidat, Johann Georg von Brandenburg, und die evangelischen Domherren wurden später finanziell entschädigt.

In Magdeburg schließlich lagen die Dinge reichsrechtlich am schwierigsten. Dieses Erzbistum wurde seit 1582 evangelisch verwaltet, der Administrator jedoch weder vom Papst konfirmiert noch vom Kaiser belehnt. Eine vom Reichskammergericht eingesetzte reichsständische Kommission, die nach der Reichsverfassung in solchen Fällen als Aufsichtsinstanz fungierte, wurde von katholischer Seite nicht anerkannt und stellte daraufhin ihre Arbeit ein. Wieder einmal war damit eine im Prinzip auf Ausgleich und justizstaatliche Regelungen eingestellte Reichsbehörde ad absurdum geführt worden. Immer stärker bestimmten jetzt die Reichsstände und ihr einzelstaatliches Machtinteresse das politische Geschehen im Reich und trugen somit zur Aushöhlung und »Auflösung der Reichsverfassung« (M. Ritter) bei.

Wie stand die oberste Reichsgewalt, wie stand das deutsche Kaisertum in diesem hartnäckigen, sich immer mehr in die Substanz der Reichsverfassung hineinfressenden Kampf um Ansprüche, Besitztümer, Glaubensgrenzen und Reichsgewalt? Wie die Religionskriege im zeitgenössischen Frankreich belegen, hatten Staaten, die vom Glaubenskampf heimgesucht wurden, eine starke Zentralgewalt nötig, wenn ihre Einheit nicht verlorengehen sollte. Karl V. und sein Bruder, Ferdinand I., hatten in dieser Hinsicht keine wirklichen Probleme, weil sich Reichstag und Reichsstände durch den Wechsel von Härte und Geschmeidigkeit in der Politik des Kaisers noch im Zaum halten und Tendenzen zum Glaubenskrieg noch beschränken ließen. Unter den beiden Nachfolgern, Maximilian II. und Rudolf II., dem Sohn und dem Enkel Ferdinands, sah das erheblich anders aus. Nicht zuletzt fehlende Eignung zum Herrscheramt spielte dabei eine Rolle; sie ließ das Regiment des zeitweise am Hof Philipps II. von Spanien erzogenen Sonderlings Rudolf zur Katastrophe für das Reich und das Haus Habsburg werden. Der lebensfrohe Maximilian jedoch war nicht unfähig, wenngleich sein Vater ihm nicht viel zutraute. Er hatte deutliche protestantische Neigungen, und für manchen reichte das aus, um von einem evangelischen Kaisertum zu träumen: »Er wußte Katholiken und Protestanten so zu bezaubern, daß sie die Lösung des unlösbaren deutschen Schicksalsknotens von ihm erwarteten« (Ricarda Huch). Daß der Protestantismus in Ober- und Niederösterreich in der zweiten Jahrhunderthälfte vor allem im Adel massive Fortschritte zu verzeichnen hatte, lag auch an ihm. Er blieb aber katholisch und sah in der Versöhnung zwischen den beiden Konfessionen eine Hauptaufgabe seines Herrscheramts.

Doch die Hoffnungen Maximilians, durch die Propagierung und Beschreitung eines friedlichen Mittelwegs die Kräfte der konfessionellen Verfeindung zu bändigen, waren zu seiner Zeit schon anachronistisch. In dieser Hinsicht war der Augsburger Religionsfriede weit mehr Abschluß einer Epoche als die Eröffnung einer neuen gewesen. Die Stimmung im Reich, gerade im Führungspersonal von Kaiser und Ständen, war inzwischen umgeschlagen, eine »neue, schärfere Mentalität« (H. Lutz) hatte um sich gegriffen. Und der Religionsfrieden selbst hatte mit der Eröffnung mannigfacher Auslegungsstreitigkeiten einen erheblichen Beitrag dazu geleistet.

Eine neue, schärfere Mentalität galt im übrigen nicht nur für Fürsten und Räte. Die Konkurrenz und die zunehmende Verfeindung zwischen den Konfessionen schufen ein von den Sturm- und Aufbruchsjahren der Reformation sehr verschiedenes, strenges Klima, und dies betraf und beeinflußte zunehmend Leben und Alltag der gesamten Bevölkerung. Religiöse Aufsicht, Kontrolle, Disziplinierung und Reglementierung in allen Konfessionen, scharfe Bücherzensur, Überwachung des sittlichen Lebenswandels und der Familienereignisse, insbesondere der Geburt und der Verehelichung (der Historiker verdankt diesem Informationsbedürfnis der kirchlichen Instanzen eine seiner schönsten Quellen, das Kirchenbuch), Diskriminierung der Unehelichkeit und der Prostitution, schließlich auch, seit dem Jahrhundertende, Ausbreitung der Hexenverfolgungen im Stile eines Massenwahns – dies alles sind Belege für einen geistigen Stimmungswechsel fort von der Offenheit und Ungebundenheit der Renaissance, hin zum Rigorismus des konfessionellen Zeitalters. Fürsten und Adelige konnten sich ihm sicher gut entziehen, die Landeskinder aller deutschen Staaten aber wurden voll von ihm erfaßt.

Es gab im Deutschland des konfessionellen Zeitalters und der einsetzenden Gegenreformation nur ein einziges politisches Thema, mit dessen Hilfe sich noch gemeinsames Handeln bewerkstelligen ließ: dies war – bezeichnenderweise! – ein außenpolitisches: die Türkengefahr! Sie entstand nicht erst am Ende des 16. Jahrhunderts, sondern hatte die Reichsstände, vor allem Österreich, schon seit dem späteren 15. Jahrhundert immer wieder in Angst und Schrecken versetzt. Mit dem Fall von Konstantinopel (1453) war vielen Europäern klar geworden, daß der Expansionsprozeß der Osmanen keinesfalls an einem bestimmten Punkt des Südostens haltmachen mußte. Seit 1520 etwa lief bereits die dritte osmanische Expansionswelle, und von nun an bis in das 18. Jahrhundert hinein hörten die Osmanen nicht auf, ein Gegenstand der europäischen Politik zu sein.

Die Abwehr dieser Gefahr, das stand gleichsam geopolitisch fest, war in erster Linie Sache des Hauses Habsburg. Nicht nur als König und Kaiser war jeder Habsburger Monarch in dieser Hinsicht gefordert, sondern auch als Chef der bedeutenden, nach Südosten gelegenen habsburgischen Hausmacht. Er unterschied sich darin wesentlich von anderen europäischen Herrschern, die nicht direkt von einer möglichen osmanischen Expansion bedroht wurden und es sich, wie der französische König, gelegentlich sogar erlauben konnten, mit den Türken Bündnisse abzuschließen.

Die meisten Reichsstände standen in dieser Frage wie in keiner anderen fest hinter dem Kaiser, als 1593 der »große Türkenkrieg« begann und damit solidarisches Handeln des Reichstags für den Kaiser gefragt war. Für die Lutheraner gab es hier kein Zögern und Zaudern. Die politisch aktiveren calvinistischen Reichsstände jedoch, die protestantische »Aktionspartei« unter der Führung der Pfalz, witterten die Chance eines politischen Geschäfts und versuchten, dem Kaiser für ihre Zahlungsbereitschaft religionspolitische Zugeständnisse abzutrotzen. Die Spaltung, die daraufhin im Reichstag eintrat, war für den Protestantismus ein größeres Problem als für den Reichstag selbst. Denn gerade weil der Kaiser von der Solidarität der lutherischen Reichsstände wußte, konnte er den Druck auf die Aktionspartei verstärken und bis zur Drohung mit der Reichsacht gehen.

Der Ertrag der kaiserlichen Politik zeigte sich auf dem Reichstag von 1603, als dem Kaiser eine Türkenhilfe in bis dahin nicht gekannter Größenordnung gewährt wurde. Zwar schaffte der Kaiser damit die Bedrohung durch die Türken nicht dauerhaft aus der Welt, doch gelang es ihm, eine militärische Lage zu erzwingen, die 1606 einen Friedensschluß möglich machte. Sehr schnell zeigte sich, daß innere Einigkeit nur so lange dauerte, wie die äußere Gefahr ihre in dieser Hinsicht »heilsame« Wirkung entfaltet hatte; denn nach dem Ende des äußeren Krieges stand nun ein innerer Zwist auf der Tagesordnung des Reiches, wie es ihn noch nie erlebt hatte. Er sollte das Gesicht dieses Gebildes endgültig verändern und ihm ein Aussehen verleihen, wie es sich um 1520, zu Beginn des Auftretens Luthers, niemand hatte vorstellen können.

Vorgeschichte und Geschichte des Dreißigjährigen Krieges

1608 Reichstag zu Regensburg: neuer Bruch zwischen den katholischen und protestantischen Reichsständen, Bildung der protestantischen Union.

1609 Bildung der katholischen Liga.

1609–1614 Erbfolgestreit um Jülich-Cleve-Berg.

1609 Rudolf II. erteilt den böhmischen Ständen Religionsfreiheit (»Majestätsbrief«).

1612–1619 Kaiser Matthias; er sichert seinem streng katholischen Vetter, Erzherzog Ferdinand, gegen den Widerstand der böhmischen Stände die Nachfolge in Böhmen zu.

1614 Vertrag von Xanten: Jülich und Berg kommen an Pfalz-Neuburg, die Grafschaften Mark und Ravensberg an Brandenburg (Ende des Jülich-Clevischen Erbfolgestreits).

1618–1648 Dreißigjähriger Krieg.

1618 Aufstand der böhmischen Stände wegen Verletzung des Majestätsbriefs von 1609; Prager »Fenstersturz«.

1619 Die böhmischen Stände wählen Friedrich V. von der Pfalz zum König von Böhmen.

1619–1637 Kaiser Ferdinand II.

1620 Schlacht am Weißen Berg; vernichtende Niederlage Friedrichs V. von der Pfalz und der böhmischen Stände.

1626 Sieg der Liga unter Tilly über den dänischen König Christian IV. bei Lutter am Barenberge und Sieg Wallensteins über den Grafen Ernst von Mansfeld bei Dessau.

1629 Restitutionsedikt Ferdinands II. dekretiert die Rückgabe aller seit dem Passauer Vertrag von den Protestanten in Besitz genommenen geistlichen Güter.

1630 Die Schweden unter König Gustav II. Adolf treten in den Krieg ein. Sie werden von Frankreich durch Subsidien unterstützt.

1632 Schlacht bei Lützen zwischen den Heeren Schwedens und Wallensteins; Gustav Adolf fällt; Sieg der Schweden.

1635 Frieden zu Prag zwischen dem Kaiser und Kursachsen. Verzicht Ferdinands auf Durchführung des Restitutionsedikts.

1637–1657 Kaiser Ferdinand III.

1644 Beginn der Friedensverhandlungen zwischen dem Kaiser und Frankreich in Münster, mit Schweden in Osnabrück.

1648 Westfälischer Friede von Münster und Osnabrück: Beendigung des Dreißigjährigen Krieges in den Territorien des Reichs, Ordnung der Konfessionsverhältnisse auf der Grundlage des Augsburger Religionsfriedens von 1555, Festsetzung des Jahres 1624 als »Normaljahr« für die konfessionellen Besitzstände, reichsrechtliche Anerkennung der Reformierten als Konfession; Bestätigung der Kurwürde für Bayern, Zuteilung der »Achten Kur« an die Pfalz, Zuerkennung der vollen Landeshoheit an alle Reichsstände, Mitbestimmung der Reichsstände in allen Reichsangelegenheiten, Bündnisrecht der Reichsstände untereinander und mit ausländischen Mächten; Schweden erhält Vorpommern mit Stettin und der Odermündung, Rügen, Wismar, das Erzstift Bremen (ohne die Stadt) und das Stift Verden und wird Reichsstand; Frankreich erhält habsburgische Besitztitel im Elsaß, die Bestätigung des Erwerbs der Bistümer Toul, Metz und Verdun, wird aber nicht Reichsstand; die Schweiz und die nördlichen Niederlande erhalten die volle Souveränität und scheiden aus dem Reichsverband aus.

Der Dreißigjährige Krieg war weder ein unausweichlicher noch für alle beteiligten Mächte stets ein »lohnender« Krieg. Oft während seines Verlaufs bestand die Chance, ihn zu beenden, doch hinderte die zunehmende Verfeindung daran, günstige Situationen zu nutzen. Es gab kein dreißig Jahre ununterbrochen dauerndes Kampfgeschehen, aber schon den Zeitgenossen war deutlich, daß ein Feldzug den nächsten aus sich hervorbrachte. Besonders verhängnisvoll wirkte sich aus, daß dieser Krieg auf deutschem Boden, je länger er dauerte, um so mehr von ausländischen Mächten geführt wurde, die schließlich über seinen Ausgang entschieden und die eigentlichen Kriegsgewinner wurden (im Norden und Westen Europas dauerte der Krieg über 1648 hinaus). Für das Reich in seiner alten Gestalt wurde der Krieg zu einer Katastrophe, von der es sich nur teilweise wieder erholte. Die Mehrheit der Reichsstände freilich kam mit beachtlichen Ergebnissen aus dem Krieg heraus. Viele von ihnen hatten zwar auf ihren Territorien Not gelitten, verfügten aber nach 1648, auf Kosten des Reiches, über beträchtlich gewachsene Kompetenzen wie etwa weitgehende außenpolitische Handlungsfähigkeit. Andere waren vom Krieg verschont geblieben, hatten als Vieh- und Getreideproduzenten gar von dem Nahrungsbedarf der großen Heere profitiert und sahen damit einer Epoche mehr oder minder großen Wohlstands entgegen. Anfangs überwogen in diesem Krieg die religions- oder besser: konfessionspolitischen Anlässe. Und sie waren immer auf eine für die deutsche Geschichte von jetzt an typische Weise mit dem Kampf zwischen ständischen und absolutistischen Herrschaftsprinzipien verbunden: Mit Kaiser Ferdinand II. und seinem Vetter, dem bayerischen Herzog Maximilian I., agierten auf katholischer Seite in diesem Krieg zum ersten Mal deutsche Fürsten, die das neue Prinzip des »absoluten« Fürstentums verkörperten. Doch von vornherein mischte sich auch die internationale Politik in das Geschehen, und je länger es dauerte, um so deutlicher gewann der politische Machtkampf – hier Kaiser, die katholischen Reichsstände und Spanien, dort die protestantischen Reichsstände und ihre verschiedenen auswärtigen Verbündeten – die Oberhand.

Der Dreißigjährige Krieg fand am Ende einer Wachstumsphase der europäischen Volkswirtschaften statt und war von einer ganzen Serie von Pestumzügen begleitet, denen er mit seinen ungeheuren Verwüstungen den Weg bereitete. Krieg, Pest und Hunger raubten vielen deutschen Ländern große Teile ihrer Bevölkerung, je nach Heftigkeit des Kriegsgeschehens waren es zwischen 30% und 50%. Sie ließen eine bis ins 18. Jahrhundert, zum Teil sogar bis heute sichtbare Spur von Verheerung, Verwüstung und Tod hinter sich

Der »Bruderzwist im Hause Habsburg« (Grillparzer) zwischen Kaiser Rudolf und Matthias war zumindest insofern der Ausgangspunkt des Krieges, als das hartnäckige Bemühen des späteren Kaisers Matthias (1612–1619), das weithin als unzureichend empfundene Regiment seines Bruders Rudolf einzuschränken, in einer komplizierten Bündnispolitik mit den Landständen im Osten des Reiches ihren Ausdruck fand. Auf diese Weise wurde der Adel Österreichs, Ungarns, Mährens und vor allem Böhmens zu einem zentralen Faktor der Reichspolitik. Und daß dieser Adel jetzt überwiegend protestantisch war, brachte die Hüter des katholischen Glaubens im Hause Habsburg und im Reich auf den Plan. Protestantische und katholische Reichsstände schlossen sich jeweils zu Schutzbündnissen zusammen – die protestantische »Union« wurde 1608, die katholische »Liga« 1609 gegründet – und zeigten auf diese Weise noch einmal, daß die Einheit des Reichs vorüber war. 1609 kam es zu einem Vergleich zwischen Rudolf und Matthias, der dem Kaiser weiterhin die Krone Böhmens sicherte, während Matthias die Herrschaft über Ungarn, Österreich, Mähren und die Anwartschaft auf die Nachfolge in Böhmen erhielt.

Auch in anderen Teilen des Reiches kriselte es in diesen Jahren, und auch hier kamen drei wesentliche politische Komponenten zusammen: konfessionelle Konfrontation, Machtkampf um die Nachfolge in einem Reichsterritorium und interessierte Einmischung von ausländischen Mächten. Dies geschah besonders deutlich im Westen beim Jülich-Clevischen Erbfolgestreit (1609–1614). Nur durch das Kunstmittel einer Herrschaftsteilung zwischen einem protestantischen und einem katholischen Anwärter konnte hier ein größerer Konflikt vermieden werden. In Italien hingegen gab es eine Reihe innerkatholischer Konfrontationen – ein Beleg dafür, daß europaweit keinesfalls das konfessionelle Element den Ausschlag gab, sondern das »Interesse der Staaten«, das in dieser Zeit zu einem beherrschenden Thema der italienischen und französischen politischen Publizistik wurde. Vor allem der französische König Heinrich IV. (1589–1610) praktizierte diese Lehre bei seinen Eingriffen in die italienischen und die Jülich-Clevischen Streitigkeiten geradezu virtuos und ohne große Rücksicht auf konfessionelle Interessenlagen, und er hätte möglicherweise das außenpolitische Lebenswerk des großen Kardinals Richelieu vorweggenommen, wäre er nicht 1610 unter dem Beifall des fanatischen Teils der katholischen Öffentlichkeit ermordet worden.

Doch ein Dreißigjähriger Krieg, ein »europäischer Weltkrieg« (G. Mann), hat sich aus all diesen Streitigkeiten nicht entwickelt. Dies blieb der Situation in Böhmen und den politisch-familiär-konfessionellen Verwerfungen im Hause Habsburg vorbehalten, die durch den Tod Rudolfs (1612) und die Nachfolge Matthias' keinesfalls beendet waren. Matthias blieb kinderlos, so daß sich schnell wieder die Nachfolgefrage stellte. Dabei galt es, wie immer, alle habsburgischen Interessen zu bedenken, die spanischen ebenso wie die italienischen, die niederländischen ebenso wie die im Reich, in den Erblanden, in Böhmen und in Ungarn. Die deutsche Partei im Hause Habsburg einigte sich auf Erzherzog Ferdinand von Steiermark als Nachfolger von Matthias auf dem Kaiserthron und dem Königsthron von Böhmen. Dies war ein deutliches konfessionspolitisches Zeichen; denn Ferdinand, ein Neffe Maximilians II. und mütterlicherseits mit dem streng katholischen Bayernherzog Maximilian verwandt, hatte sich in seinen Äußerungen und Taten als bedingungsloser Vertreter der Gegenreformation profiliert. Wie sein bayerischer Vetter hing er zudem strikt absolutistischen Ideen an.

Dies alles konnte den böhmischen Ständen, das heißt vor allem dem überwiegend protestantischen Adel Böhmens, nicht gleichgültig sein. Er hatte vom habsburgischen Bruderzwist mächtig profitiert; 1609 hatte ihm Rudolf im »Böhmischen Majestätsbrief« weitgehende religions- und ständepolitische Zugeständnisse gemacht; entsprechend kräftig war sein ständisches Selbstbewußtsein gewachsen. Dabei war er, wie zeitgenössische Beobachter betonten, nicht kriegerisch gesonnen, nur stolz, selbstbewußt, auch ein wenig selbstgefällig, in religiösen Dingen keinesfalls fanatisch, eher tolerant, politisch freilich leichtsinnig, weil zu sehr auf die jüngsten Erfolge pochend. Man stand mit den Glaubensbrüdern in der Lausitz, in Mähren und Schlesien in guter Verbindung, und die politischen Kontakte der Anführer reichten nach Österreich und in die »Union« im Reich hinein.

Es war sicher ein Zeichen für die Kompromißbereitschaft der böhmischen Stände, daß sie sich 1617 durch Matthias noch die Anerkennung Ferdinands als Nachfolger auch auf dem böhmischen Königsthron abringen ließen. Als danach aber deutlich wurde, daß gerade in den selbstbewußten protestantischen Gebieten des Ostens massive Gegenreformation das zukünftige Programm Habsburgs sein würde, schlug die Stimmung innerhalb der böhmischen Stände zugunsten radikaler protestantischer Forderungen um. Im Mai 1618 hielt man in Prag einen »Protestantentag« ab. In seinem Verlauf kam es unter dem Einfluß radikaler Delegierter zu jenem spektakulären Ereignis, das nach herkömmlicher Auffassung als Ausbruch des Dreißigjährigen Krieges angesehen wird: Am 23. Mai wurden die beiden kaiserlichen Statthalter in Prag, Martinitz und

Slawata, aus den Fenstern ihres Amtssitzes auf der Prager Burg geworfen. Beide überlebten diesen wie spontan wirkenden, aber genau geplanten Coup. Für die nun zu Rebellen gewordenen böhmischen Stände bildete der »Prager Fenstersturz« das Signal für die Ergreifung der Regierungsgewalt im ganzen Land: Eine Ständeregierung von dreißig »Direktoren« wurde gebildet. »Sofort begann man Steuern einzuheben, Truppen aufzustellen, die Jesuiten zu vertreiben und die Güter der katholischen Gegner zu konfiszieren« (H. Lutz).

Die Situation war trotz des beispiellosen Geschehens in Prag nicht so ausweglos, daß daraus ein langer, verheerender Krieg hätte entstehen müssen. Bis zum Tod von Kaiser Matthias am 20. März 1619 gab es noch eine Reihe von Vermittlungsbemühungen zwischen Wien und Prag. Danach freilich nahm man in Wien, unter massiver militärischer Bedrohung durch die Böhmen, eine zunehmend unnachgiebige Haltung ein. Und auch die böhmischen Stände wollten es jetzt wissen und begannen, ihr politisches Konto kräftig zu überziehen. Sie lösten sich von ihrem Versprechen, Ferdinand zum böhmischen König zu wählen, und gingen auf die Suche nach einem neuen Kandidaten. Gewählt wurde schließlich am 19. August 1619 Kurfürst Friedrich V. von der Pfalz, der Anführer der protestantischen Bewegungspartei im Reich und Führer der »Union«. Er war Schwiegersohn des englischen Königs und damit im Hinblick auf Unterstützung von außen für die Böhmen ein interessanter Mann. Das ganze spielte sich zu einem Zeitpunkt ab, als Wien wieder einmal aus Richtung Osten – aus Ungarn und dem Türkenreich – unter heftigem, diesmal jedoch schnell vorübergehendem Druck stand.

Damit war die für den weiteren Kriegsverlauf maßgebliche Feindschaftskonstellation vorbereitet. Von nun an entwickelte sich vor allem auf Seiten Habsburgs das politische Handeln konsequent und erfolgreich, und es war nach der Kaiserwahl Ferdinands II. im August 1619 ohne Wenn und Aber mit dem Ziel der Gegenreformation verknüpft. Gegen eine Reihe fester Versprechungen, darunter die Aussicht auf die Übertragung der Pfälzischen Kurwürde an Bayern, gewann Ferdinand im Oktober die Solidarität des Vetters aus München, an dessen vehementem Interesse für die Rettung der katholischen Sache ohnehin kein Zweifel bestehen konnte.

Wie schwach die böhmische Position im Reich im Grunde war, wird daran sichtbar, daß auch Kursachsen, eine der lutherischen Führungsmächte im Reich, für ein Bündnis gegen Böhmen gewonnen und die protestantische Union schließlich zur Neutralität verpflichtet werden konnte. Es gehört zu den bemerkenswerten Zügen der deutschen Geschichte seit der Reformation, daß sich viele lutherische Reichsstände im Loyalitätskonflikt zwischen Reichsidee und Glauben in entscheidenden Phasen für erstere entschieden – auch ohne die Gewißheit auf politischen Gewinn. Das tiefe, zu dieser Zeit noch durch keine Eintrachtsformeln aus der Welt zu schaffende Mißtrauen zwischen lutherischen und calvinistischen Reichsständen trug sicher erheblich zu dieser Haltung bei. Doch schimmert durch sie auch ein grundsätzliches, überkommenes Reichsbewußtsein hindurch. Es war um diese Zeit schon umstritten. Von seinen Auswirkungen her könnte dieses Verhalten der Lutheraner geradezu als protestantischer Beitrag zur Gegenreformation bezeichnet werden.

Für Böhmen verlief nun alles sehr schnell und sehr widersinnig. Der von seiner Aufgabe völlig überforderte Friedrich von der Pfalz, der »Winterkönig«, wurde in der Schlacht am Weißen Berg westlich von Prag am 8. November 1620 vom Heer der katholischen Liga vernichtend geschlagen. In ungewöhnlich kurzer Zeit brach danach die gesamte Ständepolitik des Landes in sich zusammen. Böhmen und seine Nachbarländer wurden nun Opfer eines überaus harten und konsequenten Rachefeldzugs der

Liga. Massive katholisch-restaurative Vergeltungsmaßnahmen griffen Platz, sie »überstiegen alles, was das leidlich domestizierte Europa seit Jahrhunderten in dieser Art erlebt hatte« (H. Lutz). Auch in Österreich griff die Gegenreformation hart um sich. Damit stand das konfessionspolitisch bedeutsamste Ergebnis des langen Krieges schon fest: Die österreichischen Erbländer, Böhmen, Mähren und Ungarn, all die stolzen Ständeländer also, die den Verfall des Reiches zur Befreiung von absolutistischer Bevormundung und zu religiöser Erneuerung hatten nutzen wollen, wurden wieder katholisch und blieben es bis heute. Zudem wurden sie, zumindest teilweise, dem Absolutismus habsburgischer Prägung unterworfen. Das Land Böhmen erlebte durch Haus- und Landkonfiskationen und andere Strafmaßnahmen sowie durch die Vergabe der konfiszierten Rebellengüter an habsburgtreue katholische Adelige eine fundamentale Umschichtung seiner gesamten soziopolitischen Verhältnisse.

An sich hätte der Krieg damit beendet sein können. Doch nun begann das für die kommenden achtundzwanzig Jahre so kennzeichnende Hin und Her von Racheaktionen für vorangehende Taten, von Hilferufen an ausländische Mächte oder von oft völlig planlosen Aktionen inländischer Söldnerarmeen, die allein deshalb, weil sie vorhanden und schwer aufzulösen waren, dafür sorgten, daß kein Friede im Lande möglich wurde. Der Krieg begann sich zu verselbständigen. Bayern ruhte und rastete nicht, bis ihm der versprochene Gewinn aus dem Kampf gegen die Pfalz – Gebietsanteile, die Kurwürde u. a. – nach der Erklärung der Reichsacht gegen Friedrich V. zugefallen war. Protestantische Heerführer aus dem böhmischen Krieg zogen sich nach Norddeutschland zurück und lockten die gegnerischen Truppen mit sich. Eine internationale Koalition protestantischer Mächte nahm angesichts der massiven gegenreformatorischen Schritte Wiens den Kampf für die deutschen Protestanten auf.

Christian IV. von Dänemark gab diesem Teil des Krieges das Gepräge; seine Gegner auf kaiserlicher Seite waren Graf von Tilly und Albrecht von Wallenstein, der größte Kriegsunternehmer und bedeutendste Heerführer des Dreißigjährigen Krieges. Er war 1583 als böhmischer Protestant geboren, 1606 zum Katholizismus übergetreten und hatte von da an immer auf die richtige, die kaiserliche Karte gesetzt. Entsprechend gewaltig war der persönliche Gewinn, den er nach 1618 aus der Katastrophe seiner böhmischen Standesgenossen zog, von denen er einige persönlich zum Schafott geleitete: Wallenstein wurde im Laufe der Zeit Herzog von Friedland, Herzog von Sagan und vermochte durch seinen glänzenden Kontakt zum kaiserlichen Hof und seine Bereitschaft zur gewagten Spekulation ein riesiges Vermögen an Geld und Landbesitz anzusammeln.

Die Dänen wurden geschlagen und auf ganzer Linie zurückgedrängt – ein Signal für den Kaiser, mit dem »Restitutionsedikt« von 1629 seine gegenreformatorische Politik unter bayerischem Einfluß auf den Gipfel zu treiben. Der Hauptgesichtspunkt allen gegenreformatorischen Denkens und Planens seit 1555 war die Restitution der inzwischen von den »Ketzern« säkularisierten geistlichen Territorien, die volle Durchsetzung des »geistlichen Vorbehalts«. Ferdinand dekretierte sie jetzt mit aller Entschiedenheit und allein aus seiner kaiserlichen Machtvollkommenheit heraus. Er stellte damit die Weichen im Reich weiterhin auf Krieg, denn eine solche Politik trieb nun auch die bisher reichstreuen, konservativen protestantischen Mächte, vor allem die beiden Kurfürsten von Brandenburg und Sachsen, in die Feindschaft hinein. Der protestantischen Sache wurde dadurch der Rücken gestärkt, daß 1630 der schwedische König Gustav Adolf in Pommern landete und damit das von Frankreich finanziell unterstützte, lutherische Schweden in das Geschehen eingriff. Für weitere fünf Jahre stand die Auseinandersetzung jetzt im Zeichen schwerer kriegerischer Unternehmungen, in deren Verlauf im Jahr 1632 mit Johann von Tilly und Gustav Adolf zwei der bedeutendsten Heerführer dieses Krieges den Tod fanden.

Immer noch waren nicht alle Brücken zwischen den Parteien unwiderruflich abgebrochen. Es war bezeichnend für diesen Krieg und diese Zeit, daß zumindest die deutschen Führungsmächte immer wieder nach Friedensmöglichkeiten suchten – und sei es aus Schwäche. Ein Bewußtsein für das Verhängnisvolle im Lauf der Dinge war bei vielen, wenn auch nicht bei allen vorhanden. Zwischen Herbst 1634 und Frühjahr 1635 handelten der Kurfürst von Sachsen und der Kaiser in diesem Sinne und fanden im Mai 1635 sogar zu einer Übereinkunft, dem Prager Frieden. Ferdinand war jetzt bereit, auf das Restitutionsedikt zu verzichten und für die Festlegung des konfessionellen Besitzstandes im Reich das Jahr 1627 als Bezugsjahr zu akzeptieren.

Doch ein solcher Alleingang deutscher Mächte war inzwischen international nicht mehr durchzusetzen. Nicht nur die Bindungen Wiens an Spanien standen dem entgegen. Auch das Frankreich Richelieus, das bisher nur indirekt beteiligt war, wollte in Deutschland lieber »alles in Fluß halten« (Richelieu) als eine massive Stärkung des Kaisers hinnehmen. Kurz nach dem Prager Frieden erklärte es Spanien den Krieg. Nicht mehr um die Religion oder die deutsche Herrschaftsverfassung ging es jetzt, sondern um den schon traditionellen, aus der Zeit Karls V. und Franz' I. vertrauten Machtkampf zwischen Gesamthabsburg, das heißt Österreich-Spanien, auf der einen und Frankreich auf der anderen Seite. Neu war jedoch, daß das protestantische Schweden, für ein knappes Jahrhundert eine europäische Großmacht, als Partner des katholischen Frankreich in den Mächtekonflikt einbezogen wurde. Das konfessionsneutrale »Interesse der Staaten« schmiedete die Bündnisse zusammen.

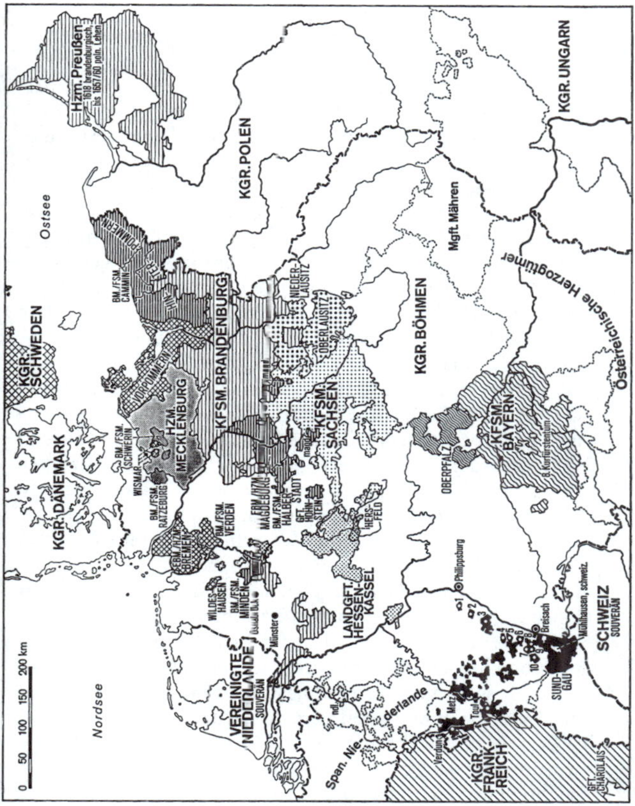

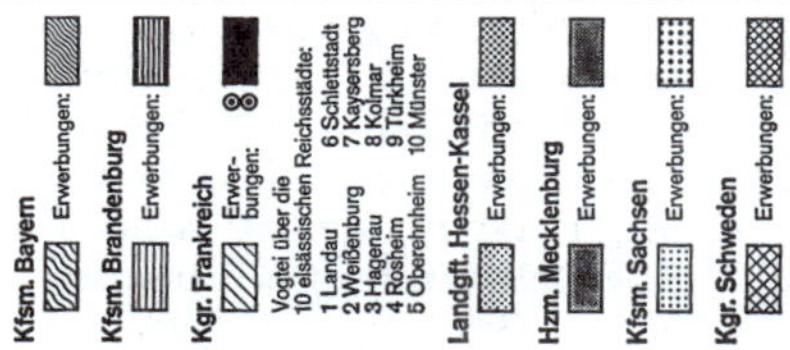

Der Westfälische Friede von 1648

Für eine Schilderung der Einzelheiten des »europäischen Bürgerkriegs« (H. Koenigsberger) nach dem Kriegseintritt Frankreichs 1635 und der damit verbundenen Internationalisierung des Krieges ist hier kein Raum. Sie mag auch entbehrlich sein im Rahmen einer kurzgefaßten deutschen Geschichte. Militärisches Geschehen, weitere Verselbständigung des Krieges im Zeichen marodierender Soldatenhaufen und Friedensbemühungen liefen jetzt noch enger nebeneinander her als in den ersten siebzehn Kriegsjahren. Auch Frankreich, das ganz klare Kriegsziele – »föderative Lösungen für Italien und das Reich mit entschiedener Zurückdrängung Habsburgs und faktischer Vormachtstellung Frankreichs« (H. Lutz) – verfolgte, förderte diese Bemühungen, sofern sie mit seinen Absichten harmonierten. So kam es, noch während vielerorts der Krieg weiterging, seit 1644 zu offiziellen Friedensverhandlungen des Kaisers mit Frankreich in Münster und mit Schweden in Osnabrück.

Der Westfälische Friede, der schließlich im Jahr 1648 nach vierjährigen mühsamen Verhandlungen verkündet wurde, sollte das Gesicht Deutschlands und Europas für Jahrhunderte verändern und bestimmen. Und wie die gesamte Reichsgeschichte in anderthalb Jahrhunderten zuvor, brachte er das komplizierte Ineinander von Glaubens-, Macht- und Verfassungsfragen in nahezu jeder seiner Einzelbestimmungen zum Ausdruck.

Erst jetzt, im Frieden von Münster und Osnabrück, wurde der Augsburger Religionsfrieden von 1555, der wichtige konfessionspolitische Fragen offengelassen hatte, endgültig »ausgelegt«; ein Großteil der verbliebenen Streitpunkte der Vergangenheit wurde damit geklärt. Zum »Normaljahr« für den kirchlichen Bekenntnis- und Besitzstand wurde das Jahr 1624 erklärt, der geistliche Vorbehalt trat aus der deutschen Verfassungsgeschichte ab. Alle Untertanen eines deutschen Landstands mit Ausnahme der Bewohner der habsburgischen Erblande und der

Oberpfalz brauchten hinfort einen möglichen Konfessionswechsel ihres Landesherrn nicht mehr nachzuvollziehen, was nichts anderes bedeutete, als daß auch das Prinzip *cuius regio, eius religio* aus dem Augsburger Religionsfrieden von 1555 zumindest teilweise außer Kraft gesetzt wurde. Die Calvinisten, die maßgebliche »Bewegungspartei« der Vorkriegszeit, erhielten nun dieselbe reichsrechtliche Qualität wie die Lutheraner als eine anerkannte Konfession. Wesentliche Einschränkungen erfuhr das Restitutionsprinzip freilich in Bayern: Maximilian I. von Bayern behielt die Oberpfalz und die Kurwürde – Belohnungen für seine bedingungslose Treue zum Kaiser und zur katholischen Sache.

Obwohl die kaiserliche Gewalt mit Ferdinand II. gerade zu Beginn des Krieges noch einmal einen machtbewußten und erfolgreichen Repräsentanten erhalten hatte, ging sie aus dem Krieg mit erheblichen Einbußen hervor. Der Westfälische Friede sanktionierte die weitgehende verfassungspolitische Selbständigkeit der deutschen Einzelstaaten, der Reichsstände. Indem Kriegserklärungen und Friedensschlüsse sowie Bündnisabschlüsse des Kaisers an ihre Zustimmung auf dem Reichstag gebunden wurden, gewannen sie erhebliche außenpolitische Handlungsfähigkeit. Sie selbst erhielten sogar das Recht, außenpolitische Bündnisse zu schließen, die allerdings nicht gegen den Kaiser gerichtet sein durften. Bedenkt man, daß auch ausländische Mächte, etwa Dänemark, deutsche Reichsstände waren, so wird deutlich, wie sehr das deutsche Kaisertum damit wesentliche Qualitäten der *majestas*, der »Souveränität«, verloren hatte, nach der alle zeitgenössischen Fürsten so sehr strebten.

Damit zeigte sich, wer die eigentlichen Gewinner dieses Krieges waren – das Frankreich Richelieus und, in seinem Gefolge, die neue Großmacht Schweden. Das große westliche Nachbarland hatte, nach Bewältigung der eigenen, bis an die Existenzgefährdung gehenden Religionskrise, das Konfessionsargument in seiner Außenpolitik rigoros beiseite lassen und ebenso rigoros auf ein einziges Ziel hin agieren können: die Schwächung Gesamthabsburgs, dessen Frankreichpolitik von den Franzosen seit Franz I., immer als »Umklammerung« empfunden und gefürchtet worden war. Darum galt es nun, die protestantischen deutschen Mittelmächte und das katholische Bayern zu stärken. Der Westfälische Friede bot dazu glänzende Handhabe: Die Reichsstände insgesamt wurden, wie gezeigt, außenpolitisch aufgewertet. Dem Bündnispartner Frankreichs, Schweden, wurden große Territorien im Osten und Norden des Reichs zugesprochen: Vorpommern mit Stettin und der Odermündung; Rügen, Wismar; das Erzstift Bremen (ohne die Stadt) und das Stift Verden. Schweden avancierte damit zum Reichsstand und konnte die Politik des Reiches nun direkt beeinflussen. Andere norddeutsche Mächte, vor allem Brandenburg-Preußen, erhielten Kompensationen in Gestalt säkularisierter Bistümer. Bayern bekam die Oberpfalz, nicht aber die Pfalz, die wiederhergestellt und mit einer neuen, der achten Kurwürde betraut wurde. Natürlich kam im Westen (Elsaß, Breisach u. a.) Frankreich selbst nicht zu kurz. Schließlich endete mit dem Frieden von Münster und Osnabrück auch formell die Zugehörigkeit der nördlichen Niederlande und der Schweiz zum Reich, die sich faktisch schon seit langem aus ihm entfernt hatten.

Literaturhinweise

Quellen und Dokumente

Acta Pacis Westphalicae. Im Auftrag der Vereinigung zur Erforschung der Neueren Geschichte hrsg. von Max Braubach und Konrad Repgen. Serie I–III. Münster 1962 ff.

Duchhardt, Heinz (Hrsg.): Quellen zur Verfassungsentwicklung des Heiligen Römischen Reiches Deutscher Nation (1495–1806). Darmstadt 1983.

Erasmus von Rotterdam: Ausgewählte Schriften. Studienausg. Lat. und dt. 8 Bde. Hrsg. von Werner Welzig. Darmstadt 1967 bis 1980.

Franz, Günther (Hrsg.): Der Deutsche Bauernkrieg. Akten-Bd. Darmstadt 1977.

Hofmann, Hanns H.: Quellen zum Verfassungsorganismus des Heiligen Römischen Reiches Deutscher Nation 1495–1815. Darmstadt 1976.

Kastner, Ruth (Hrsg.): Quellen zur Reformation. Darmstadt 1994.

Kohler, Alfred (Hrsg.): Quellen zur Geschichte Karls V. Darmstadt 1990.

Lorenz, Gottfried (Hrsg.): Quellen zur Vorgeschichte und zu den Anfängen des Dreißigjährigen Krieges. Darmstadt 1991.

Luther Deutsch. Die Werke Martin Luthers in neuer Auswahl für die Gegenwart. Hrsg. von Kurt Aland. 10 Bde., 1 Erg.-Bd. Stuttgart 1957 ff.

Müntzer, Thomas: Schriften und Briefe. Krit. Gesamtausg. Hrsg. von Günther Franz. Gütersloh 1968.

Literatur

Abel, Wilhelm: Massenarmut und Hungerkrisen im vorindustriellen Deutschland. Göttingen 1977.

Bahlcke, Joachim: Regionalismus und Staatsintegration im Widerstreit. Die Länder der Böhmischen Krone im ersten Jahrhundert der Habsburgerherrschaft (1526–1619). München 1994.

Blickle, Peter: Aufruhr und Empörung? Studien zum bäuerlichen Widerstand im Alten Reich. München 1980.

Blickle, Peter: Deutsche Untertanen. Ein Widerspruch. München 1981.
– Die Revolution von 1525. München/Wien [3]1993.
Burkhardt, Johannes: Der Dreißigjährige Krieg. Frankfurt a. M. 1992.
Davis, Nathalie Zenon: Frauen und Gesellschaft in der frühen Neuzeit. Berlin 1986.
Dickmann, Fritz: Der Westfälische Frieden. 5. Aufl., hrsg. von Konrad Repgen. Mit Nachtr. des von 1964–1984 erschienenen Schrifttums zum Westfälischen Frieden und zum Dreißigjährigen Krieg. Zugest. von Winfried Becker. Münster 1985.
Franz, Günther: Der Deutsche Bauernkrieg. Darmstadt 1977.
Ginzburg, Carlo: Der Käse und die Würmer. Die Welt eines Müllers um 1600. Frankfurt a. M. 1983.
Goertz, Hans-Jürgen: Die Täufer. Geschichte und Deutung. München 1980.
Greyerz, Karl von (Hrsg.): Religion, Politics and Social Protest. Three Studies on Early Modern Germany. London 1984.
Huch, Ricarda: Das Zeitalter der Glaubensspaltung. Mit einem Nachw. von Golo Mann. Zürich 1987.
Hugues, M.: Early Modern Germany. 1477–1806. London 1992.
Klueting, Harm: Das konfessionelle Zeitalter. 1525–1648. Stuttgart 1989.
Kulischer, Josef: Allgemeine Wirtschaftsgeschichte des Mittelalters und der Neuzeit. 2 Bde. München/Berlin 1928. Nachdr. Darmstadt 1976.
Lahrkamp, Helmut: Dreißigjähriger Krieg. Westfälischer Frieden: eine Darstellung der Jahre 1618–1648 mit 326 Bildern und Dokumenten. Münster 1997.
Lutz, Heinrich: Reformation und Gegenreformation. München/Wien [2]1982.
– Das Ringen um deutsche Einheit und kirchliche Erneuerung. Von Maximilian I. bis zum Westfälischen Frieden. 1490 bis 1648. Frankfurt a. M. / Berlin 1983. Studienausg. Berlin 1987.
Lutz, Heinrich / Kohler, Alfred (Hrsg.): Alltag im 16. Jahrhundert. Wien 1987.
Mann, Golo: Wallenstein. Frankfurt a. M. 1977.
Moeller, Bernd: Deutschland im Zeitalter der Reformation. Göttingen 1977.
Münch, Paul: Lebensformen in der Frühen Neuzeit. 1500 bis 1800. Berlin 1992.

Neugebauer, Wolfgang: Die Hohenzollern. Bd. 1: Anfänge, Landesstaat und monarchische Autokratie bis 1740. Stuttgart 1996.
Nipperdey, Thomas: Reformation, Revolution, Utopie. Studien zum 16. Jahrhundert. Göttingen 1975.
Oberman, Heiko A.: Luther. Mensch zwischen Gott und Teufel. 2., verb. Aufl. Berlin 1987.
Rabe, Horst: Reich und Glaubensspaltung. Deutschland 1500–1600. München 1989.
– Deutsche Geschichte. 1500–1600. Das Jahrhundert der Glaubensspaltung. München 1991.
Reinhard, Wolfgang: Gegenreformation als Modernisierung? In: Archiv für Reformationsgeschichte 68 (1977) S. 226–252.
Roeck, Bernd: Reichssystem und Reichsherkommen. Die Diskussion über die Staatlichkeit des Reiches in der politischen Publizistik des 17. und 18. Jahrhunderts. Wiesbaden 1984.
– Als wollt die Welt schier brechen. Eine Stadt im Zeitalter des Dreißigjährigen Krieges. München 1991.
– [u. a.] (Hrsg.): Venedig und Oberdeutschland in der Renaissance. Beziehungen zwischen Kunst und Wirtschaft. Sigmaringen 1993.
Rudolf, Hans Ulrich (Hrsg.): Der dreißigjährige Krieg. Perspektiven und Strukturen. Darmstadt 1977.
Schilling, Heinz: Aufbruch und Krise. Deutschland 1517–1648. Berlin 1988.
– Die Konfessionalisierung im Reich. Religiöser und gesellschaftlicher Wandel in Deutschland zwischen 1555 und 1620. In: Historische Zeitschrift 246 (1988) S. 1–45.
Schubert, Friedrich Hermann: Die deutschen Reichstage in der Staatslehre der frühen Neuzeit. Göttingen 1966.
Schulze, Winfried: Landesdefension und Staatsbildung. Studien zum Kriegswesen des innerösterreichischen Territorialstaates (1564 bis 1619). Graz 1973.
– (Hrsg.): Bäuerlicher Widerstand und feudale Herrschaft in der frühen Neuzeit. Stuttgart 1980.
– Deutsche Geschichte im 16. Jahrhundert 1500–1618. Frankfurt a. M. 1987.
Seibt, Ferdinand: Karl V. Der Kaiser und die Reformation. Berlin 1990.
Skalweit, Stephan: Reich und Reformation. Berlin 1967.
Wohlfeil, Rainer: Einführung in die Geschichte der deutschen Reformation. München 1982.

Wunder, Heide: »Er ist die Sonn, sie ist der Mond«. Frauen in der Frühen Neuzeit. München 1992.
Zeeden, Ernst Walter: Die Entstehung der Konfessionen. Grundlagen und Formen der Konfessionsbildung im Zeitalter der Glaubenskämpfe. München/Wien 1965.
– Hegemonialkriege und Glaubenskämpfe 1556–1648. Frankfurt a. M. [u. a.] 1977.

Vom Westfälischen Frieden bis zum Wiener Kongreß (1648–1814)

Von Andreas Gestrich

Epochenüberblick

Zwei große Friedensschlüsse stehen am Anfang und am Ende dieser Epoche. Beide versuchten, das staatliche System Deutschlands neu zu ordnen. Beide folgten einer langen Kriegszeit. Der Westfälische Friede beendete den Dreißigjährigen Krieg, der Wiener Kongreß die über zwanzig Jahre dauernde Auseinandersetzung des Reiches mit dem revolutionären Frankreich und mit Napoleon.

Zwischen diesen beiden Friedensschlüssen liegen Welten. Und doch verbindet sie manches. Das Heilige Römische Reich Deutscher Nation, das im Dreißigjährigen Krieg schon in Gefahr war zu zerbrechen, wurde mit dem Westfälischen Frieden in eine neue Form gebracht. Unter Stärkung der territorialen Souveränität der deutschen Fürsten schuf dieser Friede zugleich einen Rahmen für deren Zusammenhalt und deren Koexistenz und leistete dadurch einen wesentlichen Beitrag zur Friedenssicherung in Europa.

Dieses Reich zerbrach 1806 – allerdings nicht nur an der militärischen Überlegenheit Napoleons, sondern auch infolge der zentrifugalen Tendenzen, die durch die Stärkung der Landesfürsten im Westfälischen Frieden in die Verfassung des Reiches installiert worden waren. Der rasche Aufstieg Preußens, seine Rivalität gegenüber Österreich und die daraus folgende Polarisierung in zwei Einflußsphären haben den Zerfall des Reiches durch die Blockierung seiner Institutionen und die Auflösung eines durchaus vorhandenen »Reichspatriotismus« beschleunigt. Mit dem Wiener Kongreß wurde der Untergang endgültig besiegelt, indem ein neuer, an der staatlichen Unabhängigkeit der Gliedstaaten orientierter Bund geschlossen wurde. Zugleich orientierte man sich allerdings bei dessen territorialer Ausdehnung erneut am Alten Reich. Auch stellte die staatliche Neuordnung Deutschlands wieder ein wesentliches Element einer europäischen Friedensordnung dar.

Welten liegen zwischen diesen beiden Friedensschlüssen aber nicht nur hinsichtlich der staatlichen Ordnung Deutschlands. Welten liegen ebenso zwischen den Strukturen des Alltags und der Mentalität der Menschen in der Mitte des 17. und am Beginn des 19. Jahrhunderts. In Deutschland hatte zwar keine große Revolution die traditionelle Gesellschaft des Alten Reiches zerstört. Aber unter dem Einfluß der Aufklärung, die sich fast über den gesamten hier untersuchten Zeitraum erstreckte, hatten sich in allen Schichten der Gesellschaft die Auffassungen von Gott, der Welt und der Rolle der Menschen in ihr gründlich verändert.

Die alten Autoritäten in Kirche und Staat wurden hinterfragt. Kritik am Überkommenen, Vertrauen auf die menschliche Vernunft und den von ihr herbeigeführten wissenschaftlichen, sozialen und politischen Fortschritt lösten das alte Denken in den Kategorien einer statischen Welt- und Gesellschaftsordnung ab. Die Veränderungen, die sich aus diesem neuen Denken für Gesellschaft und Politik ergaben, wurden in Deutschland allerdings nicht »von unten« erzwungen, sondern durch aufgeklärte Fürsten und Beamte »von oben« dekretiert.

Unter dem Namen des aufgeklärten Absolutismus wurde die deutsche Gesellschaft in der zweiten Hälfte des 18. Jahrhunderts einem stetigen Modernisierungs- bzw.

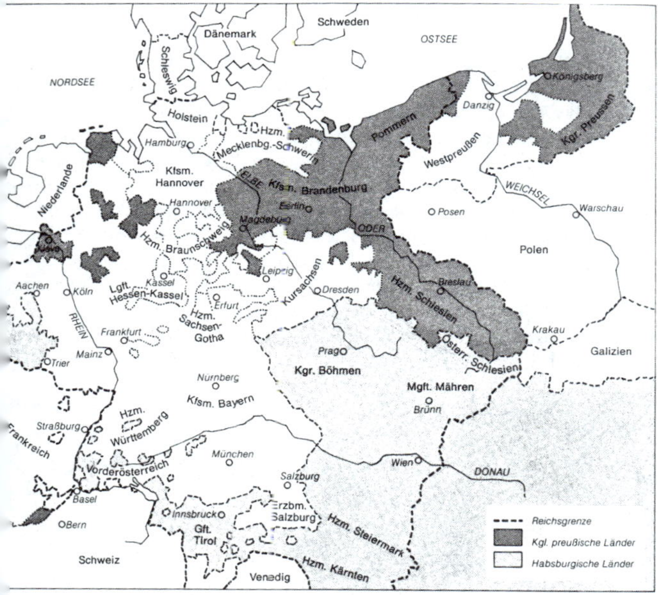

Österreich und Preußen bis 1795

Rationalisierungsprozeß unterworfen: Aus den Höfen barocker Landesväter entwickelten sich differenzierte Verwaltungen mit einem zunehmend besser geschulten Fachpersonal. Verbunden war dies mit einer stetigen Zentralisierung, der Beseitigung lokaler Vorrechte und vor allem der Ausschaltung landständischer Gremien, die als die Verteidiger alter Privilegien und Sonderrechte galten. In der Wirtschaft unterstützten die Landesherren die arbeitsteilige Produktion in den Manufakturen und schränkten die Macht der ihre lokalen Sonderinteressen verteidigenden Zünfte ein.

Bei allen diesen Tendenzen zeigten sich aber große Unterschiede zwischen den einzelnen deutschen Territorien. Das macht eine Darstellung gerade dieses Zeitraums der zunehmenden territorialen Eigenentwicklungen so schwierig. Reichsgeschichte kann eigentlich nur als Regionalgeschichte geschrieben werden. Dann aber wird sie so unübersichtlich wie das Reich selbst. So zwingen die Gesetze der Darstellung immer wieder zur Konzentration auf die großen Staaten, auf Preußen und auf Österreich, allerdings in dem Bewußtsein, daß dadurch gerade eine der Stärken des Reiches, nämlich auch die Existenz der kleinen und kleinsten Glieder zu respektieren und zu schützen, nicht verdrängt werden darf.

Das Reich am Ende des Dreißigjährigen Krieges

1640–1688	Friedrich Wilhelm von Brandenburg (»Großer Kurfürst«).
1648	Westfälischer Friede.
1653	Kurmärkischer Landtags-Rezeß.
1654	Jüngster Reichsabschied.
1658–1705	Kaiser Leopold I.
1663	Beginn des »Immerwährenden Reichstags« in Regensburg.
1671	Wiederaufnahme von Juden in Preußen.
1685	Aufhebung des Edikts von Nantes; Edikt von Potsdam sichert französischen Hugenotten Glaubensfreiheit in Preußen zu.
1688	Verlagerung des Reichskammergerichts von Speyer nach Wetzlar.

Bevölkerung und Wirtschaft

Die Folgen und Lasten des Dreißigjährigen Krieges waren sehr ungleich verteilt. Viele Regionen des Deutschen Reiches boten ein Bild der Verwüstung. Andere waren wenig, manche gar nicht vom Krieg betroffen. Die historische Forschung unterscheidet daher zwischen Schon- und Zerstörungsgebieten und einem Übergangsbereich. Die Schongebiete lagen hauptsächlich im Südosten (habsburgische Erblande, Erzbistum Salzburg) und im Nordwesten (vor allem Holstein und Oldenburg) des Reiches. Hamburg zum Beispiel, aber auch Lübeck und Bremen erlebten während und infolge des Krieges eine regelrechte wirtschaftliche Blüte. Die Zerstörungsgebiete dagegen zogen sich wie eine diagonal verlaufende Schneise vom Südwesten zum Nordosten durch Deutschland. Aus diesen beiden Richtungen waren die französischen bzw. die schwedischen Truppen in den 1630er Jahren in das Reich eingedrungen. Mecklenburg und Pommern, Thüringen, die Pfalz, das Moselgebiet und Württemberg wurden besonders stark von den Kriegsfolgen betroffen, aber auch die dazwischenliegenden Gebiete wie Brandenburg, Hessen, Franken und das Elsaß wurden überdurchschnittlich stark in Mitleidenschaft gezogen.

Die schlimmsten Kriegsfolgen waren die hohen Bevölkerungsverluste. Zu Beginn des Krieges lebten im Gebiet des Reiches etwa 17 Millionen Menschen, am Ende des Krieges im Jahr 1648 nur noch 10 Millionen – also 60% der Vorkriegsbevölkerung und kaum mehr als um das Jahr 1500. In den eigentlichen Zerstörungsgebieten lagen die Verluste wesentlich höher. Sie betrugen zwischen 40% und 80%, in einzelnen Orten sogar über 90% der Bevölkerung.

Es waren weniger die direkten Auswirkungen militärischer Auseinandersetzungen, die für diese Katastrophe verantwortlich zeichneten, sondern die viel schlimmeren indirekten Folgen des Krieges: Die durchs Land ziehenden Truppen mit ihrem großen Anhang (die Armee der katholischen Liga umfaßte 40000 Soldaten und etwa 140000 Begleitpersonen!) brachten Seuchen und hinterließen Hungersnöte. Auch die vor den Soldaten fliehende Bevölkerung trug zur verstärkten Verbreitung epidemischer Krankheiten bei. Für die hohen Bevölkerungsverluste sorgten vor allem die Pestepidemien der 1620er und 1630er Jahre.

Dazu kamen kriegs- und witterungsbedingte Hungerkrisen. Zwischen der Mitte des 16. und der Mitte des 19. Jahrhunderts gab es in Europa eine lange Periode auffallend schlechten Wetters. Historiker bezeichnen diese Phase als »Kleine Eiszeit«. Der Tiefpunkt der Temperaturen lag in der zweiten Hälfte des 17. Jahrhunderts. Damals folgten viele Mißerntejahre und Hungerkrisen in dichter Reihe aufeinander. Aus diesen Gründen dauerte es etwa hundert Jahre, bis die Bevölkerung des Reiches insgesamt wieder den Vorkriegsstand erreicht hatte. In manchen ländlichen Orten zog sich dieser Prozeß sogar bis ins 19. Jahrhundert hin. In den Städten dagegen verlief das Bevölkerungswachstum aufgrund einer erheblichen Land-Stadt-Wanderung während und nach dem Krieg schneller.

Wanderungsbewegungen waren überhaupt einer der Hauptfaktoren für das punktuelle Bevölkerungswachstum nach dem Krieg. Die von den Kriegsfolgen am stärksten betroffenen Regionen wurden gewissermaßen zu »demographischen ›Tiefdruckgebieten‹« (Chr. Pfister), die Menschen aus den umliegenden Ländern anzogen. Zum Teil wurden sie durch ausgesandte Werber regelrecht angelockt. Ins Elsaß oder nach Baden und Württemberg kamen viele Menschen aus der Schweiz und aus den vom Krieg wenig betroffenen Gebieten Vorarlberg und Tirol.

Ein bedeutender Teil dieser Bewegungen nach dem Dreißigjährigen Krieg hatte allerdings weniger ökonomische als religiöse Gründe. Schon vorher waren protestantische Glaubensflüchtlinge aus den Niederlanden ins

Reich geströmt. Während des Krieges, der zumindest in seiner Anfangsphase ganz wesentlich durch die konfessionellen Gegensätze geprägt war, floh eine große Zahl von Protestanten vor den habsburgischen Rekatholisierungsmaßnahmen in protestantische Territorien, vor allem nach Franken und Sachsen. Nach dem Ende des Krieges setzte sich diese Glaubensemigration fort: Die Aufhebung des Ediktes von Nantes 1685 (das den französischen Hugenotten seit 1598 Sicherheit gewährt hatte) durch Ludwig XIV. trieb zwei- bis dreihunderttausend französische Protestanten ins Ausland. Über 40 000 von ihnen flohen nach Deutschland. Sie fanden in der Kurpfalz, in Hessen-Kassel und Brandenburg-Preußen Aufnahme. Ein Drittel der Berliner Bevölkerung war um 1700 französischer Herkunft.

Die Aufnahmestaaten allerdings handelten nicht allein aus Solidarität mit den jeweiligen Religionsgenossen, sondern ebenso aus wirtschaftlichem Kalkül. Nach der im Zeitalter des Absolutismus dominanten Wirtschaftstheorie, dem sogenannten Merkantilismus, war eine große Bevölkerung eine Grundvoraussetzung für den Reichtum eines Staates. Viele Landesherren betrieben daher eine gezielte »Peuplierungspolitik«. In diesem Zusammenhang wurden in Preußen zum einen protestantische Glaubensflüchtlinge aufgenommen, zum anderen wurde die Einwanderung von Juden 1671 wieder zugelassen.

Zu der aktiven Bevölkerungspolitik kam im Merkantilismus die Überzeugung, daß man durch eine aktive Handelsbilanz, also durch die Förderung der Ausfuhr und die Beschränkung von Importen, den nationalen Reichtum mehren und so die fürstlichen Kassen füllen könne. Aus diesem Grund wurde die exportorientierte gewerbliche Massenproduktion von den Landesherren vorrangig unterstützt. Gegen den Widerstand der traditionellen Handwerkerzünfte versuchten sie, vor allem die arbeitsteilige Produktion in sogenannten Manufakturen auszubauen.

Dies gelang besonders gut in den Bereichen, in denen der Staat selbst als Großabnehmer auftrat, also hauptsächlich im Militärbereich. Hier entstanden Pulver- und Tuchfabriken, aber auch die Waffenherstellung wurde über Manufakturen organisiert. Große Bedeutung erlangte diese Betriebsform außerdem bei der massenhaften Herstellung von Luxusartikeln, wie Porzellan, Glas, Seide. Im Jahr 1706 wurde zum Beispiel die Meißener Porzellanmanufaktur gegründet.

Insgesamt blieb im 17. und frühen 18. Jahrhundert der gewerbliche Sektor in Deutschland trotz dieser staatlichen Förderungsmaßnahmen und trotz der Stimulation durch die Einwanderer volkswirtschaftlich von zweitrangiger Bedeutung. Über achtzig Prozent der Beschäftigten verdienten ihren Lebensunterhalt in der Landwirtschaft. Hier bot sich in den vom Krieg am stärksten betroffenen Gegenden nach dem Friedensschluß zunächst ein trostloses Bild. Die Dörfer waren entvölkert, viele Felder seit Jahrzehnten nicht mehr bestellt, es fehlte überall an Zugvieh, das die bevorzugte Beute der Soldaten gewesen war. (So war im Herzogtum Württemberg der Bestand an Pferden und Ochsen in den meisten Ämtern auf ein Zehntel der Vorkriegszahl zurückgegangen.) Das hieß, daß die Menschen die Pflüge selbst ziehen oder die Äcker mühsam hacken mußten.

Auf der anderen Seite gab es für die Überlebenden nun ausreichend Land und Nahrungsspielraum. Vor dem Krieg war dieser durch das starke Anwachsen der Bevölkerung seit dem späten Mittelalter knapp geworden. Nun stiegen die Chancen für die Überlebenden aus den landlosen Unterschichten, sich einen wirtschaftlich sicheren Platz zu erwerben. Zugleich stärkte der Bevölkerungsrückgang in den meisten Reichsländern die Stellung der Bauern gegenüber den Grundherren. Diese waren auf die Abgaben der Bauern angewiesen und mußten das im Überfluß vorhandene Land zu günstigen Konditionen vergeben. Eine Ausnahme machte Brandenburg. Hier konnte der lokale Adel seine Herrschaft über die Bauern stärken.

Allerdings erhielt der wirtschaftliche Optimismus der Überlebenden nach dem Krieg bald einen deutlichen Dämpfer. Denn der Rückgang der Bevölkerung und die große Verfügbarkeit von Ackerland (von dem zunächst nur das beste bebaut werden mußte) führten rasch zu einer agrarischen Überproduktion und zu einem Einbruch der Agrarpreise. Sie hatten sich seit über hundert Jahren in einem ständigen Aufwärtstrend (»Preisrevolution des 16. Jahrhunderts«) befunden und fielen nun auf den Stand von etwa 1550 zurück. So blieben die Jahrzehnte nach dem großen Krieg für den Großteil der Bevölkerung weiterhin eine Krisenzeit, die durch neue Kriege, Seuchen, Mißernten, Hungersnöte und wirtschaftliche Instabilität gekennzeichnet war.

Die politische Struktur und Verfassung des Reiches

Der Westfälische Friede wurde auf zwei Teilkongressen ausgehandelt. In Münster tagten die katholischen Mächte, in Osnabrück die protestantischen. Über diese weitläufigen Verhandlungen sollte ein »christlicher, allgemeiner, immerwährender Friede« geschaffen werden. Dazu mußten die Gebietsansprüche Frankreichs (Elsaß, Breisgau) und Schwedens (Verden, Bremen und Vorpommern) geklärt werden. Vor allem aber galt es, die innere Struktur des Reiches rechtlich zu fixieren und einen Weg zu finden, um die religiösen Auseinandersetzungen zu beenden. Trotz der großen Vorsätze brachte der Westfälische Friede aber für die europäische Mächtepolitik keine dauerhafte Beruhigung. Dagegen gelang die Befriedung des Reiches sehr viel besser. Die Bestimmungen des Westfälischen Friedens wurden in der Tat, wie es im XVII. Artikel des Osnabrücker Friedens heißt, eine »immerwährende Satzung und ein Grundgesetz des Reiches«. Sie erfüllten diese Funktion bis zu dessen Ende im Jahr 1806.

Schon der Beginn der Kongresse zeigte die reichspolitische Weichenstellung, die in Münster und Osnabrück vorgenommen wurde: Gegen den Widerstand des Kaisers und mit der Unterstützung Frankreichs und Schwedens konnten die Reichsfürsten ihre selbständige Teilnahme an den Kongressen durchsetzen. Damit wurde signalisiert, daß sie gewissermaßen souveräne Landesherren waren, denen das Recht zur Kriegsführung und zum Friedensschluß (*ius belli et pacis*) zustand. Diese quasi souveräne Stellung der Fürsten wurde in dem grundlegenden Artikel VIII des Osnabrücker Friedens festgelegt. Allerdings gelang es in der Folgezeit nur den wirklich großen Reichsfürsten, dieses Recht zu realisieren. Die mindermächtigen Stände konnten eine volle völkerrechtliche Souveränität nicht erlangen; dem Kaiser gelang es, seine Stellung in diesem Bereich allmählich wieder zu festigen.

Dennoch fixierte der Westfälische Friede den Sieg der Reichsstände über die vorausgegangenen Versuche der Habsburger, sich im Reich als starke kaiserliche Zentralgewalt oder gar als absolute Herrscher zu etablieren. An die Stelle des Ausbaus des Reiches zu einem modernen Zentralstaat trat nun die Dezentralisierung der Macht und der Ausbau der Zentralgewalt auf der Ebene der einzelnen Territorien. Das Reich wurde dadurch zu jenem staatsrechtlich nicht definierbaren Gebilde, das Samuel Pufendorf 1667 in einer berühmten Formulierung als »einen irregulären und einem Monstrum ähnlichen Körper« bezeichnet hatte. Es enthielt monarchische, aristokratische und (in den Reichsstädten) demokratische Elemente und war weder ein Bundesstaat noch ein Staatenbund. Für einen Bundesstaat fehlten den Reichsinstitutionen die übergeordneten Kompetenzen, für einen Staatenbund den Einzelstaaten die volle Souveränität. Die Landesherren blieben dem Kaiser wenigstens nominell durch den Treueid verbunden und waren dem Reichsrecht unterworfen.

Die mangelnde Zentralstaatlichkeit hatte aus der nationalstaatlichen Perspektive des 19. und frühen 20. Jahrhunderts zu einer negativen Beurteilung des Reiches durch die Historiker geführt. In der historischen Forschung der letzten Jahrzehnte hat sich jedoch eine deutliche Neubewertung durchgesetzt. Man mißt die Verfassung des Reiches nicht mehr an den Idealen nationalstaatlicher Machtpolitik, sondern an deren zeitgenössischen Funktionen. Diese lagen bei der reichsinternen Konfliktvermeidung und der europäischen Friedenssicherung. Aus dieser Perspektive beurteilt man auch die Funktionsfähigkeit der zentralen und dezentralen Reichsinstitutionen nicht mehr so negativ. Zu diesen Institutionen gehörten vor allem der Reichstag, die Reichsgerichte (Reichskammergericht und Reichshofrat) und die Reichskreise.

Die Reichstage waren im 17. Jahrhundert von den Kaisern immer unregelmäßiger und nur in dringenden Notfällen einberufen worden. Seit 1663 dagegen tagte bis zum Ende des Reiches in Regensburg ein Reichstag in Permanenz. Die Zeitgenossen nannten ihn bald den »immerwährenden Reichstag«. Seine Einrichtung war keine Folge eines bewußten Entschlusses zur Reichsreform, sie war aber auch nicht zufällig, sondern die notwendige Konsequenz der gestiegenen Bedeutung der Reichsstände.

Reichstage, auch der »immerwährende Reichstag«, waren keine Vorformen eines modernen Parlaments. Sie waren Versammlungen der Kurfürsten, Fürsten und anderen Reichsstände (Reichsgrafen, Reichsabteien, Reichsstädte), die sich ab 1663 in Regensburg durch ständige (und weisungsgebundene) Gesandte vertreten ließen. Die Gesetzgebungstätigkeit des Reichstages war verschwindend gering. Dennoch hatte er eine Funktion als »clearing-Stelle« (Duchhardt) für anstehende Konflikte. Im 18. Jahrhundert diente er schließlich als ein nicht zu unterschätzendes Instrument kaiserlicher Machtpolitik im Reich.

Daneben besaßen als Zentralinstanzen des Reiches vor allem das Reichskammergericht und der Reichshofrat als oberste Reichsgerichte Bedeutung. Das Reichskammergericht war 1495 von den Reichsständen im Rahmen der Verkündung des Ewigen Landfriedens gegründet worden und tagte ursprünglich in Speyer, wurde aber wegen der Franzoseneinfälle 1688 nach Wetzlar verlagert. Es war zuständig für die Ahndung von Landfriedensbruch, aber zum Beispiel auch für Steuerstreitigkeiten oder Zivilklagen gegen reichsunmittelbare Herren. Zugleich war das Reichskammergericht Berufungsinstanz für alle Gerichte in denjenigen Territorien, in denen der Landesherr nicht das Privileg besaß, selbst die letzte gerichtliche Instanz zu sein (*ius de non appellando*). Es hatte daher vor allem Streitigkeiten zwischen den Untertanen und ihrem Landesherrn zu schlichten. Der Reichshofrat – mit Sitz am Kaiserhof in Wien – war 1498 als Gegengewicht gegen das ständische Reichskammergericht eingerichtet worden, allerdings waren die Kompetenzen von Reichshofrat und Reichskammergericht nicht in allen Fällen ganz klar abgegrenzt. Das Schwergewicht des kaiserlichen Gerichts lag bei den Reichslehensachen. Es war außerdem zuständig für Strafsachen gegen reichsunmittelbare Landesherren sowie für Streitigkeiten um kaiserliche Privilegien.

Beim Reichskammergericht machte sich negativ bemerkbar, daß das Interesse vieler Reichsstände an einer funktionierenden höchsten Berufungsinstanz im Reich gering war und deshalb die Beiträge zur Finanzierung dieses Gerichts, die »Kammerzieler«, oft sehr nachlässig oder gar nicht gezahlt wurden. Dadurch konnte die notwendige Erhöhung des Personals nicht durchgeführt werden, was zu entsprechend langen Bearbeitungszeiten führte. Auch war die Durchsetzbarkeit der Urteile, wenn sie sich gegen mächtige Landesherren richteten, nicht einfach: »Wer nämlich auf seine Macht vertrauen kann«, schrieb Pufendorf 1667, »kümmert sich einen Dreck um den Spruch aus Speyer«.

Die Durchsetzung der Reichskammergerichtsurteile wie auch der Reichsgesetze lag bei einer Instanz der »mittleren Ebene«, den sogenannten Reichskreisen. Diese waren Zusammenschlüsse der Reichsstände auf regionaler Ebene zur Effektivierung staatlicher Aufgaben in diesem Gebiet, zum Beispiel im Bereich des Münzwesens, der Verbrechensbekämpfung, aber auch der militärischen Organisation. Die Kreise entfalteten ihre größte Wirksamkeit im Süden des Reiches, wo sie eine Fülle von Klein- und Kleinstterritorien mit schwacher Zentralgewalt umfaßten; so bestand der Schwäbische Kreis aus 40 geistlichen und 68 weltlichen Gebieten sowie 40 Reichsstädten. In solchen Gebieten erfüllten die Kreise wesentliche staatliche Funktionen. Wo sie dagegen von großen Territorialherren dominiert waren, blieben sie bedeutungslos oder wurden von diesen sogar als Konkurrenz bei der Ausübung hoheitlicher Aufgaben aktiv in ihren Funktionen behindert.

Der Aufstieg des Absolutismus in den Territorialstaaten

Seit dem 16. Jahrhundert verstärkte sich unter den europäischen Fürsten die Tendenz zu einer autokratischen, auf die unumschränkte Herrschaft der Monarchen angelegten Regierungsform, die heute in der Regel als absolute Monarchie oder als Absolutismus bezeichnet wird. Im 16. Jahrhundert hatten im Reich die Habsburger ihre Position als Kaiser in diese Richtung auszubauen versucht. Der Westfälische Friede unterband diese Bestrebungen jedoch endgültig: Im Friedensvertrag von Osnabrück wurde den Fürsten und Ständen des Reiches nicht nur ein Mitwirkungsrecht in allen Reichsangelegenheiten garantiert, sondern auch ihre uneingeschränkte Landeshoheit in weltlichen und geistlichen Dingen bestätigt. Absolutistische Herrschaftsformen konnten sich in der Folgezeit nur in den Einzelstaaten entwickeln.

Der Begriff Absolutismus ist abgeleitet von der römischen Rechtsformel *princeps legibus [ab]solutus* – der Herrscher ist »losgelöst« vom Gesetz, er steht über dem Gesetz. Diese Formel wurde von Staatstheoretikern des 16. und 17. Jahrhunderts zur Definition der herrscherlichen Souveränität herangezogen. Der französische Jurist Jean Bodin hat diese Souveränität in seinem Werk »Les six livres de la république« (1576; *Sechs Bücher über den Staat*) so erläutert: »Der souveräne Fürst muß die Gesetze nach seinem Ermessen ändern können [...] wie der Lotse in eigener Entscheidung das Ruder betätigen muß, weil sonst das Schiff unterginge, wollte man erst den Rat aller Mitfahrenden einholen.«

Die Souveränität der Fürsten äußerte sich nach Bodin also besonders darin, daß sie alte Gesetze aufheben und neue Gesetze aus eigener Machtvollkommenheit und ohne Mitspracherecht anderer Instanzen erlassen konnten. Dies stand im Gegensatz zur allgemeinen Rechtsauffassung des Mittelalters und der Frühen Neuzeit. Die Praxis sah daher ganz anders aus. Die Aufhebung alter überkommener Rechte durch die Herrscher stieß überall auf Widerstand und war außerordentlich schwierig. Besonders im Reich erwies sich die Bindung der Herrscher durch das überkommene Recht als eines der stärksten Bollwerke gegen den Absolutismus.

Aber auch das Mitspracherecht der sogenannten Landstände – der Vertretung des landsässigen Adels, der Kirchen und zum Teil der Städte und Dörfer eines Landes – in anderen Fragen konnten die Fürsten keineswegs in allen Territorien ausschalten. Viele Lotsen mußten, um die Formulierung Bodins noch einmal aufzugreifen, weiterhin den Rat ihrer Mitfahrenden einholen. Die Landstände besaßen das traditionelle Recht, über die Steuererhebungen zu entscheiden. Das gab ihnen erheblichen Einfluß auch auf die »außenpolitischen« Aktionen ihres Landesherrn, besonders auf dessen Entscheidungen über Krieg und Frieden.

Diese Rechte der Stände hinderten nach dem Dreißigjährigen Krieg die Landesherren vor allem daran, sogenannte stehende Heere aufzubauen. Die alte Gewohnheit war, daß die Armeen nach der Beendigung eines Krieges wieder aufgelöst wurden und das Land damit der Kosten für ihren Unterhalt enthoben war. Nun wollten die meisten Fürsten aus Sicherheits- und Prestigegründen ihre Soldaten nicht alle entlassen und wenigstens ein kleineres stehendes Heer in Friedenszeiten behalten. Darüber ergab sich in fast allen Ländern ein zum Teil erbitterter Streit zwischen den Ständen und den Landesherren. Über den Reichstag (Reichsabschied 1654) war es den Fürsten jedoch gelungen durchzusetzen, daß die Landstände die notwendigen Steuern zur Einrichtung von Festungen und Garnisonen bewilligen mußten. Damit hatten sie eine rechtliche Handhabe, die Stände zur Finanzierung eines stehenden Heeres in Friedenszeiten zu zwingen.

Mit dem stehenden Heer hatten sie ein nicht unwesentliches Instrument für die Befestigung ihrer Herrschaft im Inneren in der Hand. Den Anspruch der Stände auf Mitberatung und Mitbestimmung in anderen Fragen der Politik konnten die Landesherren nun ebenfalls umgehen. In vielen Ländern wurde das alte, vielfach noch stark von den Ständen beeinflußte Gremium des Geheimen Rats (das selbst schon eine Reduzierung älterer kollektiver Ratsformen bedeutet hatte) von den Fürsten entweder aufgelöst oder nur noch mit wenig bedeutsamen Materien befaßt. Statt der Form der kollektiven Beratschlagung setzte sich das »Regieren aus dem Kabinett« durch. Die Fürsten verhandelten dabei über ihre »Kabinettssekretäre«

mit den jeweiligen Departements und gaben ihnen ihre Befehle. Sie setzten sich an die Spitze der Regierung, deren Fäden allein in ihrer Person zusammenlaufen sollten.

Die Tendenz zur Selbstherrschaft war jedoch nur die eine Seite des absolutistischen Regierungssystems. Auf der anderen Seite muß man sehen, daß die Ausschaltung der Stände und die Regierung aus dem Kabinett vielfach die Grundlage einer Reformpolitik war, die in den von den Ständen dominierten Territorien nicht durchgeführt werden konnte. Denn die Stände verteidigten vielfach alte Sonderrechte und Partikularinteressen. Die Landesherren waren dagegen auf eine zentrale und effiziente Verwaltung aus, auf eine »gute Policey«, wie es im damaligen Sprachgebrauch hieß. Die »Policey« der Fürsten hatte sich – wie dies 1656 Veith Ludwig von Seckendorff in seiner einflußreichen Schrift *Teutscher Fürsten-Staat* formulierte – vor allem auf drei Bereiche zu richten: auf Gerechtigkeit, Frieden und Wohlfahrt (»Aufnehmen«) des Landes. Sie umfaßte damit die Justizverwaltung und Gesetzgebung, das Militär, aber auch eine aktive Förderung der Wirtschaft durch den Fürsten. Der Begriff der Wohlfahrt war allerdings nicht ausschließlich auf den wirtschaftlichen Zweig beschränkt. Er erstreckte sich darüber hinaus auf das Schulwesen, die »Erziehungs-Policey« sowie auf die Gesundheits- und Nahrungsmittelversorgung der Bevölkerung. In allen diesen Bereichen versuchten die fürstlichen Verwaltungen zunehmend, stärker regulierend, vereinheitlichend und zum Teil modernisierend einzugreifen.

Das brandenburg-preußische Herrscherhaus hat die Entwicklung sowohl in die Richtung auf eine Ausschaltung der Stände als auch auf eine Reform der Verwaltung am weitesten vorangetrieben. Selbst am preußischen Beispiel zeigt sich aber, daß die Herrscher keineswegs in allen ihren Herrschaftsgebieten die Macht der Stände brechen konnten. Während die Hohenzollern in der Mark Brandenburg in dieser Hinsicht ein relativ leichtes Spiel hatten, gelang ihnen das im Herzogtum Preußen und in den Grafschaften Cleve und Mark nur sehr viel langsamer oder gar nicht. In den meisten anderen Territorien des Reichs kam es ebenfalls nicht zur Ausbildung ausgeprägter absolutistischer Herrschaftsformen. Die Regel war vielmehr die gegenseitige Überlagerung und »Durchdringung landesherrlicher und landständischer Kompetenzen« (Vierhaus).

Die Entstehung der höfischen Gesellschaft

Eng mit dem Absolutismus verbunden war der Aufstieg der höfischen Gesellschaft. Darunter versteht man die Bemühungen der Fürsten, die ehemals selbständigen Adeligen des Landes an ihre Höfe zu ziehen, um sie zu Dienern des in der Person des Monarchen verkörperten Staates, zu einem Publikum für die Selbstdarstellung des Herrschers und zu Akteuren des sozialen Lebens am Hof zu machen.

Die Entstehung höfischer Gesellschaften war ein allgemein-europäisches Phänomen, das sich in katholischen wie in protestantischen Ländern, an geistlichen wie an weltlichen Höfen findet. Stilbildendes Vorbild in architektonischer wie in organisatorischer Hinsicht war der Hof Ludwigs XIV. in Versailles. Seine Ausstrahlungskraft auch ins Reich hinein war enorm. Darüber darf man jedoch nicht übersehen, daß einzelne Höfe vor allem in Fragen des Zeremoniells durchaus auf eigene Traditionen zurückgreifen konnten und sich – wie der Wiener Kaiserhof – zum Teil ganz bewußt vom französischen Modell abzusetzen suchten. Manche Herrscher, wie Friedrich Wilhelm I. von Preußen, lehnten den finanziellen Aufwand und die sozialen und politischen Zwänge der höfischen Gesellschaft sogar ganz ab und verboten an ihren Höfen jedes Zeremoniell.

Grundlage der höfischen Gesellschaft war der Ausbau der fürstlichen Residenzen. Viele Regenten verließen die oft engen älteren Stadtpaläste und bauten sich nun – dem Vorbild Ludwigs XIV. in Versailles folgend – außerhalb der Stadtzentren prächtige barocke Schlösser. Selbst ganz neue Stadtanlagen wurden geschaffen wie in Mannheim, Karlsruhe oder Ludwigsburg. Die meisten dieser Städte zeichnen sich dadurch aus, daß sie die von der absolutistischen Ideologie geforderte Ausrichtung des gesamten Staates auf den Herrscher als das alleinige Zentrum der Macht in eine räumliche Symbolsprache übersetzen: Die perspektivischen Fluchtlinien der Gesamtanlagen laufen auf den zentralen Staatsraum – in Versailles das Schlafzimmer des Königs – zu bzw. gehen strahlenförmig von ihm aus. In Karlsruhe war dieser Fluchtpunkt ein achteckiger, das Staatsganze repräsentierender Turm, von dem aus der Markgraf die gesamte Anlage überblicken konnte.

Bei der Ausstattung der Schlösser mit Gemälden und Skulpturen spielten die allegorischen Darstellungen der Taten und Tugenden des Landesherrn eine wesentliche Rolle. Meist bediente man sich dabei der Figuren der griechisch-römischen Mythologie: Apollo war das Lieblingssymbol des französischen Sonnenkönigs; die Habsburger dagegen bevorzugten Hercules, denn in seine Geschichte ließen sich eher Bezüge zu christlichen Tugenden und zur Figur Christi hineinverweben. Insgesamt bleibt jedoch an fast allen Höfen (selbst an denen geistlicher Fürsten) eine seltsame Spannung zwischen der künstlerischen Überhöhung der Herrscher durch die heidnische antike Mythologie und ihrem christlichen Selbstverständnis, zwischen ihrer allegorischen Vergöttlichung und ihrer ebenso ostentativ zur Schau gestellten christlichen Demut.

Die Höfe hatten aber nicht nur die Funktion der ästhetischen Überhöhung von Herrschaft. Sie entwickelten sich nach dem Dreißigjährigen Krieg auch zu Zentren der politischen Entscheidung und waren schließlich wichtige ökonomische Faktoren. So wuchs nicht nur die Zahl der am Hof befindlichen Adligen, sondern auch der dort beschäftigten, bürgerlichen Untertanen ständig an. Die großen Höfe von Wien und München umfaßten zu Beginn des 18. Jahrhunderts etwa 2000 Personen, der Dresdner Hof fast 500. Auch zum Hofstaat geistlicher Fürsten gehörten teilweise 200 bis 300 Personen.

Die finanziellen Aufwendungen für das höfische Leben waren enorm. In München – sicher ein extremes Beispiel – flossen um 1700 über 50% aller Staatsausgaben in den Unterhalt des Hofes. Anteile von 20% bis 30% waren jedoch keine Seltenheit. Damit bekamen die Höfe eine wichtige Funktion bei der Förderung von Handel und Gewerbe in den Residenzstädten. Die Verlagerung von Höfen durch Schloßneubauten hatte für manche Städte dementsprechend katastrophale Folgen.

Die Höfe waren schließlich nicht nur wichtig für das bürgerliche Gewerbe. Sie boten zugleich über die dort angesiedelte zentrale Staatsverwaltung für viele bürgerliche Akademiker, vor allem Juristen, eine wichtige Plattform für fachliche Profilierung und sozialen Aufstieg. Denn während der Adel das gesellschaftliche Leben an den Höfen bestimmte, wurden die fürstlichen Verwaltungen im Laufe des 18. Jahrhunderts immer mehr professionalisiert und mit bürgerlichem Fachpersonal besetzt. Diese Ausdehnung und Intensivierung der Verwaltung führte dann allerdings dazu, daß diese im ausgehenden 18. Jahrhundert zunehmend vom Hof getrennt wurde, die Höfe ihre Bedeutung als Symbole für das Staatsganze verloren und im 19. Jahrhundert schließlich den Charakter privater Haushalte der Herrscher annahmen.

Das Reich in den europäischen Konflikten zwischen 1648 und 1740

1658	Erster Rheinbund.
1663–1664	Türkenkrieg.
1667–1668	Devolutionskrieg.
1668	Auflösung des Rheinbundes.
1672–1678	Eroberungskrieg Ludwigs XIV. gegen die Niederlande.
1674	Reichskriegserklärung an Frankreich.
1679	Friede von Nimwegen.
1679–1684	Französische Reunionspolitik im Elsaß.
1681	Besetzung Straßburgs durch französische Truppen.
1683–1699	Türkenkrieg.
1683	Belagerung Wiens, Schlacht am Kahlenberg.
1688–1697	Pfälzischer Krieg.
1688–1713	Friedrich III., Kurfürst von Brandenburg, ab 1701 als Friedrich I. König in Preußen.
1700–1721	Nordischer Krieg.
1701–1714	Spanischer Erbfolgekrieg.
1705–1711	Kaiser Joseph I.
1711–1740	Kaiser Karl VI.
1713/1714	Friedensschlüsse von Utrecht sowie Rastatt und Baden beenden den Spanischen Erbfolgekrieg.
1713–1740	König Friedrich Wilhelm I. von Preußen.
1716–1718	Türkenkrieg.
1718	Friede von Passarowitz.

Mit den Verträgen von Münster und Osnabrück sollte ein »immerwährender Friede« geschaffen werden. Aber die Friedensjahre waren nur kurz. Bald wurden einzelne Stände des Reiches, aber auch das Reich insgesamt wieder in Kriege verwickelt. Diese entzündeten sich meist an einem zentralen und in der Zeit zwischen 1648 und 1740 gehäuft auftretenden Problem der absoluten Fürstenstaaten: dem Aussterben legitimer Dynastien. Durch die engen Heiratsverflechtungen der europäischen Herrscherhäuser lagen oft rivalisierende und gleichberechtigte Erbansprüche vor. Aus diesen Situationen entstanden immer wieder Kriege, sogenannte Erbfolgekriege, die der vorherrschende Kriegstypus der Zeit waren. Die Unklarheiten der Erbfolge halfen sie zu legitimieren, können sie aber historisch nicht hinreichend erklären. Ziele der europäischen und zunehmend auch der globalen Machtpolitik der Fürsten kamen als Ursachen hinzu.

Mit dem Westfälischen Frieden wollten die beteiligten Mächte über die Fixierung des Status quo im Reich Ruhe in die europäische Politik bringen. Es waren jedoch gerade die Garanten dieses Friedenswerkes, Frankreich und Schweden, die dieses System als erste wieder in Frage stellten. Dazu kam die neuerliche Bedrohung durch das Osmanische Reich. Drei Krisenherde waren es daher, die das Reich in der Zeit nach dem Westfälischen Frieden besonders betrafen: das Streben Frankreichs nach Hegemonie über Europa, der von Schweden ausgehende Machtkampf um die Vorherrschaft im Ostseeraum und die Expansion des Osmanischen Reiches in die habsburgischen Gebiete hinein.

Das Reich in den Kriegen Ludwigs XIV.

Mit der Verkündigung der Alleinregierung Ludwigs XIV. im Jahr 1661 begann eine expansionistische Phase der französischen Außenpolitik. Ludwigs territoriales Ziel war die Ausweitung Frankreichs bis zum Rhein als natürlicher Ostgrenze. Sein politisches Ziel war eine französische Hegemonie über Europa. Als deren »krönender« Höhepunkt wurde schon von Kardinal Mazarin die Übertragung der Kaiserwürde auf einen französischen Herrscher angestrebt. Das Reich stand der virtuosen Ausschöpfung aller rechtlichen Mittel zur Begründung von Territorialansprüchen und der überlegenen französischen Diplomatie zunächst hilflos gegenüber. Auch hatte es aufgrund seiner starken Schwächung im Dreißigjährigen Krieg der französischen Militärmacht wenig entgegenzusetzen. Dazu kam die Tatsache, daß viele Reichsfürsten sich im Jahre 1658 sogar mit Frankreich im sogenannten Ersten Rheinbund zusammengeschlossen hatten, um ihre im Westfälischen Frieden errungene Souveränität gegen Revisionsbestrebungen der Habsburger abzusichern. Der Widerstand im Reich gegen die französische Expansionspolitik organisierte sich daher nur langsam.

Eine wesentliche Grundlage für die französische Hegemonialpolitik war die »welthistorische Vermählung« (Ranke) Ludwigs XIV. mit der ältesten Tochter Philipps IV. von Spanien, Maria Theresia. Diese Heirat war so wichtig, da man in ganz Europa mit dem Aussterben der spanischen Habsburger im Mannesstamm rechnete: Der spätgeborene Sohn Philipps, Karl II., war von Kindheit an kränklich. Man gab ihm nur eine kurze Lebenszeit und glaubte nicht, daß er Nachkommen haben würde. Beide Vermutungen sollten sich als richtig erweisen.

Ludwig konnte mit dieser Heirat gleiche oder (seiner eigenen Meinung nach) sogar bessere Ansprüche auf den spanischen Thron erheben als Kaiser Leopold I., der ebenfalls mit einer Tochter Philipps (aus dessen zweiter Ehe) verheiratet war, oder als der Wittelsbacher Kurprinz Joseph Ferdinand. Dieser etwas weitläufiger mit den spanischen Habsburgern verwandte Fürst war von Karl II. in einem ersten Testament zur Erbfolge vorgesehen, um einen Konflikt zwischen den Häusern Habsburg und Bourbon und die Gefahr einer Teilung des spanischen Reiches zu vermeiden. Aber Joseph Ferdinand verstarb überraschend 1699, ein Jahr vor Karl II. Die spanische Frage war nun wieder offen.

Schon vor dem großen Kampf um die Nachfolge im spanischen Weltreich im Spanischen Erbfolgekrieg (1701–1713/1714) machte Ludwig nach dem Tod seines Schwiegervaters, Philipps IV., im Jahr 1665 erste Erbschaftsansprüche geltend. Aufgrund der Übertragung privatrechtlicher Bestimmungen aus dem Brabanter Erbrecht, dem »Devolutionsrecht«, in die politische Erbfolge beanspruchte er für seine Frau die Spanischen Niederlande, das heutige Belgien. Als ihm dies von spanischer Seite verweigert wurde, nahm er im »Devolutionskrieg« dieses Gebiet militärisch in Besitz. Das Reich war in dieser Sache zwar betroffene Partei, denn die Spanischen Niederlande waren Teil des burgundischen Reichskreises. Dennoch war im Reich zu diesem Zeitpunkt noch keine gemeinsame Stellung gegen Ludwig zu erreichen. Für die Spanischen Niederlande konnte und wollte man sich in keinen Krieg verwickeln lassen, obwohl der kaiserliche Diplomat Franz Paul von Lisola in einer berühmten und aufsehenerregenden Streitschrift *Le Bouclier d'Etat et de Justice* (*Das Schild des Staates und der Gerechtigkeit*) schon damals die große Auseinandersetzung um das spanische Erbe voraussah und zur Einigkeit gegen die Expansionsversuche Ludwigs aufrief.

Im Jahr 1670 ließ Ludwig dann mit ebenso zweifelhaften Rechtsgründen das Herzogtum Lothringen besetzen, ohne daß Kaiser und Reich sich ernsthaft wehrten. Als Ludwig weitere zwei Jahre später und nun ganz ohne Rechtsgrund einen Krieg gegen seinen größten Handelsrivalen, die Vereinigten Niederlande, vom Zaun brach und dabei mit seinen Truppen ins Reich einmarschierte, formierte sich der Widerstand gegen die französische Hegemonialpolitik. Der Kaiser und die meisten Fürsten (mit Ausnahme der deutschen »Anrainerstaaten« wie Köln und Münster sowie Bayerns und Hannovers) griffen auf der Seite Hollands in den Krieg ein. Die französische Armee konnte dieser Übermacht allerdings weitgehend standhalten. Außerdem gelang es den Gesandten Ludwigs beim Friedenskongreß von Nimwegen (1678/1679), die internationale Front gegen Frankreich aufzubrechen, so daß Frankreich diesen Krieg mit beträchtlichen territorialen Zugewinnen (*Franche Comté*) beenden konnte.

Die gegen Frankreich gerichtete Solidarität im Reich wurde schließlich noch durch zwei weitere Übergriffe Ludwigs XIV. bestärkt: Zum einen war dies Ludwigs Politik der Reunionen im Elsaß, mit der er (rechtliche Ungenauigkeiten im Westfälischen Frieden ausnützend) zuerst die zehn elsässischen Reichsstädte ganz unter französische Oberhoheit brachte und dann über eine fragwürdige Reaktivierung alter Rechte weitere Territorien, die mit diesem Gebiet einmal in Verbindung gestanden hatten, zwangsweise mit Frankreich »wiedervereinigte«, das heißt unter französische Lehensherrschaft brachte. Straßburg, für das sich solche Rechte nicht konstruieren ließen, wurde 1681 militärisch besetzt.

Zum anderen war es der sogenannte Pfälzische oder auch Orléanssche Krieg. Nach dem Tod des Kurfürsten Karl Ludwig starb das in der Pfalz regierende Haus Pfalz-Simmern im Mannesstamm aus. Ludwig verlangte als Erbteil für seine Schwägerin, die Pfalzgräfin Elisabeth Charlotte (Liselotte von der Pfalz), das mobile Privatvermögen und den Allodialbesitz, also das Eigengut der Familie. Nachdem eine Klage Ludwigs bei den Reichsgerichten dilatorisch behandelt wurde, besetzte er 1688 die Pfalz und benachbarte Gebiete.

Nun kam es auf dem Reichstag in Regensburg zur Erklärung eines Reichskrieges sowie zu einer gesamteuropäischen Union gegen Frankreich. Im Verlauf dieses Krieges griffen die in die Defensive geratenen französischen Truppen mehrfach zu dem Mittel der völligen Zerstörung der Gebiete, aus denen sie sich zurückziehen mußten. Am bekanntesten ist die Verwüstung Heidelbergs durch die Truppen des Grafen Mélac. Aber auch Mannheim, Speyer,

Worms sowie mehrere Orte Württembergs waren von diesen planmäßigen Zerstörungen betroffen.

Wegen des gleichzeitigen Krieges mit den Türken, aber auch aufgrund von Spannungen innerhalb der Führung des Reichsheeres war die Kriegsführung gegen Frankreich wenig effizient und schleppend. Die Zeit arbeitete in diesem Fall wieder für Ludwig XIV. Es gelang ihm schon im Vorfeld der Friedensverhandlungen von Rijswijk im Jahr 1697, seine Kriegsgegner zu spalten und in Separatverhandlungen einzelne Glieder aus der antifranzösischen Allianz herauszubrechen. Das Ergebnis des Friedens war deshalb für Ludwig weit weniger negativ als erwartet. Das Reich hatte als Kriegsziel die Rückführung Frankreichs auf die Grenzen von 1648 im Auge gehabt. Ludwig konnte aber zumindest das Elsaß behaupten.

Für die Ausgestaltung der Reichsverfassung war der Friede von Rijswijk insofern von Bedeutung, als hier deutlich wurde, daß trotz ihres militärischen Engagements die einzelnen Reichsstände kaum Einfluß auf die Verhandlungen des Friedenskongresses nehmen konnten. Das Reich war dort zwar mit einer Reichsdeputation vertreten, die Verhandlungen führte aber de facto der Kaiser, der damit die Kontrolle über die Außenpolitik des Reiches weitgehend zurückerobern konnte.

Nordischer Krieg und Spanischer Erbfolgekrieg

Der Nordische Krieg war ein über zwanzigjähriger Krieg (1700–1721) um die Vorherrschaft im Ostseeraum. Er entstand aus einem Konflikt zwischen Dänemark und Schweden. Letzteres hatte sich wiederum in einen Streit zwischen dem dänischen König und dem Herzog von Gottorp um den Besitz Schleswigs eingemischt. In dieser Situation gelang es nun Dänemark, eine große antischwedische Koalition mit Rußland und Polen zustande zu bringen. Das Reich war von diesen Auseinandersetzungen nur am Rande und insofern betroffen, als Kurfürst August der Starke von Sachsen in Personalunion auch König von Polen war und sich im Verlauf des Krieges außerdem Hannover sowie Preußen (als polnischer Lehensträger) der antischwedischen Koalition anschlossen. Karl XII. war dieser Übermacht auf die Dauer nicht gewachsen: Der russische Zar wurde in der Endphase des Krieges zur beherrschenden Figur der Koalition, Rußland nach dem Tod Karls XII. im Jahr 1718 zur Vormacht im Ostseeraum.

Unmittelbar nach Ausbruch des Nordischen Krieges kam es zu einer zweiten weitgreifenden militärischen Auseinandersetzung – dem Spanischen Erbfolgekrieg (1701–1713/1714). Alle europäischen Mächte blickten schon seit den 1660er Jahren einerseits mit Begehrlichkeit, andererseits mit Sorge auf Spanien. Eine Gesamterbschaft durch das Haus Bourbon oder die österreichischen Habsburger hätte das Kräftegleichgewicht zwischen diesen beiden Rivalen um die Vorherrschaft in Europa eindeutig in eine Richtung verschoben. Es war daher mit einem langen Krieg um diesen Anspruch zu rechnen. Diesen wollten alle Parteien nach Möglichkeit vermeiden. Man schloß daher schon früh – noch zu Lebzeiten Karls II. und ohne ihn einzubeziehen – Teilungsverträge.

Mitwirkende an diesen Plänen waren – in partiell wechselnder Zusammensetzung – die Seemächte, also England und die Vereinigten Niederlande, sowie Frankreich und Österreich; vielfach verhandelten jedoch Frankreich und die Seemächte allein. Der Kaiser bestand (nach anfänglicher Teilungsbereitschaft) immer mehr auf seinem Anrecht auf das Gesamterbe. Nach dem frühen Tod des Wittelsbacher Erben Joseph Ferdinand neigte auch der spanische König zunächst dazu, die Monarchie dem zweiten Sohn des Kaisers, Erzherzog Karl, zu übertragen.

Am spanischen Hof gab es jedoch eine französische Partei. Dank der sehr unentschlossenen und wenig geradlinigen Politik des Kaisers konnte sie die Oberhand gewinnen. Das spanische Ziel war die ungeteilte Weitergabe der Monarchie. Das schien mit einer Übergabe an die Bourbonen eher gewährleistet, als wenn man das Reich in die Hände des Kaisers legte. Karl II. von Spanien entschloß sich daher zu einer Revision seines Testaments und setzte am 2. Oktober 1700 den Enkel Ludwigs XIV., Philipp, zum Universalerben ein. Am 1. November 1700 starb Karl, am 16. November proklamierte Ludwig XIV. seinen Enkel zum König in Spanien.

Philipp wurde von allen Teilen der spanischen Monarchie ohne Widerspruch als neuer Monarch akzeptiert. Mit seiner Zustimmung zu der Testamentsänderung und der anschließenden Proklamation hatte Ludwig XIV. allerdings den Teilungsvertrag, den er mit den Seemächten geschlossen hatte, gebrochen. Diese fürchteten nun einen beherrschenden Einfluß der französischen Handelspolitik auf die spanischen Kolonien, was äußerst unangenehme Folgen für die englische und für die niederländische Wirtschaft gehabt hätte. Der Kaiser war ebenfalls nicht bereit, das neue Testament Karls II. und den Thronantritt des Bourbonenprinzen zu akzeptieren. Am 7. September 1701 schloß er mit den Seemächten eine Allianz, im Frühjahr 1702 begann dann der Krieg, dem sich ein Großteil der Reichsfürsten sofort anschloß. Eine offizielle Kriegserklärung des Reiches folgte im Spätsommer 1702.

Eine entscheidende Wende im Kriegsgeschehen ergab sich durch den überraschenden Tod des jungen Kaisers Joseph I. im Jahr 1711. Karl, der Prätendent auf die spanische Krone, folgte nun zunächst seinem Bruder auf den Kaiserthron nach. Damit änderte sich jedoch für die Seemächte die Lage grundlegend. Zwar war der alte Habsburger Glanz schon etwas dahin, denn Spanien war durch die vom ständigen Zufluß amerikanischen Goldes ausgelöste Inflation und den Rückgang heimischer Produktion zugunsten von Importen wirtschaftlich ruiniert. Dennoch wäre durch dieses Doppelerbe eine neue Supermacht entstanden. Karl VI. hätte das alte Reich Karls V. wieder erneuert. Um eine solche Machtkonzentration zu verhindern, waren die Seemächte gegen die Bourbonen angetreten. So kehrten England und Holland dem neuen Kaiser und der mit ihm vereinbarten »großen Allianz« den Rücken und schlossen 1713 in Utrecht Frieden mit Ludwig XIV. und Spanien.

Dieser Friede basierte auf der definitiven dynastischen Trennung der in Spanien etablierten Bourbonenlinie von der französischen. Eine wechselnde Beerbung bzw. die Vereinigung beider Linien in einer Hand wurde ausgeschlossen. Außerdem wurden die italienischen Besitzungen Spaniens und die Spanischen Niederlande dem Kaiser als Entschädigung zugesprochen. Dieser und auch das Reich wehrten sich zunächst gegen diese Zumutung. Sie führten den Krieg auf eigene Faust bis ins Jahr 1714 fort, mußten dann aber im Frieden von Rastatt und Baden (Schweiz) ebenfalls einlenken.

England war der eigentliche Gewinner des Spanischen Erbfolgekrieges. Für die vertragswidrige Beendigung des Krieges erhielt es von Frankreich die Hudson-Bay und Neufundland; von Spanien Gibraltar, die Insel Minorca und vor allem den Asiento, also das Monopol auf den Sklavenhandel in die spanischen Kolonien in Amerika. Die Spanischen Niederlande und Italien gingen an das Haus Habsburg, das seine Position als europäische Macht dadurch erheblich stärken konnte. Das Reich hat in diesem Krieg im Prinzip nichts gewonnen. Es konnte vor allem das alte Ziel, die Erwerbungen Frankreichs im Elsaß rückgängig zu machen, nicht verwirklichen. Die Fürsten des Reiches waren daher in der Folgezeit sehr zurückhaltend, wenn es darum ging, sich weiter über die Interessenpolitik der Habsburger in internationale Konflikte einbeziehen zu lassen.

Die Kriege gegen das Osmanische Reich

Die Erfolge der Expansionspolitik des Osmanischen Reiches waren nach ihrem Höhepunkt unter der Regierung Sultan Süleimans des Prächtigen (1520–1566) stark zurückgegangen. In der berühmten Seeschlacht von Lepanto hatte die spanische Flotte im Jahr 1571 die Macht der osmanischen Schiffe im Mittelmeer gebrochen. Ein neuer Krieg, den das Osmanische Reich seit 1593 gegen Österreich um die Oberhoheit in Siebenbürgen führte, endete 1606 mit dem Frieden von Zsitva-Torok, einem Waffenstillstand auf der Grundlage des militärischen Status quo. Keine der beiden Seiten gab den Anspruch auf Siebenbürgen auf. Dennoch leitete das Abkommen von Zsitva-Torok eine längere Friedensperiode zwischen dem Osmanischen Reich und den Habsburgern ein, die auch durch den Dreißigjährigen Krieg hindurch Bestand hatte.

Dies änderte sich mit dem Thronantritt Mehmets IV. (1648–1687). Nun griffen sowohl die Habsburger wie die Osmanen in innere Auseinandersetzungen Siebenbürgens um die Nachfolge des verstorbenen Fürsten Georg II. Rákóczi ein. Die Versuche zur friedlichen Beilegung dieser Krise scheiterten. 1663 fiel eine osmanische Armee in das österreichische Ungarn ein. Als die kaiserliche Armee zunächst eine Niederlage erlitt, riefen Kaiser und Papst das Reich und die anderen europäischen Mächte zu einem gemeinsamen Kampf gegen die vordringenden Osmanen auf. Die vereinigten Heere des Reiches und Frankreichs errangen dann im Jahr 1664 Siege bei Lewenz und Sankt Gotthard an der Raab über die Truppen des Sultans.

Ab 1680 kam es im Südosten des Reiches jedoch zu erneuten Auseinandersetzungen. Der ungarische Fürst Imre Tököly, Anführer der sogenannten Kuruzzen, eines Bauernaufstandes, besetzte mit osmanischer und französischer Unterstützung weite Teile des Landes. Französische Offiziere leisteten ihm Militärhilfe und befehligten auf seiner

Seite Söldnertruppen. Ludwig XIV. schürte also aktiv die Spannungen im Südosten Habsburgs. Daß es dann allerdings 1683 zu einem neuen »Türkenkrieg« kam, der mit der berühmten zweiten Belagerung Wiens im Jahr 1683 gleich seinen Höhepunkt erreichte, hängt nicht kausal mit der Politik Ludwigs zusammen. Eine explizite Allianz zwischen Versailles und der Hohen Pforte hat es trotz vielfältiger Spekulationen schon der Zeitgenossen nie gegeben.

Im Mai 1683 sammelte sich ein gewaltiges osmanisches Heer bei Belgrad, die Einheiten Tökölys stießen dazu. Ende Juni standen die Osmanen an der Raab, einem Nebenfluß der Donau, auf halber Strecke zwischen dem Plattensee und Wien. Der Kaiser war gegen diesen Angriff militärisch kaum vorbereitet, da die Ingangsetzung der Reichsinstanzen immer lange Zeit in Anspruch nahm. Zwei Wochen später, am 17. Juli, waren die osmanischen Truppen vor Wien und begannen mit der Belagerung der Stadt.

Hilfe kam nun aus dem Reich, aber auch vom polnischen König Jan Sobieski, der mit über 20 000 Mann nach Wien zog und als der eigentliche Befreier der Stadt gilt. Er führte das Kommando über das entscheidende Entsatzheer, das am Morgen des 12. September 1683 den Angriff auf die türkischen Truppen begann und in der Schlacht am Kahlenberg den ausschlaggebenden Sieg errang.

Die Niederlage der Osmanen war allerdings keineswegs vollständig. Die Kämpfe setzten sich in der nächsten Zeit in Ungarn fort. Im Jahr 1685 begann eine Offensive großen Stils. Kaiserliche Regimenter nahmen die Stadt Ofen ein und errangen einen weiteren großen Feldsieg gegen die osmanischen Truppen. Der ungarische Aufstand brach in kurzer Zeit ganz zusammen. Die Siebenbürger machten sich vom Sultan los und unterstellten sich nun dem kaiserlichen Schutz.

Die Habsburger betrieben daraufhin in Ungarn eine

relativ grausame Unterdrückungspolitik. Sie wollten den Widerstand der Opposition brechen. Es wurden Rekatholisierungsmaßnahmen durchgeführt. Die aufständischen Kuruzzen wurden verfolgt und viele hingerichtet, calvinistische Prediger zu Galeerenstrafen verurteilt, die ungarischen Stände 1687 zur Annahme eines Gesetzes gezwungen, das die ungarische Wahlmonarchie praktisch in eine habsburgische Erbmonarchie umwandelte. Noch im gleichen Jahr ließ Kaiser Leopold seinen Sohn, den späteren Kaiser Joseph I., zum König von Ungarn krönen.

Das Kriegsgeschehen im Südosten des Reiches war nicht ohne Einfluß auf den Westen geblieben. Ludwig XIV. hatte die prekäre Situation des Kaisers auszunutzen versucht und tat sein Möglichstes, um die Hilfeleistung des Reiches für Wien zu obstruieren. Er forcierte zunächst die Reunionen im Elsaß, zog Truppen an der Westgrenze zusammen und marschierte im September 1683, während des Höhepunktes der Belagerung von Wien, in den Spanischen Niederlanden ein, um Luxemburg zu erobern und die dortige Festung zu schleifen. Aber auch der brandenburgische Große Kurfürst hatte die Notlage des Kaisers ausgenutzt: Er verweigerte ihm die Hilfeleistung, weil er die Unterstützung Frankreichs benötigte für seine gegen Schweden gerichteten Pläne im Norden. Im Gegensatz zu 1663 zeigte die Abwehrfront gegen das Osmanische Reich im Jahr 1683 bereits beträchtliche Lücken. Die Fürsten des Reiches standen der erstarkenden Macht der Habsburger mit Skepsis gegenüber. Die erneuten Kämpfe gegen die Osmanen zu Beginn des 18. Jahrhunderts, die mit einer nochmaligen Expansion und Verlagerung des Schwergewichts Österreichs nach Südosten verbunden waren, mußten die Habsburger daher aus eigener Kraft bestreiten.

Gesellschaft im Wandel: Kultur, Religion, Wirtschaft im 18. Jahrhundert

1670	Beginn der *Collegia pietatis* Philipp Jakob Speners in Frankfurt als Keimzelle des Pietismus.
1694	Gründung der Universität Halle, einem Zentrum der Frühaufklärung in Deutschland.
1695	August Hermann Francke gründet in Halle Armenschule und Waisenhaus; weitere Stiftungen folgen.
1700	Gründung der Akademie der Wissenschaften in Berlin.
1717	Einführung der landesweiten Schulpflicht in Preußen.
1720–1760	Bau der großen barocken Residenzschlösser (z. B. in Mannheim, Ludwigsburg, Wien).
1727	Lehrstuhl für Kameralistik an der Universität Halle.
1737	Gründung der Reform-Universität Göttingen.
1778/1780	Rudolf Zacharias Beckers *Noth- und Hülfs-Büchlein für Bauersleute* – mit über einer Million Auflage der Bestseller des 18. Jahrhunderts.
1784	Immanuel Kant veröffentlicht in der »Berlinischen Monatsschrift« seinen berühmten Aufsatz: »Beantwortung der Frage: Was ist Aufklärung?«

Das 18. Jahrhundert war eine Zeit tiefgreifender Veränderungen. An seinem Ende stand die Krise der geistigen, sozialen und politischen Ordnung der alteuropäischen Gesellschaft. Diese Krise hatte sich jedoch schon seit dem ausgehenden 17. Jahrhundert angebahnt. In der zweiten Hälfte des 18. Jahrhunderts erreichte sie eine deutliche Verdichtung. Nun begannen sich Begriffe und Werte, aber auch Wahrnehmungs- und Verhaltensweisen nachhaltig zu verändern. Man hat diese Zeit daher auch als »Sattel-

zeit« bezeichnet – eine Zeit, in der die Welt Alteuropas zurückgelassen und die Schwelle zur Moderne überschritten wurde.

Wandel der Wahrnehmungen in Alltag und Wissenschaft

Grundlage unserer Orientierung in der Welt sind die Wahrnehmung von Zeit und Raum. Beide sind geschichtlichem und kulturellem Wandel unterworfen. Die historische und kulturelle Relativität der Zeitwahrnehmung wurde im ausgehenden 18. Jahrhundert entdeckt. Sie ist grundlegend für das moderne Weltverständnis. Bis dahin besaß die Zeit und ihre Einteilung in der christlichen Welt Europas sakralen Charakter. Sie war den Menschen von Gott gesetzt und endlich. Seit dem Mittelalter wurde die Geschichte als eine Abfolge von vier Weltreichen aufgefaßt, von denen das Römische Reich das letzte war. Das Heilige Römische Reich Deutscher Nation war eine Fortsetzung des Römischen Reiches, mit seinem Untergang war das Weltende erreicht. Die den Bestand des Reiches bedrohenden Wirren des Dreißigjährigen Krieges hatten aus dieser Sicht apokalyptischen Charakter. Viele erwarteten damals das »Ende der Zeiten« in nächster Zukunft.

Im ausgehenden 17. Jahrhundert vollzog sich jedoch zumindest bei den Gebildeten allmählich ein Wandel dieser religiösen Sichtweise auf die Geschichte: Die heilsgeschichtliche Auffassung des Reiches wurde verweltlicht; die Position des Kaisers war durch die Souveränität der Fürsten gebrochen; die Friedenswahrung war nicht mehr seine Aufgabe als Gottes Stellvertreter auf Erden, sondern gemeinsames Anliegen der Staatengemeinschaft, garantiert durch das Gleichgewicht der Mächte. Die Lehre von den Weltreichen wich einer religionsneutralen Periodisierung in alte, mittlere und neuere Geschichte, wie sie erstmals der Hallesche Historiker Christoph Cellarius in seiner ab 1685 erschienenen Universalgeschichte anwandte.

Mit dem Verschwinden der apokalyptischen Perspektive wurde die Geschichte zu einem offenen Prozeß. Dem entsprach eine neue Wahrnehmung des geschichtlichen Wandels. Er folgte nicht mehr einer willkürlichen Vorsehung Gottes, sondern besaß eine eigene innere Logik und Dynamik. Aus der Kombination dieser Anschauungen heraus entstand am Ende des 18. Jahrhunderts die Idee und der Begriff des historischen Fortschritts. Sie verweisen zugleich auf eine veränderte Wahrnehmung nicht nur der Geschichte, sondern der Zeit ganz allgemein.

Das läßt sich an verschiedenen Bereichen der Wirklichkeitswahrnehmung und des Verhaltens zeigen. In der Biologie zum Beispiel löste der Gedanke der Entwicklung und der Evolution den christlichen Schöpfungsgedanken ab. In der ökonomischen Theoriebildung fing man an, auf die Produktivität zu achten. Das heißt, man maß den Erfolg der in einer Zeiteinheit geleisteten Arbeit. Diese Produktivität galt es zu steigern. Das Messen der Leistung setzte sich im Laufe des 18. Jahrhunderts auch im Sport durch. Der traditionelle Wettkampf, bei dem es nur um die Feststellung des Siegers ging, wurde seit den 1720er Jahren abgelöst vom präzisen Messen der Leistung in Sekunden, Gramm und Zentimetern.

Diese Beispiele zunehmender Dominanz der Zeitmessung und der Wahrnehmung von Geschwindigkeit hatten Parallelen in vielen anderen Bereichen des Alltagshandelns: Im Gesellschaftstanz verdrängte der auf Geschwindigkeits- und Spannungserfahrungen angelegte Walzer den auf geometrische Raumgliederung bedachten höfischen Tanz. Bei der Infrastruktur wurde plötzlich sehr viel Wert gelegt auf die Steigerung der Kommunikations- und Transportgeschwindigkeiten. Man investierte daher in neue Straßen und Postverbindungen. Die Medien stellten sich ebenfalls auf die neuen Geschwindigkeiten ein: Zeitungen erschienen in immer kürzeren Abständen und berichteten am Ende des 18. Jahrhunderts teilweise schon mehrmals täglich über die neuesten Nachrichten. In den meisten Bereichen des täglichen Lebens ergab sich im Laufe der zweiten Hälfte des 18. Jahrhunderts eine deutliche Veränderung von einem Denken in statischen, raumbezogenen Ordnungen hin zur Wahrnehmung von Prozessen, Dynamik, Geschwindigkeit und Fortschritt.

War die veränderte Wahrnehmung der Zeit das beherrschende Kennzeichen des ausgehenden 18. Jahrhunderts, so war eine besondere Aufmerksamkeit auf die Probleme des Raumes typisch für die Zeit davor. In Wissenschaft und Kunst war das Vermessen und die Einteilung des Raumes ein zentrales Anliegen. Die Geometrie hatte im 17. und frühen 18. Jahrhundert den Status einer »Leitwissenschaft«. Ihre formalen Argumentationsstrukturen drangen in die verschiedensten anderen Wissenschaften und Alltagsdiskurse ein, wie es im 19. Jahrhundert dann diejenigen der Biologie und der Geschichtswissenschaft taten.

Die wissenschaftliche Beschäftigung mit dem Raum hatte sich im 17. Jahrhundert zunächst auf das Universum gerichtet. Im Jahr 1609 hatte Kepler seine *Astronomia nova* veröffentlicht, 1623 Galilei seine Schrift *Dialogo*, in der er auf der Grundlage von Keplers Entdeckungen das kopernikanische Weltbild verteidigte und nachwies, daß sich die Erde um die Sonne dreht. Man vermaß nun mit Hilfe verbesserter astronomischer Instrumente das Universum und war überzeugt von seiner geometrischen Gesetzen folgenden göttlichen Ordnung. Der »Bauplan« Gottes wurde durchschaubar.

Neben der Astronomie wandte sich das Interesse der Meßkunst bald der Vermessung der Erde zu. Im Auftrag des Königs wurden in Frankreich seit 1683 durch den Astronomen und Mathematiker Giovanni Domenico Cassini systematisch die Provinzen vermessen. In Deutschland brachten das ausgehende 17. und das 18. Jahrhundert ebenfalls den deutlichen Beginn einer systematischen Kartographie, die natürlich immer auch fiskalische Interessen verfolgte und Grundlage einer intensiveren administrativen Erfassung des Herrschaftsgebietes durch die Landesherren war.

Die Vermessung und Ordnung des Raumes fand ihren besonderen künstlerischen und politischen Ausdruck in der Baukunst des Barock. Sowohl im barocken Schloß- und Festungsbau wie in den fürstlichen (Karlsruhe, Mannheim) und bürgerlichen Stadtanlagen (Bath, Bern) kam der Geometrisierung des Raumes, der Regelmäßigkeit sowie der Verräumlichung hierarchischer Ordnung eine grundlegende und in gewisser Weise noch religiös-heilsgeschichtlich verstandene Bedeutung zu. Sie war Ausdruck eines von Gott hierarchisch strukturierten Universums und eines deshalb auch im Bereich der Sozialbeziehung auf die Herstellung und Einhaltung von Ordnungsstrukturen bedachten Denkens.

Mit der Säkularisierung der Welt und der Verzeitlichung der Wahrnehmung gegen Ende des 18. Jahrhunderts verlor die Geometrie an religiösem und damit an politischem und sozialem Symbolwert.

Vom Barock zur Aufklärung

Neben dem Barock entstand seit dem ausgehenden 17. Jahrhundert eine Strömung, die dann vor allem die Kultur und Politik der zweiten Hälfte des 18. Jahrhunderts ganz wesentlich prägte: die Aufklärung. Unter diesem Begriff, der selbst erst um die Mitte des 18. Jahrhunderts in den deutschen Sprachgebrauch eindrang, wird eine sehr heterogene geistesgeschichtliche Strömung gefaßt, die nicht nur zeitlich in eine Früh-, Hoch- und Spätaufklärung unterteilt, sondern darüber hinaus nach unterschiedlichen Trägergruppen differenziert wird. So spricht man von einer protestantischen, einer katholischen und einer jüdischen Aufklärung oder stellt der bürgerlichen eine Volksaufklärung zur Seite.

Dennoch spricht vieles dafür, die Aufklärung als eine einheitliche Bewegung anzusehen, die von den 1680er Jahren bis ins frühe 19. Jahrhundert andauerte. Diese Einheit der Aufklärung wird begründet durch ihr allgemeines Vertrauen in die Macht der Vernunft, das heißt in das Vermögen der Menschen, widerspruchsfrei und begründbar denken, fühlen und handeln zu können. Aus diesem Vertrauen in die menschliche Vernunft ergaben sich weitere Grundpositionen, die die gesamte Aufklärung durchzogen: der Kampf gegen Vorurteile in allen Bereichen des Wissens, der Religion und der Gesellschaft; die Ausrichtung des Denkens auf den Menschen und die diesseitige Welt sowie die Überzeugung, daß diese Welt durch die Anwendung von Vernunft verbessert werden könne. Aufklärung bedeutete somit Selbsterkenntnis und Selbstbefreiung des Menschen oder – wie Kant es in seiner berühmten Definition von 1784 ausdrückte – den »Ausgang des Menschen aus seiner selbst verschuldeten Unmündigkeit«.

Ein wesentlicher Ansatzpunkt der Aufklärung lag in der Bibel-, Religions- und vor allem Kirchenkritik. Die Ungereimtheiten der biblischen Überlieferung erregten schon im ausgehenden 17. Jahrhundert Anstoß und führten zur historisch-kritischen Analyse der heiligen Texte. Die Gottesvorstellung hatte ebenso wie die religiöse und die kirchliche Praxis mit den Regeln der Vernunft übereinzustimmen. »Gott ist die Vernunft« formulierte um die Jahrhundertmitte Johann Christian Edelmann, der sich über den Pietismus zum radikalen Kirchenkritiker und aufgeklärten Anhänger einer »natürlichen Religion« entwickelt hatte. Der erbitterte Kampf der Konfessionen gegeneinander entsprach dieser vernünftigen Religion ebensowenig wie der noch immer verbreitete Wunder- oder Hexenglaube.

Trennen diese Entwicklungen speziell auf dem Gebiet der Religionskritik die Aufklärung deutlich von der Weltsicht des Barock, so darf andererseits nicht übersehen werden, daß die schon im ausgehenden 17. Jahrhundert beginnende Frühaufklärung zunächst viele Gemeinsamkeiten mit der Denkweise des Barock besaß. Sie war vom selben geometrischen Geist durchdrungen wie die Baukunst und die Politik jener Zeit. Die Werke des Hallenser Professors Christian Wolff zum Beispiel waren geprägt von der Argumentation *more geometrico*. Mathematik und Geometrie waren für Wolff die vollkommenen Wissenschaften.

Im Bereich der Politik rechtfertigten die Philosophen der deutschen Frühaufklärung weitgehend den bestehenden hierarchischen Aufbau der Gesellschaft als eine der Vernunft entsprechende Einrichtung. Sie verteidigten die monarchische und sogar die absolutistische Staatsform, sofern diese sich der Willkür enthielt und die Wohlfahrt der Untertanen zum Ziel hatte. Nicht die mangelnde institutionelle Kontrolle und fehlende politische Mitwirkung machte in ihren Augen die absolute Monarchie zur Tyrannei; nach Christian Wolffs Buch *Vernünfftige Gedancken von dem gesellschaftlichen Leben der Menschen* (1721) wurde die Herrschaft der Fürsten erst dann tyrannisch, wenn »die regierende Person wider die gemeine Wohlfahrt handelt, und nur ihr besonderes Interesse zu ihrer Hauptabsicht machet«.

War die deutsche Frühaufklärung (im Gegensatz zum Beispiel zur radikaleren französischen) fast durchgehend durch eine Nähe zum Fürstenstaat und eine Vorliebe für einen patriarchalischen Absolutismus gekennzeichnet, so spaltete sich gegen Ende des 18. Jahrhunderts die Aufklärung über die Frage der politischen Verfassung deutlich in zwei verschiedene Lager. Der Hauptstrom der deutschen Aufklärung blieb dem Staatsdenken der Frühaufklärung verhaftet. Mit ihr ging auch die Herrschaftspraxis unter dem Etikett des »aufgeklärten Absolutismus« eine wirkungsvolle Verbindung ein. Der Monarch wurde nach dieser Auffassung zum »ersten Diener« (Friedrich II.) seines Staates, der für das Wohl seiner Untertanen zu arbeiten hatte. Seine Herrschaft bezog ihre Legitimität weniger aus dem Gottesgnadentum als vielmehr aus ihrem wirtschaftlichen und politischen Erfolg und der guten und gerechten Verwaltung der Länder. Die Rechtskodifizierung des Preußischen Allgemeinen Landrechts aus dem Jahr 1794 war Ausdruck dieses aufgeklärten Absolutismus.

Auf der anderen Seite aber entfaltete das Aufklärungsdenken seine eigene Dynamik und geriet in politischer Hinsicht in Konflikt mit den etablierten Mächten. Das Postulat der Universalität der Vernunft ließ eine ständische Begrenzung politischer Mitspracherechte nicht mehr zu. Das Ziel der Aufklärung mußte der Ausgang aller Menschen aus ihrer »selbst verschuldeten Unmündigkeit« und damit ihre politische Selbstbestimmung sein. Die Grundlage für diesen Prozeß der Aufklärung stellte nach Kant der öffentliche und freie Diskurs der Bürger dar. Wenn man einem Volk die Freiheit des offenen Meinungsaustausches lasse, so sei seine Selbstaufklärung »beinahe unausbleiblich«. Die Beschränkung der Kommunikation durch die absolutistische Geheimpolitik der Kabinette und die Zensur der Medien behinderte die Aufklärung und stand der Ausbreitung des Lichts der Vernunft entgegen. Die Forderung nach Meinungs- und Pressefreiheit und die Emanzipation des Bürgers von der Bevormundung durch den Obrigkeitsstaat brachte radikale Aufklärer am Ende des 18. Jahrhunderts zunehmend in Gegensatz zum absoluten Fürstenstaat. Dies äußerte sich nicht zuletzt in der überwiegend positiven Reaktion der deutschen Intellektuellen auf die Anfangsphase der Französischen Revolution.

Alle Strömungen der Aufklärung waren ihrem Selbstanspruch nach auf die Praxis gerichtet. Sie bedurfte daher verschiedener Institutionen und Medien zur Verbreitung und Durchsetzung ihres Programms. Getragen wurde die Aufklärung zunächst von dem akademisch gebildeten Bürgertum und Adel. Dementsprechend spielten die Universitäten und wissenschaftlichen Akademien eine herausragende Rolle. Seit dem ausgehenden 17. Jahrhundert kam es zu neuen Universitätsgründungen, die dem Wissenschaftsideal der Aufklärung verpflichtet waren. Die einflußreichste unter diesen neuen Universitäten war zunächst Halle (1694), wo Gelehrte wie Christian Thomasius und Christian Wolff unterrichteten und 1723 auf Veranlassung Friedrich Wilhelms I. von Preußen der erste Lehrstuhl für Kameralwissenschaften eingerichtet wurde. Später übernahm die 1737 gegründete Universität Göttingen die Führung unter den Reform-Universitäten.

Waren manche Universitäten über die akademische Lehre wichtige Multiplikatoren aufklärerischen Gedankengutes, so spielten für die Organisation praxisorientierter Forschung aus dem italienischen Humanismus stammende, aber bald eng mit der Aufklärungsbewegung gekoppelte Institutionen eine besonders wichtige Rolle: die wissenschaftlichen Akademien und Sozietäten. Die berühmteste und einflußreichste dieser wissenschaftlichen Akademien war die 1662 gegründete und hauptsächlich auf die Naturwissenschaften ausgerichtete *Royal Society* in London. In Deutschland war der zwischen Barock und Aufklärung stehende Philosoph und Universalgelehrte Gottfried Wilhelm Leibniz ein besonderer Verfechter und Beförderer des Akademiegedankens. Auf ihn ging die 1700 gegründete Berliner Sozietät der Wissenschaften zurück. Weitere Akademiegründungen erfolgten in Deutschland vor allem in der zweiten Hälfte des 18. Jahrhunderts:

in Göttingen 1751, in Mannheim 1757. Die bedeutende Bayerische Akademie der Wissenschaften wurde 1759 ins Leben gerufen.

Organisierten sich in den Akademien und Sozietäten die Wissenschaftler, so war für die Ausbreitung der Aufklärung noch bedeutsamer die Organisation der Rezipienten, der Leser, in den sogenannten Lesegesellschaften. Sie entstanden aus Zusammenschlüssen von Bürgern zum gemeinsamen Bezug von Zeitungen und Zeitschriften. Daraus erwuchsen zum einen Lesebibliotheken, zum anderen Lesegesellschaften, die nicht nur den verbilligten Bezug von Lektüre zum Ziel hatten, sondern darüber hinaus die gemeinschaftliche Diskussion und Bewertung des Gelesenen.

Im Gegensatz zu den Universitäten und Akademien, an denen im 18. Jahrhundert vorwiegend die Nachkommen des akademisch gebildeten Bürgertums und des Adels studierten, waren die Lesegesellschaften sozial sehr viel offener und integrierten auch die nichtakademischen städtischen Oberschichten. In Bremen zum Beispiel bestanden zu Beginn der 1790er Jahre 36 solcher Lesegesellschaften. In ihnen vollzog sich durch die gemeinsame Lektüre und Meinungsbildung am greifbarsten die Herausbildung einer politischen Öffentlichkeit, die das Recht zum Räsonnement über Fragen der Politik für sich in Anspruch nahm. Die Konzentration der Mitglieder der Lesegesellschaften auf die Beamten und bürgerlichen städtischen Oberschichten ließ – von einigen Ausnahmen abgesehen – allerdings diese Institutionen in Deutschland (im Gegensatz zu Frankreich) nicht zu Zentren einer antiabsolutistischen Opposition werden.

Diese formierte sich im ausgehenden 18. Jahrhundert am ehesten in den Freimaurerlogen, deren erste 1737 in Hamburg gegründet worden war, und in dem 1776 vom Ingolstädter Rechtsprofessor Adam Weishaupt gegründeten Illuminatenorden, der den Gedanken der radikalen

Aufklärung besonders verpflichtet war und 1785 verboten wurde.

Die Lesegesellschaften verweisen auf ein allgemeines Phänomen, das mit der Aufklärung eng verbunden ist: die zunehmende Alphabetisierung der Bevölkerung und die damit zusammenhängende, oft als »Leserevolution« bezeichnete sprunghafte Zunahme der Anzahl und Auflagen von Zeitungen, Zeitschriften und Büchern in der zweiten Hälfte des 18. Jahrhunderts. Die Zahl der als potentielle Leser in Frage kommenden Personen stieg im letzten Drittel des Säkulums von etwa 15% auf mindestens 25% der über sechs Jahre alten Bevölkerung des Reiches, wobei hier allerdings große regionale Unterschiede zu berücksichtigen sind. Der Ausbau des niederen Schulwesens und die Durchsetzung der allgemeinen Schulpflicht zog sich in Deutschland von der Mitte des 16. Jahrhunderts bis zur Mitte des 19. Jahrhunderts hin.

Der zunehmenden Lesefähigkeit der Bevölkerung entsprach eine kontinuierliche Zunahme vor allem der deutschsprachigen Veröffentlichungen. Die Zahl der in Latein verfaßten Werke ging zwischen 1740 und 1800 von über 27% auf 4% der gesamten Buchproduktion zurück, zugleich verlagerte sich das Schwergewicht von wissenschaftlichen und theologischen Werken auf Philosophie und Belletristik, aber auch auf ökonomische und pädagogische Literatur.

Das Anwachsen des Buchmarktes war aber nicht nur durch eine Ausweitung des Lesepublikums, sondern zugleich durch eine Änderung der Lesegewohnheiten bedingt. War für die Zeit vor dem 18. Jahrhundert die repetitive Lektüre besonders der religiösen Literatur kennzeichnend, so ging das Lesepublikum nun zur extensiven Lektüre immer neuer Bücher über und erhöhte so gleichfalls den Bedarf an Lesestoff.

Literarische Erfolge wie Rudolf Zacharias Beckers *Noth- und Hülfs-Büchlein für Bauersleute*, das in den Jahren 1778 und 1780 in zwei Bänden erschien und um 1810 bereits in einer Auflage von über einer Million Exemplaren verbreitet war, verweisen schließlich auf eine für die Spätaufklärung wichtige Erscheinung: die sogenannte Volksaufklärung. Der theoretische Ansatzpunkt für diese soziale Ausweitung der Aufklärung lag in der aufklärerischen Grundüberzeugung von der allgemeinen Vernunftbegabtheit, der natürlichen Würde, Rechte und Freiheit aller Menschen. Insofern war die Volksaufklärung eine konsequente Herausführung der Aufklärung aus ihrer sozialen »Isolation«. Andererseits hatte die Volksaufklärung dem geringen Alphabetisierungs- und niedrigen Bildungsgrad eines Großteils der Bevölkerung Rechnung zu tragen. Sie konzentrierte sich daher weniger auf die staatsbürgerliche Emanzipation und allgemeine Bildung der breiten Bevölkerungsschichten als vielmehr auf die Verbesserung ihrer Lebenspraxis – nicht zuletzt durch Erziehung zu größerer »Industriosität« und Arbeitsdisziplin.

Ein besonderer politischer Anstoß ging von der Volksaufklärung nicht aus, nicht einmal in der Zeit der Französischen Revolution. Dafür hatte sie enge Verbindungen zu der bereits seit den 1760er Jahren entstehenden pädagogischen Reform- und Industrieschulbewegung, die vor allem mit dem Namen des Schweizers Johann Heinrich Pestalozzi verbunden ist. Aber auch von den Halleschen Anstalten des pietistischen Theologen August Hermann Francke gingen starke Impulse aus sowie von Reformpädagogen wie Joachim Heinrich Campe oder dem märkischen Adeligen Friedrich Eberhard von Rochow, der auf seinen Gütern Musterschulen einrichtete und selbst neue Schulbücher und andere pädagogische Schriften verfaßte.

Die aufgeklärte Reformpädagogik verband in den Industrieschulen die Elementarbildung der Unterschichten mit einer teilweise rigiden Erziehung der Kinder zu Fleiß und Arbeitsamkeit. Die Kinder wurden neben und zum Teil während der eigentlichen Unterrichtsstunden hauptsächlich mit Arbeiten im Rahmen der Textilindustrie beschäftigt und einer eisernen Disziplin unterworfen. Diese Erziehungsform war eine Reaktion auf das drängende Armutsproblem im ausgehenden 18. Jahrhundert und sollte durch die Überwindung des den Armen häufig eigenen Mangels an Eigeninitiative in den Kindern die Fähigkeit zur Selbsthilfe stärken und sie zugleich in die Grundtugenden der Sparsamkeit, Reinlichkeit und Ordnung einüben. Ziel in den Augen der Reformpädagogen war es letztendlich, sie dadurch der aufgeklärten bürgerlichen Gesellschaft anzunähern.

Religion und Kirche

Der Westfälische Friede war aufs Reich bezogen auch ein Religionsfriede. Er knüpfte ganz explizit an den Augsburger Religionsfrieden an. Bei genauerer Betrachtung stellt er jedoch eine Abkehr von zwei zentralen Prinzipien von 1555 dar: Im Augsburger Frieden waren nur zwei Konfessionen als reichsrechtlich legitim anerkannt worden, das katholische und das lutherische Bekenntnis. 1648 wurden – zum Teil gegen den Widerstand der Lutheraner – die Calvinisten als zweite protestantische Religion mit in den Frieden eingeschlossen. Für andere Gruppen galt der Friede nicht; sie brauchten in den Territorien nicht toleriert zu werden.

Im Gegensatz zum Augsburger Religionsfrieden stand den Landesherren nun nicht mehr frei, die Konfession der Untertanen ihres Landes zu bestimmen. Das Bekenntnis der jeweiligen Territorien wurde nach dem Stand des »Normaljahres« 1624 fixiert. Die häufigen, meist erbpolitisch bedingten Konfessionswechsel von Herrschern im ausgehenden 17. und 18. Jahrhundert hatten keine Auswirkungen mehr auf die Konfession ihrer Untertanen.

Auf diese Weise blieben auch nach 1648 die Territorien des Reiches weitgehend monokonfessionell. Allerdings konnten Länder verschiedener Konfession durchaus unter einer Krone vereint sein. Die Kurfürsten von Brandenburg und späteren preußischen Könige waren Herrscher über lutherische, reformierte und katholische Gebiete. Das Zusammenleben verschiedener Konfessionen an einem Ort dagegen war weiterhin vor allem auf die sogenannten paritätischen Reichsstädte beschränkt, denen 1555 explizit das Recht zur Bikonfessionalität eingeräumt worden war. Außerdem wurde in einigen Residenzstädten zur Unterstützung der »Peuplierungspolitik« religiöse Toleranz garantiert. In Neuwied, einer Gründung des calvinistischen Grafen Friedrich III. von Wied, lebten im 18. Jahrhundert sieben verschiedene Religionsgemeinschaften. Auch in Brandenburg, wo die Kurfürsten zum Calvinismus übergetreten waren, hatte sich durch die Einwanderung der Hugenotten neben der traditionellen lutherischen – allerdings nicht ohne Anfeindungen – eine calvinistische Kirche etablieren können.

Die Kirchen waren nach dem Dreißigjährigen Krieg noch immer wichtige Herrschaftsinstrumente in der Hand der Landesfürsten. In den protestantischen Territorien bekleideten die Landesherren ohnehin das Bischofsamt, aber auch die katholischen Fürsten machten sich die Kirche und den Klerus gefügig und benützten sie für die Stabilisierung ihrer Herrschaft.

Ein wesentlicher Punkt der Zusammenarbeit von Kirche und weltlicher Herrschaft stellte die nach dem Dreißigjährigen Krieg überall intensivierte Aufsicht über die Moral und Lebensführung der Untertanen dar. Sie wird in der neueren Forschung vielfach als Sozialdisziplinierung bezeichnet. Dabei deckten sich die religiösen Motive der Sündenbekämpfung zum Teil mit den fiskalischen Interessen des Staats nach einer Verbesserung der Arbeitsdisziplin, einer Einschränkung der Verschwendung und einer allgemeinen Anhebung der Rationalität der Lebensführung.

Von vielen Christen wurde diese enge Verquickung von Staat und Kirche kritisiert, denn damit ging sowohl die Gefahr der »Veräußerlichung« der Kirche einher, wie sie zum Beispiel in der barocken Prachtentfaltung katholischer Klöster manifest wurde, als auch die Betonung äußerer Gesetzestreue vor innerer Herzensfrömmigkeit, wie sie die protestantische Kirchenzucht befördert hat. Dagegen richteten sich seit Ende des 17. Jahrhunderts in ganz Europa verschiedene innerkirchliche Reformbewegungen.

Die große katholische Erneuerungsbewegung des 17. und 18. Jahrhunderts war der Jansenismus. Er bezog seinen Namen von dem Bischof von Ypern, Cornelius Jansen (1585–1638). Die Jansenisten standen in scharfem theologischen Gegensatz zu den Jesuiten, den mächtigen Beförderern der Gegenreformation, die an der weltlichen Machtstellung der Kirche keinen Anstoß nahmen. Von Augustin herkommend, aber im Gegensatz zur geltenden Lehre der katholischen Kirche und insbesondere der Jesuiten vertraten die Jansenisten eine dem Calvinismus ähnliche Prädestinationslehre: Gott erwählt nach freiem Willen diejenigen, die er erretten will; der Mensch kann zu seiner Errettung nichts (z. B. durch gute Werke) beitragen, sondern ist ganz von der Gnade Gottes abhängig. Auf dieser Grundlage entwickelten die Jansenisten eine sehr spirituelle Frömmigkeit, die die kirchliche Machtentfaltung ebenso ablehnte wie die katholische Beichtpraxis.

In Frankreich erlangte der Jansenismus im ausgehenden 17. und frühen 18. Jahrhundert einen außerordentlich großen Einfluß. Der Versuch Ludwigs XIV., ihn zu unterdrücken, führte fast zur Spaltung des französischen Katholizismus. Im Deutschen Reich war der Jansenismus zwar nicht so stark, aber in den habsburgischen Ländern hingen ihm vor allem viele Adelige an. Prinz Eugen stand ihm aufgeschlossen gegenüber, Maria Theresia neigte ebenfalls dazu. Auch wenn die großen innerkatholischen Auseinandersetzungen um den Jansenismus in Deutschland weitgehend ausblieben, so war er dennoch nicht ohne Folgen: Er beförderte eine stärker spiritualisierte und privatisierte Form der Frömmigkeit und setzte damit nicht zuletzt in den katholischen Kirchen des Reiches einen Prozeß in Gang, den man als die Herausbildung eines religiösen Pluralismus bezeichnen kann.

Diese Tendenz zur Individualisierung und Pluralisierung der Frömmigkeit ist charakteristisch für die Entwicklung moderner Religiosität. Noch schärfer als am Jansenismus läßt sich dies am Beispiel des Pietismus verfolgen. Der Pietismus war eine protestantische religiöse Erneuerungsbewegung, die im Luthertum wie im Calvinismus in der zweiten Hälfte des 17. Jahrhunderts entstand und in der ersten Hälfte des 18. Jahrhunderts eine gewisse Blütezeit erreichte. Seinen Namen bezog er von dem *collegium pietatis*, einem privaten Bibel- und Gebetskreis, den der lutherische Theologe Philipp Jakob Spener seit 1670 in Frankfurt am Main veranstaltet hatte und der die Keimzelle der pietistischen Bewegung wurde.

Ziel des Pietismus war eine Verinnerlichung des Christentums, eine Überwindung vor allem der innerprotestantischen konfessionellen Streitigkeiten zugunsten einer praktizierten Herzensfrömmigkeit und einer Reformation des Lebens, die die theologische Reformation des 16. Jahrhunderts ergänzen bzw. eigentlich erst zu Ende führen sollte. Der Pietismus wandte sich daher sehr stark karitativen Tätigkeiten und dem (niederen) Erziehungswesen zu. Beide Aspekte, Caritas und Erziehung, waren vereint in einer der bedeutendsten pietistischen Einrichtungen, dem 1695 gegründeten »halischen Waisenhaus« August Hermann Franckes, das sich rasch zu einem berühmten Schul- und Lehrerbildungszentrum – den »Franckeschen Stiftungen« – entwickelte und im Todesjahr Franckes, 1727, über 1700 Schüler beherbergte. Die halleschen Pietisten hatten eine enge Beziehung zum preußischen Staat; Friedrich Wilhelm I. war ein entschiedener Förderer dieses Unternehmens.

In anderen Ländern, wie in Württemberg, standen die Pietisten dagegen in Opposition zum Herrscherhaus und damit vielfach zur entsprechenden Landeskirche. Viele radikale Pietisten lehnten die Kirche ganz ab und waren damit als »Separatisten« zudem weltlicher Verfolgung ausgesetzt. Diese Verfolgungen wurden in einigen Territorien erst in den letzten Jahrzehnten des 18. Jahrhunderts unter aufgeklärten Herrschern abgeschafft. Mit der Aufklärung setzte sich zunehmend auch die Praxis religiöser Toleranz durch. Die Vielfalt der Religions- und Glaubensgemeinschaften wurde zu einem Kennzeichen moderner Religiosität.

Wandel von Kindheit, Jugend und Familie

Viele Aspekte der bisher behandelten Wandlungsprozesse des 18. Jahrhunderts sind brennpunktartig zusammengefaßt in den Veränderungen der zentralen sozialen Institution frühneuzeitlicher Gesellschaften, der Familie. Das Verständnis von Familie war lange geprägt von dem normativen Leitbild des »ganzen Hauses«. Es wurde über die »Hausväter-Literatur«, eine Art Ratgeberliteratur für gute Hausväter, bis weit ins 18. Jahrhundert hinein verbreitet. Kennzeichnend war danach für das »ganze Haus« zum einen die enge Verbindung von Familie und Wirtschaftsbetrieb durch die Integration des Gesindes bzw. der Lehrlinge und Gesellen in die *familia* des Hausvaters. Diese Einbeziehung bedeutete in der Regel gemeinsames Arbeiten, Essen und Wohnen ohne Absonderung eines besonderen Privatbereichs der durch Verwandtschaft verbundenen Kernfamilie.

Zum anderen war für das Leitbild des »ganzen Hauses« die Einbindung der Familie in das ständische Gesellschafts- und Herrschaftssystem charakteristisch. Die »Gewalt« des Hausvaters erstreckte sich auf alle im Haus befindlichen Personen. Ihm stand also auch gegenüber dem Gesinde ein Erziehungs- und Züchtigungsrecht zu. Er stellte in gewisser Weise die unterste Stufe jener hierarchisch gestaffelten Autorität dar, die über den Landesherrn bis zu Gott Vater reichte, als dessen Stellvertreter auf Erden die Hausväter im kleinen ebenso fungierten wie die Fürsten im großen.

Diese Vorstellung vom »ganzen Haus« war im Laufe der Zeit allerdings mehr normatives Leitbild als Realität geworden. Am nächsten dürften dem Idealbild im 17. und 18. Jahrhundert manche Familienformen in der Landwirtschaft gekommen sein, wo sich das Zusammenwohnen und -leben von Familie und Gesinde zum Teil bis ins 19. und 20. Jahrhundert hinein erhalten hat. In den städtischen Haushalten dagegen löste sich diese Haushaltseinheit im 17. und 18. Jahrhundert deutlich auf. In Salzburg hatten in den 1560er Jahren noch über die Hälfte aller Familien inwohnendes Gesinde im Haus, am Ende des 18. Jahrhunderts war es nur noch ein Drittel, obwohl sich der Anteil des Gesindes an der Bevölkerung insgesamt nicht vermindert, sondern eher erhöht hatte.

Das städtische Gesinde wohnte also vielfach nicht mehr in den Haushalten der Meister. Diese Entwicklung wurde begünstigt durch den prozentualen Rückgang der Beschäftigten im zünftigen Handwerk. Ein immer größerer Teil der Erwerbstätigen im sekundären Sektor war im sogenannten Verlagswesen oder in Manufakturen (beides Organisationsformen frühindustrieller Produktion) beschäftigt, stand somit in einem Lohnverhältnis, das ein privates Wohnen in Untermiete ermöglichte oder erzwang.

In den städtischen Familien hat sich daher zuerst auf

breiterer Ebene ein Prozeß der Privatisierung der Kernfamilie durchgesetzt. Am deutlichsten war diese neue Familienform bei der sich ausweitenden Schicht des Bürgertums, vor allem des Bildungsbürgertums und der Beamten ausgeprägt. In diesen Kreisen war die wirtschaftliche Funktion der Familie als Produktionsstätte ohnehin nicht oder kaum gegeben. Der Arbeitsplatz des Mannes lag vielfach außerhalb des Hauses und war unabhängig von der Mitarbeit der Familie. Andererseits wuchs im Bürgertum die Bedeutung der familialen Erziehung und Ausbildung der Kinder für die Reproduktion des sozialen Status.

Diese Konstellation hatte vielseitige Folgen für die innereheliche Rollenverteilung wie für das Bild von Kindheit und Jugend. In der *familia* des »ganzen Hauses« waren Mann und Frau Träger bestimmter Funktionen (des Hausvaters und der Hausmutter) und damit Teil einer umfassenden gesellschaftlichen und religiösen Ordnung. Der Platz von Mann und Frau in dieser Ordnung hatte Vorrang vor ihrer emotionalen Beziehung. Nur auf dieser Grundlage konnten die meist nach materiellen Gesichtspunkten geschlossenen Ehen »funktionieren«.

Mit der Auflösung des »ganzen Hauses« und dem dahinter stehenden politisch-religiösen Ordnungsdenken wurden die Partnerbeziehungen personalisiert: Wie in der Gesellschaft insgesamt dem Individuum nun ein »Recht auf Glück« zugestanden und in den revolutionären Verfassungen des 18. Jahrhunderts kodifiziert wurde, so wurde zumindest aus aufgeklärter Sicht auch die Ehe als ein Vertragsverhältnis mit Glücksanspruch definiert. Das Preußische Allgemeine Landrecht von 1794 gestattete daher die Auflösung von Ehen (sofern sie kinderlos waren) im gegenseitigen Einverständnis.

Auswirkungen hatten diese Veränderungen in der Organisation und im Verständnis von Familie und Ehe besonders auf die Geschlechtsrollen. Verfügten die Frauen im traditionellen »ganzen Haus« über einen umfangreichen, in den wirtschaftlichen Bereich hineinreichenden Aufgabenkreis, so setzte sich in den bürgerlichen Familien des 18. Jahrhunderts eine deutliche Trennung zwischen männlicher Erwerbs- und weiblicher Haus- und Familienarbeit durch. Es entstanden im Bürgertum neue Leitbilder von Ehe und Familie und der auf »Hingabe« an Mann und Kinder spezialisierten Frau, die zugleich Normcharakter für das familiale Zusammenleben in den anderen Schichten gewannen und bis in die Gegenwart hinein ausstrahlen.

Ein weiterer Wandel vollzog sich im Bürgertum des 18. Jahrhunderts in der Auffassung und realen Ausgestaltung von Kindheit und Jugend. Ähnlich wie das Gesinde aus dem Bereich der Kernfamilie wurden in den bürgerlichen Familien zunehmend die Kinder aus der Welt der Erwachsenen ausgegliedert. Dies läßt sich an der Veränderung von Wohnungsgrundrissen und der Entstehung von Kinderzimmern ebenso verfolgen wie am Aufkommen einer speziellen Kinder- und Jugendliteratur und der zunehmenden Professionalisierung der Pädagogik.

Kindern wurde nun eine besondere, von den Erwachsenen deutlich unterschiedene Eigenart zugeschrieben und ein Schutzraum zugestanden, der für ihre intellektuelle und vor allem moralische Entwicklung als notwendig erachtet wurde. Ihre Sozialisation wurde von den direkten Anforderungen der Berufswelt der Erwachsenen zunehmend abgekoppelt und auf die Beförderung allgemeiner »Reifungsprozesse« – also die Ausbildung moralischer und emotionaler Stabilität und Autonomie – sowie auf die Vermittlung von »Bildung« ausgerichtet.

Die Ursachen für diesen Prozeß der Entstehung eines neuen Leitbildes bürgerlicher Kindheit und Jugend lagen nicht zuletzt in der zunehmenden Komplexität der Erwachsenenwelt mit einsetzender Professionalisierung vieler Berufe, verstärkten Leistungsanforderungen und erhöhter Mobilität. Ein »organisches« Hineinwachsen der Kinder und Jugendlichen in diese Welt mit ihren veränderten Anforderungen wurde nicht mehr wie ehedem als adäquat angesehen. Zugleich waren diese neuen Konzepte der Lebensalter Ausdruck der veränderten Zeitwahrnehmung. Der Gedanke von Fortschritt und Entwicklung wurde damit auch in der individuellen Biographie verankert.

Landwirtschaft und Gewerbe im 18. Jahrhundert

Die Landwirtschaft blieb im 18. Jahrhundert in Deutschland der dominante Wirtschaftszweig. In Sachsen zum Beispiel lebten um 1750 weit über 60% der Einwohner in Dörfern und waren direkt in der Landwirtschaft tätig. In den kleinen Landstädten bildete nicht nur das Gewerbe, sondern auch die Landwirtschaft die Lebensgrundlage vieler Menschen. Die rechtliche und wirtschaftliche Lage der Bauern war in Deutschland jedoch sehr unterschiedlich. Innerhalb des allgemeinen Rahmens der grundherrschaftlichen Agrarverfassung (also der Tatsache, daß ein großer Teil des Bodens den weltlichen oder geistlichen Grundherren als Obereigentümern gehörte) waren viele verschiedene Abstufungen der bäuerlichen Besitzverhältnisse möglich. Westlich der Elbe herrschte in Deutschland die Form der Erbpacht, also eines Miteigentums der Bauern an Grund und Boden vor. In Bayern gehörten im ausgehenden 18. Jahrhundert 56% der Landwirtschaftsflächen dem Klerus und 34% dem Adel. Hier besaßen die Bauern, wie im gesamten westelbischen Deutschland, jedoch in der Regel über 90% des Bodens im Untereigentum. Sie mußten dafür Abgaben bezahlen und lästige Frondienste leisten, hatten aber dennoch ein gewisses Maß an Rechtssicherheit.

Im Osten Deutschlands war die Lage der Bauern dagegen sehr viel schlechter. Im Rahmen der ostelbischen Gutsverfassung kam nur einem geringen Teil Miteigentum am

Land zu. Der Großteil arbeitete als landlose Unterschicht auf den großen Gütern der Adeligen. In Frankreich waren die Verhältnisse ganz ähnlich, was dort nicht unwesentlich zum Erfolg der Revolution beigetragen hatte.

In Deutschland waren im 18. Jahrhundert die Bauernunruhen stark auf die östlichen Gebiete konzentriert: In Sachsen, Preußen, vor allem aber in Schlesien, wo die Lage der Bauern besonders ungünstig war, kam es während des gesamten 18. Jahrhunderts und besonders in der Zeit der Französischen Revolution zu vielen, allerdings meist lokalen Unruhen. Im Süden nahmen die ländlichen Konflikte nicht die vehemente Form wie im ostelbischen Gebiet an. Nirgendwo verbanden sie sich zu einer breiten Aufstandsbewegung.

Die gewerbliche Produktion in Deutschland war zu Beginn der frühen Neuzeit vor allem auf die Städte konzentriert und das Handwerk in Zünften organisiert. Diese regulierten den Zugang zum Gewerbe über die Ausbildung von Lehrlingen und Gesellen sowie die Erlaubnis zur Niederlassung als Meister. Sie kontrollierten außerdem die Qualität der Produktion und regelten die Zahl der erlaubten Mitarbeiter und der Produktionsgeräte. Ziel der Politik der Zünfte war, allen Mitgliedern einen ausreichenden Nahrungsstand zu gewährleisten und die Konkurrenz auf dem lokalen Markt zu beschränken. Für die auf Produktionssteigerung und Export ausgerichtete merkantilistische Wirtschaftspolitik der Landesherren waren die Zünfte ein Hindernis. Sie wollten zudem ihre Eingriffsmöglichkeiten in den Wirtschaftsprozeß steigern. Ein Reichsgutachten von 1731 schränkte die Autonomie der Zünfte daher erstmals beträchtlich ein.

Das 18. Jahrhundert brachte dann auch den Aufstieg neuer Produktionsformen. Zum einen waren dies die Manufakturen. In ihnen wurden die Produktionsabläufe arbeitsteilig zusammengefaßt. Von den modernen Fabriken unterscheiden sie sich dadurch, daß es sich bei dieser Produktionsform im wesentlichen noch um Handarbeit handelte und nicht um mechanisierte Produktionsprozesse. Eine andere Innovation war die massive Ausdehnung des Handwerks – vor allem des Textilhandwerks – auf das Land und die Zusammenfassung ländlicher Handwerker im sogenannten Verlagswesen. In diesem waren die Handwerker mehr oder weniger stark abhängig von Handelsleuten, die ihnen die Rohstoffe besorgten und die fertige Ware abkauften; es war somit eine Vorform abhängiger Lohnarbeit. Am Ende des 18. Jahrhunderts war im Bereich der gewerblichen Produktion etwa die Hälfte der Erwerbstätigen noch im traditionellen Handwerk tätig. Etwa 43 % arbeiteten im Verlagssystem und 7 % in Manufakturen.

Durch häufige Mißernten kam es im letzten Drittel des 18. Jahrhunderts zu starken Preissteigerungen für Agrarprodukte. Das führte zu einer schwierigen Situation im gewerblichen Sektor. Gesellen und Taglöhner waren davon besonders betroffen. Die Steigerung der Getreidepreise wurde nicht durch eine Erhöhung ihrer Löhne ausgeglichen. So kam es auch unter den Handwerkern vielfach zu Unruhen und zu Streiks. Vor allem die Gesellen reagierten immer häufiger mit Arbeitsausständen, die sie zum Teil schon überregional zu organisieren verstanden. In der Zeit der Französischen Revolution wurde dies von der Obrigkeit zunehmend als Bedrohung empfunden. Im Breslauer Schneiderstreik von 1793 kam es sogar zum Einsatz von Militär, der 27 Todesopfer forderte.

Außer um bessere Löhne stritten die Gesellen damals für den Erhalt bestimmter Privilegien wie den »blauen Montag«, also das Recht, am Montag die Arbeit ruhen zu lassen. Außerdem beschwerten sie sich vielfach über das von den Zünften durch eine rigide Stellenpolitik beschränkte Niederlassungsrecht als Meister. Die Zünfte erwiesen sich immer mehr als die Hüter der Interessen einer kleinen Handwerkeroberschicht. Ihr stand – durch das allgemeine Bevölkerungswachstum begünstigt – eine immer größere Zahl an unselbständigen Gesellen gegenüber, die praktisch keine Aussicht auf eine Meisterstelle und damit auf wirtschaftliche Selbständigkeit hatten. So entstand schon in vorindustrieller Zeit im zünftigen Handwerk wie im verlagsmäßig organisierten Landhandwerk eine große Gruppe praktisch abhängiger Lohnarbeiter. Für diese war der Wechsel in die industrielle Produktionsweise im 19. Jahrhundert dann gar kein so gravierender Einschnitt mehr.

Das Ende des Alten Reiches

1740–1780	Maria Theresia, Königin von Böhmen und Ungarn, Erzherzogin von Österreich.
1740–1786	König Friedrich II. (der Große) von Preußen.
1740–1748	Österreichischer Erbfolgekrieg.
1740–1742	Erster Schlesischer Krieg.
1742–1745	Kaiser Karl VII. (Wittelsbach).
1744–1745	Zweiter Schlesischer Krieg.
1745–1765	Kaiser Franz I. (Habsburg-Lothringen).
1756–1763	Siebenjähriger Krieg.
1765–1790	Kaiser Joseph II., herausragender Vertreter des »aufgeklärten Absolutismus«. Zeit radikaler Reformen in den habsburgischen Territorien.
1792–1798	Erster Koalitionskrieg gegen Frankreich.
1792–1793	Mainzer Republik.
1794	Allgemeines Preußisches Landrecht.
1795	Friede von Basel. Preußen scheidet bis 1806 aus der antifranzösischen Koalition aus.
1799–1801	Zweiter Koalitionskrieg gegen Frankreich. Im Frieden von Lunéville erhält Frankreich die linksrheinischen deutschen Territorien.
1803	Reichsdeputationshauptschluß; die Entschädigungen für den Verlust linksrheinischer Gebiete werden vor allem durch die Säkularisierung von Kirchengut geregelt.

1806	Sechzehn Reichsfürsten schließen sich in Paris zum Rheinbund zusammen und treten aus dem Reich aus. Kaiser Franz II. legt die Kaiserkrone nieder.
1806–1807	Krieg Preußens gegen Frankreich. Niederlage der preußischen Armee in der Doppelschlacht von Jena und Auerstedt.
1807–1811	In Preußen Durchführung grundlegender Reformen in Wirtschaft, Verwaltung und Armee unter den Ministern Freiherren vom Stein und von Hardenberg.
1813–1815	Befreiungskriege.

Von allen innenpolitischen Entwicklungen des Reiches im ausgehenden 17. und im 18. Jahrhundert wurde die deutsche Geschichte am nachhaltigsten durch den Aufstieg Preußens zur zweiten deutschen Großmacht neben Österreich beeinflußt. Es entstand hier ein Konfliktpotential, das den Untergang des Heiligen Römischen Reiches Deutscher Nation noch lange überdauerte und die Weichen für die Nationalstaatsbildung im 19. Jahrhundert stellte.

Der Aufstieg Preußens und der Beginn des deutschen Dualismus

Die Anfänge des kontinuierlichen Machtzuwachses des Hauses Hohenzollern-Brandenburg liegen bereits am Beginn des 17. Jahrhunderts. Nach dem Tod Herzog Albrecht Friedrichs von Preußen fiel dieses polnische Lehen auf dem Erbweg an das Haus Brandenburg. Hier war 1619 Georg Wilhelm seinem Vater Johann Sigismund auf den Thron gefolgt. Letzterer konnte über seine Frau Anna von Preußen aber nicht nur dieses östliche Herzogtum für sich erwerben, sondern im Westen des Reiches Ansprüche auf das Herzogtum Jülich geltend machen. Dort war 1609 der wahnsinnige Herzog Johann Wilhelm kinderlos gestorben. Ansprüche auf dessen Erbe lagen aber auch aus dem Haus Pfalz-Neuburg vor. Die Erbfragen wurden ab 1612 in den Konflikt zwischen den benachbarten Spanischen Niederlanden und den abtrünnigen Generalstaaten einbezogen, konnten jedoch 1614 im Frieden von Xanten beigelegt werden. Brandenburg erhielt das Herzogtum Cleve sowie die Grafschaften Mark und Ravensberg, während der zum Katholizismus konvertierte Pfalzgraf Wolfgang Wilhelm von Neuburg die überwiegend katholischen Gebiete Jülich und Berg in Besitz nahm. 1666 fielen diese Territorien ebenfalls an Brandenburg.

Der Westfälische Friede hatte den Kurfürsten von Brandenburg dann vor allem Hinterpommern eingetragen, aber auch weitere Territorien im Westen: die Bistümer Minden und Halberstadt sowie die Grafschaft Hohenstein. Dazu kamen das Bistum Cammin und die Anwartschaft auf das Erzbistum Magdeburg. Durch das geschickte Taktieren im Schwedisch-Polnischen Krieg (1556–1660) konnte der Große Kurfürst 1660 im Frieden von Oliva die Lehenshoheit über Preußen gewinnen, so daß sich sein Sohn Friedrich 1701 in Königsberg zum König in Preußen krönen konnte. Auch im Zuge des Spanischen Erbfolgekrieges und des Nordischen Krieges gewann Preußen im Osten (Vorpommern, Stettin, Usedom, Wollin) und im Westen (Obergeldern) weitere Gebiete dazu.

Mit all diesen Erwerbungen war Preußen zwar zur stärksten Macht im norddeutschen Raum geworden, aber der Besitz war zerstreut und im Kriegsfall kaum zu verteidigen. Daraus ergab sich für Preußen in der Folgezeit sowohl der Zwang, seine bis dahin eher unbedeutende Militärmacht zu stärken, als auch eine allgemeine Disposition zur kriegerischen »Arrondierung« des Staatsgebiets. Der Aufbau der preußischen Militärmacht war in erster Linie das Werk Friedrich Wilhelms I., des Soldatenkönigs, der am Ende seiner Regierungszeit eine bestens ausgebildete und gerüstete Armee hinterließ, die er selbst jedoch nie zu Kriegszwecken eingesetzt hatte. Die kriegerische Ausdehnung des Staatsgebietes war dann das Werk seines Sohnes, Friedrichs II.

Die erste große kriegerische Eroberung Friedrichs galt allerdings nicht der Verbindung Brandenburgs mit den verstreuten Besitzungen im Osten und Westen, sondern der Annexion Schlesiens im Süden des Staatsgebietes. Das Aussterben der österreichischen Habsburger im Mannesstamm und die Unsicherheit der weiblichen Thronfolge ausnützend, fiel der ebenfalls gerade erst auf den Thron gekommene Friedrich nach dem Tod Kaiser Karls VI. im Jahr 1740 in Schlesien ein. Auch Friedrich berief sich zur Legitimation dieses Krieges auf Erbansprüche: Das schlesische Herzogtum Jägerndorf, das ursprünglich zum Haus Hohenzollern gehört hatte, wurde vom Kaiser während des Dreißigjährigen Krieges 1621 eingezogen und an einen kaiserlichen Parteigänger vergeben; die Herzogtümer Liegnitz, Brieg und Wohlau hätten im Erbgang 1675 ebenfalls an Hohenzollern gehen müssen, wurden aber von Kaiser Leopold I., als dem obersten Lehensherrn, kurzerhand einbehalten. Darüber waren die Hohenzollern-Herzöge zwar mit einem gewissen Recht erbost, erkannten diesen Vorgang jedoch schließlich zugunsten anderer Erwerbungen an. Ganz abgesehen davon, daß er mit der sofortigen militärischen Besetzung dieser Gebiete eklatant gegen Reichsrecht verstieß, standen daher die Ansprüche, die Friedrich an das Erbe Karls VI. stellte, gleichfalls auf rechtlich außerordentlich schwachen Füßen.

Mit seinem Einmarsch in Schlesien löste Friedrich eine Reihe weiterer Ansprüche und Begehrlichkeiten auf das Habsburger Erbe aus. So kam es trotz der von Karl VI. in der sogenannten Pragmatischen Sanktion festgelegten und international anerkannten Erbfolge seiner Tochter Maria

Friedrich I., † 1440, Kf. v. Brandenburg 1415–1440 ∞ Elisabeth v. Bayern-Landshut

Friedrich Wilhelm (der Große Kurfürst) † 1688, Kf. v. Brandenburg 1640–1688 ∞ Luise Henriette v. Nassau-Oranien

Friedrich I. (III.), † 1713 Kf. v. Brandenburg 1688–1701 Kg. in Preußen 1701–1713 ∞ 2. Sophie Charlotte v. Hannover

Friedrich Wilhelm I. (der Soldatenkönig) † 1740, Kg. v. Preußen 1713–1740 ∞ Sophie Dorothea v. Hannover/England

Friedrich II. (der Große)
† 1786, Kg. 1740–1786
∞ Elisabeth v. Braunschweig-Wolfenbüttel

August Wilhelm
† 1758
∞ Luise v. Braunschweig-Wolfenbüttel

Friedrich Wilhelm II., † 1797 Kg. 1786–1797 ∞ Friederike Luise v. Hessen-Darmstadt

Friedrich Wilhelm III., † 1840 Kg. 1797–1840 ∞ Luise v. Mecklenburg-Strelitz

Friedrich Wilhelm IV., † 1861
Kg. 1840
regierungsunfähig 1857
∞ Elisabeth v. Bayern

Wilhelm I., † 1888
Regent 1858, Kg. 1861
dt. K. 1871–1888
∞ Auguste v. Sachsen-Weimar

Friedrich III., † 1888 Kg. 1888, dt. K. 1888 ∞ Viktoria v. England

Wilhelm II., † 1941, Kg., dt. K. 1888–1918
∞ 1. Auguste Viktoria v. Schleswig-Holstein
2. Hermine v. Reuß ä. Linie

Hohenzollern

Theresia zum offenen Konflikt um ihren Thron im Österreichischen Erbfolgekrieg (1740–1748). Der mit den Habsburgern verwandte Kurfürst Karl Albrecht von Bayern erhob Ansprüche auf die Nachfolge in den Habsburgischen Erblanden, der Kurfürst von Sachsen auf weitere Gebiete. Aber nicht nur die Nachfolge in Österreich stand auf dem Spiel, sondern darüber hinaus die Kaiserwürde im Reich, die das Haus Habsburg seit dreihundert Jahren bekleidet hatte. Schließlich wurde rasch deutlich, daß sich dieser Konflikt um das österreichische Erbe von den Auseinandersetzungen und Spannungen, die vor allem auf kolonialem Gebiet zwischen England, Spanien und Frankreich bestanden, kaum würde trennen lassen und daß Frankreich diese Gelegenheit zur Schwächung der habsburgischen Monarchie und Durchsetzung eines Dynastiewechsels bei der Kaiserwahl nutzen würde.

So machten die Kurfürsten von Preußen, Bayern und Sachsen gemeinsame Sache mit Frankreich. Karl Albrecht von Bayern eroberte 1741 mit Hilfe französischer und sächsischer Truppen Prag, ließ sich dort zum König von Böhmen krönen und wurde 1742 schließlich zum Kaiser gewählt. Andererseits verbündete sich England, wenn auch zögernd, zur Erhaltung des europäischen Gleichgewichts mit Österreich. Mit englischer Unterstützung konnte Maria Theresia das militärische Übergewicht im Reich wiedererlangen und vor allem Bayern besetzen. Nach dem frühen Tod des Wittelsbacher Kaisers verzichtete dessen Nachfolger Max Joseph 1745 gegen die Wiedererstattung seiner Territorien auf alle Ansprüche auf das habsburgische Erbe und unterstützte die Wahl Franz Stephans von Lothringen, des Gemahls Maria Theresias, zum Römischen Kaiser. Damit kehrte die Kaiserkrone wieder nach Wien zurück und blieb bis zum Ende des Reiches bei dem dort neu begründeten Haus Habsburg-Lothringen.

Unter Vermittlung Englands stimmte Friedrich II. 1745 in Dresden einem Frieden zu, bei dem ihm Österreich gegen die preußische Stimme bei der Kaiserwahl den Besitz Schlesiens zugestand. Der Besitz dieser Eroberungen wurde Preußen im Frieden von Aachen, der 1748 die internationale Dimension des Österreichischen Erbfolgekrieges abschloß, von den anderen europäischen Mächten bestätigt.

Der Friede von Aachen besaß allerdings mehr den Charakter eines Waffenstillstandes als eines dauerhaften Friedens. Der Ausgleich der großen Mächte im Bereich der überseeischen Besitzungen erfolgte durch die Wiederherstellung des alten Zustands. Ein neuerlicher Kolonialkonflikt war daher abzusehen. Da der Aachener Friede für Habsburg so demütigend war, stand zu erwarten, daß sich die überseeischen wieder mit den europäischen Konflikten verbinden würden. Genau dies trat ab der Mitte der 1750er Jahre ein, als sich die französisch-englischen Kolonialkonflikte in Indien und vor allem in Amerika wieder deutlich verschärften.

Um ein Übergreifen dieser kolonialen Auseinandersetzungen auf seine Besitzungen im Reich (Hannover) zu verhindern, verband sich England in der Westminsterkonvention 1756 mit Preußen. Friedrich II. ging dieses Bündnis unter der Annahme ein, daß ein Gegenbündnis zwischen den alten Rivalen Habsburg und Frankreich nicht zustande kommen würde. Der leitende Minister Maria Theresias, Graf Kaunitz, brachte jedoch wenige Monate später diese Allianz mit Frankreich zuwege. Von den Historikern wurde dieser Coup als »diplomatische Revolution«, von den Zeitgenossen als *Renversement des Alliances* bezeichnet.

Kaunitz versuchte die französisch-österreichische Verbindung in eine gegen Preußen gerichtete Offensivallianz mit Einschluß Rußlands umzuwandeln. Sie sollte Schlesien für Österreich zurückgewinnen und praktisch zur Aufteilung Preußens unter seine Nachbarn führen. Es gilt heute als gesichert, daß Friedrich von diesen Verhandlungen Kenntnis hatte und auch davon, daß Sachsen-Polen mit in diese Koalition einbezogen werden sollte. Im August 1756 begann Friedrich mit dem Einmarsch in Sachsen einen Präventivkrieg, um dem Abschluß dieser Koalition und den damit verbundenen Aufrüstungsmaßnahmen zuvorzukommen.

Die preußische Armee hielt der Übermacht der Gegner auf erstaunliche Weise stand, zumal Schweden auf der antipreußischen Seite in den Krieg eintrat. Als aber die ohnehin schwache Unterstützung durch den Bundesgenossen England nach dem Sturz des Premierministers Pitt ganz ausblieb, wurde die Lage für Friedrich II. außerordentlich kritisch. In dieser Situation führte der als »Mirakel des Hauses Brandenburg« bezeichnete Tod der russischen Zarin Elisabeth I. 1762 zu einer Wende: Der Nachfolger, Zar Peter III. aus dem Haus Holstein-Gottorp, war ein Bewunderer Friedrichs und schloß sofort Frieden. Als dessen Frau Katharina II. noch im gleichen Jahr die Regierung an sich riß, behielt sie zumindest eine neutrale Position gegenüber Preußen bei.

Nach dem Ausstieg Rußlands beendete auch Schweden den Krieg gegen Preußen. Friedrich konnte nun wieder in Sachsen und Schlesien vordringen. Da zudem England und Frankreich ihre Kolonialkonflikte beizulegen bestrebt waren, mußte Österreich schließlich einlenken. Es war nicht in der Lage, den Krieg gegen Preußen aus eigener Kraft fortzuführen. Im Frieden von Hubertusburg wurde 1763 die Rückkehr zum Status quo der Vorkriegszeit beschlossen. Der mit großem Aufwand und großer Härte geführte Krieg brachte im Reich also keine territorialen Veränderungen. Preußen konnte Schlesien behaupten und hatte mit diesem langen und gegen eine große Übermacht geführten Krieg einen außerordentlichen Prestigegewinn erzielt und damit seine Stellung als europäische Großmacht endgültig gefestigt.

Dies zeigte sich in der Folgezeit zum einen an der Beteiligung Preußens an der ersten Teilung Polens im Jahr 1772: Damit sollte vor allem ein russisch-österreichischer Konflikt gelöst werden. Sie brachte aber auch Preußen als dem Bundesgenossen Rußlands einen erheblichen Landgewinn ein. Zum anderen wurde dies am Bayerischen Erbfolgekrieg 1778/1779 sichtbar, in dem Preußen ein österreichisch-bayerisches Tauschprojekt (Bayern gegen die österreichischen Niederlande) verhindern und seine Erbansprüche auf die ausgestorbene hohenzollerische Nebenlinie Ansbach-Bayreuth durchsetzen konnte. In der Reichspolitik und überdies in Nordosteuropa war Preußen zu einem zentralen Machtfaktor geworden.

Reformen im Zeichen des Aufgeklärten Absolutismus

Die militärischen Erfolge Preußens unter Friedrich II. beruhten in erster Linie auf der gut ausgebildeten Armee und dem gefüllten Staatsschatz, die ihm Friedrich Wilhelm I. hinterlassen hatte. Umgekehrt war das Scheitern Maria Theresias auch eine Folge der zerrütteten österreichischen Staatsfinanzen, die sie bei ihrem Regierungsantritt vorgefunden hatte. Nicht zuletzt aus der Notwendigkeit, die Staatseinkünfte zu konsolidieren, um den territorialen Besitzstand in Zukunft wahren zu können, setzte in beiden Ländern, Preußen wie Österreich, nach dem Österreichischen Erbfolgekrieg eine Phase intensiver innenpolitischer Reformen ein.

Aber nicht nur die militärischen Notwendigkeiten drängten auf Reformen. Ein wichtiger Anstoß kam von dem Staatsdenken der Aufklärung. Herrschaft war danach nicht mehr »von Gottes Gnaden«, ihr Zweck nicht mehr die Aufrechterhaltung einer religiös verstandenen Ordnung, sondern die Beförderung der diesseitigen Wohlfahrt und »Glückseligkeit« der Untertanen. Zugleich drängte die Aufklärung auf die vernünftige Begründung, rationale Ordnung und effiziente Durchführung von Verwaltung, Wirtschaft und Justiz. In diesen drei Bereichen schlugen sich daher die Modernisierungsbestrebungen am deutlichsten nieder. Indem Monarchen wie Friedrich II. von Preußen, Markgraf Karl Friedrich von Baden oder Kaiser Joseph II. sich zunehmend diesem neuen Legitimationsgrund ihrer Herrschaft verschrieben und sich als die »ersten Diener« oder »ersten Beamten« ihres Staates und ihrer Untertanen verstanden, wurden sie selbst zu den wichtigsten Beförderern von Reformen, trugen sie bei zur Herausbildung einer Regierungsform, die man als »aufgeklärten Absolutismus« oder »Reformabsolutismus« kennzeichnet.

Friedrich II. von Preußen nahm nach dem Ende des Österreichischen Erbfolgekrieges zunächst die Peuplierungspolitik seiner Vorgänger wieder auf. Denn eine große Bevölkerung galt als Grundlage für den Reichtum des Staates – und dicht bevölkert war Preußen keineswegs. Aus Österreich, der Pfalz und anderen Gegenden des Reiches wurden Kolonisten angeworben, die in dem zwischen 1747 und 1753 trockengelegten Oderbruch siedelten. Ähnliche Projekte zur Landgewinnung durch Trokkenlegung wurden in mehreren anderen Teilen des Landes durchgeführt.

Ein besonderes Augenmerk legte Friedrich bei der Ansiedlung von Fremden auf die Hebung des Gewerbes. Im Gegensatz zu den Westprovinzen des Königreichs, wo sich ein starkes ländliches Textilhandwerk herausgebildet hatte, gab es dieses im ostelbischen Raum aufgrund der anderen Agrarstrukturen noch kaum. In seinem Testament von 1752 meinte Friedrich II. zum Beispiel, er habe festgestellt, daß in Brandenburg und Preußen noch etwa 60 000 Wollspinner fehlten. Die Wollmanufakturen müßten die Waren aus Sachsen beschaffen. Dadurch flösse unnötig Geld ins Ausland ab. So fing er an, systematisch

Personen anwerben zu lassen und anzusiedeln, die im Bereich der Textilindustrie tätig werden sollten.

Ein weiterer Bereich, in dem Friedrich II. und seine vielfach ebenfalls der Aufklärung verschriebenen Beamten Reformmaßnahmen im Sinne des aufgeklärten Absolutismus vorantrieben, war das Justizwesen. Hier ging es um die Vereinheitlichung und Straffung der durch die Selbständigkeit der verschiedenen Territorien des Königreiches unübersichtlichen Instanzenwege, aber auch um eine Humanisierung des Strafrechtes (Abschaffung der Folter 1740) und schließlich um die Schaffung eines allgemeinen, für das gesamte Königreich verbindlichen, den Prinzipien der Aufklärung verbundenen Zivilrechts.

Sowohl in Preußen wie in Österreich war die Justizreform ein Kernstück des aufgeklärten Absolutismus, bekamen vor allem die großen Rechtskodifikationen, die sich schließlich im Allgemeinen Preußischen Landrecht von 1794 und im Allgemeinen Bürgerlichen Gesetzbuch in Österreich von 1811 niederschlugen, fast den Charakter von Grundgesetzen. Der preußische Geheime Oberjustizrat Carl Gottlieb Svarez, einer der »Väter« des Allgemeinen Landrechts, formulierte ganz ausdrücklich als Ziel der Gesetzgebung, solche (auch den Herrscher bindenden) »Grundsätze über Recht und Unrecht festzustellen«, daß diese in Staaten ohne Verfassung »die Stelle derselben gewissermaßen ersetzen« könnten.

Konnte Friedrich II. bei den Reformmaßnahmen in seinen Territorien bereits auf eine unter seinen Vorgängern vergleichsweise zentralisierte und modernisierte Verwaltung aufbauen, war die Lage in Österreich beim Regierungsantritt Maria Theresias ganz anders. Die Staatsfinanzen waren zerrüttet, der Staatskredit verloren, die vielen verschiedenen Territorien noch nicht einmal ansatzweise einer einheitlichen Verwaltung unterstellt, die Macht der Stände in den einzelnen Territorien gerade in Finanzfragen groß. Nach dem Vorbild der preußischen Staatsverwaltung wurde in Österreich unter dem Minister Graf Haugwitz ebenfalls eine tiefgreifende Reform- und Zentralisierungspolitik durchgeführt. 1749 wurde das *Directorium in publicis et cameralibus,* also eine höchste Verwaltungs- und Finanzbehörde eingerichtet. Die Justiz wurde von der Verwaltung getrennt und einer obersten Justizbehörde zugewiesen. Vor allem aber wurden die Stände aus der Steuer- und sonstigen Finanzverwaltung ausgeschaltet. Für die deutschen und böhmischen Länder wurde damit ein Großteil der Macht einer rasch wachsenden und zunehmend professionalisierten Zentralverwaltung unterstellt.

Waren unter Maria Theresia die Reformen in Österreich bereits ganz wesentlich vorangetrieben worden, so wurde das Modernisierungstempo unter ihrem Nachfolger, Joseph II., seit seinem Antritt als Mitregent im Jahr 1765 und besonders seit seiner Regierungsübernahme 1780 noch weiter forciert und die Maßnahmen im Sinne der Aufklärung radikalisiert. Joseph versuchte »mit einer geradezu revolutionären Radikalität den Staat und seine Institutionen nach einem rationalen Plan von Grund auf umzuformen« (E. Weis). Man spricht daher auch vom System des Josephinismus.

Die Reformen Josephs sind gekennzeichnet durch eine noch stärkere Zentralisierung der gesamten Verwaltung der Monarchie, nun unter Einschluß Ungarns und der Österreichischen Niederlande, die unter Maria Theresia noch eigenständig geblieben waren. Damit einher ging allerdings gleichzeitig eine außerordentlich unbeliebte Sprachenpolitik, die Deutsch in allen Landesteilen zur alleinigen Amtssprache erhob, was – wie manche anderen Elemente dieser mit großer Konsequenz und Härte durchgeführten Neuerungen – auf großen Widerstand stieß.

Die Josephinischen Reformen betrafen nicht nur die Staatsadministration, sondern erstreckten sich auf fast alle Bereiche der Gesellschaft. In konsequenter Anwendung der aufklärerischen Grundthese von der Gleichheit der Menschen sollten die Privilegien des Adels und des Klerus im Steuersystem abgeschafft werden. Im Zusammenhang mit Reformen in der Landwirtschaft (orientiert an der Theorie der sogenannten Physiokraten, nach der nicht das Gewerbe, sondern die Landwirtschaft die Quelle des Reichtums von Staaten darstellt) wurde außerdem 1781 die Leibeigenschaft aufgehoben. Im selben Jahr wurde durch eine neue Gerichtsordnung die Gleichheit aller vor dem Gesetz hergestellt und durch die sogenannten Toleranzpatente die Unterdrückung und Benachteiligung religiöser Minderheiten, also vor allem der Protestanten und (mit Einschränkungen) auch der Juden, in der Habsburger Monarchie eingestellt.

Utilitaristisches Denken, eine Orientierung an einer reformkatholischen verinnerlichten Frömmigkeit und die Orientierung an einem straffen Staatskirchensystem nach protestantischem Vorbild brachte Joseph II. schließlich in Konflikt mit der katholischen Kirche, die in einer Säkularisierung von siebenhundert Klöstern endete. Deren Pfründen wurden hauptsächlich zur besseren Ausstattung der Dorfpfarreien und dem Ausbau des ländlichen Schulwesens eingesetzt. Die radikalen Eingriffe in die Rechte der Kirche wurden zum Inbegriff des Josephinismus.

Josephs Reformtempo überforderte in vieler Hinsicht die noch sehr in traditionellen Bindungen stehende Bevölkerung der Habsburger Monarchie und rief darüber hinaus den Widerstand der nun in ihren Vorrechten eingeschränkten Eliten hervor. Josephs Nachfolger, sein Bruder Leopold II., der im Herzogtum Toskana bereits einen modellhaften Reformstaat geschaffen hatte, mußte daher in mehreren Punkten die Reformen wieder zurücknehmen.

Die Josephinischen Reformen standen mit der Radikalität, mit der sie die Gedanken der Aufklärung in politische Praxis umsetzten, sicher an der Spitze der Reformversuche im Reich. Aber Österreich und Preußen waren keineswegs die einzigen Länder, in denen tiefgreifende Modernisierungsprogramme durchgeführt wurden. In Baden wurden unter Markgraf Karl Friedrich die Landwirtschaft modernisiert, die Leibeigenschaft aufgehoben, das Schul- und Manufakturwesen befördert und die Folter abgeschafft. In Weimar förderte Herzog Carl August die Kunst, zog die führenden Größen des deutschen Geisteslebens in sein Land und übertrug ihnen als aufgeklärter Fürst, der sogar Mitglied des radikalaufklärerischen Illuminatenordens war, zentrale Positionen in der Politik seines Landes. Goethe sanierte als Minister die Staatsfinanzen. Herder reformierte das Schulsystem des Landes.

Im Gegensatz zu Frankreich, das sich im ausgehenden 18. Jahrhundert weitgehend unfähig zu solch tiefgreifenden Einschnitten zeigte, war die Großzahl der Territorien des Reiches, darunter sogar viele geistliche Fürstentümer, außerordentlich reformfreudig und »fortschrittlich«. Das war sicher einer der Gründe dafür, daß die Gedanken und das Vorbild der Französischen Revolution im Reich nicht die Sprengkraft entwickelten, wie es manche demokratisch gesinnten Aufklärer, die es im Reich in nicht zu unterschätzender Zahl gab, erhofften.

Das Ende des Alten Reiches und die Neuordnung Europas

Der preußisch-österreichische Gegensatz und die Tendenz beider Herrscherhäuser, ihr Staatsgebiet auf Kosten ihrer Nachbarn auch im Reich zu vergrößern, hatten das Reich auf eine harte Probe gestellt, aber noch nicht zerstört. Zerbrochen ist es erst an der ideologischen und militärischen Herausforderung durch die Französische Revolution und Napoleon.

In Deutschland gab es gerade unter den Intellektuellen

eine große Zahl, die die Französische Revolution zumindest in ihrer Anfangsphase bewunderte und die Durchsetzung der republikanischen Grundsätze von Freiheit, Gleichheit und Brüderlichkeit auch in Deutschland propagierte; allerdings schreckten viele vor der Radikalisierung der Revolution in der Zeit der Jakobinerherrschaft zurück. Dennoch gab es über die erste Phase der Revolution hinaus intensive Kontakte zwischen französischen und deutschen Demokraten, die – ungeachtet ihrer genauen politischen Einstellung – von ihren Gegnern oft als Jakobiner bezeichnet wurden. Inzwischen hat sich der Begriff der »deutschen Jakobiner« für die Anhänger der Französischen Revolution nicht zuletzt in der Geschichtswissenschaft eingebürgert.

In Mainz kam es zwischen Oktober 1792 und April 1793 sogar zur Gründung einer Republik. Sie entstand unter dem Schutz, aber nicht auf direkte Veranlassung der französischen Besatzungsmacht, die den deutschen Jakobinern in den besetzten Gebieten die Möglichkeit zur freien Agitation bot. Bei den Bauern der umliegenden Dörfer stieß diese Republik allerdings auf geringe Resonanz oder offene Ablehnung. Die Breitenwirkung der deutschen Jakobiner scheint eher gering gewesen zu sein. Daher ist die Frage, ob die vielen lokalen Volksunruhen, die sich während der Jahre der Französischen Revolution auch in Deutschland ereigneten, revolutionäres Potential enthielten oder ganz im lokalen Kontext traditioneller Unruhen verblieben sind, in der Geschichtswissenschaft noch umstritten. Tatsache ist jedoch, daß die meisten aufgeklärten Landesfürsten nun gegenüber ihren Untertanen eine wesentlich härtere »Gangart« einschlugen und aus Furcht vor einer Revolution aufgeklärtes Gedankengut und Aufklärungsorganisationen bekämpften oder unterdrückten.

Anlaß und Rückendeckung dafür gab ihnen unter anderem der Krieg, den Frankreich von 1792 bis 1797/1798 gegen Österreich und das Reich sowie weitere Partner einer antifranzösischen Koalition führte (Erster Koalitionskrieg). Die Pillnitzer Erklärung Kaiser Leopolds II. und König Friedrich Wilhelms II. vom 21. August 1791 gab den Anstoß dazu: Die beiden Monarchen erklärten, daß die Lage des französischen Königs das Interesse aller legitimen Herrscher berühre, und sagten Ludwig XVI. ihre Unterstützung zu.

In Frankreich wollten allerdings einige Revolutionspolitiker den Krieg aus innenpolitischen Gründen. Der Girondist Jacques Pierre Brissot erklärte ihn zur »Nationalen Wohltat«. In einer militärischen Auseinandersetzung konnten die inneren Gegner der Revolution ausgeschaltet und konnte das Volk geeint werden. Der am 20. April 1792 von Frankreich erklärte Krieg wurde daher – vor allem nach der Ausrufung der allgemeinen Wehrpflicht – bewußt zu einem »Kreuzzug für die Freiheit der Welt« (Brissot) stilisiert. Der Erfolg dieser »Nationalisierung« des Krieges war beträchtlich. Die Revolutionsheere konnten der Übermacht der Koalition standhalten und dadurch einen ungeheuren Prestigegewinn erzielen. Preußen schied bereits 1795 aus der Koalition aus und schloß in Basel einen Sonderfrieden mit Frankreich. Österreich, das die Last des Krieges nun praktisch allein zu tragen hatte, errang zwar unter der militärischen Führung des jungen Erzherzogs Carl beachtliche militärische Erfolge im Reich, sah sich aber nach schweren Niederlagen gegen die von Napoleon befehligte Armee in Italien gezwungen, einen Frieden mit Frankreich zu schließen. Wie Preußen mußte auch Österreich in die französische Forderung nach Abtretung der linksrheinischen Gebiete einwilligen, erhielt aber als Gegenleistung das Erzstift Salzburg, das dadurch säkularisiert wurde. Das Reich, das Frankreich 1793 insgesamt den Krieg erklärt hatte, sollte diesem Frieden beitreten. In Regensburg kam es zu Protesten gegen diese Bedingungen. Auf dem Friedenskongreß von Rastatt mußte es sich 1798 jedoch den französischen Forderungen fügen.

Allerdings organisierten sich schon während der Verhandlungen in Rastatt die Kräfte, die auf die Revision dieses Friedensvertrages abzielten. In Österreich war der leitende Minister Thugut ein vehementer Gegner der Revolution. Als sowohl von russischer wie von englischer Seite Bereitschaft zu einer neuen antifranzösischen Koalition signalisiert wurde, kam es 1799 zu einem erneuten, dem Zweiten Koalitionskrieg. Preußen schloß sich dieser Koalition nicht an und blieb neutral. Napoleon, der durch seinen Staatsstreich am 9. November zum Ersten Konsul Frankreichs geworden war, schlug sowohl die russischen als auch die österreichischen Truppen vernichtend. 1801 kam es zum Abschluß eines Friedens in Lunéville, der die Abtretung des linken Rheinufers nun endgültig fixierte. Allerdings sollten die dort abgesetzten Fürsten mit rechtsrheinischem Gebiet entschädigt werden. Da Napoleon den Abzug seiner Truppen von der Zustimmung des Reiches zu diesem Friedensvertrag abhängig gemacht hatte, willigte der Reichstag ein. Eine Reichsdeputation, ein Gremium aus Mitgliedern des Reichstags, war nach den Bestimmungen dieses Friedens einzusetzen, um Pläne zur Durchführung der Entschädigungen zu erarbeiten. Napoleon behielt sich deren Genehmigung vor. 1803 wurde das Ergebnis dieser Planungen, der sogenannte Reichsdeputationshauptschluß, vom Reichstag angenommen, der damit der De-Facto-Auflösung des Reiches zustimmte, denn der Reichsdeputationshauptschluß bedeutete die Aufhebung von 112 Reichsständen. Fast alle geistlichen Herrschaften wurden säkularisiert, kleinere Territorien wie die Reichsritterschaften und die Reichsstädte wurden mediatisiert, das heißt, sie wurden dem Staatsgebiet größerer Fürsten wie Baden, Württemberg oder Bayern einverleibt, die Napoleon systematisch als Gegengewichte gegen die beiden deutschen Großmächte stärkte.

Wie sehr das Reich nun schon in Auflösung begriffen war, zeigte sich daran, daß Kaiser Franz II. sich 1804 zum

Kaiser Franz I. von Österreich krönen ließ. Dies war zum einen eine Reaktion auf die bevorstehende Kaiserkrönung Napoleons, aber auch ein deutlicher Ausdruck dafür, daß der Kaiser mit dem baldigen Ende des Reiches rechnete und sich seinen Titel auf diese Weise bewahren wollte. Das wirkliche Ende des Reiches ließ tatsächlich nicht mehr lange auf sich warten.

Nach einem vor allem von England angestrengten Dritten Koalitionskrieg (1805) kam es zur vernichtenden Niederlage des Koalitionsheeres in der Dreikaiserschlacht von Austerlitz und der nachfolgenden Besetzung Wiens durch Napoleon. Die süddeutschen Staaten Baden, Bayern und Württemberg hatten sich bereits in diesem Krieg auf die Seite Napoleons gestellt, 1806 traten dann sechzehn süd- und westdeutsche Fürsten formell aus dem Reich aus (was reichsrechtlich eigentlich nicht möglich war) und schlossen sich in Paris zum Rheinbund zusammen. Franz I. legte daraufhin am 6. August 1806 die Kaiserkrone nieder und löste damit eine Institution auf, die für viele Zeitgenossen noch immer eine religiös-heilsgeschichtliche Bedeutung gehabt hatte.

Aber nicht nur das Haus Habsburg verlor in der Auseinandersetzung mit Napoleon seine alte Stellung. Nachdem sich Preußen seit 1795 aus den antinapoleonischen Kriegen herausgehalten hatte, erklärte Friedrich Wilhelm III. im Rahmen einer völlig illusionären Politik Frankreich den Krieg, lediglich mit Sachsen, Braunschweig und Weimar verbündet. Die vernichtende Niederlage am 14. Oktober 1806 in der Doppelschlacht von Jena und Auerstedt führte nicht nur zum militärischen, sondern auch zum politischen Zusammenbruch Preußens. Im Frieden von Tilsit verlor Preußen seine westelbischen Gebiete, die Napoleon zum Königreich Westfalen erhob – mit seinem Bruder als Regenten. Im Osten verlor es ebenfalls Gebiete, die von Napoleon Rußland und Sachsen zugeschlagen wurden. Die Reparationen, die der französische Kaiser dem Land auferlegte, überstiegen die Wirtschaftskraft des Rumpfstaates bei weitem. Preußen sank zur unbedeutenden Mittelmacht herab und geriet in eine tiefe, durch die gegen England gerichtete Kontinentalsperre Napoleons noch verschärfte Wirtschafts- und Staatskrise.

Diese von außen ausgelöste Krise rief im Inneren die Gegenkräfte auf den Plan und verstärkte den Druck zu einer neuerlichen Reform von Staat, Wirtschaft und Gesellschaft. Sie ist in erster Linie mit dem Namen des Reichsfreiherrn vom Stein verbunden, der in den Jahren 1807 und 1808 die Zentralregierung umwandelte, das alte System der Kabinettsräte auflöste und durch Fachressorts ersetzte. In der Städteordnung von 1808 wurde das Prinzip der kommunalen Selbstverwaltung installiert, dessen Übertragung auf die Landgemeinden allerdings am Widerstand des Adels scheiterte.

Wichtigster Bestandteil der »Steinschen Reformen« war jedoch die Aufhebung der Erbuntertänigkeit und des Gesindezwangsdienstes der Bauern, die in anderen Staaten schon im Zuge der Reformen des aufgeklärten Absolutismus durchgeführt worden war. Allerdings wurde in diesem Edikt die Ablösung der Lasten durch die Bauern nicht geregelt, so daß durch die Durchführung der Ablösung viele Bauern in der Folgezeit in eine erneute, nun ökonomische Abhängigkeit von den Grundherrn gerieten (zweite Leibeigenschaft).

Nach der Entlassung Steins auf Betreiben Napoleons führte Karl August von Hardenberg die Reformansätze weiter, indem er vor allem die Gewerbeordnung modernisierte, den Zunftzwang aufhob und 1811 in Preußen die Gewerbefreiheit verkündete sowie eine allgemeine Steuerreform durchführte, bei der der Adel allerdings seine Privilegien nochmals weitgehend verteidigen konnte. Wichtig für die Folgezeit war schließlich noch die Reform des Heeres unter Gneisenau und Scharnhorst. Napoleon hatte die preußische Armee auf 42000 Mann reduziert. Über

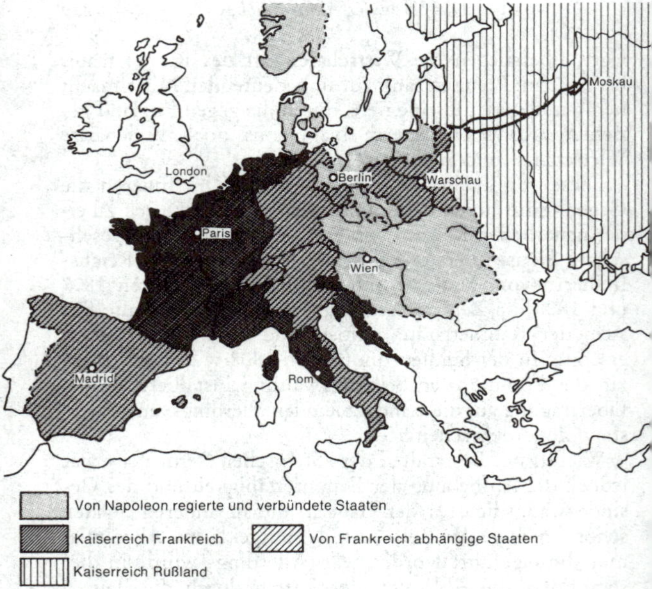

Europa unter Napoleon 1810, Rußlandzug 1812

vorzeitige Beurlaubungen und erneute Rekrutierungen konnte man die tatsächliche Stärke ausgebildeter Soldaten jedoch wesentlich erhöhen.

Dieses System bewährte sich, als Preußen nach der Katastrophe des napoleonischen Rußlandfeldzuges im Winter 1812 die Führung bei der Erhebung der deutschen Länder gegen Napoleon übernahm und zum Motor der Befreiungskriege wurde. Im Gegensatz zu den Truppenkontingenten der Rheinbundstaaten, die während des Rußlandfeldzuges fast völlig vernichtet wurden, waren die Verluste der preußischen Truppen gering. Im Dezember 1812 entzog Ludwig Yorck von Wartenburg eigenmächtig sein von ihm geführtes Korps den napoleonischen Verbänden und leitete damit den Übergang zum Widerstand ein.

Im März 1813 erklärte zunächst Preußen Napoleon den Krieg. Wie 1792 in Frankreich wurde nun auch in Preußen die Allgemeine Wehrpflicht für die Zeit des Krieges eingeführt. Die Bedeutung des Landsturms blieb allerdings – entgegen der landläufigen Stilisierung der Befreiungskriege zum allgemeinen »Volkskrieg« – gering. Mit einem ungeheuren nationalen Pathos riefen seit 1813 Publizisten wie Ernst Moritz Arndt oder vorher schon der Philosoph Johann Gottlieb Fichte in seiner »Rede an die deutsche Nation« (1808) die Bevölkerung und Staaten Deutschlands zum Widerstand gegen Napoleon auf.

Während die Rheinbundstaaten zunächst noch an der Seite Napoleons verblieben, schlossen sich Österreich und Rußland, schließlich auch England und Schweden an Preußen an. In der sogenannten Völkerschlacht bei Leipzig war die 200 000 Mann starke Armee Napoleons den gut um die Hälfte stärkeren Truppen der Koalition nicht gewachsen. Die württembergischen und sächsischen Regimenter liefen während der Kämpfe auf die Seite der Koalition über. Napoleon, der ein gutes Drittel seiner Armee bei dieser Schlacht verloren hatte, floh nach Frankreich. Die Verbündeten setzten den Feldzug jedoch fort und zogen am 30. März 1814 schließlich in Paris ein. Damit war Napoleons Ende besiegelt. Er dankte ab und ging auf die Insel Elba ins Exil.

Nach dem Reich war nun auch der Rheinbund und das gesamte napoleonische Herrschaftssystem aufgelöst. Es galt jetzt, eine neue Form der staatlichen Ordnung für die deutschen Länder zu finden. Schon der Friede von Paris legte im Mai 1814 die allgemeine Richtung fest: »Die Staaten Deutschlands werden unabhängig und durch ein föderatives Band vereint sein«. Die Ausarbeitung eines solchen föderativen Bundes überließ man dem Kongreß, der ab dem Herbst 1814 in Wien tagte.

Literaturhinweise

Quellen

Acta Borussica. Denkmäler der Preußischen Staatsverwaltung im 18. Jahrhundert. Hrsg. von der Preußischen Akademie der Wissenschaften. Berlin 1892–1970.

Acta Pacis Westphalicae. Im Auftrag der Vereinigung zur Erforschung der Neueren Geschichte hrsg. von Max Braubach und Konrad Repgen. Serie I–III. Münster 1962 ff.

Allgemeines Landrecht für die Preußischen Staaten von 1794. Mit einer Einführung von Hans Hattenhauer und einer Bibliographie von Günther Bernert. 2 Bde. Frankfurt a. M. / Berlin 1970–73.

Das Ende des Alten Reiches. Der Reichsdeputationshauptschluß von 1803 und die Rheinbundakte von 1806 nebst zugehörigen Aktenstücken. Bearb. von Ernst Walder. Berlin 1948.

Dietrich, Richard (Hrsg.): Politische Testamente der Hohenzollern. München 1981.

Die Werke Friedrichs des Großen. In deutscher Übersetzung. Bd. 1–10. Hrsg. von Gustav Berthold Volz. Berlin 1912–14.

Klüber, J. L.: Acten des Wiener Congresses. 9 Bde. Neudr. d. Ausg. 1815–1835. Osnabrück 1966.

Klueting, Harm (Hrsg.): Der Josephinismus. Ausgewählte Quellen zur Geschichte der theresianisch-josephinischen Reformen. Darmstadt 1995.

Maria Theresia: Briefe und Aktenstücke in Auswahl / Maria Theresia. Hrsg. von Friedrich Walter. Darmstadt 1968.

Moser, Johann Jacob: Neues Teutsches Staatsrecht. 20 Bde. Frankfurt/Leipzig 1766–82. Nachdr. Osnabrück 1967/68.

Publicationen aus den Preußischen Staatsarchiven. Veranlasst und unterstützt durch die Archiv-Verwaltung. Bd. 1–94. Leipzig 1878–1928 (Teilnachdruck Osnabrück 1965–69).

Pufendorf, Samuel von: Die Verfassung des deutschen Reiches [1667]. Übers., Anm. und Nachw. von Horst Denzer. Stuttgart 1976.

Quellen zum Verfassungsorganismus des Heiligen Römischen Reiches Deutscher Nation 1495–1815. Hrsg. und eingel. von Hanns Hubert Hofmann. Darmstadt 1976.

Quellen zur Geschichte der deutschen Kaiserpolitik Oesterreichs während der Französischen Revolutionskriege 1790–1801. Urkunden, Staatsschriften, diplomatische und militärische Actenstücke. Ausgew, und hrsg. von Alfred Ritter von Vivenot. Bd. 1–5. Wien 1873 ff.

Quellen zur Geschichte des Wiener Kongresses 1814/1815, Vorgeschichte und Geschichte des Versuches einer europäischen Friedensordnung. Hrsg. von Klaus Müller. Darmstadt 1986.

Quellen zur kleinstaatlichen Verfassungspolitik auf dem Wiener Kongress. Die mindermächtigen deutschen Staaten und die Entstehung des Deutschen Bundes 1813–1815. Hrsg. von Michael Hundt. Hamburg 1996.

Literatur

Aretin, Karl Otmar von: Das Reich. Friedensgarantie und europäisches Gleichgewicht 1648–1806. Stuttgart 1986.

– Das Alte Reich 1648–1806. 3 Bde. Stuttgart 1993–97.

Bauer, Volker: Die höfische Gesellschaft in Deutschland von der Mitte des 17. bis zum Ausgang des 18. Jahrhunderts. Tübingen 1993.

Brunschwig, Henri: Gesellschaft und Romantik in Preußen im 18. Jahrhundert. Frankfurt a. M. 1975.

Carsten, Francis L.: Die Entstehung Preußens. Köln/Berlin 1968.

Demel, Walter: Vom aufgeklärten Reformstaat zum bürokratischen Staatsabsolutismus. München 1993.

Dickmann, Fritz: Der Westfälische Frieden. Münster ³1972.

Dipper, Christoph: Deutsche Geschichte 1648–1789. Frankfurt 1991.

Duchhardt, Heinz: Das Zeitalter des Absolutismus. München 1989.

– Altes Reich und europäische Staatenwelt 1648–1806. München 1990.

– Balance of power und Pentarchie: Internationale Beziehungen 1700–1785. Paderborn 1997.

– (Hrsg.): Der Westfälische Friede. München 1998. (Historische Zeitschrift. Beih. 26.)

Erbe, Michael: Deutsche Geschichte 1713–1790. Dualismus und Aufgeklärter Absolutismus. Stuttgart 1985.

Erdmannsdörffer, Bernhard: Deutsche Geschichte vom Westfälischen Frieden bis zum Regierungsantritt Friedrichs des Großen 1648–1740. 2 Bde. Berlin 1892/93.

Fehrenbach, Elisabeth: Vom Ancien Régime zum Wiener Kongress. 3., unveränd. Aufl. München 1883.

Gestrich, Andreas: Absolutismus und Öffentlichkeit. Politische Kommunikation in Deutschland zu Beginn des 18. Jahrhunderts. Göttingen 1994.

Henning, Friedrich-Wilhelm: Das vorindustrielle Deutschland 800 bis 1800. Paderborn [3]1977.

Hinrichs, Ernst (Hrsg.): Absolutismus. Frankfurt a. M. 1986.

Holborn, Hajo: Deutsche Geschichte in der Neuzeit. Bd. 1: Das Zeitalter der Reformation und des Absolutismus (bis 1790). München 1970. (Amerik. Orig.-Ausg. 1959.)

Klueting, Harm (Hrsg.): Katholische Aufklärung – Aufklärung im katholischen Deutschland. Hamburg 1993.

Kunisch, Johannes: Absolutismus. Europäische Geschichte vom Westfälischen Frieden bis zur Krise des Ancien Régime. Göttingen 1986.

Lehmann, Hartmut: Das Zeitalter des Absolutismus. Gottesgnadentum und Kriegsnot. Stuttgart 1980.

Möller, Horst: Fürstenstaat oder Bürgernation. Deutschland 1763 bis 1815. Berlin 1989.

Neuhaus, Helmut: Das Reich in der Frühen Neuzeit. München 1997.

Nitschke, August (Hrsg.): Verhaltenswandel in der Industriellen Revolution. Stuttgart 1975.

Pfister, Christian: Bevölkerungsgeschichte und historische Demographie 1500–1800. München 1994.

Press, Volker: Kriege und Krisen. Deutschland 1600–1715. München 1991.

Schilling, Heinz: Höfe und Allianzen. Deutschland 1648–1763. Berlin 1989.

Trossbach, Werner: Bauern 1648–1806. München 1993.

Vierhaus, Rudolf: Deutschland im Zeitalter des Absolutismus (1648–1763). 2., durchges. und bibliogr. erg. Aufl. Göttingen 1984.

– Staaten und Stände. Vom Westfälischen bis zum Hubertusburger Frieden 1648 bis 1763. Berlin 1984.

Vom Wiener Kongreß bis zum Beginn des Ersten Weltkriegs (1814–1914)

Von Jürgen Reulecke

Epochenüberblick

Einer der Begriffe, der wohl trotz (oder wegen) seiner Schwammigkeit mit am häufigsten zur Charakterisierung der Gesamtepoche, um die es im folgenden geht, benutzt wird, ist der der »Modernisierung«. Verstanden wird darunter, wenn man zunächst einmal alle Differenzierungen beiseite läßt, ein »revolutionärer, unausweichlicher, irreversibler, globaler, komplexer, systemischer, langwieriger, aber in Phasen unterteilbarer, tendenziell homogenisierender und – last not least – progressiver Prozeß« (H.-U. Wehler), den auch Deutschland in spezifischer Weise, aber mit einem time-lag von zunächst mehr als einer Generation hinter dem »Pionier« England durchlaufen hat. Trotz aller Kritik an Einzelthesen einer sich zu eng an diesem Verlaufsmodell orientierenden Deutung hat das Konzept der »Modernisierung« eine Fülle von Möglichkeiten zur Ein- und Zuordnung der diversen Teilprozesse geliefert, so daß es weiterhin diskutabel bleibt. Andere universalgeschichtliche Konzepte wie Kapitalismus, industrielle Revolution, Säkularisierung, Rationalisierung, Verwestlichung (Th. Nipperdey) besitzen – dies ist weitgehender Konsens – nicht jenen Grad an Allgemeinheit (oder Farblosigkeit), den ein Schlüsselbegriff zur Bezeichnung der Vieldimensionalität des Wandels vom 18. Jahrhundert zum 20. Jahrhundert haben sollte. Auf kurze Nenner gebracht, lassen sich die Hauptlinien der deutschen Entwicklung folgendermaßen charakterisieren: Am Anfang stand eine Fülle von »Innovationen« in Politik, Wirtschaft und Gesellschaftsgefüge sowie insbesondere eine ständige Erweiterung des Horizonts durch neue Informationen bis hin zur Informationsflut. Dies alles zwang von nun an die Zeitgenossen zum ununterbrochenen Umlernen, zu vielfältigen Reaktionen, zu immer wieder neuen Deutungsversuchen und Anpassungsleistungen, die im jeweils überkommenen Repertoire an Handlungsweisen und -anweisungen nicht vorgegeben waren. Das, was die Beziehungen der Menschen untereinander und zu den von ihnen geschaffenen bzw. sie bestimmenden Institutionen ausmachte, kam in einer solchen Weise in Bewegung und erhielt in ihren Augen eine solch deutlich nach vorn, das heißt in eine neue Zeit (»Neuzeit«), zielende Ausrichtung, daß es kaum noch ein Halten zu geben schien. Was sich jeweils ereignete und im Erwartungshorizont vieler Menschen zunächst mit dem Begriff »Fortschritt« belegt wurde, erwies sich jedoch oft schon bald als janusköpfig: Auch die Verluste, ebenso wie die Gewinne des Fortschritts, mit denen die Individuen wie die kollektiven Gebilde – von der Familie bis zum Staat – fertig werden mußten, die sie erlitten bzw. für sich nutzen konnten, waren »unerhört«.

Nach einer verwickelten Vor- und Anlaufphase mit zum Teil weit zurückreichenden Wurzeln vollzog sich die Modernisierung in der zweiten Hälfte des 19. Jahrhunderts vor allem im zunächst gesellschaftlich-ökonomischen Bereich (Stichworte u. a.: Ausprägung der modernen Klassengesellschaft und des Industriekapitalismus), während sich im politischen Feld vielfältige traditionelle Formen der Herrschaftsausübung – gerade auch noch nach der Reichsgründung von 1871 – bis zum Ende des Ersten Weltkriegs halten konnten. Getragen und vorangetrieben wurde dieser Prozeß in erster Linie von dem sich seit Ende des 18. Jahrhunderts konstituierenden modernen Bürgertum, dessen spezifische Art der »Vergesellschaftung« den Untertanenverband des absolutistischen Staates ablöste und an dessen Stelle mehr und mehr ein System von Zugehörigkeiten, Wertungen und Deutungen, Zuschreibungen und Wechselwirkungen ausprägte, das man »bürgerliche Gesellschaft« nennt. Die aus der »Gleichzeitigkeit vieler Ungleichzeitigkeiten«, also aus den unterschiedlichen Entwicklungsdynamiken von Teilbereichen herrührenden Widersprüche und Spannungen, die weit verbreitete Unfähigkeit der bestimmenden Kreise dieser Gesellschaft, auf Dauer mit der rasanten Entwicklungsgeschwindigkeit Schritt zu halten, und die Entstehung neuer Schichten und Klassen führten dann zu krisenhaften Zuspitzungen in immer mehr Bereichen. Dabei scheint es so gewesen zu sein, als ob die anstehenden Modernisierungsprobleme, vor denen im Grunde alle westlichen Industriestaaten standen, im Deutschen Reich in besonders kurzer Zeit und besonders dicht gedrängt auftraten. Das Wilhelminische Kaiserreich stellt sich jedenfalls aus der Rückschau trotz aller nach außen demonstrierten militärischen Kraft und ökonomischen Stärke als höchst labiles Gebilde dar, dessen innere Problemkonstellationen durch einen betonten Nationalismus und Militarismus nur überdeckt waren. Vor diesem Hintergrund hofften schließlich viele Zeitgenossen, der Erste Weltkrieg werde wie ein Reinigungsbad wirken und den Deutschen nicht nur den ersehnten »Platz an der Sonne«, sondern im Innern auch soziale Harmonie und die Basis für eine national geeinte große Volksgemeinschaft bringen.

Aufbrüche, Reaktionen und Reformen in der ersten Hälfte des 19. Jahrhunderts

1807–1819	Preußische Reformen unter den Freiherren vom Stein und von Hardenberg.
1814/1815	Wiener Kongreß und Gründung des Deutschen Bundes (Bundesakte 8. Juni 1815; Schlußakte 15. Mai 1820).
1815	22. Mai: Verfassungsversprechen durch Friedrich Wilhelm III. von Preußen.
	26. September: Gründung der »Heiligen Allianz« (ausgehend von Rußland, Österreich und Preußen).
1817	18. Oktober: Wartburgfest der Deutschen Burschenschaft in Eisenach.
1819	23. März: Ermordung des Dichters August von Kotzebue durch den Studenten Karl Sand; im Anschluß Erlaß der »Karlsbader Beschlüsse« (bes. Demagogenverfolgung); Beginn der »Ära Metternich«.
1830	Französische Julirevolution; in Deutschland einzelne regionale Unruhen (bes. in Hessen und Braunschweig).
1832	22. Mai: Hambacher Fest.
1833	3. April: Putschversuch an der Frankfurter Hauptwache (»Wachensturm«); als Folge verschärfte Reaktion und erneute Demagogenverfolgung.
1834	1. Januar: Gründung des Deutschen Zollvereins unter preußischer Führung (ohne Österreich).
1837	20. November: Verhaftung des Kölner Erzbischofs und damit Höhepunkt im »Kölner Kirchenstreit« (Mischehenfrage).
	14. Dezember: Protestaktion sieben Göttinger Professoren gegen den Verfassungsbruch des hannoverschen Königs Ernst August (»Göttinger Sieben«).
1839	9. März: Kinderschutzregulativ in Preußen (erster Ansatz staatlicher Sozialpolitik in Deutschland).

1840	7. Juni: Tod Friedrich Wilhelms III.; Regierungsantritt Friedrich Wilhelms IV. in Preußen.
1844	Juni: Weberaufstand in Schlesien.
	15. August: Eröffnung der Zollvereinsausstellung in Berlin.
	Oktober: Gründung des Centralvereins für das Wohl der arbeitenden Klassen.
1847	3. Februar: Patent über den Vereinigten Landtag in Preußen.
	12. September / 10. Oktober: Sammlung der süd- und westdeutschen liberalen Bewegung (Offenburg und Heppenheim).
1848	Februar: Veröffentlichung des *Kommunistischen Manifests* von Karl Marx und Friedrich Engels.
1848/1849	März: Ausbruch der Revolution in Wien und Berlin; liberale Märzregierungen in Deutschland.
	18. Mai 1848: Eröffnung der Deutschen Nationalversammlung in der Frankfurter Paulskirche.
	28. März 1849: Verabschiedung der Reichsverfassung; gleichzeitig Erstarken der traditionellen Gewalten und Niederschlagung der Revolution.

Um 1820 brachte ein kritischer, damals bereits fast fünfzigjähriger Zeitgenosse, der Buchhändler Friedrich Perthes aus Gotha, eine Beobachtung auf den Punkt, die ihn wie viele seiner Altersgenossen höchst beunruhigte: Bisher, so stellte er fest, seien Richtungswechsel der geistigen Strömungen, der Normen und Werte nur im Lauf von Jahrhunderten erfolgt, »unsere Zeit aber hat das völlig Unvereinbare in den drei jetzt gleichzeitig lebenden Generationen vereinigt«. Die ungeheuren Gegensätze im Umfeld der Jahre 1789 und 1815 entbehrten aller Übergänge; sie seien deshalb nicht mehr als ein Nacheinander, »sondern nur noch als ein Nebeneinander in den jetzt lebenden Menschen, je nachdem dieselben Großväter, Väter oder Enkel sind«, zu begreifen. Das punktuell bereits zu dieser Zeit in einigen deutschen Regionen zu beobachtende Fabrikwesen, welches andere Zeitgenossen überschwenglich als Basis einer geradezu paradiesischen Entwicklung zu »bürgerlichem und sittlichem Glück« (Justus Gruner) begrüßt hatten, erschien dem hellsichtigen Perthes als ein »Grab unseres Charakters, unserer Sitten und unserer Kraft«. Er sollte recht behalten; seine traditional bestimmte Welt, das heißt wichtige Teile des gesamten Kultursystems der »ständischen Gesellschaft«, begannen sich immer schneller aufzulösen, obwohl restaurative Kräfte mehrfach versuchten, Staustufen in den reißenden Strom zu bauen.

Versteht man unter Gesellschaft nicht eine greifbare Institution (neben oder in einem dialektischen Verhältnis zum Staat) und nicht eine Art additives Gebilde zu den drei »relativ autonomen« Dimensionen Herrschaft, Wirtschaft und Kultur (H.-U. Wehler), sondern die spezifische Art und Weise, wie Menschen in ihren jeweiligen Zeitumständen und historischen Räumen ihre gegenseitigen Beziehungen erleben und ausleben, entsprechende Regelungen und Maßstäbe eines geordneten Umgehens miteinander finden und vielfältige »Wechselwirkungen« untereinander erzeugen bzw. – in überkommener Weise oder neu – organisieren, dann war der auf wenige Jahrzehnte zusammengedrängte Übergang in die »moderne Weltepoche« über einzelne revolutionäre Ereignisse hinaus grundsätzlich und gerade auch mit Blick auf die Herausforderungen an Herz und Kopf der Menschen ein revolutionärer Vorgang: Es ging um die Ablösung ihres bisher von ständischen Prinzipien bestimmten Zusammenlebens im Rahmen des eng damit verknüpften absolutistisch-legitimistischen Herrschaftssystems durch ein idealiter von Rechtsgleichheit, bürgerlicher Emanzipation, individuellem Glücksstreben, zunehmenden Partizipationsmöglichkeiten, »modernen« Lebensstilformen, »Subjektivität« usw. geprägtes Miteinanderumgehen. Der Prozeß verlief widersprüchlich, ja, er wurde den Zeitgenossen oft erst wegen seiner Widersprüchlichkeit und deren Wirkungen wahrnehmbar; er verunsicherte viele Menschen in höchstem Maße, zwang ihnen Neuorientierungen und Verhaltensweisen auf, die sie an ihnen bisher unbekannten Werthierarchien messen mußten, setzte aber auch Bewegungsenergien frei wie nie zuvor – in abwehrender und in neuordnender Richtung zugleich!

Die Auswirkungen der die Modernisierung in entscheidender Weise bestimmenden Auslöser – gemeint sind die politischen Revolutionen in Amerika und Frankreich sowie die industrielle Revolution in England – verspürten die Menschen in den meisten Territorien des deutschen Sprachraums allerdings nur indirekt, sekundär und verzögert. Viel direkter und momentan folgenreicher erlebten sie die Auswirkungen der gegen das revolutionäre Frankreich gerichteten Koalitionskriege, des Reichsdeputationshauptschlusses von 1803, der politischen Umstrukturierungen im Westen Deutschlands (Rheinbund seit 1806), vor allem aber der französischen Fremdherrschaft bis hin zum napoleonischen Feldzug gegen Rußland 1812 und zu den Befreiungskriegen 1813/1815. Dieses Vierteljahrhundert voller Erschütterungen endete mit dem Wiener Kongreß. Schon mit dem Eintritt Österreichs am 12. August 1813 in die Front gegen Napoleon hatte der Krieg seinen bisherigen Charakter geändert: Das Befreiungsziel war seither immer stärker hinter dem vor allem von dem österreichischen Staatskanzler Metternich favorisierten Bestreben zurückgetreten, das europäische Gleichgewicht des »Ancien Régime« wiederherzustellen. Diesem Zweck vor allem sollte der Kongreß gelten, der – nach Napoleons Niederlage in der Völkerschlacht bei Leipzig (16.–19. Oktober 1813) und dem danach mit Frankreich abgeschlossenen (ersten) Pariser Frieden (30. Mai 1814) – am 18. September in Wien feierlich eröffnet wurde. Metternich über-

Die Neuordnung Europas durch den Wiener Kongreß 1815

nahm den Vorsitz und sorgte dafür, daß das besiegte Frankreich nicht aus der Reihe der führenden Staaten ausgestoßen wurde. Dessen Delegationschef Talleyrand saß gleichberechtigt mit am Verhandlungstisch der fünf Großmächte, die nun – weitgehend über die Köpfe der mittleren und kleineren Staaten hinweg – zum einen die territoriale Neuordnung Europas festlegten, zum anderen eine neue politische Ordnung im Gebiet des ehemaligen Heiligen Römischen Reiches Deutscher Nation, den Deutschen Bund (s. u.), schufen. Die Grenzen besonders der großen Staaten aus der Zeit vor 1792 wurden – mit einigen wichtigen Ausnahmen – wiederhergestellt und von Napoleon gestürzte Herrscherhäuser wieder in ihre Stellung gebracht, wobei das Prinzip der monarchischen Legitimität, d. h. der Begründung der Fürstengewalt »von Gottes Gnaden«, erneut volle Geltung bekam. Um nur einige territoriale Veränderungen mit zukunftsweisendem Charakter zu nennen: Rußland erhielt einen großen Teil Polens (»Kongreßpolen«); Preußen trat fast alle seine polnischen Gebiete ab, bekam aber nun Nordsachsen sowie weite Gebiete in Westfalen und im Rheinland zugesprochen; Österreich verzichtete auf seinen Besitz in den Niederlanden (Belgien), behielt jedoch die neu erworbenen Territorien Salzburg, Lombardo-Venetien und Galizien. Ein neues Königreich der Niederlande entstand, und der Schweiz wurde »immerwährende Neutralität« garantiert.

Ging es den Staatsmännern im wesentlichen also um »Restauration« und die Abwehr jeder Art von Revolution, so erhofften sich die Menschen im Lande vom Wiener Kongreß vor allem dreierlei: dauerhaften Frieden, Einheit und Freiheit. Sie sollten weitgehend enttäuscht werden,

---

Zu nebenstehender Karte:

H. Holstein	L. Ghzm. Luxemburg	O. Ghzm. Oldenburg
B. Ghzm. Baden	M. Hzm. Modena	P. Hzm. Parma
F. Frankfurt	Mo. Montenegro	W. Kgr. Württemberg

denn abgesehen von der tatsächlich rund ein halbes Jahrhundert dauernden Vermeidung von größeren Kriegen wurden weder die Wünsche nach freiheitlicheren Verfassungen und nationaler Einheit erfüllt noch die Vertiefung sozialer Fronten und ein in mehreren Schüben wachsender innerer Unfrieden verhindert. Zwar hatten viele deutsche Fürsten in ihrem Bestreben, ihre Untertanen gegen Frankreich zu mobilisieren und in ihrer Abwehrbereitschaft zu bestärken, vor der endgültigen Niederwerfung Napoleons Verfassungen, also verbriefte politische Mitgestaltungsmöglichkeiten versprochen, so auch der Preußenkönig Friedrich Wilhelm III. noch am 22. Mai 1815. Doch die Bereitschaft, solche Versprechungen nach dem Wiener Kongreß einzulösen, hielt sich in Grenzen – konkreter: Nach 1818/1820 begann hauptsächlich die Mainlinie die Staaten, die trotz des grundsätzlich aufrechterhaltenen monarchischen Prinzips erste Schritte zum Konstitutionalismus unternahmen (Bayern, Württemberg, Baden, Hessen-Darmstadt), von jenen zu scheiden, die keinerlei Anstalten machten, Volksvertretungen zuzulassen, allen voran Preußen und Österreich. Immerhin konnte sich in der Folgezeit in Süd- und vor allem in Südwestdeutschland eine politisch liberale Bewegung nicht nur ausbilden, sondern sogar in (indirekt) gewählten Parlamenten artikulieren. Dies hatte langfristig, weit über die Revolution von 1848/1849 und das erste gesamtdeutsche Parlament – die Frankfurter Nationalversammlung – hinaus, vielfältige Konsequenzen und führte unter anderem zur Herausbildung unterschiedlicher politischer »Klimazonen« in Deutschland. So beschränkt die bürgerlichen Mitwirkungsrechte noch waren: die Richtung war gewiesen, selbst wenn die Neuerungen von den Fürsten nur sehr zögerlich vollzogen wurden und eher als Abwehrstrategie gegen sehr viel weitergehende Forderungen denn als Aufbrüche in eine neue Zeit gedacht waren. Jedenfalls war nun der Boden bereitet für die das gesamte 19. Jahrhundert mitbestimmende Auseinandersetzung um die politische Gleichheit aller Staatsbürger und um demokratisch legitimierte Volksvertretungen.

Zunächst aber war es der Deutsche Bund, der die politischen Geschicke in den Staaten auf dem Gebiet des 1806 aufgelösten Heiligen Römischen Reiches Deutscher Nation zu bestimmen beanspruchte – ein Staatenbund, bestehend aus 41 souveränen Staaten (einschließlich vier Stadtstaaten), die sich in Wien mit dem Ziel zusammengeschlossen hatten, die äußere und innere Sicherheit Deutschlands und die Unabhängigkeit und Unverletzbarkeit der einzelnen deutschen Staaten zu erhalten (§ 2 der Bundesakte). Die scheinbar fortschrittliche Empfehlung in der Bundesakte an die Mitgliedstaaten, landständische Verfassungen einzuführen (§ 13), wurde kurze Zeit später weitgehend durch die verpflichtende Interpretation verwässert, daß es grundsätzlich das Staatsoberhaupt sei, von dem die gesamte Staatsgewalt auch in Zukunft auszugehen habe. Damit sollte der alten legitimistischen Lehre, daß der jeweilige Fürst von Gottes Gnaden zu seinem uneingeschränkten Herrscheramt berufen sei, neue Kraft gegeben werden. Zu diesem Restaurierungszweck des Bündnisses trat ein Solidarisierungszweck: Zur Erreichung ihrer restaurativen Ziele und zur Abwehr von gegenläufigen Strömungen versicherten sich alle die Fürsten, die den Reichsdeputationshauptschluß und die territorialen Umordnungen bzw. Neuordnungen bis zum Wiener Kongreß als Landesherren überlebt hatten, der gegenseitigen, unter Umständen auch militärischen Hilfe. Die nächsten Jahrzehnte sollten zeigen, daß der Deutsche Bund in erster Linie aus dieser Abwehrfunktion seine Stärke bezog und nicht aus einer Politik, die aktiv, positiv und integrierend Zukunft gestalten wollte. Dies blieb den Einzelstaaten überlassen; sie entfalteten oder unterließen reformierende Initiativen und förderten damit die zum Signum der Epoche gehörende »Gleichzeitigkeit des Ungleichzeitigen«.

Hinzu trat bis zur endgültigen Lösung des Problems ein halbes Jahrhundert später (Reichsgründung 1871) eine den politischen Modernisierungsprozeß in Deutschland wohl eher noch zusätzlich hemmende internationale Mächtekonstellation: Waren einerseits im Wiener Kongreß die mitteleuropäischen Verhältnisse im Interesse der fünf Großmächte (»Pentarchie«) Rußland und England, Preußen und Österreich sowie Frankreich nach dem Prinzip des Gleichgewichts geordnet worden, so erstrebte andererseits Metternich als der Spiritus rector des Kongresses durch die Gründung des Deutschen Bundes eine Weichenstellung in Richtung auf eine dauerhafte österreichische Dominanz in Deutschland. Daß diese Politik infolge des seit Mitte des 18. Jahrhunderts ständig gewachsenen Dualismus zwischen den beiden führenden deutschen Staaten auf den massiven Widerstand Preußens treffen mußte, liegt auf der Hand: Auch wenn man die Jahrzehnte nach 1815 mit Recht die »Ära Metternich« genannt hat, war das politische Klima dennoch durch eine Situation gegenseitig belauernder Konkurrenz geprägt, vor allem, als schon früh ein eher zaghafter Versuch von Gesandten aus einigen Mittelstaaten scheiterte, neben die beiden deutschen Großmächte eine dritte Kraft zu setzen und so zu einer »Trias« zu kommen.

Diese Auseinandersetzungen auf der hohen politischen Ebene nahm die Mehrzahl der Menschen in den bisher und überwiegend auch weiterhin von engen Horizonten, Untertanentum und agrarischen Lebensformen geprägten Staaten des Deutschen Bundes nur sehr selektiv wahr. Als ausdrückliche Herausforderungen zum Bewerten und Handeln empfanden nur Minderheiten die politischen Veränderungen: Den regierenden Fürsten mit ihren obersten Beamten sowie dem von den Wiener Entscheidungen betroffenen Adel stand auf der anderen Seite ein von aufklärerischen und liberalen Ideen infiziertes neues Bürgertum gegenüber, das sich vom ständischen Stadtbürgertum abhob, in individueller Leistung und Bildung seine verbindenden Elemente fand und Vernunft, Gesittung und Fortschrittsglaube auf seine Fahnen geschrieben hatte. Es setzte sich aus Kaufleuten, Akademikern, freiberuflicher und beamteter Intelligenz zusammen und nutzte die seit der zweiten Hälfte des 18. Jahrhunderts geschaffenen Kommunikationsformen und -medien – von den Moralischen Wochenschriften und Journalen bis hin zu den Patriotischen Gesellschaften und Lesevereinen – zum intensiven geistigen Austausch und zur Selbstbestätigung. Immer mehr Städte, in denen bisher oft Stagnation und »Indolenz« vorgeherrscht hatten, entwickelten sich jetzt unter dem Einfluß dieses neuen Bürgertums von ummauerten, sich vom Umland abschottenden Gebilden zu »offenen Bürgerstädten«. Äußeres Zeichen dieses Prozesses war, daß vielerorts die Stadtmauern eingerissen, Tore beseitigt und Stadtgräben aufgefüllt wurden. Allerdings ist folgendes zu berücksichtigen: Wenn auch zum Beispiel in Preußen um 1815 etwas mehr als ein Viertel aller Menschen in Orten mit Stadtrecht lebten, waren darunter viele Gemeinden mit weniger als 1000 Einwohnern, weshalb in den meisten »Städten« weiterhin ländliche, ackerbürgerliche und allenfalls kleinbürgerliche Lebensformen den Alltag bestimmten. Im Grunde waren es nur die Residenz-, Verwaltungs-, Universitäts- und Gewerbestädte, von denen aus jenes neue Bürgertum seinen Siegeszug antrat. Daneben gab es in einigen Regionen Deutschlands, so zum Beispiel in der preußischen Grafschaft Mark, ein bemerkenswert initiativfreudiges landsässiges Bürgertum, das sich aktiv in die Diskussion über die Durchsetzung liberaler politischer und wirtschaftlicher Verhältnisse einmischte (etwa Friedrich Harkort).

Viele dieser »Bildungsbürger«, insbesondere die der jüngeren Generation angehörenden, erlebten die Weichenstellungen des Wiener Kongresses als tiefe Enttäuschung ihrer Hoffnungen auf mehr Freiheit und Gleichheit, auf freiere politische Strukturen und nationale Einheit. Während jedoch die meisten bürgerlichen Kritiker sich – abgesehen von verschiedenen Petitionen, in denen Verfassungen eingefordert wurden – angesichts des Machtpotentials der Restaurationskräfte zurückhielten und zunächst einmal resignierten, kam es aus Kreisen der studentischen Jugend zu zwei bedeutsamen Ereignissen, die im Gegenzug die Entwicklung eines Polizeistaatssystems im Deutschen Bund erheblich beschleunigten. Das zur Erinnerung an Luthers Thesenanschlag vor 300 Jahren und an den vier Jahre zurückliegenden Sieg über Napoleon geplante Wartburgfest besaß durch die dort gehaltenen Reden, durch eine spektakuläre Bücherverbrennungsaktion, bei der auch ein preußischer Ulanenschnürleib, ein hessischer Zopf und ein österreichischer Korporalstock ins Feuer geworfen wurden, und durch die nachträglich verfaßten »Grundsätze und Beschlüsse« in den Augen der Wortführer des Deutschen Bundes eine hohe politische Brisanz und löste Empörung aus. Noch mehr jedoch als dieses Fest hat ein 16 Monate später von dem Studenten Karl Sand auf den als Reaktionär und russischen Spion geltenden Dichter August von Kotzebue verübtes Attentat die Restaurationsregierungen zum Eingreifen veranlaßt. Kurze Zeit danach, im August 1819, arbeiteten Minister der Staaten des Deutschen Bundes, von Metternich zu scharfen Schritten gedrängt, die Karlsbader Beschlüsse aus, die die Bundesversammlung am 16. September 1819 annahm. Ein Universitätsgesetz, ein Pressegesetz, ein Untersuchungsgesetz gegen bundesfeindliche »Umtriebe« und eine Exekutionsordnung waren das Ergebnis, das gleichzeitig massive Eingriffsmöglichkeiten der Bundesbehörden in die Souveränität der Einzelstaaten schuf. Eine Zeit der politischen »Friedhofsruhe« begann nun und sollte – mit einer Unterbrechung Anfang der 1830er Jahre, als Auswirkungen der französischen Julirevolution von 1830 die herrschenden Gewalten kurzfristig zu einem gewissen Entgegenkommen zwangen – rund zwei Jahrzehnte dauern.

Im Gegensatz zum weitgehend stagnierenden politischen Leben kamen die ökonomischen und mit ihnen die sozialen Verhältnisse in Bewegung und lösten in den drei Jahrzehnten nach dem Wiener Kongreß in vielfältiger Weise entsprechende »Bewegungen« aus. Anstoßend wirkten hier weniger die neuen politischen Ideen und die enttäuschten Verfassungserwartungen als erhebliche, die bisher schon bekannten Krisen an Ausmaß weit übertreffenden Verschlechterungen der Lebensverhältnisse eines schnell zunehmenden Teils der gleichzeitig beständig anwachsenden Bevölkerung. Die Gründe dafür waren vielfältig: Sie reichten von der Überflutung des deutschen Marktes mit billigen, weil maschinell hergestellten englischen Waren (vor allem Textilien) nach der Aufhebung der napoleonischen Kontinentalsperre bis hin zu den (zum Teil unvorhergesehenen) Folgen diverser Reformbemühungen, vor allem in Preußen durch den Reformerkreis um Stein und Hardenberg, mit denen eine – so Stein – Mobilisierung der »Kräfte und Kapitale« angestrebt worden war (freie Berufswahl und Gewerbeausübung, Freizügigkeit, uneingeschränkte Heiratsmöglichkeit auch in den Unterschichten usw.). Vor allem die Agrar-, Gewerbe- und Finanzreformen, welche die Bereitschaft zu mehr Eigeninitiative und eine beträchtliche wirtschaftliche Handlungsfreiheit der Individuen, gleichzeitig die Aufhebung vieler hemmender feudaler und obrigkeitlicher Schranken herbeiführen und dem Staat ein höheres Steueraufkommen bescheren sollten, lösten – durch spätere Eingriffsversuche kaum noch steuerbare – Veränderungen des traditionellen Ständegefüges, der Gewerbestruktur (z. B. durch die Aufhebung der Zünfte) und der agrarischen Lebensordnung (vor allem im Bereich der Gutsherrschaft) aus. Um die Vielfalt der Ursachen jenes »Pauperismus«, den die Zeitgenossen zunehmend als größte

Bedrohung ihrer gesamten Lebenswelt wahrnahmen, ordnen und bündeln zu können, haben sich inzwischen folgende Begriffe für die drei bedeutsamsten Teilprozesse durchgesetzt: »Dekorporierung« meint den Verlust der traditionellen ständischen Sicherheit und Ordnung, ohne daß die Grundzüge einer neuen sozialen Ordnung bereits sichtbar gewesen wären; mit »Disproportionierung« wird das quantitative Wuchern der bisher ständisch eingebundenen und »gebändigten« Unterschichten im Verhältnis zu den anderen Schichten bezeichnet, und der Begriff »Demoralisierung« (oder »Entsittlichung«) zielt auf die zeitgenössische Beobachtung, daß als Folge der Mobilisierungsvorgänge auch die ehemals halt- und sinngebenden Normen, die durch die Kirchen, die Gemeinden, die beruflichen Korporationen und Familienverbände vorgegeben und kontrolliert worden waren, wenn nicht aufgehoben, so doch in ihrer Verbindlichkeit deutlich schwächer wurden. Wenn man nicht die Chancen zur weiteren Entfaltung des »Fortschritts« von vornherein verspielen sollte, mußte man sich den von diesen Teilprozessen ausgehenden Bedrohungen stellen und die Gefahr einer ausufernden Pauperisierung breiter Teile der Bevölkerung bekämpfen. Das heißt, den neu entstehenden »Stand der Standeslosen«, das Proletariat, galt es – dies waren die drei wesentlichen Strategien jener Zeit –, entweder mit polizeilicher Gewalt zu zähmen oder durch soziale Reformen mit dem Ziel seiner Integration in die bürgerliche Gesellschaft materiell und geistig zu »heben« oder als eine sich ihrer Kraft bewußte Macht zu gewinnen, um einen völligen Neuanfang zu setzen – Restauration bzw. Reaktion, Reform oder Revolution lauteten also die Perspektiven.

Die zuletzt genannte radikale Lösung wurde allerdings nur im sehr kleinen Kreis der Frühsozialisten und bei den Mitgliedern von Auslandsvereinen deutscher Emigranten und Handwerksgesellen in Paris und London erörtert – in diesem Kontext verfaßten im Winter 1847/1848 Karl Marx und Friedrich Engels ihr *Kommunistisches Manifest*, das die »Proletarier aller Länder« zur Einigkeit und zum revolutionären Aufbruch aufforderte. In den Staaten des Deutschen Bundes standen sich dagegen im wesentlichen die restaurativen Verteidiger des Status quo mit ihren polizeistaatlichen Maßnahmen und die Vertreter einer sich formierenden bürgerlichen Sozialreform gegenüber, wobei die Front mitten durch jene Gruppe verlief, die sich im Vormärz als Brücke zwischen dem beharrenden Staat auf der einen und der von Bewegung ergriffenen bürgerlichen Öffentlichkeit auf der anderen Seite verstand: die Beamtenschaft. Neben vielen Beamten, die treue Diener ihrer sich weiterhin absolutistisch gebärdenden Herren waren, gab es durchaus eine beträchtliche Anzahl, die einen »Beamtenliberalismus« repräsentierten und gleichzeitig von älterem Gemeinwohldenken geprägt waren. Von diesen gingen, indem sie Impulse aus den Jahren der preußischen Reform fortsetzten, im Zusammenwirken mit liberalen Bildungs- und Besitzbürgern verschiedene Initiativen aus, die darauf hinausliefen, die staatliche Bevormundung zu reduzieren, die sozialen Mißstände aus eigener Kraft der Gesellschaft zu beheben und soziale Einrichtungen, insbesondere soziale Vereine zu begründen, die neben materiellen Verbesserungen in gewissem Umfang auch Artikulations- und Partizipationsmöglichkeiten für die »arbeitenden Klassen« schaffen sollten. Die Diskussion darüber in einer Vielzahl von Journalen und Broschüren konnten die Reaktionsregierungen trotz der bestehenden Zensurgesetze nicht mehr eindämmen. Spätestens seit der zweiten Hälfte der 1830er Jahre war – im Kontext des sogenannten Kölner Kirchenstreits, bei dem ausgehend von der Mischehenproblematik das Verhältnis des preußischen Staates zur katholischen Kirche zur Debatte stand, und der Protestaktion der sogenannten Göttinger Sieben, die sich als honorige Professoren mutig gegen einen Verfassungsbruch ihres Landesherrn zur Wehr gesetzt hatten – in Deutschland eine öffentliche

Meinung entstanden, die zu beachten und ernstzunehmen auch die Regierungen gezwungen waren: Man hat mit Blick auf den Aufstieg der Presse in dieser Zeit und die durch sie ermöglichte Verbreitung des tagespolitischen Wissens geradezu von einer »Leserevolution« gesprochen (Th. Nipperdey). Seit Beginn der 1840er Jahre begann deshalb eine neue, die dritte Phase liberalen Aufschwungs, die nicht mehr so leicht wie nach dem Wiener Kongreß und nach den deutschen Folgeereignissen der französischen Julirevolution von 1830 (z. B. das Hambacher Fest und der Frankfurter Wachensturm) abgebrochen werden konnte. Die widersprüchliche Politik des seit 1840 in Preußen regierenden Königs Friedrich Wilhelm IV. bestärkte zudem das Vorwärtsdrängen bürgerlicher Reformerkreise zusätzlich. Zwei zeitgleiche Ereignisse im Sommer 1844 führten dann der Öffentlichkeit unmißverständlich die inzwischen diametral auseinanderstrebenden Entwicklungen vor Augen: eine glänzende Zollvereinsausstellung in Berlin aus Anlaß des nun seit zehn Jahren erfolgreichen Experiments, in Deutschland unter Ausschluß Österreichs eine einheitliche Volkswirtschaft nach liberalen Prinzipien zu schaffen – bestaunt wurde hier vor allem die erste in Deutschland gebaute Lokomotive, mit der der Fabrikant Borsig zeigte, daß das deutsche Unternehmertum inzwischen mit der englischen Industrie Schritt halten konnte –, und der Aufstand der schlesischen Weber, die sich in einer spontanen »Emeute« gegen ihre rasant voranschreitende Verelendung wie auch gegen das hartherzige, zum Teil zynische Verhalten der Fabrikherren und Verlegerkaufleute zur Wehr setzten und durch ein schnelles Eingreifen von Militär und Behörden brutal unterdrückt wurden. Doch die Hilfsmaßnahmen und sozialen Initiativen, die eine beachtliche Zahl von teilweise sozial-patriarchalischen, teilweise sozial-liberalen Bürgern aus Einsicht in das Mißverhältnis zwischen den deutlichen Entwicklungschancen der noch jungen deutschen Industrie und der elenden Lage vor allem der ehemals in auskömmlichen Verhältnissen lebenden Heimgewerbetreibenden in Schlesien und anderen Teilen Deutschlands (z. B. in Minden-Ravensberg) in die Tat umzusetzen versuchten, wurden sehr bald von den Regierungen, allen voran in Preußen, gebremst: Es dominierte die Furcht vor einem freien Vereinswesen, das die Autorität des Staates hätte in Frage stellen können. Selbst Aktienvereine, die sich in den frühen 1840er Jahren – dies war eine bemerkenswerte Innovation – zur Finanzierung der kostspieligen Eisenbahnprojekte zusammengefunden hatten, galten zeitweise als potentielle Gefahrenhorte. Einige aufgedeckte kleine kommunistische Zirkel boten dem Innenministerium schließlich den Vorwand zum Eingreifen und zum Verbot der Vereinsbewegung für das Wohl der arbeitenden Klassen. Viele enttäuschte und zunächst durchaus staatsloyale Bürger begriffen jetzt, daß die herrschenden Gewalten die notwendigen Reformen zur Heilung des ständig labiler werdenden Gesamtsystems nicht zulassen wollten und dadurch einer Eskalation der sozialen Spannungen Tür und Tor öffneten. Immer mehr liberale, auf eine Sozialreform drängende Bürger und auch Beamte begannen von nun an, eine politische Wende mit dem Ziel einer konstitutionellen Monarchie ins Auge zu fassen. Sie sollte – so hoffte man – politische Verhältnisse schaffen, die es ermöglichten, die drohende soziale Revolution durch ein Zusammenwirken aller gesellschaftlichen Kräfte unter bürgerlicher Führung zu verhindern. Im Zusammenhang mit der Entstehung eines solchen »vorrevolutionären Bewußtseins« war zusätzlich bedeutsam, daß sich die bürgerliche Oppositionsbewegung früh in zwei Richtungen zu spalten begann: eine liberale, die neben der Verfassungsforderung im wesentlichen für wirtschaftliche und maßvolle soziale Reformen eintrat, und eine deutlich weitergehende demokratische, die insbesondere politische Ziele wie das allgemeine Wahlrecht, Ministerverantwortlichkeit, Demokratisierung der Justiz artikulierte.

Trotz solcher Einstimmung und der in vielen Hungerunruhen infolge von Mißernten und Teuerungswellen sichtbar werdenden »sozialen Unterströmung« überraschte der Ausbruch der Märzrevolution 1848 die Regierungen und die bürgerliche Öffentlichkeit gleichermaßen und traf sie unvorbereitet. Viele Wortführer der vormärzlichen Opposition wurden geradezu zu »Revolutionären wider Willen« (Th. Schieder). Wieder war es ein Anstoß von außen, die französische Februarrevolution des Jahres 1848, gewesen, der die Dinge ins Rollen brachte, doch diesmal blieb es in Deutschland nicht bei punktuellen Ereignissen wie 1830. Eine breite Woge politischer Handlungsbereitschaft aus freilich oft recht unterschiedlichen Motiven erfaßte die Menschen in Stadt und Land und zwang die Regierungen zum Nachgeben, ja, zur Kapitulation vor den sogenannten Märzforderungen (Versammlungs- und Pressefreiheit, allgemeines und gleiches Wahlrecht, Volksbewaffnung, Wahl einer Nationalversammlung usw.). Doch die anfänglichen revolutionären »Blütenträume« verflogen schon kurz darauf, und der allgemeine »Freiheitstaumel« besaß keine lange Dauer. Schon bald brachen Konflikte über die Revolutionsziele auf: Während die einen die erreichten politischen Ziele für ausreichend hielten, drängten die anderen immer vehementer in Richtung auf eine soziale Revolution. Gleichzeitig gewannen die anfangs wie gelähmt wirkenden traditionellen Kräfte wieder an Festigkeit und trafen Vorbereitungen zur Gegenrevolution. Ihnen kam zu Hilfe, daß sich wichtige Gruppen, die zunächst den Umschwung mit vorangetrieben hatten, zurückzogen oder deutlich von der Revolution zu distanzieren begannen. Die Bauern hatten zum Beispiel bald erreicht, was sie wollten; ihnen war es um den Abschluß der Agrarreformen gegangen und nicht um eine Ablösung der überkommenen Obrigkeiten. Viele Bürgerliche erlebten die Tumulte und Streiks in den Städten im Sommer 1848, bei denen es nicht mehr so sehr – wie ein Slogan hieß – um »Preßfreiheit«, sondern um »Freßfreiheit«

ging, als Bedrohung ihrer Sicherheit und Ordnung. Sie begrüßten zwar die Nationalversammlung in Frankfurt und die Parlamente in den deutschen Staaten, wünschten sich aber gleichzeitig möglichst rasch einen starken Staat. Je weniger der angestrebte deutsche Nationalstaat Aussicht auf Erfolg hatte, desto mehr verloren sie ihr Vertrauen in die Paulskirchenversammlung. Immerhin konnte dieses erste gesamtdeutsche Parlament mit knapper Mehrheit noch am 27. März 1849 eine bemerkenswert demokratische Verfassung einschließlich eines kurz vorher entworfenen Grundrechtekatalogs verabschieden, doch die Gegenkräfte, besonders die Regierungen Preußens und Österreichs, waren inzwischen zu stark geworden und dachten nicht mehr daran, sich den Beschlüssen der Nationalversammlung zu beugen. Friedrich Wilhelm IV. lehnte schließlich die ihm angebotene Kaiserwürde ab und beraubte damit den geplanten kleindeutschen Nationalstaat seiner Spitze und Basis zugleich. Militärisches Eingreifen besorgte den Rest, und von oben oktroyierte Verfassungen mit nur sehr geringen parlamentarischen Rechten traten allenthalben an die Stelle der demokratischen Entwürfe der Revolutionsmonate.

Gemessen an ihren weitreichenden Zielen und den euphorischen Anfangserwartungen scheiterte damit die Revolution – dies nicht nur in Deutschland und Österreich, sondern auch in den übrigen europäischen Staaten, die eine Revolution erlebt hatten. Die Gründe dafür waren äußerst vielfältig und lassen sich nicht auf simple Nenner bringen, wie es vor allem sozialistische Interpreten versucht haben: Der zur Lösung anstehenden komplexen Fülle von Problemen standen die unterschiedlichen Reform- und Revolutionsbewegungen unvorbereitet und weitgehend hilflos gegenüber; hinzu kam die innere Widersprüchlichkeit der Bewegungskräfte, denn »Modernisierungspotentiale, blokkierende Elemente und vergangenheitsorientierte Ziele [waren] in allen politischen Richtungen« letztlich die entscheidenden Charakteristika (D. Langewiesche).

Von der Revolution 1848/1849 bis zur Reichsgründung von 1871

1850–1858	Beginn erneuter Restaurationszeit: »revidierte« Verfassungen, strenge Vereinsgesetze usw.
1850	29. November: »Olmützer Punktation«, Erneuerung des Deutschen Bundes.
1851	1. September: Wiedereröffnung des Bundestags in Frankfurt (preußischer Gesandter: Otto von Bismarck).
um 1853	Höhepunkt der Auswanderungswelle nach Übersee. Anfänge kommunaler Daseinsvorsorge (»Elberfelder System«). Frühindustrialisierung in Deutschland (sprunghafter Ausbau des Ruhrgebiets).
1858	Beginn der »Neuen Ära« in Preußen (Beginn der Regentschaft Wilhelms I. wegen der Regierungsunfähigkeit Friedrich Wilhelms IV. seit 1857).
1862	8. Oktober: Ernennung Bismarcks zum Ministerpräsidenten; der preußische Verfassungskonflikt erreicht seinen Höhepunkt.
1863	23. Mai: Gründung des Allgemeinen Deutschen Arbeitervereins (ADAV) unter Ferdinand Lassalle.
	13. November: Vorlage der dänischen Verfassung verschärft die Schleswig-Holsteinische Frage.
1864	1. Februar – 1. August: Deutsch-dänischer Krieg.
	1. August: Vorfriede von Wien, preußisch-österreichisches Kondominium über Schleswig-Holstein.
1866	Juni: Ausbruch des preußisch-österreichischen Krieges.
	3. Juli: Preußischer Sieg in der Schlacht bei Königgrätz.
	23. August: Friede von Prag, Auflösung des Deutschen Bundes.
	3. September: »Indemnitätsvorlage« wird vom preußischen Landtag angenommen (nachträgliche Billigung des Militäretats).

1867 Karl Marx veröffentlicht den ersten Band von *Das Kapital.*
1. Juli: Verfassung des Norddeutschen Bundes (mit Preußen als Hegemonialmacht) tritt in Kraft (allgemeine, gleiche und direkte Wahlen).

1870 19. Juli: Ausbruch des deutsch-französischen Krieges.
1. September: Sieg bei Sedan, Gefangennahme und Abdankung Napoleons III.

1871 18. Januar: Proklamation Wilhelms I. zum Deutschen Kaiser in Versailles.
10. Mai: Frieden von Frankfurt; Elsaß-Lothringen wird »Reichsland«; Verfassung des Deutschen Reiches mit drei Organen: Kaiser, Bundesrat und Reichstag.

Auch wenn das unglückliche Ende der Revolution – Heinrich Heine urteilte: »Eine Revolution ist ein Unglück, aber ein noch größeres Unglück ist eine verunglückte Revolution« – in den folgenden knapp hundert Jahren immer wieder von reaktionären politischen Kreisen wie auch von diversen Ideologen als Beweis für die politische Unfähigkeit des deutschen Bürgertums bzw. für die Unreife der Bevölkerungsmassen angeführt und die Erinnerung an die Episode von 1848/1849 entsprechend verdrängt oder verfälscht worden ist, dürfen dennoch die »trotz alledem« hier liegenden Anfänge deutscher Demokratietradition und Sozialstaatlichkeit nicht unterschätzt werden. Der durchgreifende politische Schritt nach vorn erfolgte zwar auf längere Zeit noch nicht; dennoch besaßen die Jahre um 1850 nach den Jahren der Phase 1810/1820 erneut Stufencharakter und lieferten den Menschen in der Folgezeit neben manchen Rückschlägen – insbesondere in Form einer neuen politischen Reaktionszeit in den Staaten des wieder etablierten Deutschen Bundes – letztlich doch viele Anstöße zur langfristigen Bewältigung der eingangs erwähnten Herausforderungen der »Moderne«; die zwei Jahrzehnte bis zur Reichsgründung von 1871 und zum Eintritt Deutschlands in die Hochindustrialisierungsphase gelten inzwischen als einer der »bewegtesten und folgenreichsten Abschnitte der neueren Geschichte« (R. Rürup).

Pull- und Pushfaktoren, das heißt bewußt gewollte Weichenstellungen in neue Richtungen und vielfältige Anpassungszwänge, denen sich die Zeitgenossen nicht entziehen konnten, standen sich dabei gegenüber oder ergänzten sich. Insgesamt dominierte jetzt nach den weitgespannten Erwartungen von 1848 eine »Realpolitik«, die das rationale Abwägen des Machbaren und das nüchterne Sich-Einrichten in die Verhältnisse zum Prinzip erhob. Die Zeit des bürgerlichen Realismus begann und prägte für Jahrzehnte Denken, Handeln und Lebensformen. Während jede deutlichere politische Opposition mit polizeistaatlichen Methoden unterdrückt wurde, die innerdeutschen Verhältnisse im Deutschen Bund infolge des durch den preußischen Bundesgesandten Otto von Bismarck bewußt geförderten Dualismus Preußen/Österreich weitgehend stagnierten und sich die deutschen Regierungen aus den europäischen Kriegen der 1850er Jahre – dem Krimkrieg und dem italienischen Krieg – heraushalten konnten, wurden in Wirtschaft, Wissenschaft und Technik die bereits vorher punktuell gelegten Grundlagen der zukünftigen Industriegesellschaft auf breiter Front ausgebaut. War das bürgerliche, besonders das liberale Selbstbewußtsein im politischen Bereich angeschlagen, so fand jetzt der Fortschrittsoptimismus in diesen Handlungsfeldern seine entscheidenden Ansatzpunkte. Das Bildungsbürgertum besetzte Schlüsselpositionen im Rechts- und Medizinalwesen, im Bereich der Kultur, Bildung, Kunst und Verwaltung und befriedigte die Nachfrage nach Expertenwissen, qualifizierten Dienstleistungen und Sinnstiftungen aller Art. Sein Lebensstil, seine künstlerischen Maßstäbe, sein Tugendkatalog, seine Verhaltensnormen (zum Beispiel mit Blick auf das Familienleben), seine Festschreibung von Geschlechterrollen im öffentlichen und privaten Bereich, überhaupt seine »Erfindung« einer spezifischen Privatsphäre mit typischen Rollenbesetzungen und Ritualen (vgl. das bürgerliche Weihnachtsfest) wurden nach und nach zur allgemeinen Richtschnur – nicht zuletzt deshalb, weil es das gesamte Bildungs- und Ausbildungswesen beherrschte und das gleichzeitig geschaffene Berechtigungswesen inhaltlich ausgestaltete. Ohne daß die Trennlinien zwischen Besitz- und Bildungsbürgertum zunächst allzu deutlich gezogen gewesen wären, lieferte dieses Bürgertum auch die Impulse für die visuelle Präsenz seiner »Kultur«: Der Bau von Opernhäusern und Theatern, Museen, Denkmälern usw. erfolgte jetzt nicht mehr in erster Linie im Auftrag regierender Fürsten oder adeliger Mäzene, sondern zunehmend aus dem Streben von Besitz- und Bildungsbürgern, den Städten kulturelle Mittelpunkte zu geben und ästhetische Akzente zu setzen. Die Steinsche Städteordnung für Preußen von 1808, modifiziert in weiteren Gesetzen der frühen 1830er und dann der 1850er Jahre, sowie ähnliche Ordnungen in anderen deutschen Staaten verschafften den stadtbürgerlichen Honoratioren einen beachtlichen Gestaltungsraum unterhalb der staatlichen Sphäre, den sie durch den Bau von »Musentempeln«, von repräsentativen Rathäusern, Justizpalästen, Bahnhöfen u. ä., nicht zuletzt auch von eindrucksvollen Privatgebäuden an Prachtstraßen nutzten und ansonsten durch eine Rationalisierung des traditionellen Armenwesens (beispielgebende Innovation war seit den 1850er Jahren das sogenannte Elberfelder System) und eine stärkere Institutionalisierung des »Polizeywesens« zur Erhaltung öffentlicher Ordnung ausfüllten. Doch begannen sich seit der Jahrhundertmitte in den alten Handels- und Gewerbestädten ebenso wie in den von der Industrie überformten bzw. durch diese erst geschaffenen Städten soziale und hygienische Probleme aufzutürmen, die sich nicht mehr durch gewalthaftes Vorgehen oder strenge Ordnungsmaßnahmen in den wuchernden Unterschichtenvierteln bewältigen ließen. Zunächst mehr unter dem Zwang der Verhältnisse als unter dem Aspekt vorausschauender Planung ergriffen die »Stadtväter« in wachsendem Umfang Maßnahmen, die später unter den Begriffen kommunale Leistungsverwaltung und Daseinsvorsorge zusammengefaßt worden sind. Neben die traditionellen Aufgaben (»Polizey«, Feuerschutz, Armenpflege) traten neue, die gleichzeitig mit neuen Technologien zusammenhingen oder solche erforderlich machten: Bereits in den 1840er Jahren war in einigen Städten die kommunale Gasversorgung ausgebaut worden, zunächst als Grundlage einer verbesserten Beleuchtung, dann für Koch- und Heizzwecke privater Abnehmer und der Industrie. Es folgten die Abwässer- und Fäkalienbeseitigung und schließlich seit Beginn der 1870er Jahre die öffentliche Trinkwasserversorgung. Auch die Anlage von Schlacht- und Viehhöfen, die Aufsicht über die Friedhöfe und die Straßenreinigung wurden zunehmend in öffentliche Hand genommen. Bei diesen im wesentlichen von der Gefahrenabwehr motivierten Maßnahmen spielte die Gesundheitsfürsorge eine bedeutende Rolle, da Choleraepidemien gezeigt hatten, daß unhygienische Verhältnisse in den Unterschichtquartieren die gesamte städtische Bevölkerung bedrohen konnten. Doch im letzten Drittel des Jahrhunderts blieb es nicht bei solchen Motiven: Vor allem die an Zahl sprunghaft zunehmenden Kommunalbeamten – von den (ehrenamtlichen) Honoratioren zu ihrer Entlastung eingesetzte Fachleute – entdeckten die Städte als ihre Gestaltungsräume und die Einrichtung städtischer Werke oder die Übernahme privater Betriebe in städtische Regie als Möglichkeit, ihren Kompetenzbereich auszuweiten, Überschüsse zu erwirtschaften und diese dem kommunalen Haushalt als zusätzliche Einnahmen zuzuführen.

Zwar lebten weiterhin die meisten Menschen auf dem Lande oder in agrarisch geprägten Kleinstädten – 1871 wohnte erst ungefähr jeder vierte Deutsche in einer Stadt mit mehr als 5000 Einwohnern –, doch ließ der nicht abreißende Menschenstrom vom Land in die Städte die sich verstädternden Ballungsräume zu den zentralen Brennpunkten des gesellschaftlichen Lebens wie der gesellschaftlichen Probleme werden. Freilich waren der Grad der konkreten Betroffenheit, die finanzielle Basis, die Handlungsbereitschaft und der Grad der Einsicht bei den städtischen Eliten von Ort zu Ort sehr unterschiedlich, so daß es bis zum Ende des Jahrhunderts zur Ausdifferenzierung des Städtesystems nicht nur nach den sozioökonomischen Ausgangsbedingungen, sondern auch nach dem Umfang und der Reichweite der jeweiligen Daseinsvorsorgemaßnahmen kam. Doch alle Bemühungen, die sich seit dem Vormärz immer drängender stellende und nun vom Land in die Städte verlagernde »soziale Frage« zu lösen, konnten mittel- und langfristig nur Erfolg haben, wenn es gelang, den vorhandenen engen Nahrungsspielraum entscheidend zu erweitern und die sich bedrohlich abzeichnende Bevölkerungsexplosion zu verhindern. Daß dies gelang, ist einerseits auf deutliche Verbesserungen der landwirtschaftlichen Anbau- und Düngemethoden seit Beginn der 1850er Jahre, die bereits Ende des Jahrzehnts erste Erfolge zeitigten, andererseits auf die beträchtlichen Menschenverluste infolge der ersten großen Auswanderungswelle von 1845 bis 1858 zurückzuführen: In dieser Zeit verließen ungefähr eineinhalb Millionen Menschen Deutschland in Richtung Übersee, vor allem in die Vereinigten Staaten. Langfristig war es allerdings der industrielle Durchbruch nach der Jahrhundertmitte, der sogenannte *take-off* (W. W. Rostow), der die eigentliche Lösung der Pauperismusfrage bewirkte. Zwar vertauschten zunächst noch auf Jahrzehnte die in die Industriezentren strömenden und von den sich rasch ausbreitenden Fabriken zunehmend aufgenommenen Menschenmassen nur ihren elenden Zustand als ländliche Unterschichten mit dem Status ausgebeuteter Fabrikarbeiter, aber dieser Schritt führte dennoch zur allmählichen Entschärfung jener »sozialen Frage«, die die bürgerliche Gesellschaft dann in der zweiten Hälfte des 19. Jahrhunderts im wesentlichen als »Arbeiterfrage« wahrnahm und erörterte.

Was die alltäglichen Lebensformen und die Werthierarchien der von den industriellen Entwicklungen erfaßten Menschen angeht, vollzogen sich nun gegenüber den vorindustriellen Verhältnissen entscheidende Wandlungen mit bis heute wirkenden Folgen, deren Brisanz eigentlich erst aus der Rückschau erkennbar wird. Nur zwei Aspekte sollen hier exemplarisch erwähnt werden. Der eine bezieht sich auf die Bedeutung von Zeit im Alltag: Eine neue »Zeitökonomie« nach dem Motto »Zeit ist Geld« (B. Franklin) führte zur Ablösung der traditionellen, »natürlichen« Arbeitsrhythmen in immer mehr gewerblichen Bereichen und zur Internalisierung der von den Arbeitszeiten der großen Fabriken und vom Takt der Maschinen vorgegebenen Zeiteinteilung. Stetiges Arbeiten, Pünktlichkeit, gleichbleibende Leistungsbereitschaft, Selbstdisziplin und Sparsamkeit waren die »industriösen« Tugenden, die auf breiter Front – und als Konkretisierung eines bereits seit dem 18. Jahrhundert von protestantischen Geistlichen, Volkserziehern und Nationalökonomen propagierten Arbeitsethos – den Unterricht der Kinder, die Unterweisung in den Gottesdiensten und die Inhalte einer Vielzahl erbaulicher Schriften für das Volk bestimmten. Zwar begann der Staat das Übel der Kinderarbeit, der zunächst die wichtigste arbeitserzieherische Wirkung nachgesagt worden war, wegen ihrer schlimmen Folgen für die Gesundheit, die Arbeitskraft und die Wehrtauglichkeit der männlichen Jugend durch Gesetze einzuschränken – in Preußen zum Beispiel im Jahre 1839, als die wohl erste moderne sozialpolitische Maßnahme in Deutschland, ein Kinderschutzregulativ, erlassen wurde –, doch stand die intensive Erziehung des Nachwuchses zur Arbeitsamkeit neben der zur Gottesfurcht und zur Liebe zum Herrscherhaus weiterhin an erster Stelle der Erziehungsziele in den Schulen. Die damit angestrebte Internalisierung der Arbeitsdisziplin als notwendige Voraussetzung für den reibungslosen Produktionsablauf in den Fabriken war jedoch bloß die eine Seite der Medaille; die andere bestand in dem unentrinnbaren Zwang, als Arbeiter bis zu 16 Stunden täglich bzw. – wie in der Textilindustrie – bis zu 85 oder gar 90 Stunden in der Woche arbeiten zu müssen, um kaum mehr als das eigene Existenzminimum zu sichern. Für eine Familie reichte der Verdienst in der Regel sowieso nicht aus; Einrichtungen zur Hilfe bei Krankheit, Unfall und Invalidität wurden zwar von bürgerlichen Sozialreformern gefordert, waren indes eine seltene, zudem noch völlig unzureichende Ausnahme, und zur Rücklage eines Notgroschens fehlten die finanziellen Spielräume. Die unfallträchtigen und kraß gesundheitsschädlichen Bedingungen am Arbeitsplatz und die schlechten Wohnverhältnisse taten ein übriges, das frühindustrielle Elend der Arbeiter zu vergrößern. Allerdings bot die junge Industrie für manche Arbeiter bei entsprechendem Verhalten und Leistungsvermögen auch Aufstiegschancen, denn die starke Expansion vor allem der Werke der Schwerindustrie machte eine innere Differenzierung und Hierarchisierung der Betriebsstrukturen und Arbeitsabläufe notwendig. Einerseits finden sich deshalb in dieser Zeit die Anfänge einer Arbeiterelite, andererseits entstand in Form der technischen und kaufmännischen Angestellten eine neue Zwischenschicht zwischen der Fabrikarbeiterklasse und den Fabrikbesitzern. Einen gesetzlich vorgeschriebenen Normalarbeitstag für die Belegschaften wie in England gab es in Deutschland nicht, doch begann die erwähnte extensive Nutzung der Arbeitszeit Ende der 1860er Jahre allmählich einer intensiven zu weichen. Technische Fortschritte und Veränderungen im Betriebssystem trugen dazu ebenso bei wie die wachsende Einsicht bei manchen Unternehmern – dies nicht zuletzt auf Drängen bürgerlicher Kritiker und vor dem Hintergrund entsprechender Forderungen der noch jungen Arbeiterbewegung –, »daß die Beschränkung der täglichen Arbeitszeit in den geschlossenen Etablissements auf ein gewisses Maß dem Wohl und Interesse der Arbeiter förderlich ist und daß erfahrungsgemäß und auf Dauer die Leistungsfähigkeit der Arbeiter überhaupt hierdurch nicht gemindert, sondern erhöht wird« – so die Begründung für die Einführung des 12-Stunden-Tags durch Unternehmer in Mönchen-Gladbach im Jahre 1867. Immerhin reduzierte sich in der Industrie – kaum jedoch im Heimgewerbe und in der Landwirtschaft – bis zum Ersten Weltkrieg die wöchentliche Arbeitszeit auf etwa 55 Stunden, wodurch auch für Arbeiter – in beschränktem Umfang – ein gewisses Maß an »Freizeit« entstand.

Ein zweiter Aspekt, mit dem ersten zum Teil in enger Verbindung stehend, bezieht sich auf das Verhältnis von Alt und Jung, welches zunehmend mit dem Verhältnis von alt und neu in Deckung gebracht wurde. Der alte Mensch, in vorindustriellen Zeiten meist als Hüter des überkommenen Wissens und als weiser Berater geachtet, verlor angesichts der Tatsache, daß er mit seiner Weisheit den vielen Neuerungen, technischen Erfindungen, Wandlungstrends und Umstellungsnotwendigkeiten nicht mehr gewachsen war, seine ehemals wichtigen Funktionen für die Gesellschaft. Das Alter erschien den Menschen wegen des Verlustes an Arbeitskraft und wegen der insbesondere für die unteren Schichten damit unausweichlich verbundenen Verarmung nur noch als eine Last, als ein »Unterfall der Invalidisierung«. War beim Hambacher Fest 1832 noch nachdrücklich das positive Wechselspiel von Alt und Jung mit den Worten beschworen worden: »Die Jugend empfängt von den Männern den Rat der Weisheit, mögen die Männer am flammenden Mute der Jugend sich entzünden«, so setzte sich in der zweiten Hälfte des 19. Jahrhunderts die Gleichsetzung von »Fortschritt« und »Jugendlichkeit« immer mehr durch. Einer sich ständig ausbreitenden Hochschätzung der Jugendkraft und der Anpassungs- wie Leistungsfähigkeit des jungen Menschen entsprach auf der anderen Seite eine wachsende »Gerontophobie«. Zudem suchte der industrielle Unternehmer sich die Arbeiter aus, die der Intensität der Ausnutzung ihrer Arbeitsleistung am besten gewachsen waren, und entließ ohne Hemmungen die schwächer werdenden oder weniger anpassungsfähigen. Der stete Strom Arbeitsuchender, die bereitstehende »industrielle Reservearmee«, erlaubte es ihm, sich ständig die bessere Ware, sprich: die leistungsfähigste, weil jüngere Arbeitskraft, zu sichern. Die Empörung darüber findet sich nicht nur bei den sozialistischen Theoretikern, etwa Karl Marx, dessen Hauptwerk *Das Kapital* in erster Auflage im Jahre 1867 erschien, und in der Arbeiterbewegung, sondern auch in den Kreisen der bürgerlichen Sozialreformer und bei den Stadtvätern jener Städte, deren Armenetats durch die sprunghaft wachsende Zahl von Menschen, die von der Industrie in die Altersarmut entlassen wurden, stark belastet waren. Die Sozialreformer begannen schon in den 1850er Jahren nach entsprechenden Lösungswegen zu suchen; Staatshilfe, Selbsthilfe der Betroffenen und die Stabilisierung des Familienlebens, in dessen Rahmen dann die alten Menschen einen sicheren Lebensabend finden sollten, standen als Alternativen oder in Verbindung miteinander zur Debatte, doch brachten erst die Bismarckschen Sozialversicherungsgesetze der späten 1880er Jahre eine – allerdings zunächst noch eng begrenzte – Hilfe. Neben vielen weiteren »Kinderkrankheiten« der frühen Industriegesellschaft ist die Altersarmut, die keineswegs nur die Unterschichten, sondern auch viele Menschen aus den Mittelschichten, nicht zuletzt alleinstehende Frauen und Witwen traf, eine besonders bedrückende Erscheinung gewesen, während gleichzeitig das »Jungsein« nicht mehr bloß als biologisches Durchgangsstadium gesehen, sondern zu einem Wert schlechthin stilisiert wurde. Er sollte schließlich im Jugendkult und -mythos des 20. Jahrhunderts seine übersteigerte Fortsetzung finden.

Die Erwähnung der sich formierenden Arbeiterbewegung hat bereits anklingen lassen, daß die Jahrzehnte nach der 1848er Revolution – trotz der zunächst intensiven polizeilichen Unterdrückung aller politischen Organisationsversuche in den 1850er Jahren – die Binnenstruktur der Gesellschaft um ein wesentliches, unser heutiges politisches Leben entscheidend prägendes Moment bereichert haben: durch politische Parteien im modernen Sinn, durch ökonomische Interessenverbände und gesellschaftspolitisch wirksame Großorganisationen. Aus dem sozialen und politischen Vereinswesen des Vormärz und den Fraktionen der Nationalversammlungen und frühen Parlamente entwickelten sich bis zur Reichsgründung jene zunächst »unorganisierten Gesinnungsgemeinschaften« (W. Tormin) zu stärker durchorganisierten und von mehr oder weniger klar formulierten Programmen ausgehenden politischen Parteien, deren Ziel es war, politische Macht bzw. Einfluß auf die gesellschaftlichen Verhältnisse zu gewinnen. Vereinfacht kann man von einem für die deutsche politische Kultur typischen Fünfparteiensystem sprechen, dessen Ansätze bereits im Vormärz lagen, das jedoch erst in den 1860er Jahren klarere Konturen gewann, nachdem Ende der 1850er Jahre – in Preußen infolge der »Neuen Ära«, die durch einen Thronwechsel eingeleitet wurde – die politischen Unterdrückungsmaßnahmen gelockert und liberalen Kräften wieder mehr Handlungsspielräume geboten worden waren. Aus den radikal-demokratischen Kreisen des Vormärz und der Revolution entstand als erste im Jahre 1861 die Fortschrittspartei; die meisten sogenannten Altliberalen versammelten sich seit 1866/1867 in der Nationalliberalen Partei; gleichzeitig konstituierten sich die Konservativen in einer Freikonservativen Partei (später: Deutsche Reichspartei) und einer »altkonservativen« Fraktion (später: Deutsch-Konservative Partei). Der sich seit dem Kölner Kirchenstreit Ende der 1830er Jahre artikulierende politische Katholizismus brachte es zunächst nur in Süddeutschland zu Parteigründungen, ehe sich 1870 angesichts des öffentlichen Drucks gegen die »reaktionären« Lehren der katholischen Kirche – 1870 war in Rom das Dogma von der Unfehlbarkeit des päpstlichen Lehramtes verkündigt worden – die katholischen Abgeordneten im Preußischen Abgeordnetenhaus zur Zentrumspartei zusammenschlossen; sie sollte bis zum Ende der Weimarer Republik trotz relativ lockerer Parteiorganisation die stabilste politische Kraft in Deutschland sein. Das fünfte politische »Lager« stellten die Sozialisten. Ihre Parteiungen – der 1863 von Ferdinand Lassalle gegründete ADAV (Allgemeiner Deutscher Arbeiterverein) und die 1869 aus der (1866 von August Bebel und Wilhelm Liebknecht ins Leben gerufenen) Sächsischen Volkspartei hervorgegangene SDAP (Sozialdemokratische Arbeiterpartei) – schlossen sich in Gotha 1875 zur Sozialistischen Arbeiterpartei Deutschlands zusammen.

Parallel zu den Parteien, welche die ihnen nur in sehr geringem Ausmaß gebotenen politischen Spielräume in den Parlamenten zu nutzen versuchten, organisierte sich seit Mitte des Jahrhunderts die Gesellschaft in Deutschland auch jenseits der Politik im engeren Sinn. Hatten zunächst beim Übergang von der Ständegesellschaft zur bürgerlichen Klassengesellschaft die relativ unspezifizierten und meist nur kleinräumig agierenden Vereine eine wichtige Brückenfunktion besessen, so führte der Wunsch nach stärkerer öffentlicher Artikulation von Gruppeninteressen, nach Erringung von entsprechendem Einfluß auf die wirtschafts- und sozialpolitische Gestaltung von Staat und Gesellschaft sowie nach Sammlung von Menschen und Personengruppen mit ähnlichen Zielsetzungen zur breiten Ausfächerung eines Verbands- und (Dach-)Organisationswesens. Das Spektrum reichte – um nur einige Beispiele zu nennen – vom Gesamtverein der deutschen Geschichts- und Altertumsvereine (1852) über den Verein der Spiritusfabrikanten in Deutschland (1857), den Kongreß deutscher Volkswirte (1858), den Verein für bergbauliche Interessen (1858), den Deutschen Handelstag (1861), den Allgemeinen Deutschen Frauenverein (1865) bis zum wohl frühesten Arbeitgeberzusammenschluß in Deutschland, dem Deutschen Buchdruckverein (1869).

Ende der 1860er Jahre bildeten sich zudem die ersten größeren Gewerkschaftsverbände, nachdem in den meisten deutschen Staaten das Koalitionsverbot aufgehoben oder deutlich gemildert worden war: 1868 entstanden gleichzeitig der aus dem ADAV hervorgegangene Allgemeine Deutsche Arbeiterschaftsverband und die der Fortschrittspartei nahestehenden Hirsch-Dunckerschen Gewerkvereine. Wie schon die Vereine so boten jetzt in noch viel weitergehendem Ausmaß die Verbände und Großorganisationen mit ihren Orts- und Bezirksabteilungen immer mehr Menschen Möglichkeiten zum öffentlichen Engagement, Rückhalt für eine gezielte Interessenvertretung und die Chancen zur Einübung von Partizipationsformen.

Nicht zuletzt mit Blick auf diese, die Grenzen der deutschen Einzelstaaten überschreitenden Organisationsbestrebungen liegt es auf der Hand, daß insbesondere das liberale Bürgertum nicht nur die geringen politischen Mitsprachemöglichkeiten, sondern vor allem den deutschen Partikularismus als ein entscheidendes Hemmnis für jeden weiteren Fortschritt beklagte. Die politischen Debatten in den späten 1850er und frühen 1860er Jahren kreisten deshalb immer stärker um die »nationale Frage« – dies nicht nur in Anknüpfung an den gescheiterten Versuch von 1848/1849, einen deutschen Nationalstaat zu begründen, sondern auch ganz pragmatisch unter dem Gesichtspunkt der Vereinheitlichung von Rechtsordnungen im Bereich von Wirtschaft, Handel und Steuerwesen, der Verkehrsplanung und des Postwesens, der Währungen, der Maßeinheiten usw. Preußen hatte bereits im Jahre 1850 einen Vorstoß unternommen, einen von ihm dominierten kleindeutschen Staatenbund unter Ausschluß Österreichs zustandezubringen, war jedoch gescheitert und hatte sich der weiterhin tonangebenden Habsburger Monarchie mit ihrer Forderung nach Fortführung des Deutschen Bundes unterwerfen müssen. Zwar gelang es der preußischen Regierung, Österreich auch in Zukunft aus dem Deutschen Zollverein herauszuhalten, doch wurde 1853 ein Handelsvertrag vereinbart, der Österreich zunächst noch sehr günstige Konditionen zusicherte. Eine Lösung der nationalen Frage, so wurde immer offensichtlicher, konnte nur mit der einen deutschen Großmacht gegen die andere erfolgen, nicht mit beiden zugleich. Die Anhänger Preußens gründeten deshalb zur Sammlung aller kleindeutschen Bestrebungen 1859 den Nationalverein; ihre Gegner favorisierten statt dessen eine Reform des Deutschen Bundes und wollten weiterhin Österreich die Führungsrolle zuweisen: Sie schlossen sich 1862 in Frankfurt zum Reformverein zusammen.

Daß die Entwicklung sich dann in wenigen Jahren zugunsten Preußens und damit einer kleindeutschen Lösung entschied, beruhte auf einer Reihe gleichzeitig wirksamer Faktoren. Hierzu gehörte neben dem weiteren Ausbau seiner Stellung im Zollverein, in dem Preußen die Maßstäbe setzte – zum Beispiel wurde sein Handelsgesetzbuch von 1861 bald in den meisten Mitgliedsstaaten übernommen –, und außenpolitischen Erfolgen, vor allem eine Annäherung an Rußland, in erster Linie eine entschlossene und zielstrebige Innenpolitik. Sie wurde gegen erhebliche Widerstände in geradezu rücksichtsloser, zugleich aber umsichtiger und flexibler Weise von einem Mann bestimmt, der seit seinem ersten öffentlichen Auftreten 1848 als autoritärer Reaktionär und kompromißloser Verteidiger der monarchischen Ordnung galt: Otto von Bismarck. Wilhelm I. hatte ihn im September 1862 zum Ministerpräsidenten ernannt, um mit seiner Hilfe einen kaum noch lösbar erscheinenden Konflikt zwischen dem Parlament und der Regierung in der Frage einer umfassenden Heeresreform in Preußen durchzustehen. Die in den wenigen Jahren der Neuen Ära erstarkte und das preußische Abgeordnetenhaus dominierende liberale Opposition war zwar nicht grundsätzlich gegen eine Modernisierung und einen Ausbau des Heeres, argwöhnte aber, daß mit der beabsichtigten Verdoppelung der Heeresstärke und der Verlängerung der Dienstzeit von zwei auf drei Jahre im wesentlichen ein Machtinstrument geschaffen werden sollte, das zu einer weitgehenden Disziplinierung der Gesellschaft und zur Stärkung des Obrigkeitsstaates eingesetzt werden konnte. Die große Mehrheit der Abgeordneten verweigerte deshalb seit 1861 ihre Zustimmung zum vorgelegten Staatshaushalt – die einzige verfassungsrechtliche Möglichkeit des Parlaments zu einer wirksamen Einflußnahme! Der neue »Konfliktminister« erfüllte jedoch die Erwartungen seines Königs; er setzte sich über alle Gegenpositionen und verfassungsrechtlichen Bedenken hinweg, regierte ohne das Parlament und nutzte gleichzeitig alle sich ihm bietenden Gelegenheiten, die Stellung Österreichs im Deutschen Bund zurückzudrängen. Ihm kam dabei entgegen, daß die Liberalen letztlich zu zerstritten und über ihre Verhaltensweisen in diesem preußischen »Verfassungskonflikt« uneins waren.

Der eigentliche Anstoß zu einem gründlichen Aufbrechen der festgefahrenen Positionen ging dann 1863/1864 von Dänemark aus. Dort war nach einem Thronwechsel das alte Ziel, das mit Holstein »auf ewig« verbundene, aber nicht zum Deutschen Bund gehörende Herzogtum Schleswig in den dänischen Staat einzuverleiben, wieder aufgegriffen worden, was die nationalgesinnte deutsche Öffentlichkeit in höchstem Maße erregte. Bismarck nutzte diese Situation in seinem Sinne, indem er 1864 Österreich an der Seite Preußens in den deutsch-dänischen Krieg mit hineinzog. Österreich erhielt nach dem schnellen Sieg die Verwaltung über Holstein zugesprochen, während Schleswig an Preußen fiel, doch fühlten sich die Österreicher von vornherein in eine sehr viel schlechtere Position hineinmanövriert als Preußen. Die sich daraus entwickelnden Konflikte führten schließlich im Sommer 1866 zu jenem entscheidenden, diesmal militärischen Schlagabtausch zwischen den beiden Kontrahenten, der den nun über ein Jahrhundert andauernden Dualismus in Deutschland zugunsten Preußens beendete. Mit dem Sieg von Königgrätz, der dem preußischen Militär unter seinem Generalfeldmarschall von Moltke einen gewaltigen Prestigegewinn einbrachte, und der anschließenden Gründung des Norddeutschen Bundes, eines durch die Mainlinie nach Süden abgegrenzten geschlossenen preußisch-norddeutschen Reiches, war die entscheidende Basis für die kleindeutsche Reichsgründung von 1871 gelegt – dies, zumal auch die Verfassung des Norddeutschen Bundes mit nur geringfügigen Änderungen zur Verfassung des späteren neuen Deutschen Reiches werden sollte. Bismarck war es gelungen, so hatte er bereits vorher angekündigt, nicht durch »Reden und Majoritätsbeschlüsse [...], sondern durch Eisen und Blut« die nationale Frage im Sinne Preußens zu lösen. Unmittelbar nach dem Sieg über Österreich machte er seinen Frieden mit dem Parlament, indem er die nachträgliche Zustimmung zur Heeresreform beantragte und erhielt (Indemnität). Die Beurteilung seiner Erfolge und der weiteren politischen Perspektiven spaltete die Liberalen jetzt endgültig. Die sich von nun an als Nationalliberale Partei bezeichnende liberale Mehrheit gab ihre Opposition auf und begann der Devise »durch Einheit zur Freiheit« zu folgen. Bis 1878 waren die Nationalliberalen trotz seiner illiberalen Machtpolitik wichtige Partner für Bismarck, von dem sie sich eine »Revolution von oben« erhofften, während manche Altkonservative seine Annäherungen an die Liberalen kritisierten und auf Distanz gingen. Dagegen unterstützten die Freikonservativen den Reichskanzler unbesehen und waren zu Kompromissen mit den Nationalliberalen bereit. Die neue Opposition gegen den »weißen Revolutionär« Bismarck bestand also aus einem Teil der Konservativen auf der einen und jenen Linksliberalen, die der Indemnitätsvorlage nicht zugestimmt hatten, auf der anderen Seite. Hinzu traten die ersten sozialistischen Abgeordneten, die durch das allgemeine, gleiche, direkte und geheime Wahlrecht (für Männer) in den norddeutschen Reichstag einziehen konnten. Last but not least war zudem der politische Katholizismus, seit 1870 in der Zentrumspartei vereinigt, eine bedeutsame oppositionelle Kraft; sie mußte sich gegen mehrere Fronten – gegen den staatlichen protestantisch gefärbten Zentralismus Bismarcks, gegen den politischen Liberalismus und gegen den Materialismus der Sozialisten – behaupten, woraus dieser Partei im »Kulturkampf« zwischen Staat und Kirche in den frühen 1870er Jahren Stärke und Geschlossenheit zuwuchsen.

Nach der erfolgreichen Bereinigung der innerdeutschen und innerpreußischen Konfliktlagen (Auflösung des Deutschen Bundes, Einrichtung eines »Zollparlaments«, Beilegung des Verfassungskonflikts) und mit geheimen Bündnisverträgen mit den süddeutschen Staaten im Rükken konnte Bismarck gelassen die Zuspitzung einer Krise im deutsch-französischen Verhältnis verfolgen. Frankreich unter Napoleon III. hatte die Entwicklung im Deutschen Bund mit großem Argwohn beobachtet und empfand deshalb eine Thronkandidatur des Hohenzollernprinzen Leopold in Spanien als massive Bedrohung. Bismarcks propagandistische Ausnutzung der bekannten »Emser Depesche«, in der Frankreich ultimative Forderungen stellte, zeigt, daß er ebenso wie die französische Regierung einen Krieg wollte, der schließlich durch die französische

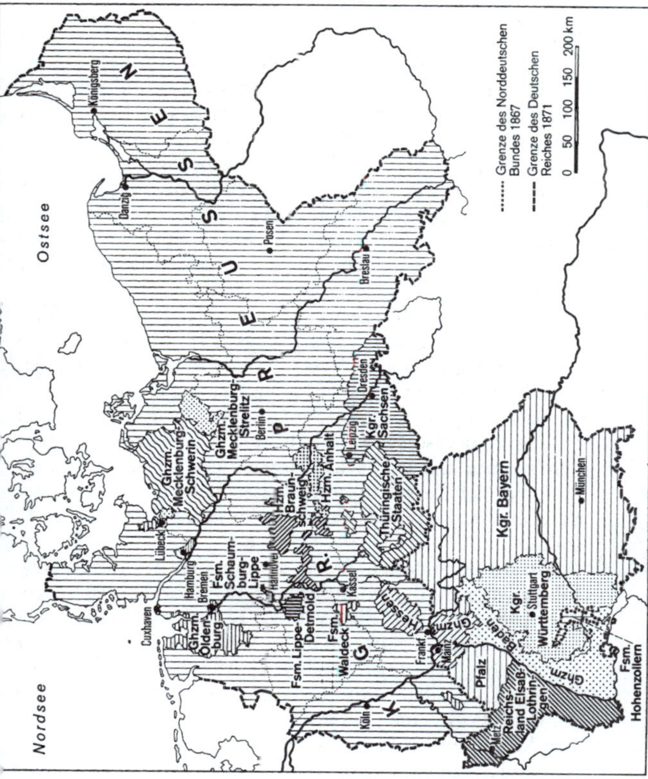

Der Norddeutsche Bund und das Deutsche Reich von 1871

Kriegserklärung vom 17. Juli 1870 ausgelöst wurde. In Deutschland trat der Bündnisfall ein: die süddeutschen Staaten zogen an der Seite Preußens in den Krieg. Getragen von einer Woge nationaler Begeisterung und aufgrund einer überlegenen, mit großer Schnelligkeit handelnden Kriegsführung unter Moltke gelang den vereinigten deutschen Truppen bereits am 1. September 1870 bei Sedan der entscheidende Sieg mit der Gefangennahme Napoleons III., obwohl die Kämpfe von einer neuen republikanischen Regierung in Paris anschließend noch einige Monate fortgesetzt wurden. Schon vor dem Waffenstillstand Ende Januar 1871 kam es zu jenem folgenschweren, historisch problematischen, von den Zeitgenossen in Deutschland jedoch jubelnd begrüßten Ereignis: Am 18. Januar 1871 riefen im Spiegelsaal von Versailles die deutschen Fürsten, angeführt vom bayerischen König Ludwig II., den preußischen König Wilhelm I., den »Kartätschenprinzen« von 1848, zum deutschen Kaiser aus und begründeten mit großen Worten ein von vielen Hoffnungen begleitetes neues und diesmal kleindeutsches Kaiserreich, das dann allerdings nicht einmal ein halbes Jahrhundert Bestand haben sollte.

Auf völlig anderem Wege, als ihn sich der bürgerliche Liberalismus in den voraufgegangenen Jahrzehnten vorgestellt hatte, war jetzt die nationale Einheit geschaffen worden: Die Waffenbrüderschaft der deutschen Fürsten unter preußischer Führung und diverse Absprachen hinter den Kulissen, vor allem mit Bayern, schufen das Reich »von oben« in Form einer Fürsteneinigung. Bis auf sehr wenige Kritiker im linken Lager sahen die begeisterten Zeitgenossen weder die damit von vornherein mitgegebene innenpolitische Labilität noch die tiefgreifenden Belastungen, die der harte Diktatfrieden mit den Franzosen (vor allem die Zahlung einer Reparationssumme in Höhe von 5 Milliarden Francs und die Abtretung Elsaß-Lothringens an das Deutsche Reich als neues »Reichsland«) auf lange

Sicht im Gefolge haben mußte. Statt dessen beherrschte Selbstüberschätzung die meisten Politiker und gesellschaftlichen Wortführer: Wilhelm I. sah die »Wendung« durch »Gottes Führung« ins Werk gesetzt, und viele Deutsche – wie der Historiker Sybel – glaubten sich in der »Gnade Gottes«, der das deutsche Volk »so große und mächtige Dinge« hatte erleben lassen.

Hoffnungen der Liberalen im ersten Überschwang, den autoritären Obrigkeitsstaat allmählich durch die Einführung freiheitlicherer Strukturen zu einem demokratischen Staatswesen machen zu können, erwiesen sich bald als Illusionen. Im Gegensatz zum Wahlrecht der Parlamentswahlen in den deutschen Einzelstaaten, in denen – allen voran in Preußen (Dreiklassenwahlrecht) – meist sehr undemokratische Regelungen gültig waren, übernahm die Reichsverfassung zwar aus der Verfassung des Norddeutschen Bundes das allgemeine, direkte, geheime und gleiche Wahlrecht (für Männer) für die Wahlen zum Reichstag, gewährte jedoch auch diesem Parlament fast keinen Einfluß auf die Regierungsgeschäfte.

Diese wurden durch den Monarchen bzw. den allein von seinem Vertrauen abhängigen Reichskanzler bestimmt, der gleichzeitig preußischer Ministerpräsident war. Der schwache Reichstag und die Parteien mußten sich in der Bismarck-Ära ebenso wie der von Preußen dominierte Bundesrat damit abfinden, quasi in einer »Kanzlerdiktatur« zu leben und allenfalls versuchen zu können, über Mitsprachemöglichkeiten bei der Gesetzgebung politischen Einfluß auszuüben. Nicht die Vorstellungen einer demokratisch-gewählten Nationalversammlung, wie 1848/1849 vergeblich angestrebt, bestimmten also die Inhalte der Verfassung und die verfassungsrechtliche Zukunft, sondern die von einem nationalmonarchischen Obrigkeitsstaat erlassenen Richtlinien der Politik.

Als Kompensationsleistung für die geringen Möglichkeiten der »Untertanen«, an der politischen Gestaltung von Staat und Gesellschaft wirksamen Anteil zu nehmen, lieferte das neue Reich nicht nur die Einheit der Nation in einem von Preußen angeführten Bundesstaat, sondern auch das stolze Selbstbewußtsein, eine militärisch starke, ökonomisch und technisch moderne und international einflußreiche junge Großmacht zu sein. Das Ergebnis dieser »Revolution von oben« war eine inzwischen von den Historikern oft beschriebene Ungleichzeitigkeit zwischen der Modernität einer dynamischen Industriegesellschaft, die in den 1870er Jahren in die Hochindustrialisierungsphase eintrat, und einem vormodernen, an autoritären Prinzipien orientierten und auf Status-quo-Erhaltung ausgerichteten politischen Herrschaftssystem.

Das Kaiserreich: Staat und Gesellschaft zwischen Modernisierung und Beharrung

1871 18. April: Inkrafttreten der Verfassung des (2.) Deutschen Reiches (Bundesstaat mit Berlin als Hauptstadt).
10. Dezember: »Kanzelparagraph«, erste Maßnahme auf Reichsebene im »Kulturkampf« zwischen Staat und katholischer Kirche (ausgelöst 1870: Erstes Vatikanisches Konzil, Unfehlbarkeit des Papstes *ex cathedra*).

1873 9. Mai: »Wiener Börsenkrach«; anschließend »Gründerkrise« in Deutschland und schwere internationale Wirtschaftskrise.
22. Oktober: Dreikaiserabkommen zwischen Deutschland, Österreich-Ungarn, Rußland (1881, 1884 und 1887 erneuert).

1875 Zusammenschluß des ADAV (Lassalle-Richtung) mit der 1869 in Eisenach gegründeten SDAP (Sozialdemokratische Arbeiterpartei unter Bebel und W. Liebknecht) in Gotha zur Sozialistischen Arbeiterpartei Deutschlands (Vorsitz: Bebel).

1878 Kurswechsel Bismarcks von den Liberalen zu den Konservativen.
Anfänge des politischen Antisemitismus.
12. Juli: Annahme der Regierungsvorlage zur »Einführung des Schutzzolls« durch den Reichstag; damit Beginn deutscher Schutzzollpolitik.
13. Juni: Berliner Kongreß tritt zusammen.
18. Oktober: Annahme des »Sozialistengesetzes« (nach zwei Attentaten auf den Kaiser).

1881 17. November: »Kaiserliche Botschaft« zur Sozialpolitik bereitet die staatlichen Sozialversicherungsgesetze vor (1883 Kranken-, 1884 Unfall-, 1889 Alters- und Invalidenversicherung für Arbeiter).

1884/1885 Beginn der Gründung deutscher Kolonien besonders in Afrika.

1887 18. Juni: Abschluß des Rückversicherungsvertrags zwischen Deutschem Reich und Rußland.

1888 9. März: Tod Wilhelms I. leitet das »Dreikaiserjahr« ein; Friedrich III. stirbt nach 99tägiger Regierung, ihm folgt Wilhelm II.

1889 Mai: Bergarbeiterstreik im Ruhrgebiet (größter Streik im 19. Jahrhundert in Deutschland).
Juli: Gründungskongreß der II. Internationale in Paris (u. a. Forderung des Achtstundentages).

1890 20. März: Entlassung Bismarcks.
28. März: Erklärung zur Nichtverlängerung des Rückversicherungsvertrags mit Rußland (in der Folge russisch-französische Annäherung).
1. Juni: Inkrafttreten einer Novelle zum Arbeiterschutz und des Gewerbegerichtsgesetzes; Ausdruck des »Neuen Kurses« Wilhelms II.
Herbst: Nichtverlängerung des Sozialistengesetzes.

1891 Neukonstituierung der Sozialisten in der Sozialdemokratischen Partei Deutschlands (SPD), Erfurter Programm; ständig wachsende Stimmengewinne in den Wahlen der folgenden Jahre.

1900 1. Januar: Inkrafttreten des Bürgerlichen Gesetzbuches (BGB).

1901	Gründung des »Berliner Wandervogels«; damit Beginn der bürgerlichen Jugendbewegung im Kontext einer Vielzahl lebens- und gesellschaftsreformerischer bürgerlicher Bestrebungen.
1905–1913	Immer engerer Zusammenschluß der Ententemächte im Zusammenhang verschiedener internationaler Krisen (Marokko, Bosnien, Balkan) und der massiv auftretenden deutschen Außenpolitik.
1908	19. April: Neues Vereinsgesetz (u. a. Organisationsrecht für Frauen in politischen Parteien).
	18. August: Mädchenschulreform; Zulassung von Frauen zum Studium.
	28. Oktober: Beginn der *Daily-Telegraph*-Affäre; als Folge starke Schwächung der Position des Kaisers.
1911	19. November: Reichsversicherungsordnung.
1914	28. Juni: Ermordung des österreichisch-ungarischen Thronfolgers Franz Ferdinand und seiner Gemahlin in Sarajewo führt zum Ersten Weltkrieg.

Wenn man bedenkt, daß nicht nur das nationalsozialistische Dritte Reich, sondern auch die Weichenstellungen in den beiden deutschen Staaten nach dem Zweiten Weltkrieg noch für Jahrzehnte von Männern bestimmt wurden, die das Kaiserreich vor dem Ersten Weltkrieg bereits als junge Erwachsene erlebt hatten und von ihm geprägt worden sind, dann stellt sich in ganz besonderer Weise die Frage nach der Kontinuität der deutschen Geschichte. Doch nicht nur der deutschen Geschichte: Erst recht stößt man auf die – trotz aller Umbrüche des 20. Jahrhunderts – langfristige Wirksamkeit mancher Vorweltkriegsverhältnisse, wenn man angesichts der jüngsten Entwicklungen in Ost- und Südosteuropa nach deren Ursprüngen sucht. Die aus den Geburtsfehlern des Kaiserreichs resultierenden Dauerbelastungen und inneren Risse, die die Zeitgenossen mit zum Teil fragwürdigen, die Probleme eher noch anheizenden Methoden vergeblich zu kitten versucht haben, bestimmten ebenso wie die durch die Machtpolitik der Großmächte unterdrückten Selbstbestimmungswünsche diverser Völkerschaften in Mittel- und Osteuropa nicht nur die Konfliktlagen in der ersten Hälfte des 20. Jahrhunderts, sondern erweisen sich in mancher Hinsicht heute noch als verblüffend aktuell. Bei der Interpretation der deutschen Geschichte seit der Reichsgründung ist als Kernargument zur Deutung der langfristigen Entwicklungslinien vom Kaiserreich zum Nationalsozialismus und darüber hinaus sehr oft von einem »deutschen Sonderweg« ausgegangen worden. Damit sind die Folgen jener für das 1871 gegründete Deutsche Reich typischen, im Vergleich zu anderen Industriestaaten auffallenden und so nachhaltig wirksamen Diskrepanz gemeint, die zwischen der aus raschen sozioökonomischen Veränderungen hervorgehenden gesellschaftlichen Modernität und dem auf Systemerhalt fixierten, antiquiert autoritären Obrigkeitsstaat bestand. Ein Defizit an (liberaler) Bürgerlichkeit sei – so wurde behauptet – ebenso die Konsequenz der fehlenden Synchronisation zwischen dem staatlich-politischen und dem gesellschaftlichen Wandel gewesen wie die Entstehung eines aggressiv auftretenden Nationalismus. Dieser habe als wichtigste Integrationsklammer für das ansonsten innerlich so zerrissene Kaiserreich gedient und sich in lautstarken Forderungen nach einem »Platz an der Sonne«, das heißt nach Anerkennung des vergleichsweise spät auf der weltpolitischen Bühne auftauchenden Deutschen Reiches als Weltmacht, artikuliert.

Sicherlich kann man sagen, daß sich die Wege aller modernen Industriestaaten mehr oder weniger als Sonderfälle auffassen lassen. Dennoch: Der deutsche Weg in die Moderne war zweifellos viel stärker als der anderer Nationen von einer vom Obrigkeitsstaat bestimmten und von der hohen Staatsbeamtenschaft getragenen Entwicklung geprägt. Diese Herrschaftselite besaß jedoch in vielfältiger Weise Rückhalt beim Besitzbürgertum und wurde gleichzeitig durch bildungsbürgerliche Sinnstiftungen und Deutungshilfen unterstützt. Schon dieser Befund weist darauf hin, daß die Behauptung eines deutschen Defizits an Bürgerlichkeit zumindest erheblich differenziert werden muß: Trotz der Tatsache, daß den mentalen Horizont der politischen Führer des Kaiserreichs im wesentlichen die vorindustrielle Zeit bildete und entsprechend autoritäre Formen der Machtanmaßung und -ausübung vorherrschten, kam es in vielen Bereichen des gesellschaftlichen Lebens zu einer Symbiose zwischen dem Obrigkeitsstaat und bedeutenden Teilen des Besitz- und Bildungsbürgertums. Ohne ein solch intensives gegenseitiges Austauschverhältnis und Aufeinanderangewiesensein hätten die schweren innenpolitischen Konflikte nicht so lange ertragen werden können. Auch wenn ökonomische Krisen und rasante Industrialisierungs- bzw. Verstädterungsschübe, starke Stadt-Land-Unterschiede und gewaltige Binnenwanderungsbewegungen, zudem die sich ständig zuspitzenden Klassengegensätze und die angeblichen Bedrohungen von »Reichsfeinden« den Durchschnittsbürger in ständige Unruhe versetzten, während ihm gleichzeitig von staatsoffizieller Seite wie auch von Reformern und Weltverbesserern aller Art unterschiedliche Heils- und Lösungswege angeboten wurden, machte die innere Nationsbildung dennoch Fortschritte und mündete schließlich im zumindest zeitweise weithin akzeptierten »Geist von 1914«. Gemeint ist damit die geradezu als Rausch erlebte nationale Aufbruchs- und Einigkeitsstimmung, die – über alle Gegensätze hinweg – bei Kriegsbeginn das deutsche Volk fast lückenlos erfaßte und es die deutschen Kriegsziele anfangs breit unterstützen ließ. Sie wurde als Beweis erachtet, daß die Deutschen auch ohne Übernahme der Formen der westlichen Demokratien zu Geschlossenheit, einheitlicher Staatsgesinnung und nationaler Stärke kommen könnten: eine bei manchen nur kurzlebige Meinung, bei anderen jedoch ein dauerhafter, religiös überhöhter und zum Mythos stilisierter Glaube an eine deutsche Mission in der Weltgeschichte; er sollte nach dem Krieg mit verhängnisvollen Folgen neu beschworen werden. Die These vom »deutschen Sonderweg« reduziert sich vor diesem Hintergrund im wesentlichen auf die Konstatierung eines trotz aller inneren Widersprüche im Kaiserreich erfolgreich herangezüchteten, spezifisch deutschen Sendungsbewußtseins, das mit dem Zerfall des Reiches 1918 keineswegs als Sinnstiftungshilfe seinen Geist aufgab, im Gegenteil! Insofern spannt sich von der Reichsgründung bis 1914 und darüber hinaus ein unübersehbarer Bogen und läßt die Geschichte des von vornherein »seltsam durchlöcherten« und provisorisch wirkenden Kaiserreichs (G. Freytag, 1871) so widersprüchlich erscheinen. Zentrifugale und zentripetale Kräfte, krasse Gegensätze und Integrationsklammern wirkten in- und nebeneinander und ließen immer mehr Menschen schließlich – voll optimistischer Erwartung oder in Form fatalistischer Ergebenheit – annehmen, daß nur noch ein Krieg als Reinigungsbad wirken und eine Erlösung bringen könne.

Der verwickelte Prozeß bis zum Krieg ist in den letzten Jahren in einer Reihe von Einzelforschungen wie auch in großen Gesamtdarstellungen gründlich analysiert worden. Dabei hat die Widersprüchlichkeit der Epoche die historischen Urteile über sie kontrovers ausfallen und Licht- und Schattenseiten des Kaiserreichs unterschiedlich akzentuieren lassen. Je nach Blickwinkel der Interpreten bzw. je nach Gewichtung werden hier vor allem zwei Momente betont: zum einen der Erfolg der repressiven Reichspolitik in Verbindung mit der kapitalistischen Durchdringung der Gesellschaft, zum anderen der Reformwille bzw. die Anpassungsbereitschaft des Bürgertums in den rund vier Jahrzehnten von der Reichsgründung bis zum Vorabend des Ersten Weltkriegs.

Bezeichnend ist bereits, daß bei der Binnenperiodisierung der Epoche zum Teil mehr eine wirtschaftsgeschichtliche, zum Teil mehr eine politik-sozialgeschichtliche Orientierung mit jeweils deutlich voneinander abweichenden Einschnitten und Wendemarken dominiert. Mit Blick auf die ökonomische Entwicklung endete eine erste Etappe des Kaiserreichs bereits 1873; die um die Jahrhundertmitte beginnende Phase der irreversiblen Durchsetzung des Fabrikwesens mit ihrem sprunghaften Wachstum der Schwerindustrie, besonders des Eisenbahnbaus, als der (im Gegensatz zu England) deutschen Leitbranche der industriellen Revolution mündete in die »Gründerkrise«. Nach Jahren der Prosperität, in denen die deutschen Unternehmer aus ihrer Rolle als Nachzügler durch gezielte Nachahmung der westeuropäischen Vorbilder Nutzen ziehen konnten, wirkten der Börsenkrach vom Herbst 1873 und die nachfolgende Depression, die sich mit Schwankungen bis Mitte der 1890er Jahre auswirkte, auf die bisher naiv fortschrittsgläubigen Zeitgenossen traumatisch. Auch wenn de facto seit den 1880er Jahren das Bruttosozialprodukt und die Industrieerzeugung wieder stetig anstiegen und schließlich mit dem sprunghaften Wachstum neuer Industrien (z. B. Chemie, Elektroindustrie) eine »zweite industrielle Revolution« einsetzte, war dennoch von nun an das Bewußtsein der krisenhaften Anfälligkeit des Industriesystems weit verbreitet, zumal gleichzeitig die Landwirtschaft eine Depression erlebte, ausgelöst durch einen Preisverfall auf dem inzwischen entstandenen internationalen Getreidemarkt hauptsächlich infolge der erdrückenden nordamerikanischen und russischen Konkurrenz. Beide Krisenerfahrungen wirkten im Bewußtsein der Menschen sich gegenseitig verstärkend, denn das Deutsche Reich war und blieb für Jahrzehnte ein Industrie- und Agrarstaat zugleich. Insofern wurden sowohl die von der großen Industrie und von den ständigen technischen Verbesserungen des Maschinenangebots ausgehenden als auch von der ausländischen Konkurrenz erzwungenen Anpassungsleistungen von vielen Klein- und Mittelbetrieben in Gewerbe, Handel und Landwirtschaft als konkrete Existenzbedrohungen wahrgenommen. Eine Reihe von Handwerken verlor erheblich an Bedeutung; anderen Handwerkszweigen gelang mehr oder weniger mühsam die Umorientierung von der Produktion zur Dienstleistung, während gleichzeitig vor allem die Bauhandwerke einen erheblichen Bedeutungsgewinn und zeitweise sogar einen gewaltigen Boom verzeichnen konnten. Von einem durchgängigen Niedergang des Handwerks kann also keine Rede sein, wohl aber von partiell schmerzhaften Strukturwandlungen, die für eine beträchtliche Zahl von bisher in gesicherten Verhältnissen lebenden Handwerkerfamilien Statusverlust und Zwang zur Umorientierung bedeuteten, was wiederum zu Ressentiments, Verunsicherung und zur Suche nach Sündenböcken führte. Nicht zuletzt der im Kaiserreich rasch um sich greifende Antisemitismus hatte hier eine seiner Hauptwurzeln.

Auch im agrarischen Bereich wuchsen Ängste und Mißtrauen. Zwar konnte sich nach zunächst starken Einbrüchen der Agrarmarkt seit den 1880er Jahren allmählich wieder erholen, doch verstummten die Klagen der Bauern und sonstigen Landbewohner über ihre gedrückte Lage von nun an nicht mehr. Da die Großagrarier ebenfalls in Schwierigkeiten gerieten, milderte sich jetzt allmählich der alte Gegensatz zwischen dem adeligen Junkertum und den Bauern und machte mehr und mehr einer Interessenharmonie Platz. Gleichzeitig vertiefte sich jedoch die Kluft zwischen Stadt und Land, was sich später in einer wütenden Großstadtkritik und in den demagogischen Parolen des 1893 gegründeten Bundes der Landwirte niederschlug. Die Großagrarier, die traditionell einen bedeutenden Einfluß im Staat gehabt hatten und Bismarcks Annäherung an die Nationalliberalen seit langem mit Argwohn beobachteten, hatten sich nicht nur infolge der internationalen

Agrarkrise hoch verschulden müssen, um ihren Status halten zu können, sondern erlebten auch die wachsende ökonomische Potenz und politisch-gesellschaftliche Einflußnahme der Schwerindustrie und vor allem der Großbanken als Bedrohung. Hier spiegelt sich auf der Wahrnehmungsebene wider, daß der primäre Sektor, was seinen Anteil an der Aufbringung des Bruttosozialprodukts anging, allmählich vom sekundären und tertiären Sektor überrundet wurde. Allerdings verfolgten die Großgrundbesitzer ein Ziel, das mit den Interessen der Großindustriellen übereinstimmte und eine Möglichkeit des näheren Kontaktes schuf: die Einführung von Schutzzöllen; sie wurde mit Vehemenz auch von dem 1876 gegründeten Centralverein deutscher Industrieller gefordert. Über diese Gemeinsamkeit und gleichzeitig über die Bereitschaft, Seite an Seite die angebliche sozialistische Bedrohung von Staat und Gesellschaft zu bekämpfen, kam es zu einer zeitweiligen Annäherung von Schwerindustrie und Großgrundbesitz, zu einem »Kartell der staatserhaltenden und produktiven Stände«, wie es damals hieß. Bismarck, der geschickte Jongleur in der Außen- wie Innenpolitik des Kaiserreichs, begrüßte diese Annäherung von »Roggen und Stahl«, weil er damit eine Konstellation im Reichstag heranreifen sah, die es ihm ermöglichte, von seiner sowieso nur zweckrationalen Zusammenarbeit mit den bisher die Stimmenmehrheit besitzenden Liberalen loszukommen. Die Wirtschaftskrise von 1873 hatte nämlich nicht nur den Wirtschaftsliberalismus, sondern auch den politischen Liberalismus in die Schußlinie öffentlicher Kritik gebracht. In den Ergebnissen der Wahlen zum Reichstag schlug sich dies deutlich nieder; neue Mehrheiten zeichneten sich dadurch ab.

Nicht in wirtschaftsgeschichtlicher, wohl aber in politik- und sozialgeschichtlicher Hinsicht wurde in diesem Zusammenhang das Jahr 1878 zur Wendemarke; man hat es als das Jahr einer »zweiten Reichsgründung« bezeichnet: Bismarck vollzog nun den endgültigen Bruch mit den Liberalen und beendete damit die liberale Ära; gleichzeitig begann nach der Zeit des Freihandels durch die Einführung von Schutzzöllen zugunsten der Schwerindustrie und Landwirtschaft eine Phase des Protektionismus. Zudem machte der Staat seinen Frieden mit dem politischen Katholizismus, indem er die Kulturkampfgesetze aufhob oder spürbar lockerte und so der bisher zu den »Reichsfeinden« gezählten katholischen Minderheit mittelfristig die Möglichkeit zu einer positiven Integration bot. Bismarck gewann auf diese Weise für seine zukünftige Politik der »wechselnden Mehrheiten« das bisher oppositionelle Zentrum als potentiellen Bündnispartner. Insbesondere aber brachte er nach zwei Attentaten auf den Kaiser, die – obwohl von Einzeltätern begangen – den Sozialisten und dem »sozialistischen Ungeist« in die Schuhe geschoben werden konnten, ein Ausnahmegesetz gegen die »gemeingefährlichen Bestrebungen der Sozialdemokratie« im Reichstag durch: das »Sozialistengesetz«. Bismarck konnte sich dabei auf die beiden konservativen Fraktionen stützen, die aus Neuwahlen kurz vorher erheblich gestärkt hervorgegangen waren, und auf viele Abgeordnete der bei den Wahlen geschwächten Nationalliberalen. Nicht zuletzt mit Blick auf deren Bereitschaft, trotz erheblicher Bedenken dieses illiberale Gesetz zu unterstützen, ist von einem »Bankrott des Liberalismus« gesprochen worden, von dem er sich nicht mehr erholen sollte. Ohne weitere Details auszubreiten: Die politischen Karten wurden in der Folgezeit neu gemischt, wobei Bismarck die hochstilisierte »rote Gefahr« intensiv dazu nutzte, die »konservative Sammlung« weiter voranzutreiben, bei der die Liberalen letztlich nur noch Zuschauer waren. Ihr bisher von der bürgerlichen Gesellschaft weithin geteilter Zukunftsoptimismus, ihr Gesellschaftsbild und ihre Hoffnung auf eine allmählich voranschreitende liberale Reformierung von Staat und Gesellschaft gingen zwar nicht völlig verloren, erlitten aber doch eine entscheidende Schwächung. Spaltungen und diverse Neuorientierungsversuche waren die Folge, zudem die Bereitschaft, auch weiterhin mit Bismarck, wo es eben ging, zusammenzuarbeiten, um den bisherigen Einfluß auf die Reichspolitik nicht völlig zu verlieren. Trotz ihrer Kritik am Sozialistengesetz unterstützten zum Beispiel die Nationalliberalen bis 1888 dessen jeweilige Verlängerungen. Was das liberale Bürgertum vorher nicht hatte wahrhaben wollen, wurde nicht zuletzt dadurch offensichtlich: Das Kaiserreich bestand aus einer ausgeprägten Klassengesellschaft, in der sich die sozialen Konflikte ständig zuspitzten und im wesentlichen durch ein autoritäres Auftreten der Obrigkeiten in Staat und Gesellschaft bekämpft wurden. Ihr Verhalten im Bergarbeiterstreik von 1889, dem größten Streik in der deutschen Geschichte des 19. Jahrhunderts, liefert ein deutliches Beispiel dafür.

Dieser Zustand und vor allem die konservative Sammlungspolitik änderten sich nach dem Auslaufen des Sozialistengesetzes und der Entlassung Bismarcks im Jahre 1890 – trotz einzelner Umorientierungen und kurzfristiger Milderungen – bis in den Ersten Weltkrieg hinein nicht, im Gegenteil! Neben die liberalen Leitbilder bzw. an deren Stelle traten neue, die vor allem den verunsicherten und – was ihre Weltsicht anging – desorientierten Kreisen des mittelständischen Bürgertums, aber auch jenen Teilen der Oberschicht entgegenkamen, die in Liberalismus, Materialismus und Individualismus immer schon den Verfall von traditioneller Sitte und Moral gesehen hatten. Zwischen dem Internationalismus der sozialistischen »vaterlandslosen Gesellen« und den von der Freiheit des Individuums ausgehenden Idealen des Liberalismus nistete sich ein immer aggressiver auftretender Nationalismus ein, der die deutsche Weltgeltung vehement einklagte, den Ausbau des Kolonialreiches und eine expansive Flottenpolitik forderte und insbesondere in den Sozialisten und

Juden die gefährlichsten Hindernisse für ein in der Welt geschlossen und kraftvoll auftretendes Deutschtum sah. Verteufelung der Sozialdemokratie und offener, sich verbal immer radikaler äußernder Antisemitismus wurden seit den 1870er Jahren gesellschaftsfähig und begannen besonders das konservative Bildungsbürgertum zu infizieren, bei dem vor allem das schreckliche Stereotyp vom »zersetzenden, wurzellosen jüdischen Intellekt« Wirkung zeigte. Phrasen wie diese nahmen in der Folgezeit in dem gleichen Maße zu, wie das inzwischen breiter vorhandene aufgeklärt-liberale Element in die Defensive gedrängt wurde. Eine »Neue Rechte«, die nicht zuletzt bald einen beträchtlichen Teil des Bildungsbürgertums umfaßte, gewann an Einfluß und fand mit ihren Parolen, die auf die Festigung des nationalen Machtstaats nach innen und außen abzielten und immer kräftigere nationalistische Töne enthielten, wachsenden Anklang vor allem in den aufstrebenden oder sich bedroht fühlenden Mittelschichten, aber auch in der hohen Beamtenschaft.

War das Sozialistengesetz die Peitsche, so war die staatliche Sozialversicherungsgesetzgebung der 1880er Jahre das Zuckerbrot, mit dem die Arbeiterschaft gezähmt werden sollte. Bismarck und seine Berater knüpften damit an die Tradition der obrigkeitlichen Sozialpflichtigkeit an, die in der liberalen Lehre vom Nachtwächterstaat keine Rolle gespielt hatte; sie wollten unter Beweis stellen, daß das Reich – wie es Wilhelm I. in seiner berühmten »Kaiserlichen Botschaft« vom 17. November 1881 formulierte – seine Mitwirkung zur Heilung der sozialen Schäden nicht versagen und entsprechende Gesetze zur Förderung des Wohles der Arbeiter erlassen werde. Diese neue Form staatlicher Sozialpolitik, die im Ausland als bedeutende Innovation beachtet und nachgeahmt worden ist, wurde nicht nur von Kreisen der Unternehmerschaft, sondern auch von jenem Zweig bürgerlicher Sozialreformer begrüßt und unterstützt, der schon vorher – zum Beispiel im

Rahmen des 1872 gegründeten Vereins für Sozialpolitik – für ein staatliches Eingreifen und ein »soziales Kaisertum« eingetreten war. Im Reichstag konnte sich Bismarck auf die Konservativen, auf das Zentrum und – erst nach einigen Zugeständnissen – auf die Nationalliberalen stützen, während die Abgeordneten der Fortschrittspartei bzw. die Freisinnigen ähnlich wie der andere Zweig der Sozialreformer mehr auf die Selbstheilungskräfte der Gesellschaft oder der Betroffenen setzten und jede staatliche Lenkung als Gängelung ablehnten. Erst recht opponierten die Sozialdemokraten, deren Zahl im Reichstag trotz des Sozialistengesetzes von 1881 zwölf auf 1884 vierundzwanzig angestiegen war; sie, die inzwischen nicht mehr so sehr in der Traditionslinie Ferdinand Lassalles standen, sondern von den Lehren Karl Marx', insbesondere seiner Staatsfeindschaft, inspiriert waren und zudem ständig unter den Maßnahmen des Sozialistengesetzes zu leiden hatten, führten als ihre wichtigsten Ablehnungsgründe die zu enge Beschränkung der Leistungen, den viel zu geringen Kreis der Betroffenen (nur die städtisch-industriellen Lohnarbeiter waren versicherungspflichtig) und die nur in Ansätzen gewährte Selbstverwaltung der Versicherungskassen an. Dennoch: Mit den drei Versicherungsgesetzen von 1883 (Krankenversicherung), 1884 (Unfallversicherung) und 1889 (Alters- und Invalidenversicherung) war ein erheblicher Schritt in Richtung auf den späteren Sozialstaat getan worden, auch wenn er zunächst kaum als großer positiv gemeinter Wurf, sondern vornehmlich als Abwehrstrategie zu interpretieren ist; so hatte Bismarck beispielsweise 1884 ganz offen erklärt: »Wenn es keine Sozialdemokratie gäbe […], würden die mäßigen Fortschritte, die wir überhaupt in der Sozialreform bisher gemacht haben, auch noch nicht existieren« – ein Urteil, das später den Sozialreformern mit ihren sehr viel weiter gehenden Konzepten immer wieder ironisch vorgehalten werden sollte!

Verglichen mit seiner erfolgreichen Außenpolitik gilt die Innenpolitik Bismarcks als weitgehend verfehlt, obwohl sie einzelne innovative Elemente enthielt. Den großen Herausforderungen der Zeit mit Ausnahmegesetzen und den inneren Widersprüchen im Reich mit einer klaren Unterscheidung von »Reichsfreunden« und »Reichsfeinden« begegnen zu wollen, erwies sich bereits im Kulturkampf, erst recht beim Kampf gegen die Sozialdemokratie als grobe Fehleinschätzung. Aus den zwölf Jahren des Sozialistengesetzes ging die Sozialdemokratie als stärkste deutsche Partei hervor (1890 1,4 Millionen Stimmen und damit 20 % aller Stimmen, 35 Mandate im Reichstag); die Integration der Arbeiterschaft in die Gesellschaft des Kaiserreichs war nicht erreicht, im Gegenteil: Große Teile der Arbeiterschaft waren verbittert und haßten den Staat, den man offenbar zunächst einmal beseitigen mußte, wenn man mehr als Almosen haben oder gar politisch mitbestimmen wollte.

Nicht zuletzt diese Hypothek hinterließ der »eiserne Kanzler« seinen Nachfolgern, aber auch außenpolitisch übernahmen diese kein leichtes Erbe, obwohl das Kräftespiel zwischen den fünf großen europäischen Mächten zunächst gut geordnet schien: Nach dem Sieg über Frankreich und der Schaffung des neuen Deutschen Reiches war es Bismarck einerseits darum gegangen, das durch die harten Friedensbedingungen gedemütigte Frankreich so zu isolieren, daß es nicht mit anderen Mächten eine neue Front aufbauen und eine militärische Revanche vorbereiten konnte. Andererseits mußten die übrigen europäischen Staaten davon überzeugt werden, daß das Reich »saturiert« war und keine Ambitionen in Richtung Landgewinn auf Kosten seiner Nachbarn oder in Übersee hegte. Dies war im Zeitalter des entstehenden und weltweit zugreifenden Imperialismus in den 1870er Jahren eine eher ungewöhnliche Position; Bismarck, der sich später nur sehr zögerlich zum Erwerb von Kolonien (seit 1884/1885) bereitfand und immer stärkeren Druck von Seiten deutscher Kolonialfreunde auf sich gezogen hatte, unterstützte sogar das koloniale Engagement der anderen europäischen Mächte einschließlich Frankreichs, um deren potentielle Aggressivität abzulenken und vom Kontinent fernzuhalten.

Ein spektakulärer Höhepunkt von Bismarcks Ausgleichspolitik war der Berliner Kongreß des Jahres 1878, bei dem er als »ehrlicher Makler« die Balkankrise 1875–1878 zu beenden half und die russische Führung dazu drängte, auf einen beträchtlichen Teil ihrer Gewinne im russisch-türkischen Krieg 1877/1878 (Friede von San Stefano) zu verzichten. Um die nachhaltige Verstimmung der Russen darüber aufzufangen und sie nicht zu eventuellen Bündnispartnern der Franzosen werden zu lassen, bemühte er sich intensiv um Aufrechterhaltung der Verträge mit dem Zarenreich (1881 und 1884 Erneuerung des Dreikaiserbündnisses zwischen dem Deutschen Reich, Österreich-Ungarn und Rußland; 1887 »Rückversicherungsvertrag« mit Rußland). Gleichzeitig reduzierte in seinen Augen die Bündnisverbindung der Habsburger Monarchie mit dem Zarenreich die Gefahr einer kritischen Zuspitzung auf dem Balkan ebenso, wie die Erweiterung des deutsch-österreichischen Zweibundes um Italien zum Dreibund (1882) das Konfliktpotential in der östlichen Alpenregion entschärfte. Voraussetzung zum erfolgreichen Jonglieren mit den fünf europäischen Bällen, wie Bismarcks Außenpolitik genannt worden ist, war jedoch eine ständige diplomatische Wachsamkeit, das geschickte Gegeneinanderausspielen der Mächte und ein gezieltes Entgegenkommen in Einzelfragen, zum Teil durch geheime Zusatzklauseln in den Verträgen. Selbst als das Deutsche Reich doch Kolonien zu erwerben begann, gelang es dem Reichskanzler, die erheblichen Irritationen im deutsch-englischen Verhältnis auszugleichen und gleichzeitig eine Vergrößerung des Mißtrauens zwischen den

Kolonialmächten Frankreich und England zu erreichen. Im ganzen hielt sich der deutsche Imperialismus in der Bismarck-Ära als Konsequenz der durchaus (noch) nicht aggressiv auftretenden, sondern nur den Platz des Deutschen Reiches als einer führenden europäischen Macht beanspruchenden deutschen Außenpolitik vergleichsweise in Grenzen.

Dies alles sollte sich jedoch nach Bismarcks Entlassung gründlich ändern. Indem seine Nachfolger zentrale Prinzipien seiner Außenpolitik – wie die intensive Fortführung der Ausgleichsstrategie mit Rußland, die partielle Unterstützung der Franzosen bei ihrer Kolonialpolitik, die feste, aber letztlich flexible Position gegenüber England einschließlich einer eher zurückhaltenden Flottenpolitik – aufgaben oder stiefmütterlich behandelten und einer rabiaten deutschen Propagierung imperialistischer Ziele immer mehr Spielräume ließen, begannen sie nach und nach das Netzwerk, das die Machtbalance und damit den Frieden in Mitteleuropa (einschließlich der Kolonien) garantierte, zu zerstören.

Die einzelnen Etappen bis zum Ersten Weltkrieg können hier nicht im Detail beschrieben werden. Nicht zuletzt die sprunghaft schwankende deutsche Außenpolitik, bei der zudem durch Einzelaktionen und starke Worte von Seiten der Führung die Situation erheblich angeheizt wurde, war es, die zwar den Krieg nicht direkt auslöste, aber doch jene Mächtekonstellation zu schaffen half, die schließlich den meisten Beteiligten einen Krieg als unausweichliche Lösung, ja als erwünschte Befreiung aus einer verfahrenen und von hochgespannten imperialistischen Erwartungen vergifteten internationalen Lage erscheinen ließ: Zwischen Rußland und Frankreich bahnte sich nach der Nichtverlängerung des Rückversicherungsvertrages seit 1890 eine Verständigung an; England und Frankreich rückten infolge des säbelrasselnden Auftretens der Deutschen, vor allem in ihrer Flottenpolitik, näher aufeinander zu; selbst der Dreibund von 1882 erfuhr 1902 eine erste Aufweichung durch die Einigung zwischen Frankreich und Italien über Kolonialfragen in Nordafrika, so daß schließlich die von Bismarck intensiv betriebene Isolierung Frankreichs ein Ende erreichte (1894 Zweibund Frankreich–Rußland, 1904 *Entente cordiale* zwischen Frankreich und England). Ein britisch-russischer Interessenausgleich besiegelte 1907 den Niedergang des Bismarckschen Bündnissystems, und auch die beiden neu in die Weltpolitik eintretenden Mächte USA und Japan orientierten sich in den zwei Jahrzehnten vor dem Ersten Weltkrieg auf die Briten hin und nicht auf die Deutschen.

Das, was im Deutschen Reich als zunehmende »Einkreisung« wahrgenommen und Anlaß zu einer noch lauteren Selbstbehauptungspropaganda zum Beispiel der Alldeutschen und des Flottenvereins wurde, war also durchweg die Folge eigener Fehleinschätzungen, obwohl die Hauptbeteiligten an der »Einkreisung« keine aggressiven Ziele gegen das Reich verfolgten. Offensiv vorgehen wollten lediglich die Russen in Richtung Balkan und Meerengen, wobei ihren panslawistischen Wünschen insbesondere der serbische, gegen Österreich-Ungarn gerichtete Nationalismus entgegenkam. Alles in allem: Der unter Wilhelm II. seit 1890 eingeschlagene Kurs mit seinem hektischen Streben nach Weltgeltung bereitete schon früh die Aufmarschsituation vom August 1914 vor.

Allerdings entstehen Kriege nicht, weil sie schließlich unausweichlich sind, sondern weil mindestens die beiden folgenden Voraussetzungen erfüllt sind: Einerseits müssen konkrete Menschen in verantwortlichen Positionen zum Krieg bereit sein, andererseits müssen sie die Macht und/oder die Überzeugungskraft besitzen, die Bevölkerung zum »Waffengang« zu bewegen, wenn möglich zu begeistern. Bei der Suche nach den Gründen – nicht nach den Schuldigen – für die im Deutschen Reich Mitte 1914 fast uneingeschränkte Kriegsbereitschaft ist neben den außenpolitischen Ursachen und einer Reihe teils schon genannter sozialgeschichtlicher Aspekte besonders die politische Alltagskultur, das heißt die Art und Weise des allgemeinen Miteinanderumgehens wie die inner- und außerfamiliäre Sozialisation hervorzuheben – hier vor allem die Hochschätzung und zentrale Bedeutung militärischer Tugenden und männlich-kämpferischer Verhaltensweisen im täglichen Leben und in der offiziellen Wertehierarchie der Wilhelminischen Gesellschaft. Patriarchalische Strukturen, wie sie sich in der bürgerlichen Familie mit ihrer klaren Zuschreibung von Rollen und Geschlechtscharakteren seit dem Ende des 18. Jahrhunderts herausgebildet hatten, prägten im Kaiserreich nicht nur schichten- und klassenübergreifend den gesamten »Intimbereich« des privaten Lebens, sondern galten auch als die unantastbaren, geradezu religiös überhöhten Grundlagen von Staat und Gesellschaft. Als deren Keimzelle und zugleich als »Kernbestand und Ursprung aller Moral« (Th. Nipperdey) galt die Familie, in der der Vater höchste Autorität besitzen sollte. Vom Kult um die Herrscherfamilie über die Vorstellung mancher Großunternehmer, ihre Belegschaft wie Väter führen und beherrschen zu können, bis hin zu den Zinnsoldaten für die Jungen und Puppenstuben für die Mädchen als den meistverbreiteten Kinderspielzeugen, von der geachteten Stellung des Reserveoffiziers und der Zelebrierung der Sedanstage und Kaisergeburtstage bis hin zum Nimbus der schlagenden studentischen Verbindungen und zur Bedeutung der notfalls im Duell zu verteidigenden männlichen Ehre, vom Umgangston der Beamten beim Verkehr mit dem Publikum bis hin zum Unterrichtsstil in den Schulen usw. reichten die Formen und Handlungsfelder, mit bzw. in denen die »Untertanen« auf patriarchalisch-militärische Konventionen und Verhaltensweisen eingestimmt wurden.

Frauen spielten bei der Ausformulierung der allgemeinen Erziehungsleitlinien, die an den angeblich natürlich vorgegebenen Geschlechtscharakteren orientiert waren, allenfalls eine Nebenrolle; ihnen war bis 1908 die öffentliche Betätigung in politischen Parteien grundsätzlich verwehrt, sie durften erst seit der Jahrhundertwende – in Preußen seit 1908 – studieren und erhielten das Wahlrecht erst nach dem Ende des Kaiserreichs 1919. Zwar hatten sich Frauen schon 1848 und dann wieder seit Mitte der 1860er Jahre in Frauenvereinen zusammengeschlossen (z. B. 1865 im Allgemeinen Deutschen Frauenverein) und als Dachorganisation 1894 den Bund Deutscher Frauenvereine (Gesamtmitgliederzahl 1913 etwa 470 000 Frauen) gegründet, doch änderte sich nichts am vorherrschenden Maßstab für männliches bzw. weibliches Verhalten, im Gegenteil: Die Programme der meisten Frauenvereine waren von einer »mütterlichen Politik« bestimmt, die zwar eine Teilkritik an den einseitig männlichen Verhältnissen enthielt, aber letztlich keinen grundsätzlichen Wandel forderte, sondern die Vervollkommnung bzw. Ergänzung der männlichen Kulturschöpfungen durch »weiblich-mütterliche Wertideen« anstrebte (U. Frevert). Für die seit Ende der 1880er Jahre entstehende proletarische Frauenbewegung war über lange Zeit die Kernthese August Bebels entscheidend, der in seinem 1879 erstmalig erschienenen Buch *Die Frau und der Sozialismus* betont hatte, eine durchgreifende Emanzipation der Frauen sei erst möglich, wenn der Kapitalismus und die durch ihn geschaffenen Ausbeutungs- und Abhängigkeitsverhältnisse abgeschafft seien. Die wohl bedeutendste sozialistische Frauenführerin vor dem Ersten Weltkrieg, Clara Zetkin, stimmte ihm hierin grundsätzlich zu und erkannte die Dominanz der Männer im Klassenkampf an, forderte jedoch darüber hinaus – im Gegensatz zur Meinung vieler sozialdemokratischer Männer – die wirtschaftliche Unabhängigkeit der Frauen: Die weibliche Berufsarbeit sei das entscheidende Hilfsmittel, sich aus den starken Zwängen des allgemein vorherrschenden Frauenbildes zu befreien. Doch die

Chancen für junge Frauen der unteren Schichten, abgesehen von völlig untergeordneten und schlecht bezahlten Arbeiten in den Fabriken und im Dienstbotenbereich im Kaiserreich einen Beruf zu finden, der eine solche Befreiung ermöglichte, waren äußerst gering. Wenn es ging, zogen sie deshalb den Hausfrauenberuf letztlich doch der Berufstätigkeit außer Hause vor und begaben sich damit in die gerade im proletarischen Milieu kraß ausgeprägte Abhängigkeit vom Ehemann. Wenn sie sich überdies noch engagierten, dann – ähnlich wie die bürgerlichen Frauen – im Bereich der Fürsorge und sozialen Hilfe. Ihr Selbstwertgefühl bezogen also auch die meisten proletarischen Frauen trotz der in mancher Hinsicht vehementen Abgrenzung von den Ideen der bürgerlichen Frauenbewegung weitgehend aus einer Idealisierung der Mütterlichkeit und Mutterrolle.

Die Frauenbewegung gehörte ebenso wie die Arbeiterbewegung und eine Reihe sonstiger »Bewegungen« im späten Kaiserreich zu den mehr oder weniger selbstorganisierten Mitteln, mit deren Hilfe sich trotz aller Begrenztheiten die Individuen von den Zwängen herkömmlicher und/oder staatlich verordneter »Vergesellschaftung« mindestens ansatzweise befreien konnten. Partielle »Emanzipation« bedeutete jedoch zugleich – dies sei hier schon festgestellt – besondere Verführbarkeit oder die Gefahr neuer Abhängigkeiten. Obwohl sie zunächst keine direkten Umbrüche im Gefolge hatten, erweisen sich dennoch diese Bewegungen um 1890/1900 in vielen Bereichen und Hinsichten als Aufbruchsphänomene mit weitreichenden Impulsen und mentalitätsgeschichtlichen Folgen. Die tiefgreifenden, jetzt von immer mehr Menschen zumindest geahnten Strukturwandlungen und die alltäglich sicht- und fühlbaren Veränderungen der Lebensumwelt, besonders in den großen Städten, ließen nach neuen Haltepunkten und Perspektiven suchen. Sozialreformerische Konzepte und lebensreformerische Experimente standen diversen völkischen, sozialdarwinistischen, antisemitischen, rassistischen Heilslehren gegenüber. Neben der außenpolitischen »Einkreisung« sah eine insbesondere bildungsbürgerlich geprägte Großstadt- und Zivilisationskritik im angeblichen Verlust an moralischer Substanz, im Niedergang geistiger und physischer »Gesundheit« und in der wachsenden Mißachtung traditioneller Autoritäten eine Bedrohung, die von innen heraus den Bestand des deutschen Volkes gefährdete. Eine große Nation – so hieß es – müsse nicht zuletzt deshalb nach außen wehrhaft sein und militärische Tugenden pflegen, um sich innen mit Aussicht auf ungestörte Entwicklung ihren Kulturzwekken zuwenden zu können. Wie wohl nie zuvor geriet in diesem Zusammenhang der Nachwuchs ins Blickfeld der Zeitkritiker, Politiker und selbsternannten Propheten, ja, er erhielt eine Schlüsselfunktion für die meisten Zukunftsentwürfe – dies besonders, als sich nach Jahren hoher Geburtenzahlen seit etwa 1910 ein Bevölkerungsrückgang abzuzeichnen begann: Folge des nun allmählich wirksam werdenden Übergangs von der traditionellen agrarischen zur modernen industriegesellschaftlichen Lebensweise.

Ein Wettlauf um die Jugend, vor allem die männliche, begann, wobei die Argumente von der Erhaltung der Wehrfähigkeit bis zur Notwendigkeit der »Aufzucht« eines »neuen Menschen« reichten. »Jugend« wurde zum Schlüsselbegriff nicht nur für eine Teilkultur in der Gesellschaft und deren Erneuerungskraft, sondern für ein Leitbild, das Zukunftshoffnung und Fortschritt symbolisierte. »Jungsein« wurde zu einem Wert an sich hochstilisiert und zugleich politisch überhöht; die zwar alte, aber 1871 wiedergeborene deutsche Nation konnte mit ihrem »Willen zum jungen Volk« geradezu – so empfahlen es manche Denker (z. B. Arthur Moeller van den Bruck) – ein Recht auf Weltgeltung und auf Erhebung gegen die vergreisten anderen Völker ableiten. »Jugend ist Daseinsfreude, Genußfähigkeit, Hoffnung und Liebe, Glaube an die Menschen – Jugend ist Leben, Jugend ist Farbe, ist Form und Licht«, lautete das Motto der 1895 gegründeten Wochenzeitschrift »Jugend«.

Zum Teil als Ausdruck solcher Idealisierung, zum Teil aber als Abwehr des immer umfassender werdenden Zugriffs auf die Jugend entstand, ausgehend von Berlin-Steglitz und Hamburg, um 1900 die bürgerliche Jugendbewegung, die zwar direkt nur eine Minderheit der Jugendlichen erfaßte, deren Umgangsformen und Vorstellungen von einer idealistischen Jugendkultur jedoch erhebliche Wirkungen sowohl in der zeitgenössischen Pädagogik (»Reformpädagogik«) als auch in den vielen damals entstehenden jugendpflegerischen Organisationen der Kirchen, der Verbände und Parteien bis hin zur Arbeiterjugendbewegung besaßen. Für die Mentalitätsgeschichte eines wichtigen Teils jener beiden Generationen, die in Deutschland in den Jahren vor dem Ersten Weltkrieg und in der Weimarer Republik ihre Jugend verlebten, ist der Einfluß jugendbewegter Lebensformen, Bildwelten und Ausdrucksweisen kaum zu überschätzen. Höhepunkt dieser Aufbruchsbewegung war vor dem Ersten Weltkrieg ein bewußt als Gegenfest zu den nationalistisch-pathetischen Jubiläumsfeiern des Wilhelminischen Deutschland aus Anlaß der Erinnerung an den Sieg über Napoleon vor hundert Jahren geplantes Treffen im Oktober 1913: Nicht zu großen Aufmärschen in den Metropolen, sondern in der Natur fern von den Großstädten, auf dem Hohen Meißner bei Kassel, versammelten sich »freideutsche« Jugendgruppen, junge Reformpädagogen und »Wandervögel« zu einem Fest, bei dem sie die Einheit der Jugend beschworen, Volkslieder sangen, Volkstänze vorführten und sich in einer berühmt gewordenen »Formel« versprachen, »aus eigener Bestimmung, vor eigener Verantwortung, mit innerer Wahrhaftigkeit ihr Leben« zu gestalten.

Doch weder die bei dem Fest geäußerte Warnung davor, »den Krieg in die Täler eines fremden Volkes zu tragen« (G. Wyneken), noch ein Telegramm des Bundes Akademischer Freischaren Ende Juli 1914 an den Kaiser mit der beschwörenden Bitte, den Frieden zu bewahren, hinderte diese Jugendbewegten daran, ebenso bereitwillig und meist begeistert in den Krieg zu ziehen wie ihre Altersgenossen einschließlich derer, die aus der sozialistischen Arbeiterjugendbewegung stammten – im Glauben, das Vaterland sei in Gefahr, und mit der Erwartung, jetzt in der Stunde der Not »draußen auf dem Schlachtfeld wie daheim« endlich ein »einig Volk von Brüdern« zu finden, wie der sozialdemokratische Reichstagsabgeordnete Ludwig Frank, Gründer von Arbeiterjugendvereinen, kurz vor seinem »Heldentod« im September 1914 schrieb.

Literaturhinweise

Ausgewählte Quellenpublikationen für den Zeitraum 1814 bis 1914 und übergreifende Dokumentationen

Baumgart, Winfried (Bearb.): Das Zeitalter des Imperialismus und des Ersten Weltkrieges (1871–1918). 2 Tle. Darmstadt [2]1991.

Brandt, Hartwig (Hrsg.): Restauration und Frühliberalismus 1814 bis 1840. Darmstadt 1979.

Bruch, Rüdiger vom / Hofmeister, Björn: Kaiserreich und Erster Weltkrieg 1871–1918. Stuttgart 2000. (Geschichte in Quellen und Darstellung. Bd. 8.)

Dokumente und Materialien zur Geschichte der deutschen Arbeiterbewegung. Hrsg. vom Institut für Marxismus-Leninismus beim ZK der SED. Reihe I: 1848–1914. Berlin 1967–1975.

Engeli, Christian / Haus, Wolfgang (Bearb.): Quellen zum modernen Gemeindeverfassungsrecht in Deutschland. Stuttgart [u. a.] 1975.

Fenske, Hans (Hrsg.): Der Weg zur Reichsgründung 1850–1870. Darmstadt 1977.

– (Hrsg.): Im Bismarckschen Reich 1871–1890. Darmstadt 1978.

– (Hrsg.): Unter Wilhelm II. 1890–1918. Darmstadt 1982.

– (Hrsg.): Quellen zur deutschen Innenpolitik 1890–1914. Darmstadt 1991.

– (Hrsg.): Vormärz und Revolution 1840–1849. Darmstadt [4]2002.

Fischer, Wolfram / Krengel, Jochen / Wietog, Jutta (Hrsg.): Sozialgeschichtliches Arbeitsbuch I: Materialien zur Statistik des Deutschen Bundes 1815–1870. München 1982.

Gall, Lothar / Koch, Rainer (Hrsg.): Der europäische Liberalismus im 19. Jahrhundert. Texte zu seiner Entwicklung. 4 Bde. Frankfurt a. M. [u. a.] 1981.

Hohorst, Gerd / Kocka, Jürgen / Ritter, Gerhard A. (Hrsg.): Sozialgeschichtliches Arbeitsbuch II: Materialien zur Statistik des Kaiserreichs 1870–1914. München 1979.

Hubbard, William H.: Familiengeschichte. Materialien zur deutschen Familie seit dem Ende des 18. Jahrhunderts. München 1983.

Huber, Ernst Rudolf (Hrsg.): Dokumente zur deutschen Verfassungsgeschichte. Bd. 1: 1803–1850. Stuttgart [u. a.] [3]1978. Bd. 2: 1851–1900. Ebd. [3]1986. Bd. 3: 1900–1918. Ebd. [3]1990.

Huber, Ernst Rudolf / Huber, Wolfgang (Hrsg.): Staat und Kirche im 19. und 20. Jahrhundert. Dokumente zur Geschichte des deutschen Staatskirchenrechts. Bd. 1. Berlin ²1990. Bd. 2. Berlin 1976.

Jantke, Carl / Hilger, Dietrich (Hrsg.): Die Eigentumslosen. Der deutsche Pauperismus und die Emanzipationskrise in Darstellungen und Deutungen der zeitgenössischen Literatur. Freiburg i. Br. / München 1965.

Richarz, Monika (Hrsg.): Jüdisches Leben in Deutschland. Selbstzeugnisse zur Sozialgeschichte. Bd. 1: 1780–1871. Stuttgart 1976. Bd. 2: Selbstzeugnisse zur Sozialgeschichte im Kaiserreich. Ebd. 1979.

Ritter, Gerhard A.: Wahlgeschichtliches Arbeitsbuch: Materialien zur Statistik des Kaiserreichs 1871–1918. Unter Mitarb. von Merith Niehuss. München 1980.

Ritter, Gerhard A. / Kocka, Jürgen (Hrsg.): Deutsche Sozialgeschichte. Dokumente und Skizzen. Bd. 2: 1870–1914. München 1988.

Rüden, Peter von / Koszyk, Kurt (Hrsg.): Dokumente und Materialien zur Kulturgeschichte der deutschen Arbeiterbewegung, 1848 bis 1918. Frankfurt a. M. 1979.

Rutschky, Katharina (Hrsg.): Schwarze Pädagogik. Quellen zur Naturgeschichte der bürgerlichen Erziehung. Frankfurt a. M. [u. a.] 1977. Neuausg. Berlin 1997.

Schraepler, Ernst (Hrsg.): Quellen zur Geschichte der sozialen Frage in Deutschland. Bd. 1: 1800–1870. 2., neubearb. Aufl. Göttingen [u. a.] 1960.

Siemann, Wolfram (Bearb.): Restauration, Liberalismus und nationale Bewegung (1815–1870). Darmstadt 1982.

Steitz, Walter (Hrsg.): Quellen zur deutschen Wirtschafts- und Sozialgeschichte im 19. Jahrhundert bis zur Reichsgründung. Darmstadt 1980.

– (Hrsg.): Quellen zur deutschen Wirtschafts- und Sozialgeschichte von der Reichsgründung bis zum Ersten Weltkrieg. Darmstadt 1985.

Treue, Wilhelm / Pönike, Herbert / Manegold, Karl-Heinz (Hrsg.): Quellen zur Geschichte der industriellen Revolution. Göttingen [u. a.] ²1979.

Treue, Wolfgang (Hrsg.): Deutsche Parteiprogramme seit 1861. Göttingen [u. a.] ⁴1968.

Ausgewählte Überblicksdarstellungen zum 19. und 20. Jahrhundert, hier insbesondere für den Zeitraum 1814 bis 1914

Achilles, Walter: Deutsche Agrargeschichte im Zeitalter der Reformen und der Industrialisierung. Stuttgart 1993.

Bauer, Franz J.: Das ›lange‹ 19. Jahrhundert (1789–1917). Stuttgart 2004.

Berg, Christa (Hrsg.): Handbuch der deutschen Bildungsgeschichte. Bd. 4: 1870–1918. München 1991.

Blasius, Dirk: Geschichte der politischen Kriminalität in Deutschland 1800–1980. Frankfurt a. M. 1983.

Botzenhart, Manfred: Reform, Restauration, Krise. Deutschland 1789–1847. Frankfurt a. M. 1985.

Bruch, Rüdiger vom (Hrsg.): »Weder Kommunismus noch Kapitalismus«. Bürgerliche Sozialreform in Deutschland vom Vormärz bis zur Ära Adenauer. München 1985.

Conze, Werner / Kocka, Jürgen: Bildungsbürgertum im 19. Jahrhundert. Bd. 1. Stuttgart 1985.

Daniel, Ute / Siemann, Wolfram (Hrsg.): Propaganda. Meinungskampf, Verführung und politische Sinnstiftung 1789–1989. Frankfurt a. M. 1994.

Dowe, Dieter / Haupt, Heinz-Gerhard / Langewiesche, Dieter (Hrsg.): Europa 1848. Revolution und Reform. Bonn 1998.

Ehmer, Josef: Sozialgeschichte des Alters. Frankfurt a. M. 1990.

Frevert, Ute: Frauen-Geschichte. Zwischen bürgerlicher Verbesserung und Neuer Weiblichkeit. Frankfurt a. M. 1986.

Frevert, Ute / Haupt, Heinz-Gerhard (Hrsg.): Der Mensch des 19. Jahrhunderts. Frankfurt a. M. 1999.

Gall, Lothar: Europa auf dem Weg in die Moderne 1850–1890. München [4]2004.

Geschichte des Wohnens. Bd. 3: 1800–1918. Das bürgerliche Zeitalter. Hrsg. von Jürgen Reulecke. Stuttgart 1997.

Hahn, Hans-Werner: Geschichte des Deutschen Zollvereins. Göttingen 1984.

Hardtwig, Wolfgang: Vormärz. Der monarchistische Staat und das Bürgertum. München 1998.

Haupt, Heinz-Gerhard / Crossick, Geoffrey: Die Kleinbürger. Eine europäische Sozialgeschichte des 19. Jahrhunderts. München 1998.

Hentschel, Volker: Geschichte der deutschen Sozialpolitik 1880 bis 1980. Frankfurt a. M. 1983.

Holste, Heiko: Der deutsche Bundesstaat im Wandel (1867–1933). Berlin 2002.

Huber, Ernst Rudolf: Deutsche Verfassungsgeschichte seit 1789. Bd. 1. Stuttgart [u. a.] ^{3}1995. Bd. 2. Ebd. ^{3}1988. Bd. 3. Ebd. ^{3}1988. Bd. 4. Ebd. ^{3}1994. [Mehrere Aufl.]

Jeismann, Karl-Ernst / Lundgreen, Peter (Hrsg.): Handbuch der deutschen Bildungsgeschichte. Bd. 3: 1800–1870. München 1987.

Jeserich, Kurt G. A. [u. a.] (Hrsg.): Deutsche Verwaltungsgeschichte. Bd. 2: Vom Reichsdeputationshauptschluß bis zur Auflösung des Deutschen Bundes. Stuttgart 1983. Bd. 3: Das Deutsche Reich bis zum Ende der Monarchie. Ebd. 1984.

Kerbs, Diethart / Reulecke, Jürgen (Hrsg.): Handbuch der deutschen Reformbewegungen 1880–1933. Wuppertal 1998.

Klueting, Edeltraud (Hrsg.): Antimodernismus und Reform. Beiträge zur Geschichte der deutschen Heimatbewegung. Darmstadt 1991.

Koch, Rainer: Deutsche Geschichte 1815–1848. Restauration oder Vormärz? Stuttgart [u. a.] 1985.

Kocka, Jürgen (Hrsg.): Arbeiter und Bürger im 19. Jahrhundert. Varianten ihres Verhältnisses im europäischen Vergleich. München 1986.

– (Hrsg.): Bürger und Bürgerlichkeit im 19. Jahrhundert. Fünfzehn Beiträge. Göttingen ^{2}1995.

– Arbeitsverhältnisse und Arbeiterexistenzen. Grundlagen der Klassenbildung im 19. Jahrhundert. Bonn 1990.

Koselleck, Reinhart: Preußen zwischen Reform und Revolution. Allgemeines Landrecht, Verwaltung und soziale Bewegung von 1791–1848. Stuttgart ^{3}1981.

Krabbe, Wolfgang R.: Die deutsche Stadt im 19. und 20. Jahrhundert. Göttingen 1989.

Langewiesche, Dieter: Europa zwischen Restauration und Revolution 1815–1849. München ^{4}2004.

– Liberalismus in Deutschland. Frankfurt a. M. ^{4}1995.

Lehnert, Detlef: Sozialdemokratie zwischen Protestbewegung und Regierungspartei 1848–1983. Frankfurt a. M. 1983.

Lenger, Friedrich: Sozialgeschichte der deutschen Handwerker seit 1800. Frankfurt a. M. 1988.

Marschalck, Peter: Bevölkerungsgeschichte Deutschlands im 19. und 20. Jahrhundert. Frankfurt a. M. ²1985.
Mitterauer, Michael: Sozialgeschichte der Jugend. Frankfurt a. M. ³1992.
Mommsen, Wolfgang J.: Der autoritäre Nationalstaat. Verfassung, Gesellschaft und Kultur im deutschen Kaiserreich. Frankfurt a. M. 1990.
– 1848 – Die ungewollte Revolution. Die revolutionären Bewegungen in Europa 1830–1849. Frankfurt a. M. 1998.
Nave-Herz, Rosemarie: Die Geschichte der Frauenbewegung in Deutschland. Leverkusen ⁵1997.
Niethammer, Lutz [u. a.]: Bürgerliche Gesellschaft in Deutschland. Historische Einblicke, Fragen, Perspektiven. Frankfurt a. M. 1990.
Nipperdey, Thomas: Deutsche Geschichte 1800–1866. Bürgerwelt und starker Staat. München ⁵1991.
– Deutsche Geschichte 1866–1918. Bd. 1: Arbeitswelt und Bürgergeist. München ⁴1994. Bd. 2: Machtstaat vor der Demokratie. Ebd. ³1995.
Nitschke, August [u. a.] (Hrsg.): Jahrhundertwende. Der Aufbruch in die Moderne 1880–1930. 2 Bde. Reinbek 1990.
Puschner, Uwe / Schmitz, Walter / Ulbricht, Justus H. (Hrsg.): Handbuch zur »völkischen Bewegung« 1871–1918. München 1999.
Reulecke, Jürgen: Geschichte der Urbanisierung in Deutschland. Frankfurt a. M. 1985.
– (Hrsg.): Geschichte des Wohnens. Bd. 3: 1800–1918. Stuttgart 1997.
Ritter, Gerhard A.: Die deutschen Parteien 1830–1914. Parteien und Gesellschaft im konstitutionellen Regierungssystem. Göttingen 1985.
Ritter, Gerhard A. / Tenfelde, Klaus: Arbeiter im Deutschen Kaiserreich 1871 bis 1914. Bonn 1992.
Rürup, Reinhard: Deutschland im 19. Jahrhundert 1815–1871. Göttingen ²1992.
Schulz, Andreas: Lebenswelt und Kultur des Bürgertums im 19. und 20. Jahrhundert. München 2005.
Schulze, Hagen: Der Weg zum Nationalstaat. Die deutsche Nationalbewegung vom 18. Jahrhundert bis zur Reichsgründung. München ⁵1997.

Spree, Reinhard: Soziale Ungleichheit vor Krankheit und Tod. Zur Sozialgeschichte des Gesundheitsbereichs im Deutschen Kaiserreich. Göttingen 1981.

Stübig, Heinz: Bildung, Militär und Gesellschaft in Deutschland: Studien zur Entwicklung im 19. Jahrhundert. Köln [u. a.] 1994.

Tennstedt, Florian: Sozialgeschichte der Sozialpolitik in Deutschland vom 18. Jahrhundert bis zum Ersten Weltkrieg. Göttingen 1981.

Teuteberg, Hans Jürgen: Geschichte der industriellen Mitbestimmung in Deutschland. Tübingen 1961.

Tilly, Richard H.: Vom Zollverein zum Industriestaat. Die wirtschaftlich-soziale Entwicklung Deutschlands 1834–1914. München 1990.

Ullrich, Volker: Die nervöse Großmacht 1871–1918. Frankfurt a. M. ²2002.

Wehler, Hans-Ulrich: Das Deutsche Kaiserreich 1871–1918. Göttingen ⁷1994.

– Deutsche Gesellschaftsgeschichte. Bd. 2: Von der Reformära bis zur industriellen und politischen »Deutschen Doppelrevolution« 1815–1845/49. München ³1996.

– Deutsche Gesellschaftsgeschichte. Bd. 3: Von der »Deutschen Doppelrevolution« bis zum Beginn des Ersten Weltkrieges 1849–1914. München 1995.

Zorn, Wolfgang (Hrsg.): Handbuch der deutschen Wirtschafts- und Sozialgeschichte. Bd. 2: Das 19. und 20. Jahrhundert. Stuttgart 1976.

Die Zeit der Weltkriege
(1914–1945)

Von Jürgen Reulecke

Epochenüberblick

Der Glaube vieler Deutscher, der Weltkrieg werde wie ein Reinigungsbad und wie der Start zu einer neuen Stabilität wirken, erwies sich schon nach wenigen Monaten als Illusion. Trotz des massiven Versuchs, den »Burgfrieden« nicht zuletzt mit den Mitteln moderner Propaganda aufrechtzuerhalten, beschleunigte sich – parallel zum immer mehr Opfer fordernden und immer klarer in eine deutsche Niederlage einmündenden Krieg – die innere Polarisierung der deutschen Gesellschaft. Die mit dem Ersten Weltkrieg beginnende Epoche ist deshalb mit dem Schlagwort von den »Krisenjahren der Klassischen Moderne« (D. Peukert) charakterisiert worden. Einerseits erfolgte in ihnen – wenn auch verspätet und auf mancherlei Vorgaben des Kaiserreichs aufbauend – jetzt endlich eine Modernisierung der politischen Strukturen, das heißt, es begann ein »Experiment in Demokratie« in der Form des modernen Sozialstaats; andererseits gewannen gleichzeitig starke Antidemokratie- und Antimodernisierungsbewegungen, teils mit Hilfe des Einsatzes moderner Medien, immer mehr an Boden. Parallel waren die Jahre der Weimarer Republik jene Phase der deutschen Geschichte, in der die bürgerlichen Kulturbewegungen ebenso wie eine eigenständige Arbeiterkultur einen (letzten) intensiven Höhepunkt erlebten, während sich vor allem in den großen Städten auf breiter Front die moderne Massenkultur durchsetzte. All diese kulturellen Bewegungen prallten in den 20er Jahren aufeinander, wobei der Staat sich zunehmend darum bemühte, die Medien der Massenkultur (Radio, Kino) durch gesetzliche Maßnahmen in den Griff zu bekommen. Vor dem Hintergrund einer hinzukommenden weltweiten Wirtschaftskrise von bisher unbekanntem Ausmaß neigte schließlich eine große Zahl von Menschen zu radikalen Auswegen aus der Gesamtkrise, akzeptierte autoritäre Lösungen und bereitete auf diese Weise die »deutsche Katastrophe« mit vor, die sich dann im Zweiten Weltkrieg zu einer Weltkatastrophe ausweiten sollte.

Eine solch grobe, vom Konzept der Modernisierung ausgehende Epochenbeschreibung unterschlägt allerdings Deutungsansätze, die in jüngster Zeit verstärkt diskutiert worden sind. Zum einen werden die Epochengrenzen vorne wie hinten inzwischen keineswegs mehr so klar betont, wie dies noch lange Zeit der Fall war: Enge Verknüpfungen vor allem mentalitätsgeschichtlicher Art mit den Jahrzehnten vor- und nachher erweisen sich als ebenso bedeutsam wie manche oft unterschätzten Binnendifferenzierungen jenseits der bisher stärker favorisierten klassenspezifischen oder an der Dichotomie traditionell versus modern orientierten Strukturen, so zum Beispiel Differenzierungen nach geschlechts- und generationenspezifischen Kriterien. Darüber hinaus besitzt eine vom Modernisierungsmodell bestimmte politische Sozialgeschichte in gleichem Maße wie eine ausschließlich Struktur- und prozeßgeschichtliche Gesellschaftsanalyse dort ihre Grenzen, wo es nicht so sehr um die abstrakte Klassifizierung von Verhältnissen und Verläufen auf der Makroebene geht, sondern um die Rekonstruktion von Wahrnehmungen und Weltsichten konkret handelnder, leidender, hoffender Menschen in ihrer Zeit mit einer für sie offenen Zukunft. Mit Blick auf das 20. Jahrhundert mit seinen schnell aufeinander folgenden Verwerfungen ist ein solcher Ansatz angebracht. Bei einem entsprechenden »lebensweltlichen«

Zugriff als der anderen Seite derselben Medaille helfen abgehobene Globaldeutungen wenig weiter und werden den Individuen, ihren Handlungsstrategien, ihrer jeweiligen »Kultur« und ihren Vorstellungen von dem, was wahr und falsch ist, nicht gerecht. Dies ist bei der folgenden Darstellung, wie auch schon beim vorausgehenden Kapitel, ausdrücklich zu berücksichtigen, um die fast zwangsläufige Arroganz des rückblickenden und daher besserwissenden Historiographen in Grenzen zu halten.

Vom Ersten Weltkrieg zur ersten deutschen Republik

1914	1. August: Deutsche Mobilmachung; Kriegserklärung an Rußland. 3. August: Kriegserklärung Deutschlands an Frankreich; Beginn der deutschen Offensive im Westen durch das neutrale Belgien (Schlieffenplan). 4. August: Zustimmung des Reichstags zu den Kriegskrediten mit den Stimmen der SPD. Kriegserklärung Englands an Deutschland. 30. August: Niederlage der Russen bei Tannenberg. 5.–12. September: Marne-Schlacht; deutscher Rückzug und Beginn des Stellungskriegs.
1915	23. Mai: Kriegseintritt Italiens auf Seite der Entente, später auch der Türkei und Bulgariens als Partner der Mittelmächte.
1916	»Materialschlachten« um Verdun, in der Champagne und an der Somme. August: Hindenburg und Ludendorff an der Spitze der Obersten Heeresleitung. 5. Dezember: »Vaterländisches Hilfsdienstgesetz«.
1916/1917	»Steckrübenwinter«, wachsende Spannungen und Verbitterung an der »Heimatfront«.

1917 1. Februar: Deutschland beginnt den uneingeschränkten U-Boot-Krieg; in der Folge Kriegserklärung der USA (6. April) und Streikbewegungen unter anderem in Berlin und im Ruhrgebiet.
13. März (23. Februar, russ. Kalender): Ausbruch der russischen »Februarrevolution«. – 16. April (3. April): Rückkehr Lenins und weiterer Emigranten mit deutscher Unterstützung aus dem Schweizer Exil nach Petersburg. – Ab 7. November (25. Oktober) bolschewistische »Oktoberrevolution«.
April: Gründung der USPD (Unabhängige Sozialdemokratische Partei); Kampf gegen Fortsetzung des Krieges.
Juli: Erzberger für Verständigungsfrieden.

1918 8. Januar: »Vierzehn Punkte« des amerikanischen Präsidenten Wilson.
März: Frieden von Brest-Litowsk mit Rußland.
8. August: »Schwarzer Tag von Amiens«, Beginn des Zusammenbruchs der Mittelmächte.
3. Oktober: Kabinett auf parlamentarischer Basis unter Prinz Max von Baden: Waffenstillstandsangebot an Wilson.
Ende Oktober: Verfassungsänderung zur parlamentarischen Monarchie.
3. November: Beginn der Matrosenmeuterei in Kiel: Entstehung von Arbeiter- und Soldatenräten in immer mehr deutschen Städten.
8.–11. November: Waffenstillstandsverhandlungen in Compiègne.
9. November: Thronverzicht Wilhelms II. Ausrufung der Republik in Berlin durch Scheidemann; anschließend Bildung des »Rats der Volksbeauftragten« als Revolutionsregierung unter Friedrich Ebert.
11. November: Waffenstillstand.

Den Beginn des Krieges (Kriegserklärungen am 1. August 1914 an Rußland und am 3. August 1914 an Frankreich) erlebten die Deutschen – mit ganz wenigen Ausnahmen – als Erlösung oder Befreiung aus lange währender Unsicherheit und von unbefriedigten Wünschen; selbst die Sozialdemokraten, die angeblich »vaterlandslosen Gesellen«, stimmten der Bewilligung der Kriegskredite im Reichstag zu. Trotz oder wegen der inneren Spannungslagen erlebte sich jetzt das deutsche Volk als große Schicksalsgemeinschaft, die angeblich von außen dazu gezwungen worden war, einen Verteidigungskrieg zu führen. Es glaubte damit den Parolen und Erklärungsangeboten der Reichs- und Militärspitze, der vaterländischen Presse und den nationalistischen Wortführern, trat jedoch mit den verhängnisvollen Illusionen vom »Burgfrieden« (Wilhelm II.: »Ich kenne keine Parteien mehr, [...] nur noch deutsche Brüder«), vom gerechten, gottgewollten Kreuzzug und von der militärischen Überlegenheit letztlich nur eine Flucht nach vorne an, die sich schon bald in den Schützengräben an der Westfront festrannte. Eine eindeutige Schuldzuweisung für den Kriegsbeginn an das Deutsche Reich, wie sie später unternommen werden und die folgenden Jahrzehnte in verhängnisvoller Weise vergiften sollte, ist nach heutiger Kenntnis allerdings nicht gerechtfertigt: Alle führenden Mächte in Europa waren an der Vorbereitung des Krieges beteiligt und haben ihn wenn nicht ausdrücklich gewollt, so doch als Mittel ihrer Politik einkalkuliert. Man saß im Grunde in einer selbstgeschaffenen Zwickmühle, in der die Alternative Frieden keine Rolle mehr spielte und ein Funke genügte – hier die Ermordung des österreichischen Thronfolgers Franz Ferdinand durch einen serbischen Attentäter am 28. Juni 1914 –, um das wohlgefüllte Pulverfaß zur Explosion zu bringen. Allerdings erschienen die Deutschen aufgrund ihrer beiden Kriegserklärungen Anfang August und ihres Überfalls auf das neutrale Belgien als die eigentlichen Aggressoren.

Der deutsche Aufmarsch nach dem »Schlieffenplan«, der von einem schnellen Vorrücken durch Belgien und Nordostfrankreich im Bogen nach Paris ausging (»Bewegungskrieg«), erstarrte bereits im September 1914 nach der Marne-Schlacht zu einem Stellungskrieg von der Schweizer Grenze bis zum Ärmelkanal bei Ostende. Diese Frontlinie sollte mit nur geringen Veränderungen bis zum August 1918 Bestand haben, als schließlich am »schwarzen Tag« von Amiens (8. August 1918) nach Jahren voller gewaltiger Materialschlachten und riesiger Menschenopfer auf beiden Seiten – vor allem im Raum um Verdun – alliierte Panzer die ausgebluteten deutschen Stellungen überrollten und das Kriegsende erzwangen. Die Mittelmächte waren zusammen mit ihrem Verbündeten Türkei – ohne es wahrhaben zu wollen – letztlich von vornherein nicht nur quantitativ den Alliierten unterlegen, sondern mußten neben der Westfront auch einen Mehrfrontenkrieg an verschiedenen weiteren Kriegsschauplätzen führen: Diese reichten von Ostpreußen, aus dem die Russen nach der Schlacht von Tannenberg zurückgedrängt werden konnten (Entstehung des Hindenburg-Mythos), über die Karpaten, die Dolomiten, den Balkan bis zu den Dardanellen. Auch in den afrikanischen Kolonien wurde gekämpft, und deutsche Truppen waren selbst in Palästina und Mesopotamien an türkischer Seite im Einsatz. Diese Situation führte dazu, daß nach Anfangserfolgen fast überall der Vormarsch zum Stillstand kam oder sich die Verhältnisse gegen die Mittelmächte zu kehren begannen. Lediglich im Osten geriet das Zarenreich nach großen Verlusten schließlich an den Rand des Zusammenbruchs, so daß revolutionäre Parolen auf fruchtbaren Boden fielen. Nach der Februarrevolution des Jahres 1917 dankte Zar Nikolaus II. ab; gegen die weiter zum Krieg bereite provisorische Regierung unter Kerenskij agitierte der mit Hilfe des deutschen Auswärtigen Amts in einem verplombten Eisenbahnzug aus der Schweiz nach Rußland gekommene Lenin, der zusammen mit Trotzki, Stalin, Sinowjew und anderen die Oktoberrevolution vor allem mit dem Versprechen, den Krieg zu beenden, anführte und am 3. März 1918 in Brest-Litowsk einen Diktatfrieden mit den Mittelmächten schließen mußte. Doch dieser Erfolg im Osten brachte keinerlei Entlastung an den übrigen Fronten. Nicht zuletzt der Kriegseintritt der USA im April 1917, im wesentlichen provoziert durch die deutsche Verkündung des uneingeschränkten U-Boot-Krieges, hatte einen Sieg der Mittelmächte völlig aussichtslos werden lassen. Mit dem Zusammenbruch ihres Verbündeten Bulgarien begann, abgesehen von jenem Panzervorstoß der Alliierten bei Amiens, der Anfang vom Ende: Auf Drängen der Obersten Heeresleitung (seit 1916 Hindenburg und Ludendorff) kam es angesichts der zwar in der »Siegfriedstellung« noch ausharrenden, aber völlig erschöpften deutschen Armee am 3./4. Oktober 1918 zum Waffenstillstandsangebot des Deutschen Reiches und Österreich-Ungarns an den amerikanischen Präsidenten Wilson, da dieser bereits am 8. Januar 1918 in 14 Punkten Grundbedingungen für einen Friedensschluß formuliert hatte; auch die Türkei folgte einige Tage später diesem Schritt. Nachdem diverse Forderungen erfüllt waren – darunter der Thronverzicht Wilhelms II. –, ruhten nach Verhandlungen zwischen General Foch als Vertreter der Alliierten und Matthias Erzberger als deutschem Bevollmächtigten seit dem 11. November 1918 die Waffen (in der Türkei bereits seit dem 30. Oktober 1918).

Damit war zwar der Krieg als solcher zu Ende, keineswegs jedoch – wie die folgenden Jahre zeigen sollten – der erste Schritt zu einer internationalen Friedensordnung und zu einem politisch-gesellschaftlichen Neuanfang im Deutschen Reich getan, obwohl sich 1919 ein »Völkerbund« konstituierte und im Deutschen Reich die Novemberrevolution des Jahres 1918 die Voraussetzungen zu einer demokratischen Neugestaltung schuf: Der Krieg hatte in vielfacher Hinsicht tiefe Wunden hinterlassen, alte Gegensätze vertieft und neue Fronten hervorgerufen, die sich letztlich als geschichtsmächtiger erweisen sollten als die Chancen zum Neubeginn – dies sowohl weltweit als auch mit Blick auf die Lage in Deutschland.

Was die Verhältnisse im Deutschen Reich betrifft, so lagen die Ursprünge vieler Nachkriegskonflikte schon in den ersten Kriegsjahren: Nachdem bereits im Winter 1914/1915 die anfängliche Kriegsbegeisterung der Deutschen einer Ernüchterung zu weichen begonnen hatte, mußten die Politiker, die Militärführung und die sonstigen gesellschaftlichen Führungskräfte alles daran setzen, den »Durchhaltewillen« im Volk aufrechtzuerhalten, die Kriegsproduktion zu Höchstleistungen zu steigern und die Geschlossenheit der »Heimatfront«, das heißt den »Burgfrieden«, zu garantieren. Dabei fiel den zivilen und militärischen Verwaltungen auf allen Ebenen die Aufgabe zu, mit den Mitteln einer straff reglementierenden Organisation, einer umfassenden Massendisziplinierung und einer ständig präsenten Kriegspropaganda das Verhältnis zwischen den Erfordernissen des Heeres, der Rüstungsindustrie und der Nahrungsmittelversorgung auszutarieren. Die Folge war der Versuch, die gesamte Gesellschaft quasi militärisch zu lenken und auf den Krieg einzuschwören (»Kriegssozialismus«), dies sollte vor allem durch Erlaß eines »Vaterländischen Hilfsdienstgesetzes« am 5. Dezember 1916 bewirkt werden. Zwar wurden die Gewerkschaften in diesem Zusammenhang erstmalig öffentlich als Verhandlungspartner anerkannt und erhielten Einfluß in den neueingerichteten Schlichtungsausschüssen, aber die Risse in der »Heimatfront« waren zu diesem Zeitpunkt bereits zu tief, als daß sie durch forciertes autoritäres Eingreifen noch hätten gekittet werden können. Spätestens der »Steckrübenwinter« 1916/1917 zerstörte das Vertrauen vieler Menschen in die Problemlösungsfähigkeit und Verteilungsgerechtigkeit der Obrigkeiten. An die Stelle der Vorstellung von einer von der gesamten Nation gemeinsam zu tragenden großen Last rückten vor allem in den sogenannten Kriegerfamilien Verbitterung, Enttäuschung und eine immer offener werdende Kritik. Neben die wieder aufbrechenden alten Gegensätze und Feindbilder aus der Vorkriegszeit traten neue, hervorgerufen durch das um sich greifende Schieber- und Wucherunwesen, das Kriegsgewinnlertum und die unterschiedlichen Versorgungslagen in Stadt und Land, aber auch Spannungen zwischen den Generationen und zunehmende Differenzen zwischen den Geschlechtern. Nur durch Hamsterfahrten, Schwarzmarktgeschäfte, halblegale und illegale Beschaffungsformen konnten die meisten Familien, insbesondere die »Kriegerfamilien« der Arbeiterschaft und nicht zuletzt viele ehemals bessergestellte Familien der bürgerlichen Mittelschichten, die durch den Tod ihres »Haupternährers« an der Front in Not geraten waren, ihre Existenz notdürftig sichern. In erster Linie die Arbeiterfrauen und die (noch) nicht eingezogenen Jugendlichen gerieten als disponible Arbeitskräftepotentiale infolge des scharfen Leistungsdrucks, der Kluft zwischen dem autoritären Auftreten der staatlichen Stellen und der alltäglichen Realität sowie der desolaten Versorgungslage in eine Schlüsselfunktion, was die Stimmung an der »Heimatfront« und schließlich auch – vermittelt durch Berichte in Briefen und/oder durch Klagen beim Heimaturlaub – in den Schützengräben anging. Selbst die den »Burgfrieden« verteidigenden Gewerkschaften und die Mehrheit der Sozialdemokraten – eine Frieden fordernde Minderheit hatte sich im April 1917 von der SPD abgespaltet und die USPD (Unabhängige Sozialdemokratische Partei) gegründet – konnten das zunehmende »Grollen in der Tiefe« nicht mehr beschwichtigen: Nach diversen Tumulten und spontanen Protestaktionen vor allem in den Industriestädten zeigte schließlich Anfang 1918 ein großer Munitionsarbeiterstreik, daß der Durchhaltewillen eines beträchtlichen Teils der Bevölkerung endgültig erschöpft war.

Halbherzige Versuche der Regierung und des Kaisers seit 1917, die immer offener hervortretende Unruhe der Massen durch das Versprechen aufzufangen, das verhaßte Dreiklassenwahlrecht in Preußen reformieren zu wollen und im Reich ein parlamentarisches Regierungssystem einzuführen, kamen viel zu spät, erst recht die schließlich erlassenen Bestimmungen über die Einführung der parlamentarischen Monarchie vom 28. Oktober 1918 (sogenannte Oktoberreformen). Reichskanzler Prinz Max von Baden, seit dem 3. Oktober 1918 mit einem Kabinett im Amt, in dem nun erstmalig auch zwei Sozialdemokraten saßen, konnte nur noch zu retten versuchen, was noch zu retten war: Er richtete das deutsche Waffenstillstands- und Friedensangebot an Wilson, drängte den zögernden Wilhelm II. zur Abdankung und übertrug in seiner letzten Amtshandlung am 9. November 1918 dem Führer der MSPD, Friedrich Ebert, das Amt des Reichskanzlers.

Als in dieser Situation Ende Oktober die Leitung der Marine, die entgegen der publikumswirksamen Flottenpropaganda der Vorkriegszeit als ganze nicht zum entscheidenden Einsatz im Krieg gekommen war und untätig in Kiel vor Anker gelegen hatte, den schon länger vorbereiteten Plan umsetzen wollte, einen geballten Vorstoß in Richtung Ärmelkanal zu unternehmen, um noch in letzter Minute die deutsche Position zu verbessern, meuterten die Mannschaften gegen dieses von ihnen als »Todesfahrt« interpretierte Unternehmen. Der Plan wurde zwar fallengelassen, doch heizten Strafmaßnahmen der Flottenführung gegen aufständische Matrosen die Situation weiter an. Der Startschuß zum allgemeinen Umsturz im Reich war damit gefallen. Innerhalb weniger Tage breitete sich der von Kiel ausgehende Revolutionsbazillus in Deutschland aus und führte in vielen Städten, allen voran in München und Berlin, zur Entstehung revolutionärer Massenbewegungen, zur Bildung von Arbeiter- und Soldatenräten und zum Generalstreik. Am Mittag des 9. November rief der Mehrheitssozialdemokrat Philipp Scheidemann – eigenmächtig – vom Balkon des Reichstagsgebäudes die »deutsche Republik« aus; wenig später versuchte Karl Liebknecht als Wortführer des linksradikalen Spartakusbundes die Massen vor dem Berliner Schloß für eine »freie sozialistische Republik« zu gewinnen. Die beiden Pole, um die es in den nächsten Monaten gehen sollte, waren damit von vornherein fixiert.

Die Weimarer Republik: Aufstieg und Versagen eines »Experiments in Demokratie«

1918	16. November: Oberste Heeresleitung gibt die Zustimmung zur Bildung von Freikorps.
1919	1. Januar: Gründung der KPD (Spartakusbund).
	5.–12. Januar: Spartakusaufstand in Berlin.
	15. Januar: Ermordung von Rosa Luxemburg und Karl Liebknecht.
	18. Januar: Beginn der Friedenskonferenz in Versailles.
	19. Januar: Wahlen zur Nationalversammlung.
	6. Februar: Eröffnung der Verfassungsgebenden Nationalversammlung in Weimar; Friedrich Ebert wird Reichspräsident, Bildung des Kabinetts der »Weimarer Koalition« (SPD, Zentrum, DDP) unter Philipp Scheidemann.
	28. Juni: Unterzeichnung des Friedensvertrags von Versailles.
	11. August: Weimarer Reichsverfassung.
1920	März: Kapp-Putsch.
	Kommunistische Aufstände in Mitteldeutschland und im Ruhrgebiet.
1922	4. Juli: Ratifizierung des Rapallo-Vertrags zwischen Deutschland und der Sowjetunion.
	28. Oktober: »Marsch auf Rom«, Sieg des Faschismus in Italien unter Mussolini.
1923	Französisch-belgische Ruhrbesetzung und »Ruhrkampf«.

	8./9. November: Gescheiterter Hitler-Putsch in München.
	15. November: Einführung der Rentenmark infolge der »galoppierenden« Inflation.
1924	29. August: Dawes-Plan als Basis für die weiteren Reparationszahlungen im Reichstag angenommen.
1925	28. Februar: Tod Friedrich Eberts. Wahl Hindenburgs zum Reichspräsidenten.
	1. Dezember: Unterzeichnung der Locarno-Verträge.
1926	24. April: Deutsch-sowjetischer Freundschafts- und Neutralitätsvertrag.
	8. September: Aufnahme Deutschlands in den Völkerbund.
1927	16. Juli: Einführung der Arbeitslosenversicherung.
1929	21. August: Annahme des Young-Plans für die deutschen Reparationszahlungen (Ratifizierung im Reichstag am 12. März 1930).
	25. Oktober: »Schwarzer Freitag« (Börsenkrach in New York) leitet die Weltwirtschaftskrise ein.
1930	29. März: Sturz der Regierung Müller (SPD), Ende der parlamentarischen Republik; Brüning (Zentrum) wird Reichskanzler.
	14. September: Reichstagswahl (erhebliche Gewinne der NSDAP).
1932	10. April: Wiederwahl Hindenburgs.
	20. Juli: Staatsstreich der Reichsregierung unter v. Papen gegen Preußen (»Preußenschlag«).
1933	30. Januar: Hitler wird von Hindenburg zum Reichskanzler ernannt.

Die Revolution von 1918/1919 war das Ergebnis spontaner Bewegungen; sie war weder von irgendeiner der politischen Gruppierungen des Kaiserreichs überlegt vorbereitet worden, noch gab es umfassendere Konzepte für die Regierungsform in der Zeit nach einem Ende des Wilhelminismus. Die langfristig wirkenden Weichenstellungen in den ersten Wochen nach dem Umsturz waren folglich improvisiert; und mit dem Begriff »improvisierte Demokratie« hat man deshalb die gesamte Weimarer Republik zu charakterisieren versucht. Allerdings verkürzt die hinter diesem Etikett stehende Argumentation die Strukturprobleme, die zudem oft allzusehr nur mit Blick auf das spätere Scheitern der Republik gesehen werden, auf Anfangsdefizite im engeren Sinn, speziell auf die Rolle der MSPD-Führer und deren Politik in der Umbruchphase. Das Grundproblem für die kommenden zwei Jahrzehnte deutscher Geschichte war jedoch, daß der Bezugspunkt nicht nur der Politik, sondern auch des Denkens, der Wahrnehmungen und Wertsetzungen der meisten Menschen fast ausschließlich die Niederlage mit ihren deprimierenden Folgen blieb. Zugespitzt ausgedrückt: Es herrschte eine »innere Verweigerung des Friedens« (H. Mommsen) vor, die gleichzeitig eine zukunftsweisende Nutzung der Chancen blockierte, die die neue Ordnung hätte bieten können. Hier von plattem »Versagen« der Zeitgenossen sprechen zu wollen wäre allerdings eine ebenso vergröbernde Bewertung wie zum Beispiel bei der Beurteilung des Verhaltens des Bürgertums in und nach der 1848er Revolution: Neuere Forschungen, besonders über die mentalitätsgeschichtlichen Kontinuitäten vom Kaiserreich zur Republik legen eher den Begriff der »Überforderung« nahe. Die aus der rasanten Modernisierung der deutschen Gesellschaft resultierenden, schon im Kaiserreich wahrgenommenen Krisenphänomene machten sich nach dem Krieg erneut und nun sehr viel drängender bemerkbar – dies in einer Zeit, in der gleichzeitig ein verlorener, mit großen Erwartungen und mit Erlösungsillusionen begonnener Krieg bewältigt werden mußte. Die Suche nach Problemlösungen reduzierte sich in diesem Zusammenhang in vielen sozialen, wirtschaftlichen und politischen Zusammenhängen letztlich auf die Suche nach Schuldigen für die Misere; und die Meßlatten für solche Schuldzuweisungen wie auch für die in den unterschiedlichen politischen und weltanschaulichen Lagern propagierten Zukunftsperspektiven wurden weitestgehend aus dem geistigen Fundus der Vorkriegsgesellschaft und aus dem Kriegserlebnis gewonnen. Das damit geschaffene Klima war nicht zuletzt deshalb von vornherein vergiftet, weil griffige, propagandistisch gut nutzbare Formeln zur Verfügung standen, mit denen man die Diffusität der Zusammenhänge und die Gründe für die deutsche Niederlage auf massenwirksame Nenner bringen konnte: Die Legende vom »Dolchstoß« und das Schlagwort »im Felde unbesiegt« gehörten ebenso dazu wie die Diffamierung der in die Rolle der Weichensteller Ende 1918 mehr oder weniger hineingeschlitterten Politiker (z. B. Ebert und Scheidemann, aber auch Erzberger) als »Novemberverbrecher«.

Daß in der Umbruchsituation des Novembers 1918 die Mehrheitssozialdemokraten in die Lage gerieten, der stabilste Ordnungsfaktor zu sein und deshalb als entscheidende politische Kraft das drohende innere Chaos bekämpfen zu können, hatten sie durchaus nicht angestrebt. Die Oktoberreformen schienen ihnen zu genügen, um einen neuen Staat zu begründen. Da jedoch in allen deutschen Bundesstaaten die Monarchien widerstandslos zusammenbrachen und das Bürgertum – die Verhältnisse in Rußland vor Augen – angesichts des drohenden Umschlagens der Massenbewegungen in einen blutigen radikalen Umsturz zunächst wie gelähmt war, gewann die pragmatische Strategie Friedrich Eberts und seiner Genossen wachsende Akzeptanz weit über große Teile der kriegsmüden Arbeiterschaft hinaus: Der sozialdemokratischen Führung ging es dabei darum, zunächst einmal, bevor man weiterreichende Reformen in Staat und Gesellschaft in die Wege leitete, Bürgerkrieg und Hungersnot zu verhindern, die Demobilmachung in geordnete Bahnen zu lenken und die Waffenstillstandsbedingungen durchzuführen, um den Krieg zu beenden. Alle weiteren strukturellen Entscheidungen sollten demokratisch zu wählenden Gremien vorbehalten bleiben. Bei der Debatte über die umstrittene Alternative parlamentarische Republik – zu schaffen durch die Beschlüsse einer Nationalversammlung – versus Räterepublik, wie sie allen voran der Spartakusbund nach der Devise »alle Macht den Räten« forderte (aus ihm ging Ende Dezember 1918 die neugegründete KPD hervor), konnten sich die Mehrheitssozialisten ebenso durchsetzen wie bei der Alternative Sozialreform versus Sozialisierung. Aufstände wie der Spartakusaufstand in Berlin Mitte Januar 1919 zur Abwehr dieser Entwicklung wurden mit Hilfe des sich zur Aufrechterhaltung von Ruhe und Ordnung anbietenden Militärs unter General Groener niedergeschlagen. Doch nicht nur der Hilfe des hohen Offizierskorps bediente sich der sechsköpfige »Rat der Volksbeauftragten« als entscheidendes revolutionäres Vollzugsorgan (zunächst paritätisch zusammengesetzt aus MSPD- und USPD-Vertretern, ab Ende Dezember 1918 nur noch aus MSPD-Vertretern), sondern auch der sonstigen Führungskreise des Kaiserreichs, so vor allem der Bürokratie und der Wirtschaft. Diese Strategie wurde von den Gewerkschaften unterstützt, die bereits Mitte November 1918 mit den Unternehmerverbänden ein Abkommen schlossen, in dem die Unternehmer zur Abwehr der Sozialisierung den Gewerkschaften – gemessen am bisherigen Zustand – weitreichendes Entgegenkommen zeigten.

Tatsächlich gelang es auf der Grundlage dieser Politik, das befürchtete allgemeine Chaos in Deutschland zu verhindern, durch die Wahl der Nationalversammlung am 19. Januar 1919 die Basis für eine parlamentarische Republik zu schaffen und insgesamt den Zerfall der Reichseinheit abzuwehren. Freilich hinterließen die bürgerkriegsähnlichen Auseinandersetzungen in Teilen des Reiches 1919/1920 (Berlin, Sachsen, Thüringen, Ruhrgebiet u. a.) sowie der Putschversuch am 13. März 1920 von Rechtsextremisten, angeführt von dem ostpreußischen Generallandschaftsdirektor Kapp und dem »Vater der Freikorps« General von Lüttwitz, lange nachwirkende Ressentiments und in der Arbeiterschaft Frontverhärtungen zwischen der gemäßigten Mehrheit und den linksradikalen Gruppierungen. Vor allem erwies sich die Tatsache, daß die MSPD-Führung zur Sicherung des inneren Friedens allzu stark auf die Karte bürgerlicher bzw. traditionell obrigkeitsstaatlicher Eliten gesetzt hatte, die der Republik zumindest skeptisch, wenn nicht gar kraß ablehnend gegenüberstanden, als verhängnisvoll: Nicht nur, daß die soziale Wirklichkeit in den folgenden Jahren sehr weit und für viele Menschen sehr spürbar hinter den Anfangshoffnungen und den Verfassungsversprechungen zurückblieb, belastete die junge Republik auf Dauer, sondern vor allem das Faktum, daß bedeutende Teile der Gesellschaft und politisch wie ökonomisch mächtige Persönlichkeiten sich bei der Unterstützung der Republik zurückhielten und schließlich immer offener gegen sie stellten.

Den anfangs so entscheidenden Sozialdemokraten war schon bald die Möglichkeit umfassender Neugestaltung genommen; bereits die Wahlen zur verfassunggebenden Nationalversammlung zeigten die Begrenztheit ihrer politischen Basis: Sie erhielten nicht die erhoffte absolute Mehrheit, sondern nur knapp 40% der Stimmen, bei allen weiteren Wahlen zum Reichstag – bis 1933 waren es insgesamt acht – dann sogar meist kaum mehr als 20%. Schon in der Nationalversammlung war die MSPD also zum Koalieren gezwungen, das heißt zur Kompromißsuche mit den beiden bürgerlichen Parteien Zentrum und DDP (Deutsche Demokratische Partei), die in einer beträchtlichen Zahl von Bereichen Ziele verfolgten, die von denen der Sozialdemokraten teilweise erheblich abwichen. Die am 31. Juli 1919 verabschiedete »Weimarer Verfassung« war deshalb nicht aus einem Guß und folgte keinem geschlossenen gesellschaftspolitischen Konzept. Bürgerliche Linksliberale wie Hugo Preuß und Friedrich Naumann und nicht Sozialdemokraten hatten die entscheidenden Vorlagen geliefert. Sie und erst recht alle rechten bürgerlichen Kreise, aber auch manche Sozialdemokraten mißtrauten dabei letztlich einer vollen Souveränität des Parlaments und schufen durch die besondere Stärkung der Befugnisse des Reichspräsidenten (vor allem durch § 48: Verfügung über den Ausnahmezustand) und die Einführung von Volksbegehren und Volksentscheid einen Kompromiß in Form eines verfassungsrechtlichen Dualismus mit später äußerst bedeutsamen Folgen. Viele der Verfassungsbestimmungen enthielten zudem nur Absichtserklärungen ohne konkrete Ausführungshinweise, so daß eine Fülle von Streitpunkten, ausgehend von der Frage nach der jeweiligen konkreten Umsetzung einzelner Verfassungsbestimmungen in die Praxis, in die Zukunft verlagert wurde.

Doch trotz aller Kritik im einzelnen und aus der Rückschau war die Weimarer Verfassung ein großer Wurf mit innovativ-zukunftweisendem Charakter. Dies wird vor allem dort sichtbar, wo es um die Aufgabenbeschreibung des Staates als eines Sozialstaates und um die Verankerung von Sozialstaatsprinzipien in den Grundrechten seiner Bürger geht. Neben ersten bedeutsamen Verordnungen des Rates der Volksbeauftragten (z. B. die Einführung des Achtstundentags) war bereits die von der Nationalversammlung verabschiedete sogenannte Erzbergersche Finanzreform vom Sozialstaatsprinzip ausgegangen; das Betriebsrätegesetz von 1920, die Ergänzung der staatlichen Sozialversicherungen durch die Arbeitslosenversicherung 1927 und eine Fülle weiterer Gesetze und Maßnahmen etwa im Bereich der Wohnungsfürsorge, des Jugendschutzes, der Sozialpädagogik, der Sozialhygiene usw. erweiterten sowohl die soziale Schutzfunktion des Staates als auch die Rechtsansprüche seiner Bürger auf öffentliche Sozialleistungen ohne das negative Odium der traditionellen Armenpflege beträchtlich. Sie gaben aber gleichzeitig – dies war die Kehrseite der Medaille – in vielfältiger Weise kräf-

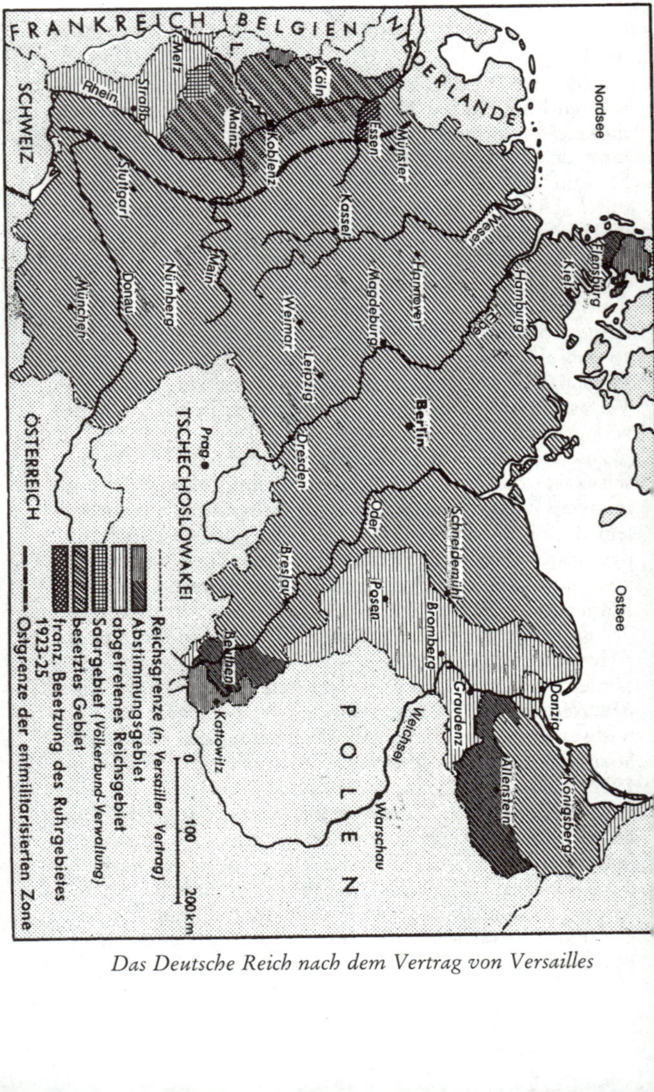

Das Deutsche Reich nach dem Vertrag von Versailles

tige Impulse zu einer immer weiter gehenden Verrechtlichung und Bürokratisierung, Sozialkontrolle und Staatsreglementierung der Sozialbeziehungen und förderten die Entstehung eines Berufsstandes von »modernen Sozialingenieuren«, die das soziale Feld »nach Kriterien der Nützlichkeit und Machbarkeit im sozialtechnischen Sinne« definierten (D. Peukert).

Doch viele dieser sozialstaatlichen Innovationen führten nicht zu den erhofften durchgreifenden Erfolgen, das heißt zu einem stabilen sozialen Frieden im Deutschen Reich. Nicht nur politisch, besonders auch ökonomisch war die Weimarer Republik von vornherein ein höchst fragiles Gebilde. Politische und ökonomische Krisen wechselten einander ab oder überlagerten sich und verhinderten so die Festigung des sozialstaatlichen Netzes; hinzu kam der äußere Druck von Seiten der Siegermächte, der sich seit dem Versailler Friedensvertrag vom Juni 1919 in vielen sich daran anschließenden, vor allem mit der Reparationsfrage und der Kriegsschuldthese zusammenhängenden Konflikten immer wieder zuspitzte.

Der Versailler Vertrag gilt mit Recht als eine der verhängnisvollsten Belastungen der jungen Republik – dies nicht so sehr wegen der Bestimmungen im einzelnen (obwohl diese hart genug waren und sich keineswegs – wie erhofft – an den Wilsonschen 14 Punkten orientierten), sondern hauptsächlich wegen der moralischen Verurteilung der Deutschen als den angeblich Hauptschuldigen am Krieg (§ 231). Ohne die Kriegsschuldthese und die rigorose Form der Durchsetzung des Vertrags hätte ihn – so scheint es aus der Rückschau – eine »kluge, besonnene und geduldige deutsche Politik« (G. Ritter) durchaus als Basis für eine allmähliche Rückkehr Deutschlands in den Kreis der europäischen Großmächte und für eine dauerhafte Friedenssicherung nutzen können. Statt dessen erschwerte der weitverbreitete Haß gegen den »Diktatfrieden« den deutschen Politikern in Regierungsverantwortung, die von den Realitäten ausgehen mußten, in extremer Weise die Festigung und langfristige Absicherung der Demokratie. Sie befanden sich grundsätzlich in der Defensive, die auszuhalten um so aussichtsloser wurde, je mehr sich die sozialen und ökonomischen Probleme zuspitzten. Zunächst artikulierte sich die Hetze gegen die »Erfüllungspolitiker« und die Republik als ganze in zum politischen Terror neigenden Freikorps und in rechtsradikalen Geheimbünden wie der *Organisation Consul.* Politische Attentate häuften sich: Nach den Morden an Rosa Luxemburg und Karl Liebknecht im Januar 1919 waren neben vielen weiteren »Fememorden« die Attentate auf die Minister Erzberger 1921 und Rathenau 1922 jene Terroraktionen, die die Republikaner am meisten erschütterten. Doch das anschließend erlassene Republikschutzgesetz machte seinem Namen wenig Ehre: Bayern, aber auch eine Reihe preußischer Provinzen stimmten ihm im Reichsrat erst gar nicht zu, und große Teile der deutschen Richterschaft wandten es in der Folgezeit allenfalls halbherzig an: Während linksradikale Täter es in voller Härte zu spüren bekamen, hatten rechtsradikale Täter erheblich weniger zu befürchten. Von dieser ganz offensichtlichen Praxis profitierte Adolf Hitler nach seinem gescheiterten Putsch in München (Marsch auf die Feldherrnhalle am 9. November 1923), als er sich im Februar 1924 vor dem Münchener Volksgerichtshof wegen Hochverrats zu verantworten hatte. Er funktionierte die Verhandlungen zu einem Propagandaforum für seine Ideen um, erhielt schließlich nur die gesetzliche Mindeststrafe von fünf Jahren Haft und benutzte die folgenden Monate in der Haftanstalt Landsberg am Lech, um unter äußerst günstigen Haftbedingungen seinem Assistenten Rudolf Heß den ersten Band von »Mein Kampf« zu diktieren. Bereits im Dezember 1924 wurde er wegen guter Führung entlassen und konnte im Februar 1925 – wieder im Bürgerbräukeller in München – die NSDAP neu begründen. Zunächst blieb allerdings diese rechtsradikale und – trotz anfänglichen Legalitätskurses – von vornherein auf Umsturz gerichtete Partei im Weimarer Parteienspektrum eine Marginalie; man übersah ihre wachsende innere Geschlossenheit und Aggressivität, zumal sie bei den Reichstagswahlen vom Mai 1928 nur 2,6 % der Stimmen erhielt.

Dies war nur eines von vielen Belastungsmomenten, die sich – zunächst unterschätzt – später als verhängnisvoll erweisen und vor Augen führen sollten, daß die Annahme, mit der Beendigung der Inflation am 15. November 1923 und der Wiedereinführung einer stabilen Währung sei die Basis für eine allgemeine Stabilisierung der Gesellschaft gelegt, eine Illusion gewesen war: Aus heutiger Sicht gelten der Aufschwung der Wirtschaft und die relative innere Ruhe der jungen Republik in den Jahren 1924 bis 1929 als »Scheinblüte«. Für viele Zeitgenossen war dieses Jahrfünft hauptsächlich deshalb so trügerisch, weil sich in ihm der allseits zu beobachtende Durchbruch der modernen Massenkultur und die Wiedererlangung eines gewissen äußeren Glanzes nach Jahren der Entbehrung abspielten. Nach der ersten klareren Regelung der Reparationsfrage (Dawes-Plan 1924) floß in beträchtlichem Umfang ausländisches Kapital ins Land; es regte nicht nur die Investitionstätigkeit der Wirtschaft und der öffentlichen Hände in starkem Maße an, sondern führte vor allem zur Einführung moderner Produktionstechniken (Stichwort: Rationalisierung) und Betriebsführungsprinzipien in Industrie und Handel. Neue Massenmedien, allen voran Film und Rundfunk, eine von Massenkonsumartikeln aller Art bestimmte Freizeitkultur, die Ausbreitung großer Warenhäuser in den Städten als moderne »Konsumtempel«, ein oft als »Amerikanismus« apostrophierter freizügigerer Lebensstil besonders in großstädtischen Mittelschichtkreisen usw. – all dies wurde von vielen als Ausdruck einer längst überfälligen und jetzt rasch nachgeholten Modernisierung verstanden, freilich nicht von allen Zeitgenossen: Einerseits hatte von den modernen »Errungenschaften« eine beträchtliche Zahl von Menschen kaum einen Nutzen; die durch die Inflation schwer geschädigten, ehemals abgesicherten Kreise des Bürgertums und die trotz der Prosperität recht zahlreichen Arbeitslosen (etwa 10%) erlebten die angeblich »goldenen« 20er Jahre eher als Jahre der Not und des gesellschaftlichen Abstiegs. Die Elemente der Massenkultur und die Wandlungen der Lebensformen erweckten aber andererseits auch in materiell gesicherten Kreisen Aversionen, starkes Unbehagen, Zivilisationskritik und pessimistische Vorstellungen über die Zukunftsperspektiven des aus seinen überkommenen Bahnen geworfenen und gedemütigten deutschen Volkes. Die entsprechende Klage bezog sich vorzugsweise auf den Niedergang traditioneller deutscher Werte im Volk selbst und weniger auf die außenpolitische Situation der Republik. Im internationalen Kontext hatten die Deutschen unter ihrem Außenminister Gustav Stresemann (DVP) wieder Tritt fassen können: Auf Entspannung zielende Abkommen mit der Sowjetunion und mit den Alliierten (Rapallo 1922, Locarno 1925, Berlin 1926) und die Aufnahme Deutschlands in den Völkerbund 1926 legten trotz wachsender Kritik besonders von rechts die Grundlage für eine allmähliche äußere Befriedung, die sich beispielsweise in der Beendigung der französischen Rheinlandbesetzung 1925 zeigte. Auch wenn die deutsche Außenpolitik dieser Jahre letztlich keine klare Position zu der Frage bezog, ob sie das Ziel einer Revision des Versailler Vertrags endgültig aufgegeben hatte oder sich die Option zum Beispiel auf Grenzrevisionen im Osten weiter offenhalten wollte, wurde die Weimarer Republik in relativ kurzer Zeit, nicht zuletzt wirtschaftlich, wieder in das Netz internationaler Beziehungen eingebunden.

Im Inneren häufte sich jedoch unter der Oberfläche äußerer Prosperität verhängnisvoller Sprengstoff an: Die junge Demokratie konnte im Volk keine breite Anhängerschaft gewinnen, im Gegenteil: Zunehmend erwies sich der neue Staat als eine »Republik ohne Republikaner«, wie es überspitzt hieß. Häufige Regierungswechsel – in den zehn Jahren seit 1923 gab es elf unterschiedliche Kabinette –, ein kontinuierliches Schwinden der parlamentarischen Kräfte, die die Republik trugen, und ein in der Presse oft als häßliches Parteiengezänk dargestelltes Ringen der politischen Richtungen um den Kurs der Republik, zusätzlich einige propagandistisch gezielt hochgespielte Skandale bewirkten eine wachsende Distanz nicht zuletzt großer Teile der jungen Generation zum demokratischen Staat. Hier liegt ein mentalitätsgeschichtliches Schlüsselproblem: Nachdrücklich war die Jugend unter anderem im Reichsjugendwohlfahrtsgesetz von 1922 als nationaler Hoffnungsträger deklariert worden, dessen körperliche, geistige und moralische Gesundung für die deutsche Zukunft entscheidend sei. Doch mit den teilweise widersprüchlichen bzw. halbherzigen Bemühungen der staatstragenden Kräfte und Institutionen um eine »Vergesellschaftung« der Jugend konkurrierte eine zweite Richtung propagandistischer Jugendbeschwörung, die vor allem völkisch-nationalistischen Kreisen der mittleren Generation entstammte, den Jugendmythos der Vorkriegszeit in spezifischer Weise fortführte und sich kraß gegen das »System« von Weimar richtete. Das Spektrum solcher verführerischer Ideen war breit: Selbst maßvollere Köpfe wie Eduard Spranger hatten schon 1924 angesichts der geistigen Krise vom Auftreten eines »Jugenddiktators« gesprochen, das heißt eines »Mannes, der an der Spitze der Jugend die neue Welt heraufführt, wenn die alte endgültig in ihrer Sackgasse gescheitert ist«. Ab etwa 1927 gewann mit dem Wiedererstarken radikal völkischer Gruppierungen und Wehrverbände solche Rhetorik an Schärfe. Unter dem Motto »Macht Platz, ihr Alten!« (Gregor Strasser) wurde die Weimarer Republik als eine »Herrschaft der Greise« diffamiert, denen Feigheit und nationale Ehrlosigkeit, Unfähigkeit und Schwäche vorgeworfen wurden. Ein letztes Glied in dieser Argumentationskette war dann die Auffassung von einer »Sendung der jungen Generation«, die als enterbte Generation zu einer »Revolution der Jugend« berechtigt sei.

Ein beträchtlicher Teil der politischen Radikalisierung ging von nun an auf das Konto der jüngeren Generationen, vor allem als sich mit dem Beginn der Weltwirtschaftskrise die wirtschaftlichen und sozialen Gegensätze schlagartig vertieften. Die erst kurz vorher, im Juli 1927, eingeführte Arbeitslosenversicherung, ein altes Ziel der Gewerkschaften, konnte die verheerenden Folgen der Massenarbeitslosigkeit nicht mildern, besonders nicht bei den jugendlichen Arbeitslosen, die von den Ende 1932 etwa 6 Millionen Arbeitslosen rund ein Viertel stellten. Der Streit um eine Veränderung dieser Versicherung beendete bereits im März 1930 mit dem Sturz der großen Koalition de facto das parlamentarische System: Der jetzt von Reichspräsident Hindenburg – als Nachfolger Friedrich Eberts seit 1925 im Amt – berufene Reichskanzler Brüning konnte sich auf keine Reichstagsmehrheit mehr stützen, sondern regierte – wie seine beiden Nachfolger im Jahre 1932 v. Papen und v. Schleicher – nur noch mit Hilfe von Notverordnungen aufgrund von Art. 48 der Verfassung. Hiermit begann die kurze, aber äußerst verhängnisvolle Zeit der Präsidialkabinette bzw. der Entmachtung des Parlaments.

Der Anfang vom Ende zeigte sich schließlich im September 1930 bei Reichstagsneuwahlen: Hatten die Nationalsozialisten schon kurz vorher bei Landtagswahlen im Herbst 1929 und Frühjahr 1930 deutliche Zugewinne verzeichnen können, so gelang ihnen nun der Sprung von 2,6 % (1928) auf 18,2 % der abgegebenen Stimmen (= 6,4 Millionen Wähler); bei einer weiteren Wahl Ende Juli 1932 sollte sich die Zahl ihrer Wähler noch einmal verdoppeln (13,7 Millionen Stimmen = 37,3 %, damit stärkste

Fraktion). Die Stimmung gegen die Deflationspolitik Brünings, Mißtrauen gegen seine Ziele, die Sammlung der »nationalen Opposition« in der sogenannten Harzburger Front, blutige Zusammenstöße zwischen den extremen Gruppierungen auf den Straßen, eine sich zuspitzende Polarisierung innerhalb der Arbeiterbewegung trieben den rasanten Legitimationsverlust der Republik weiter voran und ließen große Teile der alten Eliten auf den Ausweg verfallen, ein Bündnis mit Adolf Hitler zu versuchen – dies in der Erwartung, ihn lediglich als »Trommler« zu benutzen und gleichzeitig zähmen zu können. Hindenburg, als knapp 85jähriger im April 1932 auf weitere sieben Jahre als Reichspräsident gegen den Kandidaten Hitler wiedergewählt, spielte in diesem Prozeß auf dem Weg zum Führerstaat eine besonders verhängnisvolle Rolle, weil er sich einerseits zwar als Hüter der Verfassung verstand, andererseits jedoch eine autoritäre Wende nach rechts befürwortete. Nach entsprechender Einflußnahme und Vorbereitung durch v. Papen (z. B. am 4. Januar 1933 durch ein Treffen mit Hitler in Köln) berief Hindenburg am 30. Januar 1933 Hitler als neuen Reichskanzler in ein Kabinett, in dem neben Hitler nur ein weiterer Nationalsozialist ein Ministeramt bekleidete: Frick als Innenminister. Allerdings erhielt Göring ein zusätzliches Ministerium ohne Geschäftsbereich; als kommissarischer Innenminister für Preußen, das aufgrund einer »Reichsexekution« v. Papens am 20. Juli 1932 ausgeschaltet bzw. als letzte sozialdemokratische Bastion entmachtet worden war, gewann er die Verfügungsgewalt über die preußische Polizei. Ansonsten glaubten die Drahtzieher dieser »Regierung der nationalen Konzentration«, sich nun Hitler »engagiert« (so v. Papen) und die Nationalsozialisten »neutralisiert« bzw. »gezähmt« zu haben.

Die »Machtergreifung« und der Ausbau des NS-Regimes (1933–1939)

1933 27./28. Februar: Reichstagsbrand und »Verordnung zum Schutz von Volk und Staat« (Aufhebung der Grundrechte der Weimarer Verfassung).
21. März: »Tag von Potsdam«.
24. März: »Ermächtigungsgesetz« (Annahme gegen die Stimmen der SPD).
7. April: »Gesetz zur Wiederherstellung des Berufsbeamtentums«.
20. Juli: Konkordat mit dem Vatikan.
14. Oktober: Austritt Deutschlands aus dem Völkerbund.

1934 26. Januar: Deutsch-polnischer Nichtangriffspakt.
30. Juni: »Röhm-Putsch« (Ermordung von SA-Spitze und Gegnern).
2. August: Tod Hindenburgs; Hitler wird Oberhaupt des Deutschen Reiches (»Führer und Reichskanzler«).

1935 13. Januar: Volksabstimmung im Saargebiet (91% für Rückgabe an das Reich).
16. März: Einführung der allgemeinen Wehrpflicht.
11.–14. April: Konferenz von Stresa (England, Frankreich, Italien); Protest gegen die deutsche Wiederaufrüstung.
18. Juni: Deutsch-englisches Flottenabkommen.
15. September: Nürnberger Gesetze.

1936 7. März: Einmarsch deutscher Truppen ins entmilitarisierte Rheinland.
August: Olympische Spiele in Berlin.
9. September: Neuer Vierjahresplan unter Leitung Görings.
1. November: Mussolini spricht von der »Achse Berlin–Rom«.
25. November: »Antikominternpakt« mit Japan (Beitritt Italiens 1937, Spaniens 1939).
1. Dezember: Hitler-Jugend wird Staatsjugend.

1937 5. November: Geheimes »Hoßbach-Protokoll« (Hitlers Pläne zur Kriegsvorbereitung).

1938 4. Februar: Nach der »Blomberg-Fritsch-Krise« Hitler Oberbefehlshaber der gesamten Wehrmacht (Bildung des Oberkommandos der Wehrmacht).

13. März: »Anschluß« Österreichs (Bestätigung durch Volksabstimmung im April).

29. September: Münchener Abkommen zwischen Deutschland, England, Frankreich und Italien (Abtretung des Sudetenlandes an Deutschland).

9. November: Pogrom (»Reichskristallnacht«) gegen die jüdische Bevölkerung.

1939 15./16. März: Einmarsch deutscher Truppen in die Tschechoslowakei:

16. März: Errichtung des »Reichsprotektorats Böhmen und Mähren«.

31. März: Englisch-französische Garantieerklärung an Polen.

13. April: Garantieerklärung an Rumänien und Griechenland.

22. Mai: »Stahlpakt« (deutsch-italienisches Militärbündnis).

23. August: Deutsch-sowjetischer Nichtangriffspakt.

1. September: Deutscher Angriff auf Polen ohne Kriegserklärung.

Daß sich die nationalkonservativen Kreise mit ihrem Zähmungskonzept in verhängnisvoller Weise getäuscht hatten, zeigte sich sofort nach der »Machtergreifung«, für die sich auch der Begriff »braune Revolution« eingebürgert hat (D. Schoenbaum). Damit ist ein doppelter Umbruch gemeint: eine von extrem atavistischen, rückwärtsorientierten Vorstellungen geprägte Strategie radikaler gesellschaftlicher Neukonstituierung, bei der ideologische Konstrukte wie die von »Blut und Boden«, vom »Lebensraum im Osten«, vom Herrschaftsanspruch der »arischen Herrenrasse« die Ausgangsbasis lieferten, und zugleich eine forcierte nach vorn gerichtete Modernisierung in einer Reihe von Bereichen, angefangen von der Technik und den Massenmedien über die Wirtschaft bis hin zu verschiedenen sozialpolitischen Handlungsfeldern. Zeigt schon diese bewußt Gegensätze zusammenbindende Deutung des Revolutionsbegriffs mit Blick auf die Anfangsjahre des »Dritten Reiches«, daß von einer einheitlichen Stoßrichtung des Regimes keine Rede sein kann, so hat erst recht das Bemühen von Historikern in den letzten Jahren, die Zeit des Nationalsozialismus zu »historisieren« – das heißt, sie in den Gesamtablauf der deutschen Geschichte seit dem 19. Jahrhundert einzuordnen –, die immense Vielfalt von teils höchst widersprüchlichen Einflußfaktoren sichtbar werden lassen, die dennoch in je spezifischer Weise dazu beitrugen, daß die nationalsozialistische Diktatur über ein Jahrzehnt mit katastrophalen Folgen funktionieren konnte. Deutlich zu unterscheiden ist allerdings – ausgehend von Thesen Martin Broszats – zwischen der zunehmenden Flucht Hitlers und vieler führender Nationalsozialisten in einen »weltanschaulich egozentrischen, aggressiven und expansiven Aktionismus«, in dessen Folge die »innere und äußere Tragfähigkeit« des Regimes in hybrider, geradezu pathologischer Weise verkannt worden ist, und vielen unterhalb dieses »Dachs« wirksamen, zum Teil kraß fehlgeleiteten sonstigen Handlungsmotiven, Veränderungsstrategien und Reformkonzepten, die oft schon eine lange Vorgeschichte hatten. Die kriminelle und menschenverachtende Energie der »Führer« und vieler sonstiger nationalsozialistischer Handlungsträger war also die eine Seite der Medaille; daran ist nichts zu deuteln, bzw. über die Unmoral dieses Aspekts des Dritten Reiches gibt es keinen Dissens (K. Hildebrand). Die andere Seite ist jedoch ein diffuses Bündel von sozialen Wandel auslösenden Maßnahmen und Impulsen, deren Wurzeln manchmal weit vor dem Nationalsozialismus lagen und sehr viel differenzierter beurteilt werden müssen. An diesem Punkt begann jene Debatte über den vom Nationalsozialismus neben seinen zerstörerischen Potentialen – gewollt oder ungewollt – angestoßenen »Modernisierungsschub«, der in der Nachkriegszeit durch die Kriegsfolgen, die Besatzungspolitik, durch Evakuierung, Flucht, Vertreibung usw. entscheidende zusätzliche Impulse erhielt. Freilich muß man sich davor hüten, in diesem Kontext den Modernisierungsbegriff mit Werturteilen über wünschenswerte Richtungen oder für positiv gehaltene Inhalte bzw. Ziele von Modernisierung aufzuladen: Statt dessen geht es hier nachdrücklich um die Ambivalenz sowohl von »Fortschritt« als auch von »Moderne«, deren destruktive Seiten jeder Versuch, den Nationalsozialismus zu »historisieren«, sehr deutlich zutage fördert.

Ausgehend von solchen Überlegungen, lassen sich die heterogenen Elemente der nationalsozialistischen Diktatur, die trotz ihrer inneren Widersprüchlichkeit über längere Zeit hinweg und in breiten Kreisen der Bevölkerung – abgesehen von mutigen einzelnen, von praktizierenden Katholiken und Teilen der Industriearbeiterschaft – eine hohe Popularität besaß und weitgehend akzeptiert wurde, auf den Nenner bringen: »Was die Dinge zusammenhielt, war eine Kombination von Ideologie und sozialer Dynamik auf einer Grundlage von Charisma und Terror« (D. Schoenbaum). Dabei waren – so ist zu ergänzen – die genannten vier Kernelemente im Verhältnis zueinander ständig im Fluß, wobei schließlich die soziale Dynamik und besonders der Terror dominierten, bis das Regime von außen her zerstört wurde.

Die »Machtergreifung« am 30. Januar 1933 wurde von den führenden Nationalsozialisten selbstverständlich nicht als rein politischer Akt im Sinne eines traditionellen Regierungswechsels verstanden, sondern es schlossen sich sofort Maßnahmen zur Umgestaltung der gesamten politischen Ordnung, zur Ausschaltung aller politischen Gegner und unerwünschter Personen sowie eine intensive Umwerbung der für gewinnbar gehaltenen Massen an, zumal die letzten in gewissem Umfang noch »freien« Wahlen vom 5. März 1933 zeigten, daß bisher keineswegs die Mehrheit der Bevölkerung hinter dem neuen Regime stand (43,9% der Stimmen für die NSDAP). Terroristische Maßnahmen, die oft den Charakter von Racheakten an bisherigen Gegnern hatten, eine lautstarke Propaganda vor allem zur Verbreitung eines auf Hitler zugeschnittenen charismatischen Führerbildes sowie massenwirksame und symbolhafte Demonstrationen des erfolgten Umbruchs, allen voran beim »Tag von Potsdam«, insbesondere aber die exzessive Ausnutzung der durch die Verfassung und durch Polizeiordnungen gebotenen Möglichkeiten zu einer quasilegalen Ausschaltung von potentiellen Hemmnissen bei der Durchsetzung der nationalsozialistischen Ziele vermischten sich in den ersten Monaten nach der »Machtergreifung« zu einem unentwirrbaren Knäuel und schufen ein Klima allgemeiner Verunsicherung und Aufbruchseuphorie zugleich. Die Auflösung des Reichstags am 1. Februar 1933, Notverordnungen laut Art. 48 der Verfassung und neue Gesetze, mit denen beispielsweise die Pressefreiheit beschnitten und der Beamtenapparat »gesäubert« bzw. »arisiert« werden konnte (besonders das »Gesetz zur Wiederherstellung des Berufsbeamtentums«), weiterhin die nach dem Reichstagsbrand Ende Februar erlassene »Verordnung zum Schutz von Volk und Staat« und – nach den Märzwahlen – neben weiteren Gesetzen wie etwa dem »Heimtückegesetz« schließlich das am 23. März mit den Stimmen aller noch im Reichstag vertretenen Parteien (mit Ausnahme der SPD) verabschiedete »Ermächtigungsgesetz« legten die Basis für einen »permanenten Ausnahmezustand« (K. Hildebrand). Dieser sollte – trotz der für viele Menschen bald wieder einkehrenden »Normalität« – die nächsten Jahre bestimmen. In diese Reihe von gesetzlichen Absicherungen der Diktatur gehörte dann auch jenes Gesetzeswerk, das wohl am deutlichsten einen ideologischen Hintergrund besaß: die »Nürnberger Gesetze« vom September 1935, mit denen »fremdrassige Elemente«, vorzugsweise die jüdischen Staatsbürger, diskriminiert und die Grundlagen für eine umfassende Rassenpolitik gelegt wurden. Das hier wie bei der erwähnten Neuorganisation des Beamtenapparats oft benutzte Schlagwort von der »Säuberung« spielte daneben bei einer innerparteilichen Aktion zur Ausschaltung von angeblichen Gegnern eine zentrale Rolle: beim »Röhm-Putsch«. Durch offenen Mord ließ Hitler vor allem die Spitze der SA unter Ernst Röhm als potentiellen Gegenpol der Parteiführung, darüber hinaus eine Reihe weiterer Personen wie General v. Schleicher, Hitlers Vorgänger im Amt, und einige konservative Kritiker ausschalten. Dieser eklatante Rechtsbruch erfolgte, ohne daß die Öffentlichkeit von der Reichswehr bis zu den Kirchen massiv dagegen protestiert hätte. Bekannte Staatsrechtslehrer wie Carl Schmitt lieferten sogar unterstützende Argumente für die Willkürakte.

Eine zweite Form der »Machtergreifung« – neben der Ausschaltung via Gesetz, die im Sommer 1933 auch alle Parteien betraf – läßt sich mit den Begriffen »Gleichschaltung« und »Durchsetzung des Führerprinzips« fassen; das heißt, die Eigenständigkeit bestehender Einrichtungen, Institutionen und Verbände wurde durch massiven Druck oder durch freiwilliges Entgegenkommen abgeschafft und die innere Struktur im nationalsozialistischen Sinn umgewandelt. Demokratische Spielregeln gab es jetzt nicht mehr; statt dessen dominierten Disziplinierung und Unterordnung unter parteitreue »Führer« bzw. die Einordnung in NS-Organisationen. Lediglich die katholische Kirche konnte sich aufgrund eines am 20. Juli 1933 zwischen dem Deutschen Reich und dem Vatikan abgeschlossenen Konkordats einen gewissen Freiraum bewahren. Einer äußerlichen Uniformierung lief also eine innere parallel: Von den Gewerkschaften bis zu den deutschen Ländern, von den Kommunalverwaltungen bis zu den Industrie- und Handelskammern, von der Justiz, Verwaltung, Presse über die vielen Berufsorganisationen, die Hochschulen, Kultureinrichtungen bis hin zu den Jugendorganisationen reichte die »Gleichschaltung«; die gesamte deutsche Gesellschaft wurde nun mit einem differenzierten Netz nationalsozialistischer Organisationen überzogen – dies alles wurde begleitet von einer lautstarken Volksgemeinschaftspropaganda mit dem Slogan »ein Volk, ein Reich, ein Führer« und dem verführerischen Versprechen vor allem an die Adresse der jungen Generation, einen »neuen Menschen« schaffen zu wollen.

Die mit den organisatorischen Innovationen geschaffenen neuen Handlungsfelder boten all denen, die sich den neuen Machthabern aufgrund von Überzeugung, Opportunismus oder nur deshalb anschlossen, weil ihnen ohne Gefährdung ihrer Existenz oder Position keine andere Wahl blieb, gute Aufstiegswege und vielen jüngeren Menschen Chancen, die bisher von Milieu und sozialer Herkunft beschränkten Horizonte zu überwinden. Nicht zuletzt junge Frauen konnten die so gebotenen Möglichkeiten zu einem Ausbruch aus der Enge ihres traditionellen Lebensumfeldes nutzen. An vielen Stellen des öffentlichen Lebens kam es nun zu einer Vermischung von traditionellen Eliten und sozialen Aufsteigern insbesondere aus den unteren Mittelschichten. Zugespitzt ausgedrückt, wurden im Laufe der 30er Jahre schon lange vorher überfällige gesellschaftliche Wandlungen nachgeholt bzw. verwischten sich in manchen Hinsichten die traditionellen Kriterien von »oben« und »unten«, so daß man – wenn auch mit vielerlei Einschränkungen – von Ansätzen einer »klassenlosen Wirklichkeit des Dritten Reiches« (D. Schoenbaum) sprechen kann.

Zudem konnten diverse weitere Entwicklungen und Ereignisse als ausdrückliche Erfolge und als internationale

Aufwertung Hitlerdeutschlands angesehen werden: Nach dem Tiefpunkt der Weltwirtschaftskrise begann ein wirtschaftlicher Aufschwung, bei dem allerdings den meisten Zeitgenossen nicht klar war, daß dieser zu einem großen Teil auf der Forcierung der Rüstungsindustrie beruhte. Außenpolitisch konnten die Nationalsozialisten sich behaupten: Neben dem Konkordat und einer Verlängerung des deutsch-sowjetischen Vertrags von 1926 kam es zu einem deutsch-polnischen Nichtangriffsabkommen und schließlich zu einem deutsch-englischen Flottenabkommen. Ohne direktes Eingreifen, nur begleitet von verbalen Protesten der ehemaligen Sieger (»Stresafront«) setzte Hitler wichtige Bestimmungen des Versailler Vertrags außer Kraft (z. B. durch die Wiedereinführung der allgemeinen Wehrpflicht), und ein besonders spektakulärer Erfolg war es, als im Januar 1935 91 % der Saarländer bei einer Volksabstimmung für ihre Wiedereingliederung ins Deutsche Reich votierten. Anläßlich der Olympiade von 1936 in Berlin präsentierte sich jedenfalls das nationalsozialistische Deutschland nach außen als friedliebender moderner Staat, dessen autoritäre Führung und Einparteienstruktur von der Bevölkerung uneingeschränkt akzeptiert wurden.

Inzwischen war das Überwachungssystem nach innen ständig perfektioniert und die alltägliche Inanspruchnahme der »Volksgenossen« immer weiter ausgebaut worden. Die Instrumente reichten von der SA, der SS und der Gestapo über ein Spitzelsystem bis hin zur offenen Bedrohung aller Kritiker, Gegner und »Miesmacher« mit dem Konzentrationslager. Sich jagende Aktionen, immer wieder neue bzw. ständig wiederkehrende Kampagnen wie Sammlungen und pompöse Aufmärsche, massensuggestive Inszenierungen an Staatsfeiertagen, Alltagsrituale wie der »deutsche Gruß«, die intensive Verwendung moderner Medien wie Radio und Film bei der von Joseph Goebbels zentral gelenkten Propaganda, Schulungen aller Art usw. schufen den fast allgegenwärtigen Zwang, sich der Beeinflussung durch das Regime auszusetzen und die eigene »Gefolgschaftstreue« unter Beweis zu stellen. Ein »Abseits als sicheren Ort« (P. Brückner) gab es nur für sehr wenige Zeitgenossen; der Reiz oder Zwang zum Mitmachen überwog bei weitem.

Seit 1936 konnte Hitler auf dieser Basis das, was er schon in »Mein Kampf« fixiert und in geheimen Besprechungen seit 1933 immer wieder betont hatte, systematischer angehen: die Vorbereitung eines Krieges, der die »Eroberung neuen Lebensraumes« im Osten und die Errichtung eines »Großgermanischen Reiches« zum Ziel hatte. Wehrmacht und Industrie erhielten in einem »Vierjahresplan«, dessen Leitung Hermann Göring übernahm, die Aufgabe, in vier Jahren »kriegsfähig« zu sein. Da zum Gelingen dieses Plans die Unterstützung durch die Führung der Wehrmacht und die Wirtschaftsführer dringend gebraucht wurde, trat hier an die Stelle des sonst üblichen massiven Drucks eher eine Beschwichtigungspolitik. Der Wehrmacht sprach Hitler sein Vertrauen aus und gewährte ihr zunächst beträchtliche Handlungsspielräume; allerdings wurden nach dem Tode Hindenburgs 1934 und der Übernahme des Reichspräsidentenamtes durch Hitler die Soldaten auf dessen Person vereidigt. Erst als nach einer im wesentlichen von Göring und Himmler inszenierten Affäre um den Oberbefehlshaber der Wehrmacht, Reichskriegsminister von Blomberg, und den des Heeres, von Fritsch, sich Anfang 1938 Hitler die Möglichkeit bot, sich selbst zum Oberbefehlshaber der Wehrmacht zu machen, geriet das gesamte Militär mehr und mehr in den Griff der nationalsozialistischen Führung, wobei Hitler besonders den Offiziersnachwuchs für sich gewinnen konnte.

Auch die Großindustrie blieb lange Zeit von allzu weitgehenden Eingriffen oder Zwangsmaßnahmen trotz gelegentlicher Drohungen verschont: Die Deutsche Arbeitsfront (DAF) tastete den Herr-im-Haus-Standpunkt der Unternehmer kaum an: zum Teil wurde er durch die

Treueverpflichtung der »Betriebsgefolgschaft« zum »Betriebsführer« sogar bestärkt. Die privatwirtschaftliche Basis vor allem der rüstungswichtigen Wirtschaftszweige bestand weiter; das Verbandswesen der Unternehmer konnte sich trotz einiger Umorganisationen ebenfalls weitgehend behaupten. Selbst der 1936 geschaffene Generalrat des Vierjahresplans wie auch dessen Planungsstäbe waren durch eine Verschmelzung von führerstaatlichen, bürokratischen und privatwirtschaftlichen Elementen geprägt, so daß einzelne Unternehmerkreise und industrielle Selbstverwaltungsorgane manchmal erheblichen Einfluß ausüben konnten – dies um so mehr, je intensiver die Kriegsproduktion zur Höchstleistung gebracht werden mußte.

Trotz der relativen Sonderstellung und Spielräume von Wehrmacht und Großindustrie trifft hier wie auf viele weitere ehemals unabhängige Bereiche zu, daß sich alle Beteiligten mit wenigen Ausnahmen, ob sie nun Parteianhänger waren oder nicht, den Forderungen des Regimes angepaßt und dessen Ziele in ihrem jeweiligen Handlungsfeld befördert haben. Eklatante weitere Beispiele dafür sind die Justiz und das Medizinalwesen, wo humane Prinzipien immer weniger, dafür Willkürmaßnahmen und rassistische Eingriffe immer mehr das Handeln bestimmten.

In den drei Jahren von 1936 bis zum Kriegsbeginn erhielt die innen- und außenpolitische Entwicklung den Charakter einer sich immer schneller drehenden Spirale mit immer klarerer Richtung – dies (und darin liegt aus der Rückschau ein zentrales Interpretationsproblem nicht zuletzt mit Blick auf die Rolle und den Anteil Hitlers) trotz jener schon erwähnten inneren Widersprüchlichkeiten des Dritten Reiches, die sich unter anderem in einer polykratischen Ämterstruktur niederschlugen und im NS-Herrschaftsalltag zu vielerlei Rivalitäten, Kompetenzrangeleien und Positionskämpfen der »Satrapen« und Funktionäre, zu Improvisationen und konkurrierenden

Aktionen sowie zur inneren Zerrüttung der vielfältig segmentierten Verwaltungsbereiche führten.

In der Außenpolitik erfolgte, da England sich dem deutschen Umwerben verschloß, ab Herbst 1936 die Festlegung auf die Achse Berlin–Rom–Tokio (»Antikominternpakt«, ab März 1939 durch Spanien erweitert), nachdem Hitler bereits Anfang März 1936 die Welt mit dem plötzlichen Einmarsch in die entmilitarisierte Rheinlandzone überrascht hatte. Lebensraum- und Antibolschewismuspropaganda bereiteten gleichzeitig die zukünftige Expansionspolitik vor. Ihre ersten Stationen waren der »Anschluß« Österreichs am 12. März 1938 und ein Jahr später der Einmarsch in die Tschechoslowakei. Zwischen beiden Ereignissen lagen die Bemühungen vor allem Englands unter seinem Premierminister Chamberlain im September 1938 (Münchener Abkommen), durch eine »Appeasement-Politik« die kriegsträchtige Lage zu entschärfen, indem es einige Forderungen Hitlers, besonders die Abtretung des Sudetenlandes an das Deutsche Reich, akzeptierte. Wie Hitlers anschließender Griff nach Prag dann jedoch unmißverständlich zeigte, dachte dieser nicht daran, sich an das Münchener Abkommen zu halten: Die Stimmung in England schlug nun um, und eine Garantieerklärung an Polen, den nächsten vom Deutschen Reich bedrohten Nachbarn, war die Folge – dies weniger als klarer Ausdruck englischer Kriegsbereitschaft, sondern als letzte Warnung an die Adresse Hitlers. Doch auch hierdurch kam es zu keinerlei Abweichen vom nationalsozialistischen Eroberungsprogramm, zumal sich in Stalin ein zweiter Interessent an einer Aufteilung Polens fand, der dann mit Hitler am 23. August 1939 zum erschreckten Erstaunen der Weltöffentlichkeit einen Nichtangriffspakt schloß und sich gleichzeitig in einem geheimen Zusatzprotokoll auf die Festlegung von Einflußsphären zwischen beiden Staaten auf Kosten Polens und der baltischen Staaten verständigte.

Waren dies die außenpolitischen Hauptetappen auf dem Weg zur Konstellation am Vorabend des Zweiten Weltkriegs, so war parallel im Inneren des Deutschen Reiches neben der Aufrüstung im engeren Sinn eine allgemeine Einstimmung der Bevölkerung auf den bevorstehenden Krieg erfolgt, ohne daß dies offen zugegeben wurde. »Kampf« war schon immer ein Kernbegriff nationalsozialistischer Ideologie und Propaganda gewesen; jetzt wurde er konkret vorbereitet. So entwickelte sich zum Beispiel die DAF zum zentralen Instrument in einer »Erzeugungsschlacht« gewaltigen Ausmaßes mit entsprechendem Leistungsdruck auf die Arbeiterschaft. Die am 1. Dezember 1936 zur Staatsjugend deklarierte Hitlerjugend verfolgte als vorrangiges Ziel, vor allem die männliche Jugend zu fanatisch-aktiven und bedingungslos-treuen Werkzeugen des Regimes zu erziehen. In »Ordensburgen«, »Adolf-Hitler-Schulen« und »Nationalpolitischen Erziehungsanstalten« sowie in den Schulungslagern von NS-Organisationen, besonders der SS, sollte die rassisch einwandfreie Elite der Zukunft herangezüchtet werden.

Die Zivilbevölkerung erlebte die massive Schwerpunktsetzung auf die Rüstung im wesentlichen als wachsenden Mangel: »Bewirtschaftung« lautete jetzt ein Kernbegriff; er bezog sich zunächst auf den Arbeitskräftemangel sowie die Beschaffung und Verwendung von Rohstoffen, tangierte aber bald immer mehr Lebensbereiche von der Wohnungsversorgung bis zu den Nahrungsmitteln, bis dann am 27. August 1939 alle Konsumgüter »bewirtschaftet«, das heißt rationiert wurden. Gleichzeitige Sparappelle, Materialsammlungen (z. B. Knochen, Eisen) und Wiederverwertungskampagnen, ein forcierter Bunkerbau, Wehr-, Verdunkelungs- und Luftschutzübungen, begleitet von ständigen Friedensbeteuerungen und einer ganz auf Optimismus und leichte Unterhaltung ausgerichteten Welt des »schönen Scheins« in Film, Operette, Schlager und in den vielen KdF-Veranstaltungen (»Kraft durch

Freude«) erzeugten beim Durchschnittsbürger eine weit verbreitete Mischung aus Angstgefühlen, dem Wunsch nach Ablenkung und der Bereitschaft, sich durch Pathos, Pomp und märchenhafte Versprechungen betäuben zu lassen. Daß das Regime dennoch Ende der 30er Jahre allmählich seine Akzeptanz im Volk zu verlieren begann, Gleichgültigkeit, ja Pessimismus und erste Ansätze von Abwendung um sich griffen, zeigte sich nicht zuletzt in einer zunehmenden Verweigerungshaltung unter jungen Menschen. Auch wenn sie erhebliche Risiken auf sich nahmen, versuchten immer mehr Jugendliche, sich dem Drill und den Zwängen des Regimes zu entziehen. Von einer lustlosen Mitläuferschaft bei gleichzeitigem Eigenleben in noch verbliebenen Nischen reichte das Spektrum schließlich in der Endphase des Krieges bis zum politischen Widerstand. Solche schon seit 1936/1937 sichtbar werdenden Absetzbestrebungen von Teilen der Jugend (z. B. »bündische Umtriebe«) irritierten HJ-Führer wie SS und Gestapo deshalb so sehr, weil sie den totalen Erziehungsanspruch des Nationalsozialismus in Frage stellten. Verfolgungen und brutale Unterdrückungsmaßnahmen waren die Antwort auf diese Erscheinungen, die dann in den Kriegsjahren noch weiter zunehmen sollten.

War hier also dem Nationalsozialismus – neben den ihm schon bekannten politischen und weltanschaulichen Gegnern – in der eigenen Jugend ein unvermuteter neuer Gegner entstanden, den man in bereits bewährter Weise mit Einschüchterung, Unterdrückung und Terror (bis hin zur Einrichtung eines speziellen Jugend-Konzentrationslagers) bekämpfen konnte, so ging der propagandistisch ständig heraufbeschworene, rassenideologisch breit begründete Kampf gegen eine angebliche »jüdische Weltverschwörung« und gegen die vom Judentum und von sonstigen »fremdrassischen Elementen« ausgehenden Bedrohungen des Ariertums einen anderen Weg: von der Stigmatisierung und Ausgrenzung über die Ächtung und totale Entrechtung bis hin zur vollständigen »Ausmerze«, das heißt zum fabrikmäßig organisierten Genozid. Wie dies in einem traditionsreichen und auf seine idealistischen Dichter und Denker stolzen Kulturvolk wie dem deutschen im 20. Jahrhundert möglich war, ist seither eine der bewegendsten Fragen der Zeitgeschichte, ohne daß mehr als immer nur wieder neue Annäherungen an eine Antwort formuliert werden können.

Die Schritte auf dem Wege bis zur physischen Vernichtung des Judentums – Schritte, die weit über das hinausgingen, was ein ja keineswegs nur in Deutschland traditionsreicher Antisemitismus je gefordert hatte – begannen mit einer propagandistischen Hetze gegen die ins Deutsche Reich, besonders nach Berlin eingewanderten Ostjuden, wobei vor allem das von Julius Streicher herausgegebene Wochenblatt *Der Stürmer* die Linie bestimmte. Nach dem Erlaß des »Ermächtigungsgesetzes« forderten Goebbels, Streicher und die SA zum Boykott gegen jüdische Geschäfte auf, und das Gesetz vom 7. April 1933 zur »Wiederherstellung des Berufsbeamtentums« bot die umfassende Möglichkeit, jüdische Beamte aus dem Staatsdienst zu entfernen. Anstöße zum Beginn einer zweiten Etappe gesellschaftlicher Ausgrenzung der Juden erfolgten Ende 1935: Die »Nürnberger Gesetze« lieferten in der Folgezeit die Grundlage, »blutmäßige« Kriterien anzulegen und bürokratisch zu definieren, wer ein Jude war. Eine Fülle von Verordnungen zwang nun die jüdischen Bürger zur Aufgabe vieler ihrer bisherigen Tätigkeiten, belegte sie mit Berufsverboten und ermöglichte den Nationalsozialisten eine immer weiter gehende »Arisierung« jüdischer Geschäfte und Betriebe. Allerdings blieben all diese Maßnahmen bis Mitte November 1938 eher unkoordiniert, bis dann das Attentat eines jüdischen Jugendlichen auf den deutschen Legationssekretär Ernst vom Rath in Paris Goebbels den äußeren Anlaß zur Eröffnung eines von nun an systematischen und eindeutigen Vorgehens lieferte. Das von ihm gesteuerte Massenpogrom vom 9./10. November 1938 mit vielen Morden, willkürlichen Verhaftungen, der Zerstörung der meisten Synagogen und der Plünderung jüdischer Geschäfte, verharmlosend »Reichskristallnacht« genannt, war der Auftakt zu einer zunehmend gewaltsam vorgehenden Judenpolitik. Eine rücksichtslose wirtschaftliche Ausplünderung bestimmte ebenso wie eine schließlich fast vollständige Beschränkung der Bewegungsfreiheit (»Judenbann«) das Leben der noch nicht ausgewanderten Juden. Die Öffentlichkeit nahm diese Maßnahmen fast ohne Widerspruch hin, obgleich der Antisemitismus keineswegs in der Bevölkerung flächendeckend verbreitet war. Noch stand bei allen Bestrebungen das Ziel, die Juden im Sinne einer territorialen »Gesamtlösung der Judenfrage« aus Mitteleuropa zu vertreiben, im Mittelpunkt der nationalsozialistischen Planungen, wobei bis Ende 1941 noch solche Ideen wie die, die gesamte jüdische Bevölkerung nach Madagaskar oder Sibirien zu schaffen, ernsthaft diskutiert und auch von Hitler vertreten wurden. Doch hatte die Entwicklung seit Kriegsbeginn in der Praxis bereits eine andere Richtung genommen: Zunächst aus Böhmen, Mähren und Österreich, dann aus dem »Altreich« wurden Massendeportationen in das eroberte Polen durchgeführt, wo die jüdischen Menschen in Ghettos und Lagern zusammengepfercht wurden; von hier aus begann der Umschlag von einer »territorialen Fernlösung« zur »physischen Endlösung«, das heißt zur Vernichtung der jüdischen Bevölkerung Deutschlands und aller besetzten Gebiete. Zugleich wurde damit einerseits eine weit über hundertjährige deutsch-jüdische Geschichte abgebrochen, die von einem im einzelnen labilen, aber letztlich bisher erfolgreichen Assimilations- und Emanzipationsprozeß der Juden geprägt war. Mit den Deportationen fand andererseits auch jene von den Nationalsozialisten betriebene geistige Selbstkastration der deutschen Nation ihren Abschluß, die mit dem massenhaften Exodus von Intellektuellen in den ersten Jahren des Regimes angefangen hatte und nun mit der Ausrottung jenes Volksteils endgültig vollzogen wurde, dessen bildungsbürgerliche Kreise in besonderem Maße »Modernität« repräsentiert und für ein »neues säkulares Selbstverständnis der deutschen Gesellschaft« gestanden hatten (D. Blasius / D. Diner).

Der Zweite Weltkrieg: Epochenende oder Episode im 20. Jahrhundert?

1939	3. September: Britisch-französische Kriegserklärung an Deutschland.
	27. September: Bildung des Reichssicherheitshauptamtes als Zentrale des NS-Unterdrückungsapparates.
	6. Oktober: Abschluß der Eroberung Polens.
	Oktober/Dezember: erste Deportationen von Juden nach Polen.
1940	11. Februar: Deutsch-sowjetisches Wirtschaftsabkommen.
	9. April: Beginn der Besetzung Dänemarks und des Angriffs auf Norwegen (Kapitulation am 9. Juni).
	10. Mai: Beginn der Offensive im Westen, Einmarsch in die Niederlande, nach Belgien, Luxemburg und Frankreich.
	22. Juni: Waffenstillstand mit Frankreich (ab 25. Juni in Kraft).
	2./10. Juli: Bildung der Vichy-Regierung unter Pétain.
	27. September: Dreimächtepakt zwischen Deutschland, Italien, Japan.
	Herbst: Errichtung jüdischer Ghettos in Polen.
1941	6. April: Angriff auf Jugoslawien und Griechenland.
	22. Juni: Angriff auf die Sowjetunion ohne Kriegserklärung.
	12. Juli: Bündnis Sowjetunion–Großbritannien gegen Deutschland.

7./8. Dezember: Japanischer Überfall auf Pearl Harbor und Kriegserklärung der USA an Japan.
Oktober–Dezember: Schlacht um Moskau; Scheitern der Blitzkriegsstrategie Hitlers.
11. Dezember: Kriegserklärung Deutschlands und Italiens an die USA.

1942 Alliierte verschärfen den Luftkrieg.
20. Januar: Wannsee-Konferenz, Planung der »Endlösung der Judenfrage« (Beginn der planmäßigen Vernichtung der Juden).
August: Zerschlagung der Widerstandsgruppe »Rote Kapelle«.
24. September: Beginn des Kampfes um Stalingrad.
5. Oktober: Befehl Himmlers zur Deportation aller Juden nach Auschwitz.
7./8. November: Landung der Alliierten in Nordafrika.
11. November: Einmarsch deutscher Truppen in die bisher noch unbesetzte Zone Frankreichs.

1943 14.–24. Januar: Konferenz Roosevelts und Churchills in Casablanca.
31. Januar / 2. Februar: Kapitulation der 6. Armee in Stalingrad.
18. Februar: Goebbels verkündet den »totalen Krieg«.
Februar/März: Zerschlagung der Widerstandsgruppe »Weiße Rose« in München.
9./10. Juli: Landung der Alliierten in Sizilien.
3. September: Waffenstillstand der Alliierten mit Italien.
28. November – 1. Dezember: Konferenz von Teheran (Churchill, Roosevelt, Stalin), Planung von Besatzungszonen in Deutschland.

1944 Januar/Februar: Zerschlagung des »Kreisauer Kreises«.
6. Juni: Landung der Alliierten in der Normandie, Beginn der Invasion.
20. Juli: Attentat Graf Stauffenbergs auf Hitler und Zerschlagung des militärischen Widerstands.
25. September: Einberufung des »Volkssturms«.
21. Oktober: Amerikanische Besetzung Aachens als erste Stadt in Deutschland.
Herbst: Beginn von Flucht und Vertreibung der deutschen Bevölkerung aus dem Osten.

16. Dezember: Beginn der Ardennenoffensive.
1945 12. Januar: Sowjetische Großoffensive an der Ostfront.
4.–11. Februar: Konferenz von Jalta (Churchill, Roosevelt, Stalin).
25. April: Zusammentreffen von amerikanischen und sowjetischen Truppen bei Torgau an der Elbe.
30. April: Selbstmord Hitlers; Großadmiral Dönitz neues Staatsoberhaupt.
7./9. Mai: Unterzeichnung der deutschen Kapitulation in Reims und Berlin-Karlshorst.
23. Mai: Auflösung der Regierung Dönitz in Flensburg.

Erst die deutsche Wiedervereinigung von 1989/1990 und die Ereignisse in Osteuropa zu Beginn der 1990er Jahre haben in mancher Hinsicht jenes Urteil fragwürdig werden lassen, das Ende des Zweiten Weltkriegs sei die radikale Zäsur des 20. Jahrhunderts gewesen. Lange Zeit war diese Annahme die gängige Grundlage jeder zeitgeschichtlichen Chronologie, nicht zuletzt in der Bundesrepublik zur Fundierung ihres historischen Selbstverständnisses. Durch den Untergang der Hitlerdiktatur, so zum Beispiel Richard Löwenthal 1974, sei erstmalig auf deutschem Boden »eine im westlichen Sinne bürgerliche Lebensform, gleich weit entfernt vom hierarchischen Untertanengeist der Wilhelminischen Ära und von der formlosen Gärung der Weimarer Zeit« entstanden. Doch wie schon der Erste so scheint auch der Zweite Weltkrieg mit Blick auf die Folgejahrzehnte zukunftsweisende Lösungen national wie international in nur eingeschränktem Sinn gebracht zu haben; eher hat aus heutiger Sicht sein Ausgang einmal mehr grundlegende historische Probleme des frühen 20. Jahrhunderts überdeckt bzw. verdrängt (z. B. Nationalstaatsfragen, Nationalitätenprobleme, Entstehung einer »Dritten Welt«) und latente konträre Konstellationen zu weltpolitisch bedrohlichen

Polaritäten werden lassen (vor allem: Ost-West-Gegensatz mit atomarem Wettrüsten). Möglicherweise führt eine solche »Historisierung« des Zweiten Weltkriegs trotz dessen katastrophalen Folgen für die Zeitgenossen und die betroffenen Gesellschaften mittelfristig zur relativierenden Einschätzung, daß sich hier ein machthungriges und menschenverachtendes Regime, das sich unter bestimmten historischen Bedingungen im Reigen der Industriestaaten in Mitteleuropa hatte bilden können, in den totalen Untergang mit weltweit lange nachwirkenden polarisierenden Folgen hineinmanövriert hat – ein Regime, das von vornherein mit dem Anspruch aufgetreten war, im Kampf gegen den liberalistischen Kapitalismus westlicher Prägung und den marxistisch-leninistischen Kommunismus, wie ihn die Sowjetunion repräsentierte, mit Hilfe von Krieg und Unterdrückung einen eigenen rassistisch-faschistischen, eben »nationalsozialistischen« Weg in die Zukunft durchsetzen zu wollen, an dessen Ende ein großgermanisches Weltreich stehen sollte.

Tatsächlich spielte die rassisch-weltanschauliche Komponente im Verlauf des Zweiten Weltkriegs auf deutscher Seite eine zentrale Rolle, vor allem beim gesamten Ostfeldzug. Im häufigen Widerstreit zwischen militärisch-strategischen Erfordernissen und ideologisch-dogmatischen Zielen dominierten – je länger der Krieg dauerte – um so eindeutiger die letzteren; dies ging bis hin zum fanatischen Festhalten daran noch zu einem Zeitpunkt, als die Katastrophe bereits unvermeidbar war. Und es waren lange Zeit keineswegs nur Hitler und seine Vertrauten, die diese Prioritätensetzung forderten; die meisten führenden Militärs und Wirtschaftsfachleute unterstützten ebenfalls viele der hybriden Kriegsziele. Auch wenn die nationalsozialistische Propaganda versuchte, der deutschen Bevölkerung den Krieg als schicksalhaft aufgezwungene und weltgeschichtlich notwendige Verteidigungsmaßnahme gegen den westlichen, angeblich jüdisch durchsetzten Liberalismus und – ab Mitte 1941 – gegen den »verjudeten« östlichen Bolschewismus zu erklären, wurde er von vornherein als hemmungsloser Eroberungskrieg vorbereitet und schließlich geführt. Während im Westen und in Skandinavien die deutsche Besatzungspolitik auf eine Ausbeutung der wirtschaftlichen Ressourcen hinauslief, diente der Krieg im Osten der vollständigen, ausdrücklich physisch gemeinten Vernichtung des »fremdrassigen« Gegners, der Ausrottung oder totalen Versklavung der unterworfenen Völker und der Gewinnung neuen »Lebensraumes« als Grundlage eines »Großgermanischen Reiches« der Zukunft. Das äußere Gesicht des Krieges wandelte sich im Laufe der knapp sechs Jahre über verschiedene Zwischenstufen vom deutsch-polnischen zum europäischen und dann weltweiten Krieg, vom Krieg der Blitzfeldzüge zum »Abnutzungs-« bzw. »Verschleißkrieg«, vom Einfrontenzum Vielfrontenkrieg, von einem quasi noch »normalen« Krieg im Westen zu einem totalen Vernichtungsfeldzug im Osten, wobei spätestens seit Stalingrad die deutschen Truppen es selbst waren, die zunehmend vernichtet wurden, während parallel dazu die alliierte Bombardierung deutscher Städte die deutsche Zivilbevölkerung zu dezimieren begann.

Im Gegensatz zur euphorischen Stimmung bei Kriegsbeginn 1914 hatten im September 1939 nach dem Überfall auf Polen und den Kriegserklärungen Englands und Frankreichs in der deutschen Bevölkerung zunächst »Erschrecken und resignierende Hinnahme des scheinbar Unabänderlichen« (A. Hillgruber) vorgeherrscht, doch ließen die Erfolge der jeweils nur wenige Wochen dauernden beiden »Blitzkriege« gegen Polen (September/Oktober 1939) und Frankreich (Mai/Juni 1940) sowie die schnelle Besetzung Dänemarks und Norwegens im April 1940 die Stimmung deutlich umschlagen. Selbst skeptische Kreise im Militär und in den alten Eliten waren jetzt bereit, die Autorität und den Kurs Hitlers anzuerkennen. Außenpolitisch war die Folge, daß bei den sich bisher zurückhaltenden Verbündeten Italien und Japan Begehrlichkeit und Kriegsbereitschaft wuchsen: Sie begannen aktiv in das Kriegsgeschehen einzugreifen bzw. es auszuweiten. So versuchte Mussolini seit dem 10. Juni 1940 (italienische Kriegserklärung an Frankreich und Großbritannien) noch in der Endphase des Frankreichfeldzugs Gewinne für sich zu erzielen; die Japaner sperrten gleichzeitig die Burmastraße und besetzten im September 1940 Teile von Indochina, ehe sie schließlich mit ihrem Luftüberfall auf die US-Flotte in Pearl Harbor am 7. Dezember 1941 die Kriegserklärung der USA und Großbritanniens provozierten und so den endgültigen Ausbruch des Krieges im Pazifik auslösten. Hitler, der sich 1940/1941 auf dem Höhepunkt seiner Macht und seines Erfolgs befand, erklärte daraufhin, ohne vertraglich dazu verpflichtet zu sein – gewissermaßen als Flucht nach vorn –, seinerseits den USA den Krieg.

Zu diesem Zeitpunkt hatte sich jedoch für Hitler und die Deutschen das Blatt bereits zu wenden begonnen. Der geplante dritte Blitzkrieg gegen die Sowjetunion, seit Dezember 1940 trotz des bestehenden Hitler-Stalin-Pakts vorbereitet und am 22. Juni 1941 überfallartig begonnen, kam nach gewaltigen Anfangserfolgen im November vor Leningrad und vor allem vor Moskau zum Stehen: Auf den russischen Winter war das deutsche Heer nicht vorbereitet; zudem hatte man die Abwehrkräfte der Sowjetunion völlig unterschätzt. Auch der vollmundig von Göring angekündigte deutsche Luftwaffensieg über England blieb aus. Die am 10. Mai 1940 gebildete englische Koalitionsregierung unter Winston Churchill dachte nicht daran, sich dem Hitlerschen Werben um einen Separatfrieden und ein gemeinsames Vorgehen gegen die Sowjetunion zu öffnen; statt dessen erhielt England trotz der bis Ende 1941 noch bestehenden formellen Neutralität der USA von dieser Seite bereits beträchtliche Unterstützungslieferungen. Zugespitzt kann man wohl sagen: Im Grunde war, obwohl oft die Zerschlagung der 6. Armee in Stalingrad Anfang 1943 als das bedeutsamste Kriegswendeereignis angesehen wird, Ende 1941 der Krieg bereits verloren, wenngleich zu diesem Zeitpunkt die deutschen Truppen noch machtvoll am Atlantik und kurz vor Moskau, am Nordkap, in Nordafrika und auf Kreta standen und im Laufe des Jahres 1942 noch weitere Geländegewinne machen konnten, so in Nordafrika und in Richtung Kaukasus. Hitler begann sich offenbar selbst seit dem Winter 1941/1942 das Scheitern seines aus der Rückschau geradezu irrwitzigen Planes einzugestehen, der darin bestanden hatte, zunächst schnell die Sowjetunion zu vernichten, bevor die USA kriegsfähig waren, und gleichzeitig England auszuschalten bzw. zu einem Sonderfrieden zu zwingen, um dann Seite an Seite mit den Japanern eine Art »Weltblitzkrieg« gegen die USA zu führen: Ihn beherrschte von nun an vollends ein pathologisch-rigoroses Denken in Kategorien des »Alles-oder-nichts« bzw. des »Alles-auf-eine-Karte-Setzens«. Überlegungen in der Obersten Heeresführung über eine eventuelle Strategie operativer Rückzüge beantwortete Hitler mit einem massiven Verbot und machte sich am 19. Dezember 1941 selbst zum Oberbefehlshaber des Heeres. Als dann trotz der Erfolge des Sommers 1942 im Herbst (El Alamein) und Winter (Stalingrad) die großen Rückschläge einsetzten, begannen sich die Durchhalteparolen, die »Sieg oder Untergang«-Phrasen und der Leistungsterror zu überschlagen: »Glaubensfanatismus an den Sieg einer totalitären Ideologie [sollte] ersetzen, was an Kräften und Potential fehlte« (H.-A. Jacobsen). Gleichzeitig erreichte die Ausrottungspolitik gegenüber allen »Fremdrassigen«, besonders den Juden (Dezember 1942: erstmaliger Einsatz von Gaswagen im KZ Chełmno), gegenüber sogenannten »Volksschädlingen« (z. B. durch das Euthanasieprogramm), gegenüber den russischen Kriegsgefangenen usw. ihre brutalste Form durch die fabrikmäßige Ermordung riesiger Menschenmassen in speziellen Vernichtungslagern und mit Hilfe »moderner« Techniken. Mit Blick auf diesen systematischen Völkermord, den insbesondere Himmlers SS in den letzten drei Kriegsjahren ausführte – als ein Ausgangsdatum gilt die Wannsee-Konferenz unter Heydrichs Vorsitz vom 20. Januar 1942 –, kann man bisweilen den Eindruck gewinnen, so Klaus Hildebrand, »als korrespondierten den militärischen Niederlagen der Wehrmacht die rassischen ›Siege‹ Hitlers«.

Was Goebbels in seiner Sportpalastrede vom 18. Februar 1943 als den »totalen Krieg« bis zum »Endsieg« proklamiert hatte, entpuppte sich sehr schnell als ein sich immer rasanter drehender Strudel in die Katastrophe. In diesen versuchten offenbar die in ihrer rassischen Ideologie und Propaganda blind gefangenen Nationalsozialisten so viele Menschen wie eben möglich mit hineinzureißen, indem sie den Krieg – völlig sinnlos – so lange wie möglich führen wollten und gleichzeitig beabsichtigten, durch ein »Auskämmen« der Betriebe nach Wehrfähigen, durch die Aufstellung eines Volkssturms, durch Bestrebungen, eine »Werwolf«-Bewegung aufzubauen, und durch die Dienstverpflichtung immer jüngerer Jugendlicher zur Feindabwehr (z. B. im Flakhelfereinsatz) auch noch die letzten männlichen Reserven in den Kampf zu werfen. Der Irrwitz endete in Aufrufen zur Selbstzerstörung, die schließlich führende Nationalsozialisten, an erster Stelle Hitler und Goebbels, durch Suizid an sich selbst vollzogen, als sowjetische Truppen sich anschickten, Berlin zu erobern – dies fünf Tage, nachdem bereits bei Torgau an der Elbe amerikanische Soldaten und Soldaten der Roten Armee zusammengetroffen waren (25. April 1945). Eine doppelte Kapitulation der deutschen Wehrmacht – in Reims am 7. und in Berlin am 9. Mai – besiegelte das Ende des Tausendjährigen Reiches nach einer Dauer von etwas mehr als zwölf Jahren, ungeachtet der Tatsache, daß drei Wochen lang in Flensburg noch eine von Hitler ernannte Nachfolgeregierung unter Großadmiral Dönitz im Amt war. Am 5. Juni 1945 übernahmen offiziell die vier alliierten Oberbefehlshaber die gesamte Regierungsgewalt in Deutschland, während der Verbündete Japan erst Anfang September 1945 kapitulierte, nachdem einen knappen Monat vorher die ersten beiden Atombomben die Städte Hiroshima und Nagasaki völlig zerstört hatten.

Auch wenn es keinen seriösen Zweifel daran gibt, daß die volle Verantwortung für den Krieg und dessen Folgen bei den Nationalsozialisten liegt und deshalb in erster Linie sie die volle Schuld an dem namenlosen Elend tragen, das ihr Regime, das von ihnen entfesselte Unheil und die Nachkriegswirren für unzählige Menschen weltweit bewirkt haben, so ist dennoch immer wieder die Frage nach der Mitschuld des deutschen Volkes gestellt worden: Wie konnte es gelingen, die Deutschen so in Abhängigkeit zu bringen und ihnen in solchem Umfang »Zulieferleistungen« abzuverlangen, daß sie noch in der fast sechsjährigen Kriegszeit in ihrer großen Mehrheit Hitler in den Untergang folgten und die Überlebenden sehr oft das Kriegsende weniger als »Befreiung«, sondern als eine gerade auch psychische Katastrophe erlebten?

Als wichtige Grundlagen der nationalsozialistischen Herrschaft sind bereits Charisma und Terror genannt worden: Die Erfolge der Blitzkriege verstärkten zunächst die charismatische Komponente, unterstützt von einer entsprechenden Propaganda, doch bot der Kriegsbeginn dem Regime zugleich die intensiv genutzte Möglichkeit, durch viele zusätzliche Maßnahmen die Kontrolle über die »Volksgemeinschaft« auszudehnen; dies geschah schließlich in einer Weise, daß die terroristische Komponente – als die Stimmungslage 1942/1943 umzuschwenken begann – zum eigentlichen Element der Aufrechterhaltung der inneren Stabilität wurde. Das Reichssicherheitshauptamt unter Heydrich, am 27. September 1939 durch Zusammenfügung verschiedener Polizei- und SS-Ämter gegründet, entwickelte sich in der Hand der SS zur zentralen Steuerungsbehörde für die Überwachung und Terrorisierung der Bevölkerung; der SS-Sicherheitsdienst (SD) und die Geheime Staatspolizei (Gestapo) unterhielten zu diesem Zweck weit verzweigte Spitzelsysteme und sammelten »Meldungen aus dem Reich« über die allgemeine Stimmungslage: »Volksschädlinge«, »Abweichler«, »Defätisten«, Personen, die sich in »wehrkraftzersetzender Weise« äußerten, gegen das »Heimtückegesetz« verstießen, ausländische Sender abhörten usw. wurden mit Hilfe von Spitzeln und Denunzianten aufgespürt und der Rechtswillkür eines ideologisch willfährigen Justizapparates ausgeliefert, an dessen Spitze als Vorsitzender des Volksgerichtshofs seit Mitte 1942 der berüchtigte Roland Freisler stand. Allein dieses Gericht fällte über 5000 Todesurteile und schickte, wie die anderen Gerichte auch, eine in der Kriegszeit sprunghaft ansteigende Zahl von Verurteilten in die Konzentrationslager (KZ – offiziell von den NS-Behörden KL abgekürzt), was für viele von ihnen aufgrund der dort herrschenden grauenhaften Verhältnisse ebenfalls mit dem Tod endete. Doch nicht nur durch Richtersprüche von NS-Richtern füllten sich die KZ. Auch ohne rechtliche Grundlage, als Folge der Ausübung von Alltagsterror durch die SS und Gestapo gegen mißliebige Personen, kamen viele Menschen in solche Lager – »aus Sicherheits-, erzieherischen oder vorbeugenden Gründen«, wie es hieß. Weitere Häftlinge waren neben Kriminellen rassisch und weltanschaulich diskriminierte Menschen, Geiseln besetzter Gebiete und Kriegsgefangene. Die Zahl der im Kriege dann »SS-Arbeitslager« genannten KZ wurde seit dem Polenfeldzug ständig erweitert: von sechs Lagern, die vor 1939 bereits eingerichtet worden waren (das älteste war das KZ Dachau; es bestand kontinuierlich vom 22. März 1933 bis zum 28. April 1945), über dreizehn Ende 1941 bis zu mehr als zwanzig 1944/1945. Hinzu kamen nahezu tausend Außenlager dieser KZ, verschiedene »Sonderlager« (z. B. ein Jugend-KZ) und seit Dezember 1941 spezielle Vernichtungslager, in denen allein schon über drei Millionen Menschen umgebracht worden sind.

Doch waren es nicht nur Überwachung, Terror und die Drohung mit dem KZ, mit denen SS, SD und Gestapo die »Volksgemeinschaft« im Griff zu behalten versuchten, oder Goebbels' Propaganda, die sowohl aus einer Dauerbelieferung mit Siegprognosen und Durchhalteparolen (per Presse, Rundfunk, Wochenschau u. ä.) als auch aus einem Entspannung, Ablenkung und Scheinwelten liefernden Kulturbetrieb bestand (z. B. Schlager, Spielfilme, Fronttheater), sondern gleichzeitig geschickte Strategien nach dem Motto »so viel Normalität wie möglich, so viel Krieg wie nötig« (L. Herbst). Mit anderen Worten: Indem man aus den Erfahrungen des Ersten Weltkriegs lernen wollte, setzte man alles daran, die Entstehung ernster Versorgungsprobleme für die deutsche Bevölkerung bei der Beschaffung von Nahrungsmitteln, Heizmaterial usw. so lange wie möglich zu verhindern, um es nicht zu Hungerunruhen und sonstigen Aufständen wie 1917/1918 kommen zu lassen. Dies konnte jedoch nur gelingen, wenn die besetzten Gebiete ohne Rücksicht auf die Bedürfnisse der dort lebenden Menschen hemmungslos ausgebeutet wurden. Nicht nur aus ideologischen Gründen, ebenso wegen dieses Zieles traten die Nationalsozialisten und wohl auch viele Militärs und Zivilbeamte dort als Eroberer und »Herrenmenschen« auf; sie versuchten weder »Befreier« zu sein, was sich zum Beispiel in der Ukraine angeboten hätte, noch bemühten sie sich ernsthaft, die jeweilige Zivilbevölkerung zu gewinnen – auch wenn die SS bis zur Endphase des Krieges immerhin rund 50 000 »germanische Freiwillige« etwa in der Waffen-SS sammeln konnte (Beispiel: die *Légion des volontaires Français*). Statt dessen benutzten sie alle Mittel der gewaltsamen Unterdrückung und Ausbeutung, um Angst und Schrecken zu verbreiten –

wie zum Beispiel durch die brutalen Vernichtungen der Orte Lidice, Oradour, Kalavrita – und Ressourcen für die deutsche Kriegswirtschaft wie für die Versorgung der deutschen Bevölkerung aus dem Land herauszupressen.

Ein weiteres dunkles Kapitel in diesem Zusammenhang ist der deutsche Umgang mit den sogenannten Fremdarbeitern. Um den Arbeitskräfteausfall durch die an den Fronten kämpfenden Männer in der Rüstungs- und Nahrungsmittelproduktion zu ersetzen, wurden in extensiver Weise neben KZ-Häftlingen und Kriegsgefangenen Fremdarbeiter und Fremdarbeiterinnen eingesetzt. Bis Ende 1944 waren rund 7,5 Millionen Menschen meist zwangsweise ins Reich deportiert worden. Ihr Einsatz erfolgte in der zweiten Kriegshälfte in erster Linie im Rahmen der von Albert Speer – nach dem Tode Todts seit Februar 1942 Chef des Rüstungsministeriums – betriebenen gewaltigen Mobilisierungsbemühungen. Obwohl sie zu einer bemerkenswerten Steigerung der Rüstungsproduktion führten, reichten die Speerschen Erfolge nicht aus, um mit den ständig wachsenden Kriegsanforderungen Schritt zu halten. Weitere Kampagnen zur Durchsetzung des »totalen Kriegszustands« im Reichsinnern und in den besetzten Gebieten folgten deshalb (z. B. Stillegungen kriegsunwichtiger Betriebe und Behörden, »Auskämmaktionen«, Einsatz von »Heldengreifkommissionen«), wobei nun auch die bisher eher zurückhaltend eingesetzten Frauen dienstverpflichtet werden sollten, doch scheiterten die meisten der hastig befohlenen Maßnahmen – abgesehen von der weiterhin wirksamen »nationalsozialistischen Verwaltungskonfusion« und vom unaufhaltsamen »Verfall des Führerstaates« (D. Rebentisch) – vor allem daran, daß inzwischen der Rückzug an allen Fronten begonnen hatte (im Osten seit Stalingrad, im Süden seit der alliierten Besetzung Siziliens im Juli 1943 und im Westen seit der alliierten Landung in der Normandie am 6. Juni 1944), daß Rohstoffe nur noch unter starken Behinderungen herangeschafft werden konnten und die

Alliierten jetzt ihrerseits einen totalen Krieg zu führen begannen: die besonders über deutschen Städten, über Verkehrsknotenpunkten und Rüstungsbetrieben abgeworfene Bombenmenge stieg von 1941 30 000 t auf 1943 120 000 t und 1944 650 000 t. Als dann seit Frühjahr 1944 der sowjetische Vormarsch die Ölzufuhren aus Rumänien unterbrach und die alliierten Angriffe die deutsche Treibstoffproduktion schwer schädigten, war schon aus diesem Grunde das Ende der deutschen Kampffähigkeit abzusehen: Die »Festung Europa« war sturmreif.

Über die riesigen Menschenopfer an den Fronten und in den bombardierten Städten hinaus brachte die Totalisierung des Krieges schließlich doch seit 1943/1944 massive Eingriffe und starke existentielle Belastungen für die Zivilbevölkerung mit sich, die große Verluste, Entbehrungen und Leid hervorriefen, nicht aber ein deutliches Abrücken der Mehrheit der Deutschen von Hitler. Einerseits förderten die Auswirkungen des totalen Krieges die schon erwähnten Nivellierungstendenzen in der deutschen Gesellschaft noch mehr, als schon vorher zu beobachten gewesen war: Durch Evakuierungen und Umsiedlungen nach der Zerstörung der Städte, durch vorbeugende Verschickung von Müttern mit Kindern und von Jugendlichen aus bedrohten Gebieten auf das Land, durch Wohnsitzwechsel aufgrund von Dienstverpflichtungen, kurz vor Kriegsende dann durch Flucht und Vertreibung aus dem Osten wurden Menschen aller Schichten in einem bisher nie dagewesenen Ausmaß aus ihren angestammten Umgebungen und Milieus gerissen, wobei oft die Familien auseinanderbrachen. Die wachsende Ungewißheit über den Kriegsausgang und die ständige Bedrohung durch den Luftkrieg schufen zusammen mit der Sorge um das Schicksal versprengter Angehöriger starke psychische Belastungen, die sich aber offenbar mehr in Erbitterung und Haß auf die Gegner Luft machten als in einer Abkehr von der nationalsozialistischen Führung, von der viele Menschen immer noch die Kriegswende hin zum Endsieg mit Hilfe von »Wunderwaffen« erhofften. Außerdem stachelte die Propaganda den Durchhaltewillen an, indem sie die Greuel ausmalte, die im Falle einer Niederlage angeblich von den Soldaten der Roten Armee zu erwarten waren.

Dennoch begann im privaten Bereich eine »Rette-sich-wer-kann«-Haltung um sich zu greifen; ein Schwarzer Markt war zudem die Folge des Mangels und des Zusammenbruchs der Währung, und mancher überlegte in Freundes- und Familienkreisen, wie er sich auf eine Feindbesetzung einstellen könne. Im Grunde vollzogen sich im wahrnehmungsgeschichtlichen Bereich bereits ab 1943/1944 drei Prozesse, die vielen Menschen den Übergang in die Besatzungszeit erleichterten: »der Rückzug des einzelnen aus den zerrütteten öffentlichen Beziehungen auf die Bindungen der Familien, falls diese noch intakt waren«; »die äußerliche Distanzierung vom nationalsozialistischen Regime« und ein Abwägen der Frage, »ob man sich auf einen individuellen oder kollektiven Selbstmord oder das Überleben unter den Feinden einlassen sollte« (P. Hüttenberger).

Aktiver Widerstand gegen das Regime blieb in der Auflösungsphase des Dritten Reiches ebenfalls eine krasse Ausnahme – jede deutliche Auflehnung einzelner war angesichts des funktionierenden Terrorsystems sinnlos und mußte tödlich enden, das war auch den überzeugten Gegnern des Regimes klar –, doch wissen wir heute, daß es unterhalb der Ebene gezielter Umsturzplanung ein vielfältiges Spektrum alltäglicher Widersetzlichkeit gegeben hat. Es reichte vom individuellen Sich-Entziehen (»wegtauchen«) über Resistenzhaltung und Nonkonformität in kleinen Zirkeln bis hin zu anonymen Protestaktionen, zu Sabotage und gezielter Konspiration zum Beispiel in den schon genannten jugendlichen »Cliquen« der »Edelweißpiraten«. Freilich zeigen genaue Einzelanalysen, daß oft partielle Ablehnung mit partieller Akzeptanz des Regimes zusammenfallen konnte, daß einige Aktionen zwar von Idealismus getragen, aber von vornherein selbstmörderisch waren, daß manche Menschen zudem erst nach einer längeren Zeit des aktiven Mitmachens zum Widerstand bereit waren bzw. sich erst zu einem Zeitpunkt gegen den Nationalsozialismus zu wenden begannen, als die Katastrophe schon unübersehbar war. Dennoch gehörten bis zum Schluß allemal großer Mut und Zivilcourage dazu, aus dem allgemein herrschenden Fatalismus auszubrechen und trotz der terroristischen Bedrohung zu handeln. Mit einem solchen differenzierenden Blick einerseits auf die spektakulären Aktionen wie die der Münchener Studentengruppe »Weiße Rose«, des Kreisauer Kreises, der Männer um Graf Stauffenberg und das Attentat auf Hitler am 20. Juli 1944, der »Roten Kapelle« und weiterer kommunistischer Untergrundorganisationen, andererseits aber auch auf die vielen weniger bekannten Widerstandshandlungen von einzelnen, von kleinen jugendlichen, christlichen, sozialistischen und ähnlichen Gruppen werden zwar die lange Zeit zwecks Identitätsstiftung in der Bundesrepublik pointierten, abgehobenen Heldenmythen vor allem um die »Weiße Rose« und das Hitlerattentat und die in der DDR in den Mittelpunkt gestellten heroischen Taten kommunistischer Widerstandskämpfer auf ein menschliches Maß zurückgeführt. Damit verlieren aber die – wenn auch letztlich nur von wenigen Personen – gegen das NS-Terrorsystem unternommenen Widerstandshandlungen nicht ihre wichtige historische Bedeutung als mutige Taten gegen die Inhumanität und als Nachweis, daß jedes Pauschalurteil über »die« Deutschen an der diffusen und widersprüchlichen Alltagswirklichkeit des Dritten Reiches einschließlich deren Wahrnehmung durch die Zeitgenossen vorbeigeht. Trotz der lautstarken Beschwörung der »Volksgemeinschaft«, trotz aller umwerbenden wie erpresserischen Aktivitäten des Regimes und der klingenden Phrasen aus dem Munde der großen und kleinen Nazis sowie der vielen Mitläufer waren die »Reihen« gerade nicht »fest geschlossen«, sondern zeitweise allenfalls »fast«, bis sie dann unter Hinterlassung eines gewaltigen psychischen Chaos und furchtbarer Verwüstungen auseinanderbrachen.

Viele Deutsche konnten sich nach dem Zusammenbruch sagen (oder einreden), vieles nicht gewußt zu haben. Wer aber ehrlich mit sich umging, stand nun in Kenntnis der immer mehr sichtbar werdenden ganzen Wahrheit erschüttert vor der geradezu unfaßbaren »Banalität des Bösen«, dessen volles Ausmaß er jetzt vor Augen geführt bekam, das er partiell, oft unreflektiert miterlebt hatte und an dem er in irgendeiner Weise mehr oder weniger beteiligt gewesen war. Er stand damit gewissermaßen vor dem individuellen Teil jener eigentlich notwendigen umfassenden, aber bitteren Aufgabe, den Nationalsozialismus und das zwölfjährige Funktionieren des von diesem geschaffenen Terrorregimes zu »historisieren« – nicht um dies alles zu relativieren oder gar um sich und die Deutschen als ein quasi von einer Verbrecherclique verführtes und erpreßtes Volk zu entschuldigen, sondern um die Möglichkeit der Entstehung dieser totalitären Diktatur mit ihrer menschenverachtenden Hybris und deren entsetzlichen Folgen zu verstehen. Daß zu solchen Formen des Umgehens mit der »braunen Vergangenheit« in den Nachkriegsjahren nur wenige einzelne offensiv bereit waren, die meisten eher verdrängen und vergessen wollten und sich in der Folgezeit die beiden westlich und östlich der Elbe entstandenen Gesellschaften zu ihrer inneren Stabilisierung jeweils mit Blick auf das Dritte Reich sehr einseitige bzw. holzschnittartige Geschichtsbilder konstruierten, gehört zweifellos zu jenen mentalen »Altlasten«, die über die Wiedervereinigung von 1989/1990 hinaus noch in mancherlei Hinsicht zur Bewältigung anstehen.

Literaturhinweise

Ausgewählte Quellenpublikationen für den Zeitraum 1914 bis 1945

Abelshauser, Werner / Faust, Anselm / Petzina, Dietmar (Hrsg.): Deutsche Sozialgeschichte 1914–1945. Ein historisches Lesebuch. München 1985.

Akten der Reichskanzlei. Weimarer Republik. Boppard 1968 ff.

Akten zur Deutschen Auswärtigen Politik [ADAP]. 1918–1945 Göttingen [u. a.]. Serie A: 1918–1925. 1982 ff.; Serie B: 1925–1933. 1966 ff.; Serie C: 1933–1937. 1971 ff.; Serie D: 1937–1941. 1950 ff.; Serie E: 1941–1945. 1969 ff.

Bihl, Wolfdieter (Hrsg.): Deutsche Quellen zur Geschichte des Ersten Weltkrieges. Darmstadt 1991.

Boberach, Heinz (Hrsg.): Meldungen aus dem Reich. Auswahl aus den geheimen Lageberichten des Sicherheitsdienstes der SS 1939 bis 1944. München 1968.

Deutschland-Berichte der Sozialdemokratischen Partei Deutschlands (Sopade). 7 Bde. (1934–1940). Frankfurt a. M. 1980.

Dokumente und Materialien zur Geschichte der deutschen Arbeiterbewegung. Hrsg. vom Institut für Marxismus-Leninismus beim ZK der SED. Reihe 2: 1914–1945. Berlin 1957 ff.

Flemming, Jens [u. a.] (Hrsg.): Die Republik von Weimar. 2 Bde. Königstein i. Ts. [2]1984.

Hellfeld, Matthias von / Klönne, Arno: Die betrogene Generation. Jugend in Deutschland unter dem Faschismus. Quellen und Dokumente. Köln 1985.

Huber, Ernst Rudolf (Hrsg.): Dokumente zur deutschen Verfassungsgeschichte. Bd. 4: 1919–1933. Stuttgart [3]1991.

Jahnke, Karl-Heinz / Buddrus, Michael: Deutsche Jugend 1933–1945. Eine Dokumentation. Hamburg 1989.

Kindt, Werner (Hrsg.): Dokumentation der Jugendbewegung. Bd. 1: Grundschriften. Düsseldorf / Köln 1963. Bd. 2: Die Wandervogelzeit. Ebd. 1968. Bd. 3: Die bündische Zeit. Ebd. 1974.

Michalka, Wolfgang / Niedhart, Gottfried (Hrsg.): Die ungeliebte Republik. Dokumentation zur Innen- und Außenpolitik Weimars 1918–1933. München 1980.

Petzina, Dietmar / Abelshauser, Werner / Faust, Anselm (Hrsg.):

Sozialgeschichtliches Arbeitsbuch III: Materialien zur Statistik des Deutschen Reiches 1914–1945. München 1978.
Pross, Harry (Hrsg.): Die Zerstörung der deutschen Politik. Dokumente 1871–1933. Frankfurt a. M. 1959.
Quellen zur Geschichte der deutschen Gewerkschaftsbewegung im 20. Jahrhundert. Köln 1985 ff.
Quellen zur Geschichte des Parlamentarismus und der politischen Parteien. Reihe 1: Von der konstitutionellen Monarchie zur parlamentarischen Republik. Reihe 2: Militär und Politik. Reihe 3: Die Weimarer Republik. Düsseldorf 1959 ff.
Richarz, Monika (Hrsg.): Jüdisches Leben in Deutschland. Selbstzeugnisse zur Sozialgeschichte 1918–1945. Stuttgart 1976.
Ritter, Gerhard A. / Miller, Susanne (Hrsg.): Die deutsche Revolution 1918–1919. Dokumente. 2., erw. Aufl. Hamburg 1975.
Schramm, Percy Ernst (Hrsg.): Kriegstagebuch des Oberkommandos der Wehrmacht (Wehrmachtsführungsstab) 1940–1945. 4 Bde. Frankfurt a. M. 1961–1965.
Schüddekopf, Otto-Ernst: Das Heer und die Republik. Quellen zur Politik der Reichswehrführung 1918–1933. Frankfurt a. M. 1955.
Stasiewski, Bernhard (Bearb.): Akten deutscher Bischöfe über die Lage der Kirche 1933–1945. Mainz 1968 ff.
Steitz, Walter (Hrsg.): Quellen zur deutschen Wirtschafts- und Sozialgeschichte vom Ersten Weltkrieg bis zum Ende der Weimarer Republik. Darmstadt 1993.

Ausgewählte Überblicksdarstellungen für den Zeitraum 1914 bis 1945

Abelshauser, Werner (Hrsg.): Die Weimarer Republik als Wohlfahrtsstaat. Stuttgart 1987.
Ambrosius, Gerold: Staat und Wirtschaft im 20. Jahrhundert. München 1990.
Becher, Ursula A. J.: Geschichte des modernen Lebensstils. Essen – Wohnen – Freizeit – Reisen. München 1990.
Blasius, Dirk / Diner, Dan (Hrsg.): Zerbrochene Geschichte. Leben und Selbstverständnis der Juden in Deutschland. Frankfurt a. M. 1991.
Breuer, Stefan: Anatomie der Konservativen Revolution. Darmstadt 1993.

Broszat, Martin: Der Staat Hitlers. Grundlegung und Entwicklung der inneren Verfassung. München [15]1995.
Broszat, Martin / Henke, Klaus-Dietmar / Woller, Hans (Hrsg.): Von Stalingrad zur Währungsreform. Zur Sozialgeschichte des Umbruchs in Deutschland. München [3]1990.
Daniel, Ute: Arbeiterfrauen in der Kriegsgesellschaft. Beruf, Familie und Politik im Ersten Weltkrieg. Göttingen 1989.
Deist, Wilhelm [u. a.] (Hrsg.): Ursachen und Voraussetzungen des Zweiten Weltkrieges. Frankfurt a. M. [3]1995.
Dülffer, Jost: Deutsche Geschichte 1933–1945. Stuttgart [u. a.] 1992.
Feldman, Gerald D. (Hrsg.): Die Nachwirkungen der Inflation auf die deutsche Geschichte 1924–1933. München 1985.
Feldman, Gerald D. / Holtfrerich, Carl-Ludwig [u. a.] (Hrsg.): Die deutsche Inflation. Eine Zwischenbilanz. Berlin / New York 1982.
Fischer, Fritz: Griff nach der Weltmacht. Die Kriegszielpolitik des kaiserlichen Deutschland 1914/18. Düsseldorf 2004.
Förster, Jürgen (Hrsg.): Stalingrad. Ereignis, Wirkung, Symbol. München/Zürich [2]1993.
Geschichte des Wohnens. Bd 4: 1918–1945. Reform, Reaktion, Zerstörung. Hrsg. von Gert Kähler. Stuttgart 1996.
Gruchmann, Lothar: Der Zweite Weltkrieg. Kriegsführung und Politik. München [11]2005.
Heinemann, Ulrich: Die verdrängte Niederlage. Politische Öffentlichkeit und Kriegsschuldfrage in der Weimarer Republik. Göttingen 1983.
Herbst, Ludolf: Das nationalsozialistische Deutschland 1933–1945. Frankfurt a. M. 1996.
Hermand, Jost / Trommler, Frank: Die Kultur der Weimarer Republik. München [2]1989.
Herrmann, Ulrich (Hrsg.): »Die Formung des Volksgenossen.« Der »Erziehungsstaat« des Dritten Reiches. Weinheim / Basel 1985.
Herrmann, Ulrich / Oelkers, Jürgen (Hrsg.): Pädagogik und Nationalsozialismus. Weinheim/Basel 1989.
Hildebrand, Klaus: Deutsche Außenpolitik 1933–1945. Kalkül oder Dogma? Stuttgart [u. a.] 1971.
– Das Dritte Reich. München/Wien [6]2003.
Hillgruber, Andreas: Deutschlands Rolle in der Vorgeschichte der beiden Weltkriege. Göttingen [3]1986.

Hillgruber, Andreas: Der Zweite Weltkrieg. Kriegsziele und Strategie der großen Mächte. Stuttgart 1996.
Huber, Ernst Rudolf: Deutsche Verfassungsgeschichte seit 1789. Bd. 5. Stuttgart [u. a.] 1978. Bd. 6. 1981. Bd. 7. 1984.
Jeserich, Kurt G. A. [u. a.] (Hrsg.): Deutsche Verwaltungsgeschichte. Bd. 4: Das Reich als Republik und in der Zeit des Nationalsozialismus. Stuttgart 1985.
Kähler, Gert (Hrsg.): Geschichte des Wohnens. Bd. 3: 1918–1945. Stuttgart 1996.
Kershaw, Ian: Der Hitler-Mythos. Volksmeinung und Propaganda im Dritten Reich. München 2002.
– Hitler 1889–1936. Stuttgart 1998. – Hitler 1936–1945. Stuttgart 2001.
Klönne, Arno: Jugend im Dritten Reich. Die Hitler-Jugend und ihre Gegner. Düsseldorf / Köln 2003.
Kocka, Jürgen: Klassengesellschaft im Krieg. Deutsche Sozialgeschichte 1914–1918. 2., erg. Aufl. Göttingen 1978.
Kolb, Eberhard: Die Weimarer Republik. München [6]2002.
Krüger, Peter: Die Außenpolitik der Republik von Weimar. Darmstadt [3]1993.
Kuczynski, Jürgen: Geschichte des Alltags des deutschen Volkes. Bd. 5: 1918–1945. Sonderausg. Wiesbaden 1997.
Langewiesche, Dieter / Tenorth, Heinz-Elmar (Hrsg.): Handbuch der deutschen Bildungsgeschichte. Bd. 5 : 1918–1945. München 1989.
Laqueur, Walter Z.: Die deutsche Jugendbewegung. Eine historische Studie. Köln [2]1978.
Lundgreen, Peter (Hrsg.): Wissenschaft im Dritten Reich. Frankfurt a. M. 1985.
Mason, Timothy W.: Sozialpolitik im Dritten Reich. Arbeiterklasse und Volksgemeinschaft. Opladen [2]1978.
Michalka, Wolfgang (Hrsg.): Der Erste Weltkrieg. Wirkung, Wahrnehmung, Analyse. München / Zürich 1994.
Mohler, Armin: Die Konservative Revolution in Deutschland 1918–1932. Ein Handbuch. Erw. Aufl. und Ergänzungsbd. Darmstadt [6]2005.
Möller, Horst: Die Weimarer Republik. Eine unvollendete Demokratie. München 2004.
Mommsen, Hans: Die verspielte Freiheit. Der Weg von Weimar in den Untergang 1918 bis 1933. Berlin 1990.

Mooser, Josef: Arbeiterleben in Deutschland 1900–1970. Klassenlage, Kultur und Politik. Frankfurt a. M. 1984.
Mosse, George L.: Das Bild des Mannes. Zur Konstruktion der modernen Männlichkeit. Frankfurt a. M. 1997.
Petzina, Dietmar: Die deutsche Wirtschaft in der Zwischenkriegszeit. Wiesbaden 1977.
Peukert, Detlev J. K.: Die Weimarer Republik. Krisenjahre der Klassischen Moderne. Frankfurt a. M. 1987.
Peukert, Detlev / Reulecke, Jürgen (Hrsg.): Die Reihen fast geschlossen. Beiträge zur Geschichte des Alltags unterm Nationalsozialismus. Wuppertal 1981.
Preller, Ludwig: Sozialpolitik in der Weimarer Republik. Kronberg i. Ts. [u. a.] 1978.
Pross, Harry: Jugend, Eros, Politik. Die Geschichte der deutschen Jugendverbände. Bern [u. a.] 1964.
Radkau, Joachim: Das Zeitalter der Nervosität. Deutschland zwischen Reichsgründung und Nationalismus. München 2002.
Rebentisch, Dieter: Führerstaat und Verwaltung im Zweiten Weltkrieg. Verfassungsentwicklung und Verwaltungspolitik 1939 bis 1945. Stuttgart 1989.
Reichel, Peter: Der schöne Schein des Dritten Reiches. Faszination und Gewalt des Faschismus. München/Wien 1991.
Reulecke, Jürgen (Hrsg.): Generationalität und Lebensgeschichte im 20. Jahrhundert. München 2003.
Schildt, Axel: Deutsche Geschichte im 20. Jahrhundert. Ein Lexikon. München 2005.
Schoenbaum, David: Die braune Revolution. Eine Sozialgeschichte des Dritten Reiches. München ²1980.
Schönhoven, Klaus: Reformismus und Radikalismus. Gespaltene Arbeiterbewegung im Weimarer Sozialstaat. München 1989.
Schulze, Hagen: Weimar. Deutschland 1917–1933. München 2004.
Thamer, Hans-Ulrich: Verführung und Gewalt. Deutschland 1933–1945. München 2004.
Wehler, Hans-Ulrich: Deutsche Gesellschaftsgeschichte. Bd. 4: Vom Beginn des Ersten Weltkrieges bis zur Gründung der beiden deutschen Staaten 1914–1949. München 2003.
Winkler, Heinrich August: Der lange Weg nach Westen. Bd 1: Deutsche Geschichte vom Ende des Alten Reiches bis zum Untergang der Weimarer Republik. Bd. 2: Deutsche Geschichte vom Dritten Reich bis zur Wiedervereinigung. München 2000.

Teilung und Wiederherstellung der nationalen Einheit (1945–1990)

Von Christoph Kleßmann

Epochenüberblick

Am 8. Mai 1945 ging mit der militärischen Kapitulation nicht nur das 1870/1871 gegründete Deutsche Reich unter, das Hitler auf rassebiologischer Grundlage in nationalistischer Verblendung zu einem Großdeutschland zu erweitern versucht hatte. Das Jahr 1945 ist vielmehr auch ein Schlüsseljahr der europäischen und der Weltgeschichte. Das alte Europa ließ sich nicht mehr in der früheren Form wiederherstellen, und die beiden neuen Supermächte USA und Sowjetunion bestimmten den künftigen politischen Weg des Kontinents. Die »Teilung der Welt«, vor allem Europas und Deutschlands, war das Ergebnis dieser Ost-West-Konfrontation, die als »Kalter Krieg« die äußere und innere Entwicklung nahezu aller europäischen Staaten für viele Jahre prägte.

Der »Ost-West-Konflikt« entstand jedoch nicht erst 1945, sondern war älter. Er hatte seinen Ursprung in der bolschewistischen Revolution von 1917, die über den Sturz des Zaren hinaus eine ideologische und politische Kampfansage an alle »bürgerlich«-kapitalistischen Staaten war und von diesen mit vielfältigen Formen der bewaffneten Intervention, der Isolierung und Nichtanerkennung des kommunistischen Sowjetrußlands beantwortet wurde. Dieser Systemkonflikt schien überdeckt und zeitweilig außer Kraft gesetzt zu sein, als Hitler 1941 die Sowjetunion überfiel und seine Kriegsgegner zu einer großen Allianz gegen das nationalsozialistische Deutschland zusammenschweißte, die trotz zahlreicher Belastungen während des Krieges bis 1945 hielt. Sie sollte nach dem Willen ihrer Mitglieder nach Kriegsende fortgesetzt werden und die Grundstruktur einer künftigen Friedensordnung bestimmen. Als die »großen Drei« (Churchill, Roosevelt, Stalin) im Februar 1945 die Konferenz von Jalta (auf der Krim) beendeten und bald darauf in San Francisco die Vereinten Nationen (UN) gründeten, waren sie überzeugt, den Grundstein für eine neue, friedliche Weltordnung gelegt zu haben, nachdem Deutschland niedergerungen war und der Kampf gegen Japan in sein Endstadium trat.

Daß an die Stelle dieser globalen Friedensvision wenige Jahre nach der deutschen Niederlage der »Kalte Krieg« als weltumspannende harte Blockkonfrontation trat, hatte viele Ursachen, war jedoch keineswegs das Ergebnis einer zielstrebigen Politik der einen oder der anderen Seite.

Er entstand in Ansätzen in der Endphase des Zweiten Weltkrieges aus dem Interessengegensatz der neuen Weltmächte und trat in den ersten Nachkriegsjahren allmählich deutlich zutage. Wann er zu Ende ging, ist umstritten. In jedem Falle fand der »Kalte Krieg« jedoch früher sein Ende als der Ost-West-Konflikt: In den 60er Jahren mit dem atomaren Arrangement der Supermächte oder spätestens in den frühen 70er Jahren, als sich die Bundesrepublik und die Deutsche Demokratische Republik mit den Ostverträgen und dem Grundlagenvertrag in die internationale Entspannungspolitik einfügten, als die territoriale Ordnung von Jalta politisch akzeptiert und mit der Konferenz für Sicherheit und Zusammenarbeit in Europa von Helsinki (KSZE) 1975 zugleich neue Formen der zwischenstaatlichen Kooperation vereinbart wurden. Erst als sich 1989/1990 im Rahmen der Gorbatschowschen Reformpolitik das osteuropäische kommunistische Staatensystem und 1991 die Sowjetunion auflöste und der 1955 gegründete Warschauer Pakt zerfiel, als die Mauer in Berlin abgebaut wurde und die DDR sich mit der Bundesrepublik vereinigte, war auch das Ende des Ost-West-Konflikts offenkundig.

Die deutsche Geschichte nach 1945 ist eingebunden in diese doppelte Konfliktkonstellation der verschärften Systemkonfrontation im »Kalten Krieg« einerseits und des schrittweisen Abbaus und schließlich abrupten Endes dieses Konflikts andererseits. Wer deutsche Nachkriegsgeschichte verstehen will, muß daher diese Rahmenbedingungen stets berücksichtigen, weil Deutschland an der Nahtstelle zwischen den Weltsystemen in besonderem Maße davon abhängig war und in seiner äußeren und inneren Entwicklung davon geprägt wurde.

Der Untergang Deutschlands 1945 war ein Problem, das eine doppelte Antwort forderte: Zum einen mußte das politische Vakuum in der Mitte Europas aufgefüllt und Europa neu organisiert werden; dabei hatten die europäischen Völker ein Interesse daran, sich ebenso vor der Wiederauferstehung einer deutschen Großmacht wie vor der sowjetischen Drohung zu schützen. Zum anderen mußten die Deutschen versuchen, ihr eigenes Überleben zu organisieren und die immensen sozialen und ökonomischen Schwierigkeiten zu lösen, die ihnen Krieg, Niederlage und Zusammenbruch hinterlassen hatten.

Überlebensstrategien – Die Zusammenbruchgesellschaft in den vier Besatzungszonen

1945 3.–11. Februar: Konferenz von Jalta (Krim).
8. Mai: Bedingungslose Kapitulation Deutschlands.
5. Juni: Proklamationen der Besatzungsmächte zur Übernahme der Staatsgewalt.

1. Juli: Rückzug der amerikanischen und britischen Truppen aus Sachsen, Thüringen und Mecklenburg. Besetzung der Westsektoren Berlins durch amerikanische, britische und französische Truppen.
17. Juli – 2. August: Potsdamer Konferenz.
August/September: Beginn der Bodenreform in der SBZ.
Zulassung von Parteien und Gewerkschaften in den Westzonen.

1946 20./27. Januar: Gemeindewahlen in der amerikanischen Zone.
5. März: Gesetz zur Befreiung vom Nationalsozialismus und Militarismus in der amerikanischen Zone.
21.–22. April: Gründungsparteitag der SED.
30. Juni: Volksabstimmung in Sachsen über die »Enteignung von Kriegsverbrechern und Naziaktivisten«.
Wahlen zu den verfassungsgebenden Landesversammlungen in der amerikanischen Zone.
September: Gemeindewahlen in der sowjetischen, britischen und französischen Zone.

Mehr als die »große Politik«, die in pervertierter Form das »Tausendjährige Reich« bestimmt hatte, brannte der deutschen Bevölkerung der Alltag auf den Nägeln. Die nackte Not bestimmte das Leben, und Millionen mußten sehen, wie sie etwas zu essen bekamen und ein Dach über dem Kopf fanden. Diese Grunderfahrung totaler Unsicherheit und Perspektivlosigkeit ist für die Mentalität und das Verhalten der Deutschen in der Frage des Wiederaufbaus von kaum zu überschätzender Bedeutung geworden.

Als im Mai 1945 endlich die Waffen schwiegen und der totale Krieg mit der totalen Niederlage und einer bedingungslosen Kapitulation endete, hörten Deutschland und die Deutschen scheinbar auf, ein Faktor der europäischen Politik zu sein. Die vier Alliierten hatten Deutschland besetzt, übernahmen die vollziehende Gewalt und teilten in

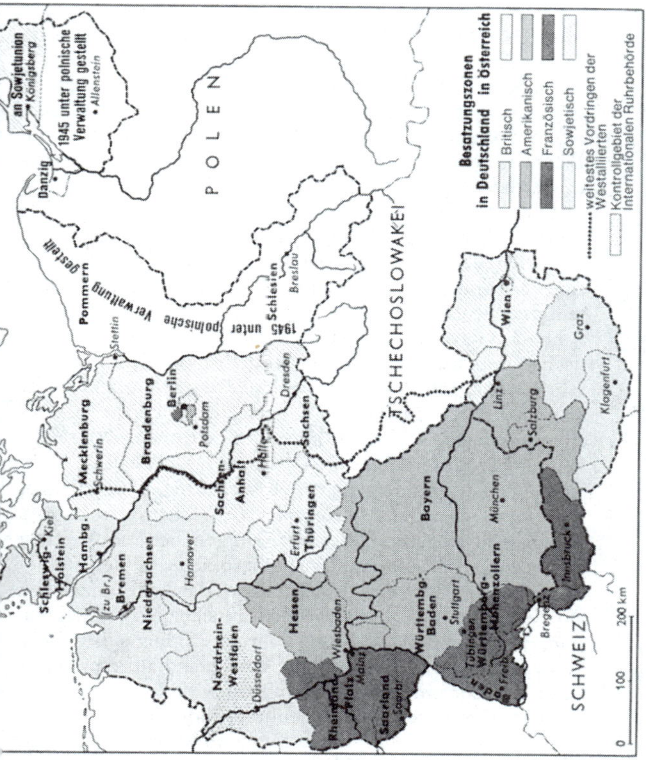

Die Besatzungszonen

Potsdam das Deutsche Reich (formell in seinen Grenzen von 1937) in vier Besatzungszonen auf. De facto traten sie die östlichen Territorien des Reiches (Ostpreußen, Pommern, Schlesien) an Polen bzw. das nördliche Ostpreußen an die Sowjetunion ab, ließen die Zugehörigkeit des Saargebietes offen und stellten im Südosten Österreich und die Tschechoslowakei im wesentlichen in ihren alten Grenzen wieder her.

Wenn die Kölner Karnevalisten 1948 sangen »Wir sind die Eingeborenen von Trizonesien«, so spiegelte dieser Vergleich der deutschen Bevölkerung mit Eingeborenen einer Kolonie das Empfinden und das politische Bewußtsein der Menschen in allen vier Besatzungszonen wider.

Die Besatzungsmächte hatten das Sagen. Deutsche politische Organisationen waren aufgelöst oder durften erst schrittweise unter strikter Kontrolle wieder arbeiten, die »Entnazifizierung« als großangelegte politische Säuberungskampagne schien Millionen zu bedrohen. Zahlreiche Städte waren zertrümmert, Verkehrswege zerstört, eine riesige Völkerwanderung von Evakuierten, Flüchtlingen, Vertriebenen, *Displaced-Persons (DP's)* hatte schon vor Kriegsende eingesetzt. Beschränkungen der industriellen Produktion und Reparationen, besonders in der sowjetisch besetzten Zone (SBZ) ließen den ökonomischen Wiederaufbau auf absehbare Zeit aussichtslos erscheinen, und eine zerrüttete Währung führte zu üppiger Blüte des Schwarzen Marktes und warf Deutschland auf den Status einer Tauschhandelsgesellschaft zurück.

Viele Elemente im Erscheinungsbild dieser »Zusammenbruchgesellschaft« zeichneten sich schon im Endstadium des Krieges ab. Schicksalslagen und individuelle Erfahrungen der von Krieg und Kriegsfolgen unmittelbar betroffenen Menschen waren vor und nach 1945 oftmals grundsätzlich ähnlich. Es gab somit auf verschiedenen Ebenen erkennbare Kontinuitätslinien, die vom Reich zur Bundesrepublik reichten und die geläufige Formel von der

»Stunde null« 1945 in Frage stellten. Dieses Jahr bildete keinen vollständigen Bruch. Gerade aus der Alltagsperspektive setzte sich in den ersten Jahren der Trümmerzeit vielfach nur in noch drastischeren Formen fort, was schon in den Kriegsjahren begonnen hatte.

Der territoriale Schrumpfungsprozeß Deutschlands und die damit verbundene erzwungene Bevölkerungswanderung begann lange vor der Neufestlegung der politischen Grenzen auf der Potsdamer Konferenz 1945. Mit dem Begriff Evakuierung ist ein Element dieser riesigen demographischen Verschiebung gekennzeichnet. Um die Stadtbevölkerung vor den immer heftiger werdenden Luftangriffen zu schützen, wurden seit 1943 in großem Stil Frauen, Kinder und Alte aus den westlichen und mittleren Reichsgebieten in ländliche Regionen und vor allem nach Osten evakuiert. Auch die Kinderlandverschickung gehörte dazu. Nach einer offiziellen Statistik gab es Ende 1944 im gesamten »Großdeutschen Reich« 8,9 Millionen sogenannte »Umquartierte«. Die Einwohnerzahl der Großstädte sank auf diese Weise dramatisch, die der Kleinstädte und Landgemeinden schnellte in die Höhe. So verlor Hamburg 620 000 Einwohner durch Bombardements und Evakuierung. Würzburgs Einwohnerzahl halbierte sich fast, während sie im ländlichen Kreis Sonthofen auf das Vierfache anstieg.

Unmittelbar vor und nach Kriegsende mischten sich in den Strom von »Menschen unterwegs« die Zwangsarbeiter der nationalsozialistischen Kriegswirtschaft (1944: 7,1 Millionen), die jetzt als *DP's* versuchten, sich nach Hause durchzuschlagen, in kleinen Trupps die Straßen verunsicherten und dabei oft Rache für die zuvor erlittene Unterdrückung und Demütigung nahmen. Ende 1946 hielten sich in den westlichen Zonen nur noch etwa eine halbe Million *DP's* auf. Viele konnten oder wollten aus politischen Gründen nicht mehr zurück, wanderten aus oder blieben als »heimatlose Ausländer« in der Bundesrepublik. Über ihr Schicksal in der sowjetischen Zone und DDR ist bislang nichts Näheres bekannt.

Eine weitere große Gruppe bildeten die Deutschen, die im Winter 1944/1945 vor der Roten Armee nach Westen geflüchtet waren, sowie die Vertriebenen und Zwangsumsiedler aus den deutschen Ostgebieten und aus den ost- und südosteuropäischen Ländern, die ihre deutschen Minderheiten gewaltsam verjagten, obwohl nach der »Potsdamer Erklärung« ein Transfer der deutschen Bevölkerung »in ordnungsgemäßer und humaner Weise« vor sich gehen sollte. Erst seit 1946 verlief dieser Prozeß in halbwegs geordneten Bahnen einer Zwangsaussiedlung. Auf diese Weise strömten bereits bis 1947 insgesamt rund 10 Millionen Deutsche und Volksdeutsche in die vier Besatzungszonen. Den größten Teil nahmen die SBZ und die amerikanische Zone auf (mit ihren großen ländlichen Regionen in Mecklenburg-Vorpommern und in Bayern), es folgte die britische Zone (insbesondere Niedersachsen und Schleswig-Holstein), während die französische Regierung sich bis 1948 sperrte, Flüchtlinge in ihrer Zone aufzunehmen.

Bereits aus diesen wenigen allgemeinen Hinweisen und Zahlen läßt sich für die weitere Entwicklung Deutschlands ablesen, mit welchem Berg von sozialen, ökonomischen und politischen Problemen die alliierten und die deutschen Regierungen und Verwaltungen konfrontiert waren. Neben der unmittelbaren Versorgung mit Nahrung und Wohnung mußten die Kriegsfolgelasten sozialpolitisch bewältigt werden, ein gewisser Ausgleich zwischen denen, die noch etwas besaßen, und denen, die alles verloren hatten, mußte versucht werden, die Wirtschaft mußte wieder in Gang gebracht und neu geordnet werden.

Wie viele Wohnungen 1945 ganz oder teilweise zerstört waren, läßt sich nur grob erfassen. Viele Großstädte hatten die Hälfte (so Berlin) oder noch mehr ihres Wohnraums verloren (so Köln, Dortmund, Kassel). Ausgebombte und Flüchtlinge wurden per Anweisung in den unzerstörten Wohnungen untergebracht oder bezogen Notquartiere wie die schnell aus Holz errichteten Behelfsheime. Die nüchterne Terminologie einer Wohnungsstatistik der Bundesrepublik von 1950 zeigt, welche Zustände in der Wohnungsversorgung fünf Jahre nach Kriegsende noch herrschten. Danach gab es im Bundesgebiet neben 14,6 Millionen Haushaltungen in »Normalwohnungen« – dazu rechneten auch 136 200 Behelfsheime von 30 qm und mehr sowie 23 400 Wohnungen in einsturzgefährdeten Gebäuden – 628 800 Haushaltungen in Notwohnungen (Behelfsheime unter 30 qm, Wohnbaracken, Nissenhütten, Bunker, Wohnlauben, Wellblechbaracken, Bretterbuden, Wohnwagen, Kellerwohnungen) und 762 000 Haushaltungen in sogenannten Unterkünften (Lager, Fremdenheime, Gasthäuser usw.).

Um die auf erheblich verkleinertem Territorium lebende beträchtlich vergrößerte Bevölkerung (1939: 59,8 Millionen, 1946: 65,9 Millionen) zu ernähren, waren enorme Probleme der landwirtschaftlichen Produktion und der Verteilung zu lösen. Die Ausbeutung der Landwirtschaft in den »Erzeugungsschlachten« des »Dritten Reiches«, die Abtrennung der Ostgebiete, das Fehlen von Landmaschinen und Kunstdünger und die Zerstörung der Verkehrswege, die eine schnelle Verteilung der eingeführten Nahrungsmittel unmöglich machten, führten in den Nachkriegsjahren zu einer sich ständig verschlechternden Ernährungssituation. Die damals üblichen Meßeinheiten von Kalorien geben nur eine ungefähre Vorstellung von den verzweifelten Versuchen, das physische Überleben einigermaßen zu sichern. Im Juli 1945 lagen die offiziellen Sätze, die nach Zonen und Regionen sehr unterschiedlich ausfielen, zwischen 1150 und 1450 Kalorien, tatsächlich waren sie oft noch niedriger. Wie dramatisch die Situation vor allem im Winter wurde, zeigten die großen Hunger-Proteste und -Streiks im Winter und Frühjahr 1946/1947 und 1947/1948, als insbesondere im Rhein-Ruhr-Gebiet, aber auch in

Süddeutschland Hunderttausende auf die Straße gingen, um auf ihre elende Situation aufmerksam zu machen.

Aber es ging keineswegs allen schlecht. Zum Bild der »Zusammenbruchgesellschaft« gehörte ebenso der »Schwarze Markt«, gehörten die Sumpfblüten und Konjunkturritter, die es verstanden, mit Schiebergeschäften schnell wieder zu bescheidenem Reichtum zu kommen. Auch den Betrieben blieb häufig nichts anderes übrig, als sich mit Kompensationshandel um die Versorgung ihrer Belegschaften zu kümmern. Gegen Kohle und Maschinen ließen sich mühelos Kartoffeln oder Schmalz eintauschen, obwohl der Schwarzhandel durch die Alliierten streng verboten war. Die Betriebsräte, die sich häufig im Umbruch als politische Vertretungen der Belegschaften gebildet hatten, wurden auf diesem Feld besonders aktiv, zumal ihnen weiterreichende politische Ambitionen von den Besatzungsmächten verwehrt waren. Auf diese Weise kam zwar die industrielle Produktion in begrenztem Umfang wieder in Gang, aber es blieb eine Schattenwirtschaft, die von den Zufälligkeiten regionaler und örtlicher Branchen und Interessen bestimmt war und einen systematischen Wiederaufbau der Volkswirtschaft und eine geregelte Verteilung der Produkte beträchtlich erschwerte. Auch hier bildete die Währungsreform das magische Datum, mit dem das Geld die Tauschwirtschaft beendete und die zuvor gehorteten Waren plötzlich auf den Markt brachte.

Die ökonomische und soziale Misere produzierte aber noch andere Schwierigkeiten, die langfristig für die politische Entwicklung Deutschlands Bedeutung hatten. Zum einen verursachte das unfreiwillige »Zusammenrücken« der Bevölkerung Ärger und Streit. Zum anderen lehrte die Not nicht nur beten, sondern förderte auch den Hang zum Rückzug aus Politik und Öffentlichkeit in die »kleinen Gemeinschaften«, in Familie, Kirchengemeinde und Nachbarschaft, weil hier gemeinsam die Probleme noch am ehesten zu bewältigen waren.

Die Flüchtlinge aus dem Osten wurden als unwillkommene Eindringlinge betrachtet. Schon die Evakuierten mit städtischen Lebensgewohnheiten waren für Dorfbewohner häufig ein fremdes oder bedrohliches, manchmal aber auch faszinierendes Element. Dörflich-ländliche Milieus veränderten sich auf diese Weise, und konfessionell geschlossene Regionen wurden plötzlich unmittelbar mit »Andersgläubigen« konfrontiert. Diese erzwungene soziale Durchmischung der Bevölkerung hat langfristig zur politischen Veränderung der Bundesrepublik gegenüber der Weimarer Republik etwa im Wahlverhalten eine wichtige Voraussetzung geschaffen. Die Durchsetzung der Volksparteien gegenüber der früher in Deutschland sehr ausgeprägten Bindung der Weltanschauungsparteien hat hier ihre Wurzeln.

Die Not der »Zusammenbruchgesellschaft« trug zeitweilig zu einer beträchtlichen Veränderung der Aufgabenverteilung und der Rollenbilder zwischen Männern, Frauen und Kindern bei. Die Familie war häufig kaum tragbaren Belastungen ausgesetzt, und kulturkritische Beobachter malten das Gespenst von innerer Zerrüttung und moralischem Verfall des deutschen Volkes an die Wand. Jugendliche mußten mithelfen beim »Organisieren«, wobei die Grenzen zur Kriminalität oft fließend waren. Auf den Frauen, deren Männer zumeist noch in Gefangenschaft waren, sofern sie den Krieg überlebt hatten, lastete die Hauptarbeit des alltäglichen Überlebenskampfes; die physischen und psychischen Erschöpfungszustände gerade der Frauen sind von vielen zeitgenössischen Beobachtern betont worden. Ein Indiz für die starken innerfamiliären Belastungen waren die Scheidungsziffern, die nach Kriegsende zunächst steil anstiegen: Heimkehrende Männer fanden sich oft in der veränderten Familiensituation nicht mehr zurecht. Ihre gewohnte Rolle als Familienoberhaupt war durch die sozialen Umstände in Frage gestellt worden, viele Frauen hatten gezwungenermaßen Männerrollen übernommen, und

Kinder hatten frühzeitig Funktionen von Erwachsenen auszufüllen, so daß die Väter nicht mehr ohne weiteres auf die gewohnte Akzeptanz rechnen konnten.

Dieser erzwungene Rollenwechsel und die Zerrüttungstendenzen in den Nachkriegsfamilien waren jedoch nur die eine Seite. Die andere hieß: Solidargemeinschaft und Rückzug ins Private. Aus der gemeinsamen Bewältigung der Notsituation ergab sich eine Stärkung des inneren Zusammenhalts und schließlich in den 50er Jahren eine weitgehende Wiederherstellung des traditionellen bürgerlichen Familienideals. Die betont idealisierten und idyllischen Züge des in der Familienpolitik und besonders in der Werbung propagierten Familienbildes standen im Kontrast zu den Erfahrungen der Ausnahmesituation der frühen Nachkriegszeit und konservierten so übermäßig lange Normen, die an unzeitgemäßen Idealen orientiert waren, bis sie in den 60er Jahren massiv in Frage gestellt wurden.

Tendenzen von Restauration und Neuorientierung zeigte darüber hinaus das kirchliche Leben in Deutschland. Die Kirchen waren 1945 die einzigen im wesentlichen intakt gebliebenen Groß-Organisationen. Sie konnten einer entwurzelten Bevölkerung soziale Hilfestellung bieten und überdies als Stütze in psychischen Notlagen dienen.

Im ersten Nachkriegsjahrzehnt spielten die katholische und die evangelische Kirche eine gesellschaftliche Rolle, die ihrer tatsächlichen Stärke kaum entsprach und die verdeckte, daß sich der Prozeß der Entkirchlichung, der sich schon seit Beginn des Jahrhunderts rapide beschleunigt hatte und von den Nationalsozialisten weiter forciert worden war, nach dem Zusammenbruch und parallel zum beginnenden Wiederaufbau fortsetzte, wenn auch zunächst verlangsamt. Die Erfahrungen mit dem Nationalsozialismus förderten aber bei bedeutsamen Minderheiten insbesondere innerhalb der protestantischen Kirche neue Formen gesellschaftlichen und politischen Engagements. Kirche und Gesellschaft kamen sich näher.

Die alten Traditionen eines Staatsprotestantismus und des politischen Katholizismus wurden dadurch wesentlich verändert.

Nachdem das anfänglich politische Betätigungsverbot in den Westzonen gelockert worden war, entstanden die politischen Parteien und die traditionellen Interessenorganisationen erneut. Das Parteiensystem wies jedoch gegenüber der Weimarer Zeit tiefgreifende Veränderungen auf. Die enge Bindung der Parteien an bestimmte Klassen und Schichten der Gesellschaft oder an Konfessionen löste sich auf. Es bildete sich ein System von Volksparteien heraus, das zwar die wichtigsten ideologischen Strömungen repräsentierte, aber keineswegs mehr so eng auf bestimmte soziale Schichten festgelegt war. Zwar trugen alle Parteien noch unübersehbar die Züge ihrer Herkunft als Weltanschauungs- und Klassenparteien, aber zugleich ging ihre Mitglieder- und Wählerbasis deutlich darüber hinaus. So hatte – um nur die beiden größten Parteien zu nehmen – die Union als neue interkonfessionelle Sammlungsbewegung ihre Basis im Bürgertum und im Mittelstand, konnte aber aufgrund ihrer erfolgreichen Sozialpolitik auch große Teile der Arbeiterschaft an sich binden. Die SPD als zahlenmäßig stärkste Partei hatte andererseits ihr festes Stammreservoir unter der Arbeiterschaft, konnte aber zunehmend auf Anhänger in den (insbesondere protestantischen) Mittelschichten rechnen. Neben den Liberalen, die als Zünglein an der Waage in der Geschichte der Bundesrepublik eine durchgehend wichtige Rolle spielen sollten, und den Kommunisten, die schon im ersten Bundestag 1949 nur noch schwach vertreten waren, gab es eine Reihe anderer Parteien, vor allem mit regionalen Schwerpunkten. Kennzeichnend für die politische Gesamtentwicklung wurde jedoch der Trend zur Konzentration auf wenige große Volksparteien.

In der SBZ entstand 1945 zunächst gleichfalls das traditionelle Spektrum von vier Parteirichtungen in veränderter

Form wieder (KPD, SPD, Union und LDP). Die Umformung dieses Parteiensystems in eine faktisch von der SED geführte Einparteienherrschaft mit »Verbündeten« und politisch völlig abhängigen Blockparteien (Zusammenschluß der »antifaschistisch-demokratischen« Parteien in einem politischen Block) begann jedoch bereits wenige Jahre nach dem Ende der braunen Diktatur. Einer der wichtigsten Gründe für die erneute und überraschend schnelle Durchsetzung der Herrschaft einer – ideologisch völlig anders gearteten – Monopolpartei war der »Kalte Krieg«.

Das Ende der Umbruch- und Ausnahmezeit der ersten Nachkriegsjahre wurde im Westen am 18./21. Juni 1948 mit der »Währungsreform« eingeleitet; im Osten folgte sie wenige Tage darauf. Die westliche Währungsreform war weit mehr als eine Geldreform. Sie sorgte in Verbindung mit der weitgehenden Aufhebung der Zwangsbewirtschaftung und Preisbindung für ein breites Warenangebot, aber auch für schnell steigende Preise. Sie kurbelte den Prozeß der wirtschaftlichen Erholung in hohem Tempo an. Vor allem aber gab sie der Bevölkerung das Gefühl, es gehe wieder aufwärts, selbst wenn man als Sparer anders als die Sachwertbesitzer durch die Abwertung des Geldes fast alles eingebüßt hatte. Die Währungsreform vertiefte allerdings schlagartig die sich abzeichnende Spaltung Deutschlands: Von nun an gab es zwei Währungen in Deutschland, und in Berlin erreichte der »Kalte Krieg« in der sowjetischen Blockade, deren Vorwand die westliche Währungsreform bildete, einen ersten Höhepunkt.

»Kalter Krieg«, Teilung Deutschlands und doppelte Blockintegration

1947 1. Januar: Inkrafttreten des Bizonenabkommens.
10. März–24. April: Außenministerkonferenz in Moskau.
13. März: Truman-Doktrin.
25. Juni: Konstituierung des bizonalen Wirtschaftsrates in Frankfurt.
20.–24. September: II. Parteitag der SED.
30. September: Gründung des Kominform.
25. November – 15. Dezember: Außenministerkonferenz in London.

1948 26. Februar: Ende der Entnazifizierung in der SBZ.
18./21. Juni: Währungsreform in den Westzonen.
23. Juni: Währungsreform in der Sowjetzone.
Beginn der Blockade Berlins.
1. September: Konstituierung des Parlamentarischen Rates in Bonn.

1949 25.–28. Januar: Erste Parteikonferenz der SED.
25. Januar: Gründung des RGW.
8. Mai: Verabschiedung des Grundgesetzes durch den Parlamentarischen Rat.
23. Mai: Verkündung des Grundgesetzes.
14. August: Wahlen zum ersten Deutschen Bundestag.
15. September: Wahl Adenauers zum Bundeskanzler.
7. Oktober: Gründung der DDR; Umbildung des Deutschen Volksrats in die Provisorische Volkskammer; Inkraftsetzung der Verfassung.

1950 17. August: Die Regierung der DDR verabschiedet den Ersten Fünfjahresplan.
29. September: Aufnahme der DDR in den RGW.

1951 30. Januar: Regierungserklärung und Appell der Volkskammer an den Bundestag »Deutsche an einen Tisch«.
18. April: Unterzeichnung des Vertrages über die Montanunion.
21. Mai: Gesetz über die paritätische Mitbestimmung in der Montanindustrie.
8. Oktober: Aufhebung der Rationierung in der DDR (außer Fleisch, Fett, Zucker).

1952 26./27. Mai: Unterzeichnung des Deutschlandvertrages und des EVG-Vertrages.
27. Mai: Errichtung einer Sperrzone durch die DDR entlang der Grenze.
9.–12. Juli: Zweite Parteikonferenz der SED: Beschluß zur »planmäßigen Errichtung der Grundlagen des Sozialismus«.
1953 9. Juni: Einleitung des »Neuen Kurses« durch das Politbüro.
17. Juni: Aufstände in Ost-Berlin und der DDR, Niederschlagung durch sowjetisches Militär.
1954 30. August: Ablehnung des EVG-Vertrages durch die französische Nationalversammlung.
1955 27. Februar: Ratifizierung der Pariser Verträge im Bundestag.
26. Juli: Der sowjetische Parteichef Chruschtschow spricht in Ost-Berlin erstmals von zwei deutschen Staaten.
9.–13. September: Reise Bundeskanzler Adenauers nach Moskau, Aufnahme diplomatischer Beziehungen, Freilassung zurückgehaltener deutscher Kriegsgefangener.
1956 14.–25. Februar: XX. Parteitag der KPdSU.
25. Oktober/4. November: Revolution in Ungarn; Niederschlagung durch sowjetische Truppen.
1958 10.–16. Juli: V. Parteitag der SED.
10. November: Chruschtschow kündigt Berlin-Ultimatum an.
1959 11. Mai–20. Juni: Außenministerkonferenz der vier Mächte in Genf mit Beobachterdelegationen der Bundesrepublik und der DDR.
2. Dezember: Einführung der 10jährigen Schulpflicht in der DDR.
1960 10. Februar: Bildung des Staatsrates und des Nationalen Verteidigungsrates der DDR.
30. Juni: Rede Herbert Wehners im Bundestag zur Position der SPD in der Außenpolitik.

Daß bereits vor der Gründung zweier deutscher Staaten die Entwicklung der Ost- und der Westzonen auseinanderlief und daß die Währungsreform nicht nur zur wichtigsten ökonomischen, sondern auch politischen Zäsur der frühen Nachkriegsjahre wurde, hatte vor allem mit dem »Kalten Krieg« zu tun. Den Begriff prägte 1947 der amerikanische Journalist Walter Lippmann. Als scharfe Form der Konfrontation zwischen Ost und West und der »Teilung der Welt« brach der »Kalte Krieg« spätestens 1947 aus mit der »Truman-Doktrin«, der Ankündigung des »Marshall-Plans« und der Gründung des kommunistischen Informationsbüros (Kominform). Vorstufen bildeten bereits der Konflikt der Alliierten um Polen und um die 1946 geplante Zusammenlegung der amerikanischen und der britischen Besatzungszone zur Bizone, die von der Sowjetunion als Bruch des Potsdamer Abkommens angesehen wurde.

Im März 1947 erklärte der amerikanische Präsident Truman, es gebe zwei Lebensweisen: Die eine gründe sich auf Freiheit, die andere auf Unterdrückung und Terror durch eine Minderheit. Politik der USA müsse es sein, die freien Völker zu unterstützen, die sich äußerem Druck widersetzten. Diese Erklärung konnte als massive Warnung an die Sowjetunion verstanden werden. Der im Sommer 1947 angekündigte Plan des amerikanischen Außenministers Marshall stellte für die vom Krieg schwer in Mitleidenschaft gezogenen europäischen Staaten Aufbaukredite in Aussicht, die jedoch an eine Koordination der einzelnen Länder gebunden werden sollten. Genau hier setzte die massive sowjetische Kritik an. Aus politischen und ökonomischen Gründen wollte die Sowjetunion nur zweiseitige Kredit- und Handelsabkommen. Den Marshall-Plan stellte sie als großes Manöver zur politischen Unterwerfung Europas mit ökonomischen Mitteln dar und verbot den osteuropäischen Staaten, daran teilzunehmen.

Die Gründung eines kommunistischen Informationsbüros (Kominform), eines Abklatsches der 1943 aufgelösten Kommunistischen Internationale (KI), erfolgte im September 1947 als Antwort auf den Marshall-Plan und sollte sicherstellen, daß die osteuropäischen Staaten sich den sowjetischen Wünschen entsprechend verhielten.

Nachdem der »Kalte Krieg« einmal offen ausgebrochen war, verschärfte er sich schnell und bildete für die weitere Vertiefung der deutschen Teilung die wichtigste politische Determinante.

Die vier Besatzungszonen wiesen zwar von Anfang an eine deutlich unterschiedliche politische Struktur auf, aber erst seit etwa 1947 wurden die Weichen für die Teilung zwischen Ostzone und Westzonen offenkundig und für lange Zeit irreversibel gestellt. Viele einschneidende Veränderungen, die bereits 1945/1946 in der SBZ im Einklang mit dem Entnazifizierungs- und Erneuerungsprogramm der Potsdamer Konferenz der Siegermächte durchgeführt worden waren, erschienen auf diese Weise als Vorstufe zur Sowjetisierung des östlichen Teils Deutschlands. Vor allem drei Maßnahmen sind hier zu nennen: die schon im September 1945 begonnene Bodenreform, durch die aller Großgrundbesitz über 100 Hektar entschädigungslos enteignet wurde; die unter der Parole »Überführung der Betriebe von Kriegs- und Naziverbrechern in das Eigentum des Volkes« laufende Verstaatlichung der Großindustrie; die im April 1946 nach einer gewaltigen Propagandakampagne und mit vielerlei Zwangsmaßnahmen und Einschüchterung vollzogene Fusion von KPD und SPD zur SED.

Mit diesen politischen und sozialökonomischen Struktureingriffen war gesichert, daß die sowjetische Besatzungsmacht und die SED als ihr getreuer Erfüllungsgehilfe innerhalb weniger Jahre die innere Stalinisierung der SBZ durchsetzen und damit die DDR nach dem volksdemokratischen Modell der osteuropäischen Staaten umbauen und ins östliche Lager integrieren konnten.

Ein erster wichtiger Schritt auf diesem Wege zur Ausbildung und Uniformierung eines sowjetischen Blocks war 1947 das sowjetische Verbot für alle in ihrem Einflußbereich liegenden Staaten, am Marshall-Plan teilzunehmen. Die gewaltsame Sicherung der Macht der kommunistischen Partei in Polen durch manipulierte Wahlen im Januar 1947 und der Umsturz im Februar 1948 in Prag waren weitere Schritte. Die Währungsreform in den Westzonen bildete dann für die Sowjetunion den Anlaß, um mit der spektakulären Blockade Berlins auch in Deutschland den »Kalten Krieg« auf einen ersten Höhepunkt zu treiben. Das politische Ziel dieser Blockade der Zufahrtswege war zwar, die sich abzeichnende Gründung eines Weststaates, der Bundesrepublik, zu verhindern; das Ergebnis jedoch lief auf das genaue Gegenteil hinaus: die Annäherung des westlichen Deutschlands an die Westmächte und die Vorbereitungen für die Schaffung des »Grundgesetzes« wurden beschleunigt. Am 8. Mai 1949 verabschiedete der Parlamentarische Rat das Grundgesetz, und am 15. September wurde nach der Bundestagswahl im August die erste Bundesregierung unter Kanzler Konrad Adenauer (1876–1967) gewählt. Wenige Wochen darauf folgte formell die Gründung der DDR als zweiter deutscher Staat.

Dieser Prozeß der doppelten Staatsgründung war ohne Zweifel primär ein Ergebnis des sich verschärfenden »Kalten Krieges«, weil die Konfrontationslinie zwischen Ost und West mitten durch Deutschland lief. Insofern hatte dieses Ergebnis eine gewisse Zwangsläufigkeit. Adenauer hatte bereits 1945 aufgrund seiner Beurteilung der weltpolitischen Situation eine Teilung Europas und Deutschlands für unvermeidlich gehalten. Wenn überhaupt, so war sie in seinen Augen nur durch eine konsequente Westintegration und langfristig durch eine Zurückdrängung der Sowjetunion zu überwinden.

Gab es Alternativen zu diesem Konzept? Die Handlungsspielräume deutscher Politiker waren unter den Be-

Die beiden deutschen Staaten

dingungen der Besatzung grundsätzlich sehr eng. Aus der Vielzahl zeitgenössischer Überlegungen gab es im Grunde nur eine Alternative von politischem Gewicht: Jakob Kaisers Konzept eines blockfreien Deutschlands als »Brücke zwischen Ost und West«.

Als Vorsitzender der Ost-CDU in Berlin und Gegenspieler Adenauers entwickelte der frühere Zentrumspolitiker Kaiser seine Vorstellungen in einem völlig anderen politischen Rahmen und unter dem Einfluß ganz anderer politischer Traditionen als Adenauer. Aus der christlichen Gewerkschaftsbewegung stammend und von den Erfahrungen der Widerstandsbewegung des 20. Juli 1944 geprägt, stand er sowohl mit seinen gesellschaftlichen Vorstellungen wie mit seinen deutschlandpolitischen Ideen in scharfem Kontrast zu Adenauers antipreußischer und antizentralistischer bürgerlicher Grundeinstellung. Wenn man von Adenauer zugespitzt gesagt hat, er habe »deutsche und europäische Politik mit dem Kölner Dom als Zentrum« (H. P. Schwarz) gewollt, so war Berlin als deutsche Hauptstadt mit dem Sitz des alliierten Kontrollrates für Kaiser der selbstverständliche Ort deutschlandpolitischer Aktivität. Christlicher Sozialismus, nationale Einheit, zentralistischer Staatsaufbau, Ablehnung eines Westblocks, intensive Kontakte zu allen Besatzungsmächten und aktive Auseinandersetzung mit dem Marxismus umreißen schlagwortartig die wichtigsten Elemente seines Konzepts. Eine offensive gesamtdeutsche Politik auf der Basis eines christlichen Sozialismus schien ihm die einzige Chance zu bieten, um die auseinanderdriftenden Teile Deutschlands unter alliierter Besatzung wieder zusammenzubringen.

Die Diskussion in Deutschland um Alternativen zu Adenauers außenpolitischen Vorstellungen hat nach der Gründung der Bundesrepublik und nach den ersten Schritten zur wirtschaftlichen und militärischen Integration nicht aufgehört. Erst mit dem Godesberger Programm der SPD 1959 und Herbert Wehners historischer Rede im

Bundestag von 1960 waren Westintegration und Wiederbewaffnung auch von der Opposition definitiv akzeptiert worden. Diese Akzeptanz bildete später eine der Voraussetzungen für die neue Ostpolitik der Regierung Brandt/Scheel seit 1969.

Der Schlüssel für die Westoption der Mehrheit der westdeutschen Bevölkerung liegt im Jahre 1948: die Währungsreform. Diese Geldreform war viel mehr als ein finanzpolitischer Akt, sie traf den Nerv der staatlichen Einheiten Deutschlands, aber sie war in Verbindung mit der Aufhebung der Zwangsbewirtschaftung vor allem ein sozialpsychologisches Ereignis von tiefgreifender Wirkung. Insofern wurde sie zum Gründungsmythos der Bundesrepublik. Sie signalisierte trotz ihrer extremen sozialen Ungerechtigkeit, die gerade die »kleinen Leute« zu spüren bekamen, erstmals wieder Hoffnung auf Sicherheit und sozialen Aufstieg. Aus dieser subjektiven Sicht beginnt 1948 die eigentliche Geschichte der Bundesrepublik und ihres als Wunder erlebten wirtschaftlichen Wiederaufstiegs, obwohl massive Proteste gegen die Folgen der Währungsreform (insbesondere Preissteigerungen und Arbeitslosigkeit) im Herbst 1948 nicht ausblieben.

Auch die außenpolitische Orientierung war letztlich innenpolitisch vermittelt. Welche politische Konstellation und welche politischen Kräfte konnten im Nachkriegsdeutschland Sicherheit am ehesten garantieren? Davon mußte letztlich die politische Option der Bevölkerung abhängen. Die Politik der Westintegration schien in zweifacher Hinsicht diese Sicherheit zu bieten: als außenpolitischer Schutz gegen die kommunistische Bedrohung aus dem Osten und als Schutz vor weiterem sozialen Abstieg und Chance zum individuellen Wiederaufstieg. Die soziale Marktwirtschaft löste anfangs keineswegs Begeisterung aus, aber sie symbolisierte ökonomischen und sozialen Fortschritt, und sie war – so schien es zumindest – an die enge Kooperation mit dem Westen gebunden.

Diese Verbindung von sozialer Aufstiegsperspektive und Westintegration hat zusammen mit einem tiefsitzenden, von vielfältigen Erfahrungen bestätigten Antikommunismus die politische Option für den Westen und damit indirekt für die Teilung Deutschlands in den 50er Jahren unausweichlich gemacht. Die heftige Opposition gegen die Wiederbewaffnung entsprang eher einer diffusen »Ohne-mich-Haltung« als dem Glauben an eine echte Alternative. Und gerade diese diffuse Situation erlaubte es Adenauer wiederum, mit Zielstrebigkeit und Konsequenz seinen in den Grundzügen schon 1945 skizzierten außenpolitischen Kurs fortzusetzen. In dieser Zielstrebigkeit kann man die eigentliche historische Leistung Adenauers sehen. Die Grundrichtung war seit der Gründung der Bundesrepublik vorgegeben, die Details der politischen, ökonomischen und militärischen Westintegration lagen damit jedoch noch keineswegs fest.

Ein zentrales Element dieser Politik war die Ritualisierung der Wiedervereinigungsforderung. Die sogenannte »Magnettheorie«, die Adenauer und Schumacher seit 1947 vertraten, nach der ein ökonomisch prosperierendes Westdeutschland die Ostzone wie ein Magnet anziehen würde, war eine der politischen Argumentationsfiguren, mit der die Folgen der Option für den Westen verdrängt wurden. Die Maxime der »Politik der Stärke« löste sie in den 50er Jahren ab. Beide Formeln waren nicht ohne Überzeugungskraft, und aus heutiger Perspektive scheinen sie ihre späte Rechtfertigung erhalten zu haben. Man sollte sich jedoch davor hüten, solche Vorstellungen aus der Rückschau allzu geradlinig zu rechtfertigen. Auch Adenauer hat mehr deutschlandpolitische Phantasie entwickelt, als in der zeitgenössischen Öffentlichkeit bekannt wurde, und vielerlei Pläne ventiliert, die bis in die Nähe einer Anerkennung der DDR reichten, aber der neuralgische Punkt blieb: Wiedervereinigung und volle Westintegration waren unter den gegebenen außenpolitischen Bedingungen unvereinbar.

Die DDR-Bevölkerung hatte keine Chancen, frei zu wählen. Der ostdeutsche Staat wurde ihr ohne demokratische Legitimation aufgezwungen. In allen wesentlichen Bereichen der politischen und wirtschaftlichen Organisation wies er die gleichen Merkmale auf wie die osteuropäische »Volksdemokratie« und war damit eine Variante des sowjetischen Modells. Die stalinistische Transformation – die rücksichtslose Ausschaltung jeder Opposition, die bürokratische Kontrolle des gesamten Staatsapparats und der gesellschaftlichen Organisationen durch die »führende Partei« sowie die Ausrichtung des kulturellen Lebens an den Direktiven des sowjetischen »großen Bruders« – machte seit 1949 schnelle Fortschritte. Dennoch gab es einen Vorbehalt, dessen politisches Gewicht sich bis heute nicht definitiv abschätzen läßt.

Im März und April 1952 bot Stalin in Noten an die Westmächte freie Wahlen und die Wiederherstellung der Einheit Deutschlands an, wenn die Bundesrepublik auf den Beitritt zur geplanten europäischen Verteidigungsgemeinschaft (EVG) verzichte und sich zur Neutralität verpflichte. Unmittelbar bevor die Bundesrepublik 1955 Mitglied der NATO wurde, wiederholte die Sowjetunion in abgeschwächter Form den Vorschlag. Die bisher bekannten Quellen sprechen dafür, daß es sich um eine sowjetische Propaganda-Aktion gehandelt hat. Beide Male bestand aus außen- und innenpolitischen Gründen kaum eine Chance zur Realisierung. Die Westmächte, die Bundesregierung und wohl auch die Mehrheit der westdeutschen Bevölkerung waren nicht bereit, das schwer kalkulierbare Risiko einer Neutralisierung einzugehen, zumal sich die Sowjetunion in den zurückliegenden Jahren als rücksichtslos agierende Großmacht in Osteuropa und Deutschland erwiesen hatte. Der Prozeß der beiderseitigen Blockintegration und der Spaltung Deutschlands ging daher weiter.

Mit dem Inkrafttreten der »Europäischen Gemeinschaft

für Kohle und Stahl« (Montan-Union) 1952 war bereits ein wesentlicher Schritt zur engeren Verflechtung der Bundesrepublik mit den westeuropäischen Ländern (Frankreich, Beneluxstaaten, Italien) getan und der Kern der späteren europäischen Wirtschaftsgemeinschaft geschaffen.

Eine neue Situation ergab sich noch einmal im März 1953, als Stalin starb. Stalins Nachfolger hielten eine politische und ökonomische Kursänderung für unumgänglich. Vor allem die SED-Führung wurde zu einer anderen Politik gedrängt, die unter der Parole »Neuer Kurs« auf Entgegenkommen gegenüber verschiedenen Schichten der Bevölkerung sowie auf den Abbau des Kampfes mit der Kirche hinauslief. Paradoxerweise wurde jedoch an der geplanten Erhöhung der Normen für die Arbeiterschaft um 10 Prozent festgehalten. Dies war der äußere Anlaß für den Aufstand vom 17. Juni.

Die ersten Demonstranten waren die Bauarbeiter der Stalinallee, die am 16. Juni vor das Haus der Ministerien zogen und Verhandlungen mit der Regierung verlangten. Obwohl diese die Normerhöhung zurücknahm, verbreitete sich die Nachricht von der Demonstration in Berlin schnell über die ganze DDR, und am folgenden Tage entwickelten sich in etwa 700 Orten Belegschaftsproteste, Demonstrationen, Streiks und auch Gewalttätigkeiten. Als am Mittag des 17. Juni sowjetische Panzer einrückten und überall den Ausnahmezustand verhängten, ging zwar die offene Aufstandsbewegung zu Ende, Unruhen und Konflikte dauerten jedoch noch länger an. Die Forderungen der Aufständischen waren uneinheitlich. Neben sozialpolitischen und wirtschaftlichen Zielen wurden jedoch überall politische Forderungen nach freien Wahlen, Rücktritt der Regierung und Einheit Deutschlands formuliert.

Die SED versuchte, den für sie schockierenden Aufstand, der vor allem von Arbeitern getragen wurde, als »faschistischen Putsch« zu denunzieren und damit vom Scheitern ihrer Politik abzulenken. In der Folgezeit ging sie vorsichtiger bei der Durchsetzung ihrer politischen und wirtschaftlichen Ziele vor. Für die Bevölkerung ist die gewaltsame Niederschlagung des Aufstandes jedoch ebenso eine prägende Erfahrung gewesen wie für die Führungsriege, die bis zum Ende der DDR die Angst vor einer Wiederholung dieser Ereignisse nicht loswurde.

1955 trat die Bundesrepublik der »Westeuropäischen Union« (WEU) bei, die der gemeinsamen Verteidigung und der Integration Westeuropas diente. Zugleich wurde sie Mitglied der NATO. Damit wurde, nachdem die europäische Lösung der EVG in der französischen Nationalversammlung gescheitert war, die atlantische Variante der militärischen Integration der Bundesrepublik realisiert.

Mit der Gründung der »Europäischen Wirtschaftsgemeinschaft« (EWG) 1957 wurde dann der zweite Schritt zur engeren wirtschaftlichen Verflechtung getan. Die zunächst lediglich aus sechs Ländern bestehende und erst 1973 um England, Dänemark und Irland zur »Europäischen Gemeinschaft« (EG) erweiterte Organisation sollte sich langfristig als ein sehr erfolgreiches Unternehmen und als der eigentliche Motor der westeuropäischen Integration erweisen, auch wenn dieser Integrationsprozeß immer wieder ins Stocken geriet und von nationalen Vorbehalten und Sonderwünschen gebremst wurde. Die Schaffung einer vernünftigen europäischen Agrarmarktordnung und die demokratische Legitimation supranationaler Entscheidungen in Brüssel durch ein europäisches Parlament haben die Geschichte der Europäischen Gemeinschaft bis heute als ungelöste Probleme begleitet.

Nach dem Zusammenbruch des kommunistischen Systems in Europa erhielt der Prozeß des europäischen Zusammenschlusses neue Impulse. Zum einen bemühten sich nun verschiedene osteuropäische Staaten um Mitgliedschaft in der EG. Zum anderen beschlossen am 11. Dezember 1991 die Regierungschefs der EG-Mitgliedsländer im Vertrag von Maastricht, die politische Union Europas voranzubringen. Die wichtigsten Schritte auf diesem Weg sind: eine gemeinsame europäische Währung (bis spätestens 1999), eine europäische Staatsbürgerschaft, eine gemeinsame Außen- und Sicherheits- sowie Verteidigungspolitik, die von der WEU ausgeführt werden soll, eine gemeinsame Asyl- und Einwanderungspolitik und größere Kompetenz für das Europäische Parlament in Straßburg.

Die politische und wirtschaftliche Integration der DDR im Ostblock bedurfte, solange Stalin mit Terror jede Entscheidung durchsetzen konnte, kaum formeller Absicherung durch multilaterale Bündnisse. Der 1949 als Gegenstück zum Marshall-Plan ins Leben gerufene »Rat für gegenseitige Wirtschaftshilfe« (RGW) hat als Instrument der ökonomischen Koordination nie richtig funktioniert, weil er zu sehr vom Diktat der Sowjetunion als Vormacht abhängig war. Dagegen entstand im militärischen Bereich mit dem 1955 gegründeten »Warschauer Pakt« für die osteuropäischen Staaten und die DDR ein wenigstens formal multilaterales Bündnissystem. Es sollte die militärische und politische Gegenallianz zur NATO bilden und war das wichtigste Instrument der Blockdisziplin, die in Krisensituationen stets mit militärischer Intervention (1968 in Prag) oder militärischer Drohung (1981 in Polen) wieder hergestellt wurde. Erst als die Sowjetunion mit Gorbatschows *Perestroika* ihren Hegemonialanspruch über die osteuropäischen Staaten aufgab, konnten die Osteuropäer ihre politische Ordnung selber bestimmen, so daß die Auflösung des Warschauer Paktes 1991 eine fast zwingende Konsequenz war. Die Existenz und die innere Stabilität der DDR blieb angesichts der fehlenden demokratischen Legitimation von der Unterstützung durch den Warschauer Pakt abhängig. Dieser Zusammenhang wurde nicht zuletzt 1961 deutlich, als sich die DDR vollständig vom Westen abriegelte.

Bevor die SED-Führung 1961 mit Zustimmung des Warschauer Pakts gewaltsam den Flüchtlingsstrom in die

Bundesrepublik stoppte, hatte sie versucht, die DDR mit einer erneuten politischen Kraftanstrengung zur sozialistischen Alternative umzubauen. Sie knüpfte an die Zielsetzung an, die auf dem Höhepunkt des Stalinismus 1952 (2. Parteikonferenz der SED) formuliert worden war: Aufbau des Sozialismus. Eine wirksame »Entstalinisierung« nach dem XX. Parteitag der KPdSU 1956 hatte es in der DDR nicht gegeben. Ulbricht gelang es vielmehr, seine politischen Gegner und Ansätze von Opposition besonders unter der Intelligenz auszuschalten und seine persönliche Machtstellung auszubauen (Vorsitzender des 1960 geschaffenen Staatsrates und des Nationalen Verteidigungsrates).

Eine verbesserte Wirtschaftslage veranlaßte die SED 1958 auf dem V. Parteitag, ihre wirtschaftlichen und gesellschaftlichen Ziele höher zu schrauben und vom »Einholen und Überholen« der Bundesrepublik zu träumen. Eine »kulturelle Revolution« sollte die Arbeiter zu neuen Aktivitäten anspornen. Die 1952 begonnene Kollektivierung der privaten Landwirtschaft wurde im Frühjahr 1960 im forcierten Tempo zu Ende geführt, das Bildungswesen nach sowjetischem Vorbild umgeformt. Diese Tempobeschleunigung beim inneren Umbau der DDR trieb Hunderttausende in die Bundesrepublik. Erst nach der »Sicherung der Staatsgrenze« war eine Modernisierung des Systems möglich, die anfangs nicht ohne Erfolg erschien. Wirtschaftliche Reformen (Neues Ökonomisches System der Planung und Leitung; NÖSPL) und beträchtliche Bildungsinvestitionen, zugleich aber auch rigorose Gängelung der kritischen Intelligenz (11. Plenum des ZK der SED im Dezember 1965) und Einforderung der ideologischen Blockdisziplin (Beteiligung an der gewaltsamen Beendigung des »Prager Frühlings« 1968) bestimmten Ulbrichts politischen Kurs in den 60er Jahren.

Entgegen den düsteren Prognosen der DDR-Propaganda nahm die Bundesrepublik in den 50er Jahren einen schnellen Aufschwung. Die hohen wirtschaftlichen Zuwachsraten ermöglichten der Bundesregierung, eine Sozialpolitik zu finanzieren, die für die enormen Probleme, die der Krieg hinterlassen hatte, relativ schnell Lösungen anbot. Mit dem sozialen Wohnungsbau (1950–1955: 1,8 Millionen Wohnungen) wurde die größte Wohnungsnot beseitigt. Das Lastenausgleichsgesetz von 1952, das unter anderem eine Vermögensabgabe für die Besitzenden festlegte, trug zur Integration der Flüchtlinge und Vertriebenen wesentlich bei. Schließlich verbesserte die Einführung der dynamischen Rente 1957 (Bindung der Renten an die Lohnentwicklung) die soziale Lage der Rentner erheblich.

Das »Wirtschaftswunder« und die erfolgreiche Sozialpolitik trugen wesentlich dazu bei, daß die von Adenauer geführte Regierung 1957 die absolute Mehrheit bei den Bundestagswahlen erlangte. Die wirtschaftlichen und sozialen Erfolge ließen die starken Oppositionsbewegungen gegen die Wiederaufrüstung in der ersten Hälfte der 50er Jahre und gegen die atomare Bewaffnung der Bundeswehr 1958 in den Hintergrund treten.

So erfolgreich Adenauer mit seiner Außenpolitik und sein Wirtschaftsminister Ludwig Erhard mit seiner Wirtschaftspolitik waren, so wenig Fortschritte gab es andererseits in der Wiedervereinigungsfrage. Aber auch das zunehmend als bedrückend und restaurativ empfundene innenpolitische Klima in der Endphase der Ära Adenauer ließ den Ruf nach Reformen in den 60er Jahren immer lauter werden. Nach dem Zwischenspiel der Regierung Erhard (1963–1966) kam die im Dezember 1966 gebildete Große Koalition (bis 1969) mit Kurt Georg Kiesinger (CDU) als Kanzler und Willy Brandt (SPD) als Vizekanzler und Außenminister diesem Drängen verstärkt nach und nahm eine große Zahl von Reformvorhaben in Angriff (u. a. ein Stabilitätsgesetz zur besseren Steuerung der Wirtschaft, das Arbeitsförderungsgesetz, die Strafrechtsreform, die heftig umkämpften Notstandsgesetze). In der

Ost- und Deutschlandpolitik versuchte die Regierung der Großen Koalition ebenfalls, neue Wege zu gehen. Die Notwendigkeit dazu ergab sich aus der politischen Konstellation, die mit dem Bau der Mauer in Berlin 1961 entstanden war.

Der Mauerbau 1961 als Zäsur deutscher Nachkriegsgeschichte

In der Nacht vom 12. zum 13. August 1961 marschierten in Ost-Berlin entlang der gesamten innerstädtischen Demarkationslinie Volkspolizei und Betriebskampfgruppen auf und riegelten die Grenze durch Stacheldraht ab, der bald darauf durch Mauern und dann durch Betonteile ersetzt und später ebenso wie die gesamte innerdeutsche Grenze durch Grenzstreifen, Hundelaufanlagen und Selbstschußapparate perfektioniert wurde. Mit dem Mauerbau war die Grenze von der Ostsee bis an die tschechoslowakische Grenze geschlossen, das letzte Schlupfloch verstopft.

Die Tatsache, daß zunächst nur ein Stacheldrahtzaun gezogen und erst Tage nach dem 13. August mit dem Mauerbau begonnen wurde, läßt darauf schließen, daß sich die Initiatoren des Risikos durchaus bewußt waren. Die Reaktion des Westens auf diese Verletzung des Viermächte-Status von Berlin ließ sich nicht genau kalkulieren. Sie fiel jedoch überraschend zurückhaltend aus. Es dauerte zwei Tage, bis sich auf heftige Vorhaltungen des Berliner Regierenden Bürgermeisters Brandt und der Bundesregierung die westlichen Stadtkommandanten überhaupt zu einem – moderat formulierten – Protest bewegen ließen. Um die Erregung der Bevölkerung zu besänftigen und wenigstens eine symbolische Geste der Verteidigungsbereitschaft zu zeigen, besuchte am 17. August General Clay, der legendäre Vater der Luftbrücke von 1948, zusammen mit dem amerikanischen Vizepräsidenten Johnson Berlin und sicherte den West-Berlinern die Unterstützung der USA zu. Die geringfügige Verstärkung der amerikanischen Garnison in Berlin sollte diese moralische Geste unterstreichen.

Die Mauer blieb, die innerdeutsche Grenze wurde perfektioniert, und Deutschland war auf diese Weise brutal und offenbar definitiv geteilt. Daß die amerikanische Reaktion gemäßigt ausfiel und die amerikanische Regierung ihre vitalen außenpolitischen Interessen in Berlin nicht berührt sah, läßt sich aus der diplomatischen Vorgeschichte der Krise ablesen. In dem dramatischen diplomatischen Hin und Her von Viermächteverhandlungen, ausgelöst durch Chruschtschows Ultimatum von 1958 mit der Forderung nach einer »freien, entmilitarisierten Stadt« Westberlin, setzte erst der amerikanische Präsident Kennedy klare Daten. In seiner Rede vom 25. Juli 1961 formulierte er drei *Essentials*, deren Verletzung die USA zum militärischen Eingreifen in Berlin veranlassen würden. Diese *Essentials* waren: der gesicherte Zugang nach Berlin, die Lebensfähigkeit der Stadt und die Anwesenheit westlicher Truppen in Berlin. Unter Berlin wurde de facto West-Berlin verstanden, auch wenn das nicht ausdrücklich so formuliert war. Die wechselseitigen Interessen- und Einflußsphären wurden damit von den Supermächten respektiert. Sehr unverblümt hatte sich der Vorsitzende des außenpolitischen Ausschusses des amerikanischen Kongresses, Senator Fulbright, am 30. Juli 1961 in diesem Sinne in einem Fernsehinterview geäußert: »Ich verstehe nicht, weshalb die DDR-Behörden ihre Grenze nicht schließen, denn ich meine, sie haben alles Recht, sie zu schließen.«

Die östliche Spekulation auf westliche Zurückhaltung, für die es angesichts der vermuteten Kriegsgefahr gute Gründe gab, ging also auf. Mit dem Mauerbau zog Ulbricht die Notbremse, um das wirtschaftliche Ausbluten der DDR durch Massenflucht zu verhindern und so endlich sein sozialistisches Experiment auf deutschem Boden fortführen und vollenden zu können. Insofern wurde der 13. August in der Tat der »heimliche Gründungstag« (D. Staritz) der DDR.

Dieses Datum ist in seiner historischen Bedeutung für Deutschland erst heute nach dem Fall der Mauer voll abschätzbar. Man konnte sich mit der Mauer abfinden, und je weniger sie damit zu tun hatte, desto mehr hat die westdeutsche Bevölkerung in den folgenden Jahrzehnten dies getan. Die »Normalisierung« auf der Basis der Zweistaatlichkeit wurde zu einer prinzipiell legitimen politischen Option, die auf eine längerfristige, substantielle Verbesserung der Beziehungen zwischen Ost und West setzte. In diesem Konzept blieben Berlin und die Mauer jedoch der eigentliche Schwachpunkt. In eine wie auch immer geartete Vorstellung von Normalisierung paßte dieses Monstrum nie wirklich hinein, und jede Fahrt nach Berlin oder von West- nach Ost-Berlin führte das jedermann unmittelbar vor Augen. Aber es gab nirgendwo eine erkennbar praktikable Lösung, denn daß die Mauer in absehbarer Zeit fallen würde, dazu reichte die Phantasie nicht aus. Richard von Weizsäcker prägte 1985 die Formulierung: Die deutsche Frage bleibt so lange offen, wie das Brandenburger Tor zu ist. Dieser Satz brachte das Problem auf den Punkt. Aber wie sollte sich auf friedlichem Wege eine Öffnung erreichen lassen? Die Skeptiker meinten: So lange die Ursachen, die zum Mauerbau führten, nicht beseitigt seien, werde sie bleiben, weil sonst die Existenz der DDR in Frage stehe.

Die Ursachen waren in erster Linie das enorme Wohlstandsgefälle und in zweiter Linie die fehlende politisch-demokratische Legitimation des DDR-Regimes. Das Gefälle ist in den 80er Jahren (anders als in den 60er Jahren) entgegen allen Prognosen der DDR-Führung größer geworden, die SED hat es nie geschafft, auch nur in Ansätzen eine demokratische Legitimation zu gewinnen. Die Existenz der DDR war insofern an die Mauer gebunden. Möglich war diese Bindung aber nur, weil die Sowjetunion und der Warschauer Pakt diesen Zustand politisch absegneten. Erst als diese außenpolitische Rückendeckung überraschend entfiel, konnte die Mauer fallen.

Aus der Rückschau lassen sich die Langzeitwirkungen deutlich erkennen, allerdings nicht einfach auf einen Nenner bringen, wenn man nicht in deterministische Konstruktionen verfällt. Denn einerseits begann mit dem Mauerbau ohne Zweifel der Prozeß der Stabilisierung und der relativen inneren Veränderung der DDR. Modernisierung war das zentrale Thema der 60er Jahre. Auch die Außenwahrnehmung der DDR entsprach dem. Die Interpretationskonzepte der westlichen DDR-Forschung wandelten sich Ende der 60er Jahre: Die DDR wurde zu einer Variante der deutschen Industriegesellschaft mit – trotz aller tiefgreifenden Unterschiede – prinzipiell ähnlichen Problemlagen. Politisch schlug sich diese veränderte Sicht in der Abkehr von der »Politik der Stärke« und dem Versuch eines »Wandels durch Annäherung« nieder.

Andererseits drängt sich heute suggestiv der Eindruck auf, daß der Mauerbau den Anfang vom Ende der DDR bedeutete. Denn erst diese Isolierung schuf die Voraussetzung für die Fortsetzung eines Experiments, das ohne tiefgreifende Reformen und strukturelle Veränderungen auf Dauer nicht lebensfähig war. Nur im Schutz der Mauer ließ sich eine Politik auf Kosten der wirtschaftlichen und ökonomischen Substanz mit nur halbherzigen Reformen so lange fortführen, ließen sich die Alarmsignale seit den 70er Jahren ignorieren und unterdrücken, ließ sich schließlich die politische Herrschaft einer zunehmend realitätsblinden Riege alter Männer bis 1989 aufrechterhalten.

Das Ergebnis war somit ambivalent. Der Fluchtweg war verstopft. Das ermöglichte eine relativ schnelle ökonomische und soziale Stabilisierung. Qualifizierte Arbeitskräfte mußten im Lande bleiben. Es gab neue Chancen des sozialen Aufstiegs, die zur verstärkten Loyalität gegenüber diesem System und damit zu seiner Festigung führten. Es gab auf dieser Basis der – im wörtlichen Sinne – Ausweglosigkeit neue, intensivere Formen des Arrangements zwischen Regime und Bevölkerung als zuvor, Arrangements, die sowohl von politischem Druck von oben wie von sozialen Gratifikationen (Privilegien und soziale Absicherung) und erweiterten Spielräumen für die Bevölkerung bestimmt waren.

Es gab aber wegen der Mauer auch, vor allem in der letzten Phase der DDR, einen fatalen Prozeß der Gewöhnung an das Unvermeidliche und einen verstärkten Rückzug ins Private, dem die Partei erfolglos durch immer neue Mobilisierungsoffensiven entgegenzutreten versuchte. Dieser Rückzug schuf ein verständliches, aber in seiner Wirkung schlimmes politisches Phlegma, einen Verlust von öffentlicher Initiative und gesellschaftlicher Kreativität. Diese Situation ist natürlich für die Betroffenen in erster Linie eine deprimierende Grunderfahrung gewesen, zugleich hatte sie aber ihre bequemen Seiten. Eben hieraus resultiert ein Großteil der Umstellungsprobleme nach der Vereinigung. Der aktuelle Befund läßt sich somit historisch erklären. Von der Sozialpolitik bis zum Wissenschaftsbetrieb – überall war der »vormundschaftliche Staat« (Rolf Henrich) prägend, er zeigte dem Bürger den »richtigen Weg«, er warnte oder griff zur Gewalt, wenn dieser vom Pfad der sozialistischen Tugend abweichen wollte, aber er sorgte zugleich für ihn von der Wiege bis zur Bahre.

Außenpolitisch bedeutete der Mauerbau ebenfalls für beide Staaten einen tiefen Einschnitt; darüber hinaus auch für die Geschichte des Kalten Krieges. So paradox es auf den ersten Blick erscheint: Zusammen mit der friedlichen Beilegung der Kuba-Krise ein Jahr später wurde der Mauerbau zum Ausgangspunkt für eine neue Deutschlandpolitik und für die Beendigung des Kalten Krieges. Die Teilung

Europas und Deutschlands wurde politisch vom Westen hingenommen und ein Jahrzehnt später mit den Ostverträgen und dem Grundlagenvertrag rechtlich anerkannt. Insofern war der Mauerbau als Höhepunkt des »Kalten Krieges« zugleich der Beginn seines Endes, freilich nicht des Ost-West-Konflikts. Zwar war nun der Anspruch der SED, das bessere und fortschrittlichere Deutschland zu repräsentieren, auf eine nachgerade groteske Weise für jedermann sichtbar gescheitert. Aber auch die westliche »Politik der Stärke« und der konsequenten Nichtanerkennung und Isolierung der DDR hatte Schiffbruch erlitten. Voll Bitterkeit notierte Heinrich Krone, der Vorsitzende der CDU/CSU-Bundestagsfraktion, am Jahresende 1961 in seinem Tagebuch: »Es bleibt bei dem geteilten Deutschland. Noch lange. Der Westen findet sich mit dem geteilten Deutschland ab. Wir müssen ihn daran hindern, daß es in den mit ihm abgeschlossenen Verträgen anders lautet. Sie steigen aus den Verträgen auch nicht aus; doch es ist keine Kraft in dem Wort Wiedervereinigung, Selbstbestimmungsrecht. Man sucht Koexistenz auf dem Boden des Status quo.«

»Wandel durch Annäherung« – Stabilisierung durch Abgrenzung: Deutschlandpolitik in Ost und West

---

1962 17./18. August: Demonstrationen in West-Berlin nach der Erschießung Peter Fechters.

1963 15. Oktober: Rücktritt Adenauers als Bundeskanzler.
17. Dezember: Erstes Passierscheinabkommen für West-Berliner zum Besuch Ost-Berlins.

1964 24. September: Willi Stoph wird Vorsitzender des Ministerrats.

1965 25. Februar: »Gesetz für das einheitliche sozialistische Bildungssystem« der DDR.

1966 1. Dezember: Wahl Kurt Georg Kiesingers zum Kanzler der Regierung der Großen Koalition.

1967 19. April: Tod Konrad Adenauers.

10. Mai: Verabschiedung des Stabilitätsgesetzes durch den Bundestag.

1968 11.–17. April: Massendemonstration und gewaltsame Auseinandersetzungen nach dem Mordanschlag auf Rudi Dutschke.

21. August: Einmarsch der Warschauer-Pakt-Truppen in die Tschechoslowakei.

1969 21. Oktober: Wahl Willy Brandts zum Bundeskanzler.

1970 19. März / 21. Mai: Treffen von Ministerpräsident Stoph und Bundeskanzler Brandt in Erfurt.

26. März: Beginn der Viermächteverhandlungen über Berlin.

12. August: Unterzeichnung des Moskauer Vertrages zwischen der Bundesrepublik Deutschland und der Sowjetunion.

7. Dezember: Unterzeichnung des Warschauer Vertrages zwischen der Bundesrepublik Deutschland und der Volksrepublik Polen.

1971 3. Mai: Rücktritt Walter Ulbrichts als Erster Sekretär des ZK der SED; Erich Honecker wird zu seinem Nachfolger ernannt.

15.–19. Juni: VIII. Parteitag der SED in Anwesenheit Breschnews.

23. August: Einigung über Vertragsentwurf für eine Berlin-Regelung zwischen Großbritannien, Frankreich, UdSSR und USA (Viermächteabkommen); Unterzeichnung am 3. September.

1972 27. April: Gemeinsamer Beschluß des ZK der SED, des Bundesvorstandes des FDGB und des Ministerrates der DDR über sozialpolitische Maßnahmen, die am 1. Juli und 1. September in Kraft treten.

17. Mai: Ratifizierung der Ostverträge (Moskauer und Warschauer Vertrag) durch den Bundestag.

26. Mai: Der Verkehrsvertrag zwischen der Bundesrepublik und der DDR wird unterzeichnet und tritt am 17. Oktober in Kraft.

15. Juni: In Ost-Berlin finden erste Gespräche über einen deutsch-deutschen Grundlagenvertrag statt.
21. Dezember: Unterzeichnung des Grundlagenvertrages zwischen Bundesrepublik und DDR durch die Staatssekretäre Egon Bahr und Michael Kohl.

1973 5.–22. Januar: Aufnahme diplomatischer Beziehungen zur DDR durch weitere 13 Staaten.
1. August: Staatsratsvorsitzender W. Ulbricht gestorben; am 3. Oktober wählt die Volkskammer W. Stoph zum neuen Staatsratsvorsitzenden und H. Sindermann zum Vorsitzenden des Ministerrates.
18. September: DDR und Bundesrepublik werden als 133. und 134. Mitglied in die UNO aufgenommen.

1974 14. März: Protokoll über die Einrichtung »Ständiger Vertretungen« unterzeichnet (ab 2. Mai in Kraft; Eröffnung Ständiger Vertretungen in Bonn und Ost-Berlin).
6. Mai: Rücktritt Willy Brandts als Bundeskanzler in Zusammenhang mit der Spionageaffäre Guillaume.
16. Mai: Helmut Schmidt wird neuer Bundeskanzler (Fortsetzung der sozialliberalen Koalition).
27. September: Volkskammer beschließt »Gesetz zur Ergänzung und Änderung der Verfassung der DDR vom 7. Oktober 1974«; der Begriff »deutsche Nation« wird getilgt.

1975 30. Juni – 1. August: Unterzeichnung der KSZE-Schlußakte in Helsinki; Gespräche zwischen Bundeskanzler H. Schmidt und E. Honecker.
7. Oktober: Vertrag über Freundschaft, Zusammenarbeit und gegenseitigen Beistand zwischen der DDR und der UdSSR durch Honecker und Breschnew unterzeichnet.

Zwei Jahre lang war Berlin eine völlig geteilte Stadt, in der es bis auf die notwendigsten technischen Kontakte keine Kommunikation und Besuchsmöglichkeiten für die Bevölkerung gab. Auch die Telefonverbindungen waren nach dem Mauerbau gekappt worden. Der »Kalte Krieg«

zeigte sich somit in Berlin von seiner problematischsten Seite. Die Zufahrtswege von der Bundesrepublik nach West-Berlin waren zwar prinzipiell offen, unterlagen aber der willkürlichen Kontrolle durch DDR-Grenzbehörden.

»Wandel durch Annäherung« zu erreichen, mußte unmittelbar nach der Errichtung des »antifaschistischen Schutzwalls« – so die offizielle propagandistische Bezeichnung der SED – zunächst unvorstellbar erscheinen. Wie sollte man sich einem Staat annähern, der seine Bewohner einsperrte, um zu verhindern, daß sie ihm davonliefen? Aus einer längerfristigen Perspektive war diese 1963 von Egon Bahr, damals Berater des Regierenden Bürgermeisters von Berlin, Willy Brandt, geprägte Formel dennoch eine mögliche und auch eine richtige Antwort auf die Herausforderung des Mauerbaus. Denn sie fußte auf der Überlegung, daß man ein System, das durch konsequente Isolierung und Drohung nicht zu erschüttern war und hinter dem das geballte politische und militärische Machtpotential der Sowjetunion stand, nur von innen her verändern konnte. Nur auf diesem Wege ließen sich unter den gegebenen Umständen konkrete Erleichterungen für die Bevölkerung erhoffen. Zwar war der Ost-West-Konflikt nicht durch Annäherung zu lösen, weil seine Ursachen in der Gegensätzlichkeit der gesellschaftlichen Systeme begründet lagen, aber dem »Kalten Krieg« konnte so möglicherweise seine Schärfe genommen werden. Insofern mußte die Deutschlandpolitik in die Entspannungstendenzen eingefügt werden, die sich Anfang der 60er Jahre zwischen den Supermächten abzeichneten (Abkommen über einen Stop der Atomtests; Vertrag über die Nichtverbreitung von Atomwaffen). Im Kern umschrieb daher die Formel vom »Wandel durch Annäherung« bereits die Politik, die am Ende des Jahrzehnts mit einer ostpolitischen Neuorientierung begann und mit dem Grundlagenvertrag zwischen der Bundesrepublik und der DDR 1972 sowie der Schlußakte der KSZE von Helsinki 1975 einen Höhepunkt fand.

Die ersten Schritte dazu begannen in Berlin mit dem Versuch, die Mauer, wenn sie nicht zu beseitigen war, wenigstens durchlässig zu machen. Für die Berliner Bevölkerung kam nach zähen Verhandlungen zu Weihnachten 1963 erstmals eine Besucherregelung zustande. Drei weitere Passierscheinabkommen zwischen dem West-Berliner Senat und der Regierung der DDR folgten bis 1966. Sie waren in Bonn umstritten, weil die Politik am Grundsatz der Nichtanerkennung der DDR festhielt und sich auf technische Kontakte zu beschränken versuchte, während die DDR-Unterhändler umgekehrt jeden Kontakt zur politischen Aufwertung der DDR zu nutzen versuchten. Die komplizierten Verhandlungen über eine Berliner Passierscheinregelung waren somit eine für beide Seiten hochpolitische Angelegenheit. Eine sogenannte »Salvatorische Klausel« bildete schließlich den Kompromiß, um West-Berlinern zu Weihnachten, Ostern und Pfingsten einen Besuch im Ostteil der Stadt zu ermöglichen. Sie bekräftigte ausdrücklich die unterschiedlichen politischen und rechtlichen Standpunkte und stellte fest, »daß eine Einigung über die Orts-, Behörden- und Amtsbezeichnungen nicht erzielt werden konnte«. 1966 erkannte die DDR diese Klausel jedoch nicht mehr an, sondern wünschte eine Vereinbarung auf der Basis »normaler staatlicher Beziehungen«. Damit scheiterte eine Verlängerung der Regelung. Bis auf eine Stelle für Härtefälle war seitdem für Jahre wiederum der Kontakt zwischen beiden Stadthälften zerschnitten. Ost- und West-Berliner konnten sich nur noch in Prag, am Schwarzen Meer oder auf der Leipziger Messe treffen. Für die DDR-Bewohner außerhalb Berlins erlaubte die Regierung seit 1964 wenigstens Rentnern »Besuchsreisen zu Verwandten in nicht-sozialistischen Staaten«.

Vor diesem Hintergrund einer gegenüber den 50er Jahren erheblich verschärften Trennung der beiden Teilstaaten wird der Druck verständlich, unter dem die Bonner Politik stand, um eine Änderung der bisherigen Linie zu erreichen. Von einer politischen Anerkennung der DDR erhofften sich viele langfristig eine Besserung der Beziehungen. Nur so schien überhaupt die Aufrechterhaltung der Nation als Kommunikationszusammenhang noch möglich zu sein. Eben hier setzte das Konzept der neuen Ost- und Deutschlandpolitik der sozialliberalen Koalition seit 1969 an. Die Große Koalition unter Kurt Georg Kiesinger als Kanzler hatte schon erste Schritte in diese Richtung unternommen, indem zum ersten Mal überhaupt ein offizieller politischer Kontakt zwischen Bonn und Ost-Berlin zustande kam, als Bundeskanzler Kiesinger und Ministerpräsident Stoph Briefe über die künftigen deutsch-deutschen Beziehungen wechselten. Früher waren offizielle Schreiben der DDR-Regierung in Bonn stets ungeöffnet wieder zurückgesandt worden.

Die neue Ostpolitik zielte auf ein umfassendes Vertragswerk, dessen Einzelteile in einem engen politischen Zusammenhang standen und sich in die globale Interessenkonstellation einer Entspannung zwischen Ost und West einfügten. Nachdem die Sowjetunion durch ihre bewaffnete Intervention in der Tschechoslowakei 1968 den »Prager Frühling« zerstört und ihr osteuropäisches Vorfeld machtpolitisch und ideologisch abgesichert hatte, war sie an einer gewissen Normalisierung auf der Basis des territorialen Status quo interessiert. Nicht zuletzt der sowjetisch-chinesische Grenzkonflikt förderte diese Bereitschaft.

Die Bundesregierung unter Willy Brandt war bereit, über Gewaltverzichts- und Grenzverträge mit der Sowjetunion und Polen die territoriale Nachkriegsordnung zu akzeptieren. Den eigentlichen Kern des ostpolitischen Vertragswerks bildete das Ziel einer verbesserten Berlin-Regelung und eines Arrangements mit der DDR, um mit der politischen Anerkennung der DDR konkrete menschliche Erleichterungen zu erreichen. Die parallel zu den deutsch-sowjetischen und deutsch-polnischen Kontakten laufenden Berlin-Gespräche der vier Großmächte stellten so einen inneren politischen Zusammenhang her, durch den das gesamte Paket für beide Seiten entweder nur angenommen werden konnte oder insgesamt scheitern mußte. Nur wenn eine erfolgreiche und für Westdeutschland günstige Berlin-Regelung zustande kam, bestanden Chancen, den Moskauer und Warschauer Vertrag im Bundestag zu ratifizieren. Sowjetische Zugeständnisse in Berlin waren andererseits nur zu erwarten, wenn die Verträge verabschiedet wurden. Dieses politische Junktim – auch wenn es formal nicht als solches erscheinen durfte – machte die Dramatik der innenpolitischen Auseinandersetzungen um die Ostpolitik in der Bundesrepublik aus.

Die erbitterten Auseinandersetzungen im Bundestag und in der Öffentlichkeit zeigten, wie schwer der Abschied von alten Illusionen fiel und wie mühsam eine neue politische Orientierung war. Durch Fraktionswechsel schmolz die Abgeordnetenbasis der sozialliberalen Koalition soweit zusammen, daß es keine Mehrheit mehr für die Regierung gab und der Kanzler schließlich durch konstruktives Mißtrauensvotum gestürzt werden sollte. Nach dessen überraschendem Scheitern wurde der Bundestag aufgelöst. Neuwahlen brachten eine klare sozialliberale Mehrheit, die zugleich als Plebiszit für die neue Außenpolitik zu verstehen war.

In scharfer Form stießen die unterschiedlichen Positionen auch beim Grundlagenvertrag mit der DDR aufeinander, der 1972 unterzeichnet und ein Jahr später gegen den massiven Widerstand der CDU/CSU-Opposition ratifiziert wurde. In diesem Vertrag wurde die DDR staatsrechtlich, nicht völkerrechtlich anerkannt. Auf dieser Basis sollte eine große Zahl von Folgeverträgen und -vereinbarungen den Grundstein für ein neues Verhältnis zwischen Deutschland-West und Deutschland-Ost legen. Ihr Ziel, weiterhin an der friedlichen Wiederherstellung der nationalen Einheit festzuhalten, hatte die Bundesregierung in einem Brief an die DDR-Regierung als Ergänzung des Vertrages zum Ausdruck gebracht.

Durch die Annäherung der beiden Staaten auf der Basis eines »geregelten Nebeneinanders« sollte der Prozeß der Aushöhlung des nationalen Zusammenhalts aufgehalten und umgekehrt werden. Dies ist, so läßt sich aus der Rückschau konstatieren, tatsächlich in gewissem Umfang gelungen, obwohl die Mehrheit der westdeutschen Bevölkerung und ein großer Teil der DDR-Bevölkerung zunehmend von der Erwartung ausging, es werde auf unabsehbare Dauer zwei Staaten einer Nation geben. Man kann insofern mit guten Argumenten die These vertreten, daß die neue Ostpolitik und der Grundlagenvertrag eine wichtige Voraussetzung für die Entspannung im deutsch-deutschen Verhältnis, für das Entstehen einer Oppositionsbewegung in Osteuropa und der DDR und damit schließlich für die Möglichkeit eines Zusammenbruchs der DDR und einer Neuvereinigung beider Teile geschaffen haben.

Der »Wandel durch Annäherung« als Maxime der gesamten Ostpolitik trug vor allem in der KSZE-Konferenz von Helsinki 1975 Früchte. Sie bildete den Gipfel der Entspannung vor der Revolution in Osteuropa und in der Sowjetunion. Vertreter aller Staaten Europas (außer Albanien) und Nordamerikas trafen sich hier und verabschiedeten ein Dokument, »das in der Nachkriegsgeschichte ohne Vergleich ist« (P. Bender). Demokratische und kommunistische Staaten verständigten sich über Grundsätze und Grenzen, über praktische Zusammenarbeit und über Informationsaustausch und Menschenrechte. Zwar erfüllten sich längst nicht alle Blütenträume, die viele Menschen mit dieser Schlußakte im Hinblick auf schnelle und tiefgreifende Veränderungen verbinden mochten, weil die östlichen Staaten Zugeständnisse gemacht hatten, die sich für die Herrschenden als gefährlich erwiesen; aber gerade deswegen war dieser Weg grundsätzlich richtig. Kritisiert worden ist jedoch die westdeutsche Politik gegenüber der DDR und Osteuropa insofern, als sie sich ganz auf Kontakte zu den Staats- und Parteiführungen konzentrierte und die entstehenden Oppositionsbewegungen nicht unterstützte.

Sich als Gegenbild zur Bundesrepublik von dieser abzugrenzen, gehörte zum Lebensprinzip der DDR seit ihrer Gründung. Aber die Formen und die Härte der Abgrenzungspolitik variierten in den 40 Jahren DDR-Geschichte beträchtlich. Die offizielle Legitimation bildete der Verweis auf die unterschiedlichen Gesellschaftssysteme, die in Deutschland aufeinanderstießen. Diese Propagandafloskel sollte die fehlende demokratische Legitimation der DDR verdecken, die noch dadurch verschärft wurde, daß der ökonomische Entwicklungsstand seit den 50er Jahren deutlich hinter dem der Bundesrepublik zurückblieb und trotz aller Anstrengungen nicht einzuholen war. Insofern bildeten politische Unfreiheit und niedriger Lebensstandard zusammen die Gründe für die Massenflucht der DDR-Bevölkerung bis zum Mauerbau, der Partei und Regierung mit immer härteren Restriktionen zu begegnen versuchten.

Ein erster tiefer Einschnitt in dieser Abgrenzungspolitik war der Ausbau der Grenze 1952. Die Bevölkerung im Grenzgebiet, einer fünf Kilometer breiten Sperrzone, wurde ausgesiedelt, ein zehn Meter breiter Kontrollstreifen und ein fünfhundert Meter breiter Schutzstreifen wurden entlang der Grenze eingerichtet, der Kleine Grenzverkehr zwischen Nachbargemeinden in Ost und West mußte ebenso wie die Vergabe von Interzonenpässen radikal eingeschränkt werden. Daß diese »Grenzsicherung« zeitlich mit der Unterzeichnung des Deutschland- und des EVG-Vertrages durch die Bundesregierung zusammenfiel, zeigt den engen Zusammenhang von außen- und innenpolitischen Entwicklungen. Durch die Westintegration der Bundesrepublik fühlte sich die DDR zur verschärften Abgrenzungspolitik legitimiert. Nach dem Arbeiteraufstand vom 17. Juni 1953 milderte die SED im Zuge des »Neuen Kurses« diese Politik wieder ab, so daß sich auch die innerdeutschen Reisemöglichkeiten wieder verbesserten. Als die Fluchtwelle Ende der 50er Jahre, die von der mit Druck und Zwang in kurzer Zeit durchgesetzten Kollektivierung der Landwirtschaft und von Chruschtschows Berlin-Ultimatum ausgelöst wurde, wieder rasch anstieg, wußte sich das SED-Regime nur noch durch den Mauerbau vor den ruinösen Konsequenzen der Fluchtbewegung zu retten.

Diese strikte Form der Abgrenzung sollte endlich die Basis für die innere Festigung der DDR schaffen. In der Tat stabilisierte sich der SED-Staat in den 60er Jahren aufgrund des ökonomischen Aufschwungs erstaunlich, ohne daß jedoch die Loyalität der Bevölkerung gesichert war und die internationale Anerkennung schon in Aussicht stand. Auf dieses Ziel richtete die politische Führung weiterhin ihre außenpolitischen Energien. Die Abgrenzung zur Bundesrepublik und die Vertiefung der Spaltung waren dabei Instrumente, um diesem Ziel näherzukommen.

Formell verfocht die SED bis Mitte der 60er Jahre die Wiederherstellung der Einheit Deutschlands. Nach der doppelten Blockintegration der beiden Staaten 1955 präsentierte sie Konföderationspläne, die pro forma die Annäherung der beiden Staaten zum Ziele hatten, tatsächlich aber die staatliche Anerkennung der DDR erreichen sollten, zu der die Bundesrepublik nicht bereit war. Bonn versuchte dagegen im Zuge der internationalen Entspannungstendenzen durch verstärkte Kontakte zu den osteuropäischen Staaten die DDR nicht nur im Westen, sondern auch innerhalb des Ostblocks zu isolieren (Zweizangentheorie). Um dieser Gefahr entgegenzutreten, verlegte sich Ulbricht auf eine neue, offensive politische Strategie. Der westdeutschen »Hallstein-Doktrin«, nach der Bonn diplomatische Beziehungen zu den Staaten, die die DDR anerkannten, abbrach, stellte er seine eigene Doktrin entgegen (»Ulbricht-Doktrin«). Innerhalb der Staatengemeinschaft des Warschauer Paktes setzte er durch, daß kein osteuropäischer Staat zur Bundesrepublik diplomatische Beziehungen aufnehmen dürfe, solange nicht die DDR von dieser anerkannt werde.

Der qualvolle Leerlauf in den westdeutsch-osteuropäischen Beziehungen der 60er Jahre wurde erst beendet, als sich beide Seiten einen Schritt entgegenkamen und Ulbrichts Bremsmanöver unwirksam wurden. Diese Situation war 1969 gegeben.

Mit der neuen Ostpolitik entstand für die SED-Führung eine Konstellation, die das Dilemma ihrer Deutschlandpolitik bis zum Untergang der DDR prägte. Die westdeutsche außenpolitische Initiative erfüllte einen Teil von Ulbrichts Forderungen und bedrohte gleichzeitig die in gewisser Weise bequeme Abgrenzungs- und Isolationspolitik. Denn der »Wandel durch Annäherung« drohte den Herrschaftsanspruch der SED, der auf Abgrenzung beruhte, zu unterhöhlen. Die staatsrechtliche – aber nicht völkerrechtliche – Anerkennung der DDR erfüllte einen wichtigen Punkt aus Ulbrichts Wunschkatalog nicht: Eine eigene DDR-Staatsbürgerschaft wurde von Bonn nicht akzeptiert. Entschärfung der Berliner Situation durch eine neue Viermächteregelung und das Ziel, »menschliche Erleichterungen« als Gegenleistung für die staatliche Anerkennung zu fordern, entwickelten sich für die SED auf Dauer zu einer innenpolitischen Bedrohung. Insofern war es durchaus konsequent, wenn Ulbricht aus seiner Sicht die westdeutsche Entspannungspolitik als »Aggression auf Filzlatschen« bezeichnete.

Anders als lange Zeit vermutet, ist Ulbricht aber kein prinzipieller Gegner der Verständigungspolitik geblieben, versprach sie doch Anerkennung und Stabilisierung der DDR. Er wollte die Kontakte nach Westen jedoch, wie neue Dokumente zeigen, eigenmächtig und ohne genaue

Abstimmung mit dem Politbüro und der Sowjetunion betreiben. Seine wachsende Selbstherrlichkeit gegenüber dem Politbüro führte zu einer regelrechten Verschwörung in diesem Führungsgremium, initiiert von Erich Honekker. Dieser erhielt Rückendeckung vom sowjetischen Parteichef Breschnew und konnte Ulbricht so schließlich zum Rücktritt veranlassen.

Die Entwicklung »normaler gutnachbarlicher Beziehungen«, die der Grundlagenvertrag als allgemeines Ziel im Artikel 1 formulierte, war und blieb für die SED aller gegenteiligen Propaganda zum Trotz ein brisantes Problem. Nach außen zeigte diese Politik unbestreitbare Erfolge. Die DDR wurde international anerkannt und als zweiter deutscher Staat und Faktor der Stabilität in Europa akzeptiert. Die schrillen Töne der Propaganda der Vergangenheit wurden leiser und seltener. Ein Staat, der auf seine neu gewonnene internationale Reputation bedacht war, mußte sich auch so verhalten, daß er diese nicht selbst ständig in Frage stellte. Die Unterzeichnung der »Helsinki-Schlußakte« war eine wichtige Geste in diesem Zusammenhang.

Außenpolitische »Öffnung« hatte aber innenpolitische Folgen, und diese sollten durch eine neue Form der Abgrenzung kompensiert werden. »Offensive Entspannung« (P. Bender) als Grundgedanke der sozialliberalen Deutschlandpolitik konnte sich das Ost-Berliner Regime kaum leisten, weil es damit seine innenpolitische Basis aufs Spiel gesetzt hätte. Die Ära Honecker war von diesem Dilemma geprägt, das Regime ist schließlich daran gescheitert.

In dreifacher Weise zog die SED politische Konsequenzen aus diesem Dilemma. Sie trug zum einen zur Normalisierung durch Abschluß der im Grundlagenvertrag vorgesehenen Folgeverträge und -abkommen bei, die ein dichtes Netz von wechselseitigen Verbindungen schaffen und auf diese Weise den Menschen konkrete Erleichterungen bringen sollten. Zum anderen versuchte Honecker mit seiner auf dem VIII. Parteitag 1971 propagierten Formel der »Einheit von Wirtschafts- und Sozialpolitik« und mit einer Lockerung der Kontrolle des kulturellen Lebens ein größeres Maß an Loyalität der Bevölkerung und so eine weitere innere Stabilisierung zu erreichen. Dem gleichen Ziel diente schließlich die verstärkt auf die ideologische Ebene verlagerte Abgrenzung von der Bundesrepublik. »Friedliche Koexistenz« erstreckte sich nicht auf die Ideologie. Der Ausbau einer »entwickelten sozialistischen Gesellschaft« konnte aus der Sicht der SED gerade angesichts der intensivierten Beziehungen zur Bundesrepublik nur mit einer Festigung der sozialistischen Positionen in allen Bereichen der Gesellschaft, insbesondere im Bildungswesen, vor sich gehen. Diese Quadratur des Kreises konnte der SED angesichts der sich verschlechternden weltwirtschaftlichen Lage, der Unfähigkeit zu konsequenten Reformen und der eigenen Überforderung durch ein kostspieliges sozialpolitisches Programm kaum gelingen. Das war jedoch in den 70er Jahren noch keineswegs absehbar.

Gesellschaftliche Entwicklungslinien in beiden deutschen Staaten

Als 1949 zwei deutsche Staaten gegründet wurden, verstanden sich beide als Provisorien. Jeder beanspruchte das »neue Deutschland« zu sein und machte dem anderen seine Legitimation streitig. Beide Staaten entwickelten sich immer weiter auseinander, obwohl jeder die nationale Einheit als vorrangiges politisches Ziel formulierte. Wie aber sahen die beiden Gesellschaften aus, die in so unterschiedlichen politischen Gehäusen einer gespaltenen Nation lebten? Wie veränderten sich soziale Strukturen, die Zusammensetzung und Größe der Klassen, Schichten und

Gruppen? Wie stark wirkten gegenüber dem Anspruch des Neuen und trotz tiefgreifender Wandlungen durch den Krieg alte Traditionen weiter? Welche kulturellen Entfaltungsmöglichkeiten und Angebote gab es in beiden Staaten, und wie weit bestimmte jenseits der hohen Politik die Vision oder die Illusion von der Einheit der Nation das tägliche Leben?

Sozialstrukturelle Wandlungen

Nach offiziellem Selbstverständnis war die DDR der erste »Arbeiter- und Bauernstaat« auf deutschem Boden. Nach der marxistisch-leninistischen Ideologie sollten die Arbeiter im Bündnis mit den Bauern und der Intelligenz die »führende Klasse« beim Aufbau einer sozialistischen Gesellschaft sein. An diesem Anspruch hat die SED-Führung bis zuletzt festgehalten, obwohl die tatsächliche soziale Entwicklung wie in allen fortschrittlichen Industriegesellschaften in eine andere Richtung weist. Als langfristiger Trend läßt sich für das 20. Jahrhundert beobachten, daß gemessen an der Zahl der Erwerbstätigen der primäre Sektor (Land- und Forstwirtschaft) schnell schrumpfte, daß der sekundäre Sektor (Industrie und Handwerk) zunächst noch expandierte, dann aber langsam zurückging und daß der tertiäre Bereich der Dienstleistungen kontinuierlich anstieg. Besonders deutlich zeigen sich diese globalen Entwicklungstrends nach 1945, und zwar zeitverschoben in beiden deutschen Staaten.

Anteile der Produktionssektoren
an der Gesamtzahl der Erwerbstätigen seit 1950 (in %)
in der Bundesrepublik und in der DDR

	1950		1960		1970		1980	
	BRD	DDR	BRD	DDR	BRD	DDR	BRD	DDR
Primärer Sektor Land- und Forstwirtschaft Tierhaltung, Fischerei	25	28	14	17	9	13	6	11
Sekundärer Sektor Produzierendes Gewerbe	43	45	48	45	49	49	45	48
Tertiärer Sektor Handel und Verkehr; Dienstleistungen	33	28	39	36	43	38	49	41

Aus: R. Rytlewski / M. Opp de Hipt: Die Bundesrepublik Deutschland in Zahlen 1945/49–1980; Die DDR in Zahlen 1945/49–1980. München 1987.

Innerhalb der Gruppe der Lohnabhängigen wuchs in der Bundesrepublik die Zahl der Angestellten und Beamten ständig gegenüber den Arbeitern an. Auch in der DDR gab es diese Entwicklung. Daß dennoch die Arbeiterklasse als »führende Klasse« beibehalten wurde, ließ sich nur mit einem statistischen Trick aufrechterhalten: Seit 1963 wurden Arbeiter und Angestellte (Beamte gab es seit 1945 nicht mehr) in der Statistik nicht mehr getrennt, sondern als einheitliche Gruppe zusammengefaßt. Diese Zahl stieg ständig an und lag in den 80er Jahren bei etwa 89%, obwohl die Arbeiter gegenüber den Angestellten abnahmen. Aber auch die Zurechnung zur Arbeiterklasse oder zur Intelligenz ist in der offiziellen DDR-Statistik nicht klar bestimmt, so daß sozialstrukturelle Daten nur grobe Anhaltspunkte liefern.

Von der bei Marx zu findenden Vorstellung einer »Diktatur des Proletariats« als Übergangsphase zur kommunistischen Gesellschaft blieb die Diktatur einer Partei, die – entsprechend Lenins Vorstellungen – als stellvertretende Avantgarde dieser Arbeiterklasse fungierte. Die SED als leninistische Kaderpartei war daher eine streng zentralistisch und hierarchisch aufgebaute Organisation, die alle Bereiche der Gesellschaft kontrollierte und auch der Arbeiterschaft keine autonomen Interessenvertretungen ließ. Insofern herrschte tatsächlich die Partei, nicht die Klasse.

Die Bauern wurden seit den 50er Jahren zunächst vorsichtig, 1959/1960 dann abrupt und unter massivem Druck veranlaßt, ihre private Landwirtschaft in genossenschaftliche Organisationsformen zu überführen (Landwirtschaftliche Produktionsgenossenschaften: LPGs). Diese ermöglichten zwar rationellere Wirtschaftsformen und boten ohne Zweifel viele sozialpolitische Vorteile wie geregelte Arbeitszeit, Urlaub und Altersversicherung. Jedoch führten die Methoden, mit denen die Bauern zum Eintritt in die LPG gezwungen wurden, zum Anstieg der Fluchtbewegung und zu erheblichen Versorgungsschwierigkeiten, so daß der angebliche »Frühling auf dem Lande« (so die Propagandaformel für die Kollektivierung) eine der Hauptursachen für den Mauerbau wurde. Die Zahl der in der Landwirtschaft Tätigen sank aber bereits lange vorher kontinuierlich ab, auch wenn im Vergleich zur Bundesrepublik die Landwirtschaft personell immer noch überbesetzt blieb.

Der Mittelstand (Kleinunternehmer, Handwerker, Kleinhändler) sollte sich nach marxistisch-leninistischer Ideologie langfristig auflösen. Politische Eingriffe in die Selbständigkeit erschwerten den Mittelständlern das Leben (hohe Steuern, staatliche Beteiligung bei Kleinunternehmen). Die verbliebenen kleinen Industriebetriebe wurden Anfang der 70er Jahre schließlich vollständig in staatliche Regie übernommen. Das Handwerk dagegen blieb zum größeren Teil (59% im Jahr 1981) privat, weil sich die Partei scheute, in diesem krisenempfindlichen Dienstleistungsbereich allzu hart einzugreifen und so Mangelsituationen weiter zu verschärfen.

Die als »Zwischenschicht« geltende »Intelligenz« umfaßte die Personen, die beruflich vorwiegend geistige Arbeit leisteten und in der Regel eine höhere Schulbildung besaßen. Dazu gehörten sowohl die in der Wirtschaft wie die in der Volksbildung und Kultur in entsprechenden Positionen Tätigen (Wissenschaftler, Ärzte, Techniker, Ingenieure, Lehrer, Künstler, Schriftsteller). Die Zurechnungskriterien waren jedoch sehr ungenau, so daß die Größenordnung beträchtlich schwankte. Die Intelligenz stand zwar nach offizieller Lesart in einem engen Bündnis mit der Arbeiterklasse, tatsächlich hatte sie jedoch ausgeprägt eigene Interessen und wurde insbesondere in den Aufbaujahren vom Staat erheblich privilegiert. Vor allem die technische Intelligenz stellte in der DDR stets eine Sozialgruppe mit überdurchschnittlichem Lebensstandard dar.

Die sozialen Veränderungen in der Bundesrepublik sind nach den gewaltsamen Umbrüchen der Kriegs- und Nachkriegsjahre langsam und evolutionär verlaufen, gemessen am Ergebnis aber vielleicht sogar tiefer gewesen als die auf revolutionärem Wege in der DDR hervorgerufenen. Die Deutung und begriffliche Erfassung dieses Wandels durch Soziologen, Historiker und Öffentlichkeit unterlag ebenfalls periodischen Veränderungen. In den 50er Jahren machte der von dem Soziologen Helmut Schelsky geprägte Begriff der »nivellierten Mittelstandsgesellschaft« Schlagzeilen. Aus empirischen Studien über die Wandlungen der deutschen Familie (1953) gewonnen und vom Autor später modifiziert, spiegelte dieses Etikett eher politische Wunschvorstellungen oder Möglichkeiten als die soziale Realität einer Gesellschaft, die nach wie vor durch enorme Unterschiede im Einkommen und in den Lebenschancen charakterisiert war. Andererseits schien diese Diagnose zum Zeitpunkt ihrer Entstehung einen möglichen Entwicklungstrend auf den Punkt zu bringen, weil die Arbeiterschaft einen kollektiven Aufstieg erlebte, deklassierte bürgerliche Schichten indessen nicht ohne weiteres auf Wiederherstellung ihres früheren sozialen Status rechnen konnten.

Im Zuge der Renaissance marxistischen Denkens und radikaler Gesellschaftskritik durch die Studentenbewegung wurde demgegenüber vor allem die »Restauration der kapitalistischen Klassengesellschaft« nach 1945/1948 betont und auf die Konzentration großer Vermögen in der Hand weniger verwiesen, die demokratische Postulate wie Freiheit und Gleichheit massiv in Frage stellten. Aus größerer zeitlicher Distanz werden sowohl die sozialen Nivellierungstendenzen in der bundesrepublikanischen Gesellschaft als auch die nach wie vor deutlichen Trennlinien der Klassenschichtung erkennbar. Die Besitz- und Einkommensverteilung ist zu keinem Zeitpunkt nicht einmal tendenziell eingeebnet worden, aber der wachsende Massenwohlstand als Folge des in den 50er Jahren einsetzenden »Wirtschaftswunders« entschärfte die sozialen Spannungen, so daß ein auf Harmonie gegründetes Gesellschaftsbild dem Lebensgefühl selbst der Unterschichten eher entsprach als klassenkämpferische Konzepte. Die Arbeiterschaft »verbürgerlichte« keineswegs, wie manche Beobachter aus Verhaltensweisen und Verbesserung der sozialen Lage ablasen. Es war nicht mehr das alte Proletariat, das noch zu einem großen Teil das Reservoir von KPD und SPD in der Weimarer Republik gestellt hatte, aber die Arbeiter blieben Arbeiter mit nach wie vor deutlichen Unterschieden zu Angestellten und Beamten im Hinblick auf körperliche Arbeit, Ausbildungsdifferenzen, Risiken und Einkommen.

Viele Probleme haben sich allerdings auch verschoben. Durch die massenhafte Anwerbung von ausländischen »Gastarbeitern« seit den 60er Jahren und durch den rapiden technologischen Wandel in den 70er und 80er Jahren entstanden neue soziale Trennlinien. Das Schlagwort von der »Zweidrittelgesellschaft« verweist auf die Modernisierungsopfer und die enormen Schwierigkeiten, einen seit der tiefen Rezession von 1975/1976 konstant hohen Sokkel von Dauerarbeitslosigkeit mit ihren einschneidenden materiellen und mentalen Folgen abzubauen.

Daß die DDR ein »Arbeiter- und Bauernstaat« sein sollte, blieb nicht nur ideologisches Etikett, sondern hatte besonders für das Bildungswesen unmittelbare Auswirkungen. Unter der Parole »Brechung des bürgerlichen Bildungsmonopols« wollte die SED – zugespitzt formuliert – Chancengleichheit durch positive Diskriminierung erzwingen. Arbeiter- und Bauernkinder wurden im Schul- und Hochschulsystem nachdrücklich gefördert, Kinder aus dem Bürgertum und der Intelligenz dagegen hatten häufig das Nachsehen. Der Zugang zur Erweiterten Oberschule und zu den Hochschulen hing demnach weniger von den Leistungen als von der sozialen Herkunft und vom (oft bloß formellen) Engagement für die sozialistische Gesellschaftsordnung ab. Darüber hinaus entwickelte die DDR ein breit gefächertes System von Fortbildungs- und Weiterqualifizierungsmaßnahmen, die Berufstätigen sozialen Aufstieg ermöglichte. In diesen Qualifizierungs- und Aufstiegsmöglichkeiten, die in großem Umfang genutzt wurden, ist eines der wichtigsten Elemente zu sehen, die den Zusammenhalt der DDR und die Loyalität gegenüber dem insgesamt ungeliebten Staat förderten. Die damit verbundene ideologische Indoktrination bestand in unterschiedlicher Intensität von der Schulreform 1946 (Einführung der achtklassigen Einheitsschule) über die verschiedenen Schul- und Hochschulreformen bis zum Ende der DDR. »Hervorragend ausgebildete Facharbeiter und kluge Sozialisten mit den Eigenschaften revolutionärer Kämpfer« auszubilden, war nach den Worten der Ministerin für Volksbildung Margot Honecker (seit 1963) das Ziel der 1960 eingeführten allgemeinbildenden zehnklassigen polytechnischen Schule. Doch eben diese Verbindung gelang nie.

Das Bildungswesen der Bundesrepublik bot in den 50er Jahren zunächst einen vollständigen Kontrast zu dem der DDR. Die Dreigliedrigkeit, die starke soziale Selektion und die geringe Durchlässigkeit zwischen den verschiedenen Zweigen des Schulsystems wurden erst im Zuge der heftigen öffentlichen Debatte um die »deutsche Bildungskatastrophe« (G. Picht 1964) und durch die tiefgreifenden Reformen der 60er und 70er Jahre völlig verändert. Die enorme Expansion der Schüler- und Studentenzahlen in diesen Jahren führte schließlich dazu, daß insbesondere der Anteil der Studierenden eines Altersjahrgangs in der Bundesrepublik ungleich höher lag als in der DDR, wo der Zugang strikt begrenzt wurde. Die traditionelle Benachteiligung der Unterschichtenkinder ist in der Bundesrepublik nach den Reformen keineswegs verschwunden; die sozialen Trennlinien sind jedoch durchlässiger geworden.

Zu den gewollten sozialen Veränderungen in der sozialistischen Gesellschaft gehörte auch der Wandel des Frauen- und des Familienbildes. Für den Marxismus war die Emanzipation der Frau stets eine »Nebenfrage« der sozialen Frage gewesen. Mit der Überwindung der Klassengesellschaft würde sich, so glaubte Marx ebenso wie Rosa Luxemburg und Lenin, die Gleichberechtigung der Frau ergeben. Die SED hat an diese ideologische Traditionslinie angeknüpft und vor allem in der Berufstätigkeit der Frauen den wichtigsten Ansatzpunkt der sozialen Emanzipation gesehen. Der seit den 50er Jahren wachsende Arbeitskräftebedarf führte daher zu verstärkten Bemühungen, durch Werbe- und spezielle Förderungsprogramme Frauen zur Arbeit in Industrie und Verwaltung zu gewinnen. Der vor allem in den 60er und 70er Jahren forcierte Ausbau von Kinderkrippen und Kindergärten bot dafür eine wichtige Voraussetzung. Seit 1972 hatten Frauen überdies nach der Geburt des zweiten Kindes die Möglichkeit, sich für ein Jahr freistellen zu lassen, ohne den Anspruch auf ihren Arbeitsplatz zu verlieren. Der bezahlte Mutterschaftsurlaub wurde auf 26 Wochen erweitert.

Das Ergebnis dieser primär aus ökonomischen Gründen begonnenen Frauenförderungspolitik war ein im Vergleich zur Bundesrepublik außerordentlich hoher Anteil von berufstätigen Frauen. Von den insgesamt rund acht Millionen Beschäftigten (1977; ohne Lehrlinge) waren die Hälfte Frauen, der Beschäftigungsgrad der Frauen im arbeitsfähigen Alter stieg von 66,5 % (1964) auf 82,6 % (1976). Keineswegs gelöst war damit aber die Gleichberechtigung zwischen den beiden Geschlechtern. Alte Vorurteile und Rollenklischees im Hinblick auf die Arbeitsteilung im Haushalt, auf berufliche Positionen und auf die Repräsentation von Frauen in politischen und gesellschaftlichen Gremien (von den Massenorganisationen und Kommunalparlamenten bis zum Politbüro der SED) ließen sich nicht so schnell aufbrechen und beseitigen. So hat die DDR trotz vielfältiger Veränderungen insgesamt keineswegs ein so anderes Bild als die Bundesrepublik geboten. Die »Frauenfrage« war mit der revolutionären Veränderung der Eigentums- und Produktionsverhältnisse noch keineswegs gelöst, wie die »Klassiker« des Marxismus-Leninismus geglaubt hatten.

In der Bundesrepublik ist die gesellschaftliche Gleichberechtigung der Frau erst spät überhaupt ein öffentlich diskutiertes Thema der Politik geworden. Noch in den gesellschaftlichen Emanzipationsvorstellungen der Studentenbewegung der 60er Jahre spielten Frauen eine relativ periphere Rolle. Erst die danach entstandene Frauenbewegung hat dafür gesorgt, daß dieses Thema als Zentralproblem einer demokratischen Gesellschaft auf die politische Tagesordnung gesetzt wurde und seitdem zunehmend personalpolitische Konsequenzen zeitigt.

In der Bundesrepublik stieg der Anteil der berufstätigen Frauen ebenfalls kontinuierlich an. 1988 waren von den insgesamt 29,7 Millionen Erwerbstätigen 11,8 Millionen (39,7 %) Frauen. Die Erwerbsquote der Frauen im erwerbsfähigen Alter betrug 1950 44,4 % und stieg bis 1980 auf 52,9 % an. Das offizielle Familienbild der 50er Jahre lief dem jedoch diametral zuwider. Die zahllosen Anstands- und Benimmbücher dieser Zeit sind ein guter Gradmesser für die gewünschten, allerdings aus ökonomischen Gründen nicht eingehaltenen gesellschaftlichen Normen. Danach gehörte die Frau an Heim und Herd, hatte die Kinder großzuziehen und den berufstätigen Mann zu versorgen. Erst die Studentenbewegung blies zum Generalangriff auf die tradierte bürgerliche Kleinfamilie und etablierte neue Alternativmodelle des Zusammenlebens wie Wohngemeinschaften und »Ehen ohne Trauschein«, die seitdem zunehmend Verbreitung fanden.

Die dominierende Familienorientierung mit ungleicher Rollenverteilung blieb trotz unterschiedlicher politischer und ökonomischer Rahmenbedingungen in beiden deutschen Staaten erhalten. Die ausgebaute soziale Förderung und Absicherung der Frauen durch den Staat in der DDR hat nach der Vereinigung darüber hinaus dazu geführt, daß Frauen wesentlich stärker als Männer von den sozialen Folgen des ökonomischen Zusammenbruchs der DDR-Wirtschaft betroffen sind. Die 1986 für die alte Bundesrepublik konstatierte paradoxe Situation, daß die Ungleichheit der Geschlechter auf dem Arbeitsmarkt wächst, während das politische Reden über Gleichheit zunimmt (U. Frevert), hat somit im vereinigten Deutschland einen neuen, dramatischen Akzent bekommen.

Verbände, Kirchen und gesellschaftliche Bewegungen

In der DDR gab es mit Ausnahme der Kirchen keine autonomen Verbände. Alle »Massenorganisationen« wurden ebenso wie die »Blockparteien« von der SED gelenkt, so daß auf diese Weise die gesamte Gesellschaft in sehr unmittelbarer Form politischer Kontrolle unterlag.

In der Bundesrepublik dagegen bilden die Verbände einen integralen Bestandteil des politischen Systems. Gesellschaftliche Interessen organisieren sich in diesen und versuchen so, Einfluß auf politische Entscheidungen zu erlangen. Als »Herrschaft der Verbände« (Th. Eschenburg) wurde dieser Tatbestand in der Öffentlichkeit vielfach kritisiert. Andererseits ist nicht zu übersehen, daß Verbände ein legitimer Bestandteil einer pluralistischen Demokratie sind, sofern sichergestellt ist, daß ihr Einfluß nicht wild und unkontrolliert wuchert und die Durchsetzungsfähigkeit der demokratisch-legitimierten Entscheidungsträger in den Parlamenten blockiert. Dieses Kontrollproblem ist nicht gelöst und wohl kaum prinzipiell lösbar, sondern bleibt eine ständige Aufgabe im Prozeß der Entscheidungsfindung im politischen und öffentlichen Leben.

Unternehmer und Arbeitnehmer sind über die Tarifautonomie, wie sie im Grundgesetz verankert ist, als besonders wichtige Verbände gegenüber anderen herausgehoben. Ihre tarifpolitischen Entscheidungen haben noch stärker als die anderer Interessengruppen gesamtwirtschaftliche und gesellschaftliche Auswirkungen. Aber auch Interessenverbände im engeren Sinne wie der Bauernverband, der Bund der Vertriebenen oder der ADAC (der nach Mitgliedern größte Verband in der Bundesrepublik) verursachen mit der Durchsetzung ihrer speziellen Forderungen unter Umständen einschneidende Folgen für die gesamte Bevölkerung. Im zeitlichen Längsschnitt betrachtet lassen sich in der Stellung und in den Aktionsformen der Verbände im Laufe der Jahrzehnte deutliche Veränderungen erkennen.

Die westdeutschen Gewerkschaften traten mit einem umfassenden Programm der Demokratisierung der kapitalistischen Gesellschaft auf die Bühne des neuen Staates. Mitbestimmung sollte sich nicht nur auf den betrieblichen Bereich als Mitwirkung in Personalentscheidungen beschränken, sondern die gesamte Wirtschaftsordnung umfassen. Diese demokratisch-sozialistische Zielsetzung der ersten Nachkriegsjahre wurde jedoch schrittweise unter dem Zwang der sich stabilisierenden sozialen Marktwirtschaft zurückgenommen. Die Unternehmer liefen anfangs Sturm gegen dieses noch an Weimarer Zeiten erinnernde Konzept der »Wirtschaftsdemokratie«. Die Realisierung einer pseudosozialistischen Wirtschaftsordnung in der DDR lieferte geeignete politische Munition gegen alle Formen sozialistischer oder gemeinwirtschaftlicher Experimente. Obwohl gesellschaftskritische Beobachter in den 60er Jahren konstatierten, entgegen der populären Charakterisierung der Bundesrepublik als »nivellierter Mittelstandsgesellschaft« sei der Klassenkampf keineswegs zu Ende (R. Hochhuth), haben sich die Beziehungen zwischen Kapital und Arbeit, zwischen Unternehmern und Gewerkschaften versachlicht, ohne daß die strukturelle Machtverteilung sich substantiell verschoben hat.

Die weiterreichenden Formen paritätischer Mitbestimmung, die 1951 für die Montanindustrie vereinbart wurden, blieben die Ausnahme. Im Betriebsverfassungsgesetz von 1972 und dem Mitbestimmungsgesetz von 1976 hat die Kapitalseite das ausschlaggebende Gewicht behalten. Gleichwohl ist nicht zu leugnen, daß die Gewerkschaften über beträchtlichen Einfluß in der vom Staat unabhängigen Tarifpolitik und auch in der Gestaltung der betrieblichen Arbeitsverhältnisse verfügen. Das Aushandeln einer halbwegs befriedigenden Balance zwischen unterschiedlichen Interessenlagen war und ist ein konfliktreicher und schwieriger Prozeß. Im Unterschied zur Weimarer Republik hat dieser Vorgang aber die prinzipielle Zustimmung beider Tarifpartner gefunden. Gewerkschaften sind als »Gegenmacht«, die auf sozialen Ausgleich achtet, zum akzeptierten gesellschaftlichen »Ordnungsfaktor« in der kapitalistisch organisierten Wirtschaft geworden.

In der DDR gab es nie autonome Gewerkschaften. Der

1945 gegründete Freie Deutsche Gewerkschaftsbund (FDGB) war als größte Massenorganisation Transmissionsriemen der Partei, nicht unabhängige Interessenvertretung. Gleichwohl veränderte sich seine Funktion im Laufe der vier Jahrzehnte. Anfänglich vor allem politisches Propagandainstrument zur Durchsetzung der Wirtschaftspläne, entwickelte sich der FDGB mit seinen über 6,4 Millionen Mitgliedern (1964) zu einer mächtigen Großorganisation, die Tausenden von Arbeitern Aufstiegsmöglichkeiten und zusätzliche Betätigungsfelder verschaffte: im Betrieb und in der Verwaltung, in der Sozialversicherung, in den Parlamenten, bei der Ferienplatzvermittlung, in Clubhäusern usw. Das verlieh dieser Gewerkschaft trotz politischer Abhängigkeit Eigengewicht und schuf ein gewisses Maß an Loyalität zum System.

Für andere Massenorganisationen – wie die Freie Deutsche Jugend (FDJ), den Demokratischen Frauenbund Deutschlands (DFD), die Gesellschaft für Sport und Technik (GST), den Kulturbund – und für die der SED untergeordneten Blockparteien – CDU, Liberaldemokraten, Bauernpartei, Nationaldemokratische Partei – galt das in ähnlicher Weise.

Lediglich die Kirchen waren von unmittelbarer staatlicher Kontrolle ausgenommen. Insofern kommt ihnen für die gesellschaftliche Entwicklung der DDR eine herausragende Bedeutung zu. In allen Phasen der DDR-Geschichte spielten sie eine weit über den kirchlichen Raum hinausreichende Rolle. Sie standen daher stets in einem meist prekären gespannten Verhältnis zum Staat.

Während der stalinistischen Phase der 50er Jahre geriet der in seinem Selbstverständnis atheistische Staat mit den Kirchen vor allem in der Schulfrage, durch die Einführung der Jugendweihe als »Konkurrenz« zum Konfirmandenunterricht und wegen der »Jungen Gemeinden« als unabhängigen kirchlichen Jugendorganisationen in Konflikt. Hinzu kam als politisch brisantes Problem die enge Bindung der evangelischen Landeskirchen an die Bundesrepublik und die gemeinsame Dachorganisation der »Evangelischen Kirche Deutschlands« (EKD).

Da sich nach dem Mauerbau der gesamtdeutsche innerkirchliche Kontakt nicht mehr aufrechterhalten ließ, schlossen sich die Landeskirchen der DDR 1969 zu einem selbständigen »Bund der evangelischen Kirchen in der DDR« (BEK) zusammen und lösten das organisatorische Band zur EKD. Auf der Basis einer begrenzten politischen Loyalität der Kirchen zum sozialistischen Staat verbesserte sich allmählich das gegenseitige Verhältnis. »Kirche im Sozialismus« war die Formel, die in den 70er und 80er Jahren die Richtung bestimmte. Sie wurde politisch durch eine programmatische Unterredung zwischen Erich Honecker als Generalsekretär der SED und Vorsitzenden des Staatsrats der DDR und Vertretern der Landeskirche und des Kirchenbundes (unter Leitung von Bischof Albrecht Schönherr) untermauert.

Die evangelische Kirche ist auf diese Weise zu einer schwierigen Gratwanderung gezwungen worden. Sie wurde einerseits zum staatlich akzeptierten Stabilitätsfaktor, der den demokratisch nicht legitimierten Regierenden ein Stück Anerkennung bei den Regierten verschaffte. Andererseits geriet sie immer wieder in Konflikt mit einem Regime, das elementare Menschenrechte nicht achtete und das Friedenssicherung nach außen propagierte, im Innern aber Unterdrückung praktizierte. Diese Konstellation führte vor allem in den 80er Jahren dazu, daß die evangelische Kirche als organisatorische Stütze und Schutz der zahlreichen kleinen Dissidentengruppen fungierte und kirchliche Vertreter nach der Revolution eine herausgehobene Rolle bei der Rekrutierung einer neuen politischen Elite spielten.

In der Bundesrepublik ist der gesellschaftliche und politische Stellenwert der Kirchen stärker und schwächer zugleich gewesen. Die institutionelle Stärke verschaffte der katholischen und der evangelischen Kirche ein großes politisches Gewicht, das sich schon bei der Beratung des Grundgesetzes und der Landesverfassungen bemerkbar machte und vor allem in der Schulpolitik wirksam wurde. Andererseits schritt die Säkularisierung der Gesellschaft vor allem seit den 60er Jahren rapide fort, der unmittelbare kirchliche Einfluß auf Politiker und politische Parteien nahm ab. Eine bischöfliche Wahlempfehlung von der Kanzel erregte schließlich eher Ärgernis, als daß sie befolgt wurde.

Weniger in genuin politischen als in politisch relevanten ethischen Fragen wie in der erbittert geführten Auseinandersetzung um den Paragraphen 218 ist das Votum kirchlicher Funktionsträger jedoch von erheblichem Gewicht geblieben. Ungebrochen bedeutsam war darüber hinaus die soziale Rolle der Kirchen in der Hilfe für die Opfer von Kriegs- und Nachkriegselend, für die Stiefkinder des Wirtschaftswunders und die Fußkranken der Wohlstandsgesellschaft, in der Sensibilisierung der Bevölkerung für Ausländer und für die Situation der Dritten Welt. Ohne den sozialen Dienst kirchlicher Institutionen und kirchlich engagierter Bürger sähen die Familien-, Kinder- und Jugendfürsorge, die Hilfe für Kranke und Behinderte und insbesondere für die ständig wachsende Zahl von Alten in der Bundesrepublik erheblich schlechter aus, würde der Umgang mit ausländischen Gastarbeitern und Asylanten noch schwieriger sein.

Trotz schrumpfender Mitgliederzahl und wachsender religiöser Konkurrenz durch Sekten und Ersatzkulte haben beide Großkirchen somit auf sehr unterschiedliche Weise politisch und gesellschaftlich in beiden Staaten eine bedeutsame Rolle gespielt. Heute bieten die sozialen und mentalen Probleme der Vereinigung ein wichtiges Feld kirchlichen Engagements in der Gesellschaft.

Außerhalb der traditionellen Parteien- und Verbändestruktur entstanden in den 70er Jahren – aus der »außerparlamentarischen Opposition« und der Studentenbewegung hervorgegangen – neue soziale Bewegungen, die die innenpolitische Szene der Bundesrepublik beträchtlich verändert und bunter gestaltet haben. Auch in der DDR lassen sich in rudimentären Ansätzen bereits Ende der 70er Jahre solche lockeren Initiativen engagierter Bürger beobachten, die in die Vorgeschichte der Dissidentengruppen und der Revolution der DDR gehören. Die »neuen sozialen Bewegungen« lassen sich als Antworten auf Defizite im politischen System und als eine Art Frühwarnsystem für neue gesellschaftliche Probleme verstehen. Das anhaltende Wettrüsten – einen neuen Schub brachte die Aufstellung von SS-20-Raketen der Sowjetunion in Osteuropa und der DDR und der Nato-Doppelbeschluß von 1979 – rief eine breite, in sich sehr heterogene Friedensbewegung hervor, die mit spektakulären Aktionen darauf aufmerksam machen wollte, daß Friedenssicherung im Zeitalter des atomaren Pakts nicht mehr in der Form der traditionellen Konfrontation erreichbar sei.

Die gegen den Ausbau von Atomkraftwerken gerichtete Anti-AKW-Bewegung machte die schwer kalkulierbaren Gefahren der zivilen Nutzung der Atomkraft deutlich und warb für alternative Formen der Energiegewinnung. Das in den 60er Jahren in der Studentenbewegung noch kaum vorherrschende Bewußtsein für die Gefährdung der Umwelt und die Ambivalenz des technischen Fortschritts wollten die seit den 70er Jahren überall entstehenden ökologischen Gruppen wecken. Aus ihnen gingen die Grünen als politische Partei hervor, denen seit 1979 der Einzug in mehrere Landesparlamente und 1983 in den Bundestag gelang. Darüber hinaus sorgten Bürgerinitiativen (1972/1973 etwa 3000 bis 4000 mit 60 000 bis 120 000 Aktivmitgliedern) für öffentliche Diskussionen lokaler und regionaler Probleme des Umweltschutzes, der Raum- und Verkehrsplanung, der sozialen Versorgung der Bevölkerung, der Erziehung und Freizeitgestaltung von Kindern und Jugendlichen, der Integration von ausländischen Arbeitern usw.

So kurzlebig manche dieser Bewegungen sein mochten, die politische Landschaft in der Bundesrepublik veränderte sich auf diese Weise beträchtlich, die etablierten Apparate der Politik und Administration mußten sich mit diesen Formen gesellschaftlichen Engagements und Protests auseinandersetzen, das Demokratisierungspotential erhielt zumindest zeitweilig einen Entwicklungsschub. »Wenn ›Demokratiewerte‹ sich daran messen lassen«, schreibt Christian Graf Krockow rückschauend über »die Deutschen in ihrem Jahrhundert«, »daß die Menschen sich kratzbürstig ins politische Getriebe mischen und vor keiner Form von Obrigkeit in Ehrfurcht erstarren, dann sind mit ihren Jugendbewegungen vorweg die Deutschen in der Bundesrepublik immer entschiedener, mit ständig wachsenden Mehrheiten tatsächlich Demokraten geworden«.

Kultur

Deutschland als Kulturnation ist in allen Phasen der deutschen Nachkriegsgeschichte angesichts der Teilung ein oft erörtertes Thema gewesen. Konstituierte die gemeinsame Geschichte und Kultur der getrennten und sich befehdenden Staaten eine tragfähige Basis für den inneren Zusammenhalt der Nation und für die Aufrechterhaltung eines Bewußtseins dieser Gemeinsamkeit, auch wenn die Kommunikation zwischen beiden Teilen der Nation immer schwieriger wurde? Zeigte Österreich als Gegenbeispiel nicht, daß Kultur als Klammer allein nicht ausreicht? Hier sollen nur zwei Aspekte des komplexen Themas angesprochen werden: die besondere Rolle der Schriftsteller und Künstler in der DDR und der Umgang der westdeutschen Literaten mit dem Problem der deutschen Teilung.

In den ersten Nachkriegsjahren, als in der SBZ noch ein weitgehend freies, politisch kaum reglementiertes kulturelles Leben existierte, gehörte die Berufung auf das »humanistische Erbe« oder das »bürgerliche Erbe« zum festen Bestandteil der kulturellen Orientierung. Aber auch als die SED im Zuge der Stalinisierung den »sozialistischen Realismus« zum verbindlichen Konzept machte (Beschluß des ZK vom März 1951 über den »Kampf gegen den Formalismus in der Kunst und Literatur, für eine fortschrittliche deutsche Literatur«), blieb dieses Erbe für Schriftsteller, Theater und Schulen ein verpflichtender Kanon. Die in der Regel ästhetisch ungenießbaren Produkte des sozialistischen Realismus wurden zwar lautstark propagiert, faßten aber nie recht Fuß und blieben eher eine peinliche Pflichtübung. Da gleichzeitig die Abschottung vom Westen dafür sorgte, daß eine Rezeption moderner Kunst und Literatur aus ideologischen Gründen verhindert wurde, konservierte das kulturelle Leben in der DDR neben unkritischer sozialistischer Heldenverehrung stets stark traditionalistische Züge. Ideologische Kampagnen wie der »Bitterfelder Weg« 1959 (unter der Parole »Greif zur Feder, Kumpel, die sozialistische deutsche Nationalliteratur braucht Dich!«) mit dem Ziel, über schreibende Arbeiter eine neue sozialistische Kultur zu schaffen, scheiterten.

Nach dem Mauerbau und vor allen Dingen nach der zeitweiligen relativen Liberalisierung des kulturellen Lebens in den Anfängen der Ära Honecker haben Schriftsteller und Künstler eine zunehmend wichtige gesellschaftliche Rolle gespielt. Angesichts der vollständigen Kontrolle der Medien durch die Partei wurden sie zu einer Art von Ersatzöffentlichkeit. Die wirklichen und ungelösten sozialen Probleme der DDR-Gesellschaft und die Konflikte des Individuums mit dem Staat wurden am ehesten und oft verschlüsselt von Schriftstellern ausgesprochen. Prosa-Autoren wie Christa Wolf (»Nachdenken über Christa T.«) und Lyriker wie Volker Braun thematisierten in einer für die Partei provozierenden Form die Subjektivität und betonten die Autonomie des Ich gegenüber dem Kollektiv. Gesellschaftskritische Filme wiesen Mitte der 60er Jahre auf reale soziale und politische Konflikte in der auf Harmonie stilisierten DDR-Gesellschaft hin. Diese quasi-politische Rolle von Schriftstellern und Künstlern führte periodisch immer wieder zu heftigen Auseinandersetzungen, so 1965 auf dem 11. ZK-Plenum, als die SED-Führung gegen Wolf Biermann, Stefan Heym und viele andere vorging, ihnen »Skeptizismus und Nihilismus« vorwarf und Publikations- und Auftrittsverbote durchsetzte.

Nach dem Rücktritt Ulbrichts (1971) gab es zeitweilig eine Lockerung der kulturpolitischen Linie. 1972 konnte beispielsweise Ulrich Plenzdorfs »Die neuen Leiden des jungen W.« erscheinen, ein Stück, das dem Klischee einer sozialistischen Gesellschaft Hohn sprach. Der ebenfalls im Aussteigermilieu angesiedelte Film »Die Legende von Paul und Paula« wurde 1973 ein Publikumsrenner. Doch die Grenzen realsozialistischer Großherzigkeit waren eng. Die Ausbürgerung des renitenten Liedermachers Wolf Biermann 1976 sollte eine Warnung an alle sein, die sich zu weit vorwagten. Sie erwies sich aber vor allem als fataler Fehlgriff mit tiefgreifenden Konsequenzen für die innere Situation der DDR.

Es hat zwar nie eine breite Front massiv opponierender Künstler und Intellektueller in der DDR gegeben, aber der Bruch zwischen Partei und Schriftstellern ist seit der Ausbürgerung Biermanns und der Solidarisierung zahlreicher Schriftsteller und Künstler mit ihm nie mehr richtig gekittet worden. Es folgten Parteistrafen, Publikationsverbote, Ausschlüsse. Allzu unbequeme Dissidenten wurden in die Bundesrepublik mit Zwang oder Dauervisum abgeschoben. »Die Kulturlandschaft zwischen Oder und Elbe wurde dadurch ärmer, doch keineswegs ruhiger« (M. Jäger). Viele derjenigen, die blieben, sorgten mit der vorsichtigen Thematisierung brisanter Probleme für gesellschaftliche Resonanz und kritisches Bewußtsein (so Christoph Hein,

Christa Wolf, Günter de Bruyn). Charakteristisch für die DDR-Literaten war somit eine prekäre Ambivalenz ihrer Situation: Verhielten sie sich halbwegs konform, genossen sie zahlreiche Privilegien, wurden in hohen Auflagen gedruckt und waren sozial gut abgesichert. Andererseits provozierten die politischen Verhältnisse immer wieder kritische Fragen und Auseinandersetzungen, da sich nur reine Opportunisten beliebige politbürokratische Gängelung auf Dauer gefallen ließen.

In der Bundesrepublik bot die schriftstellerische und künstlerische Szene ein vollkommen anderes Bild. Niemand wurde durch Zensur ernsthaft behindert, aber das fehlende Risiko und die enorme Konkurrenz verhinderten in der Regel größere gesellschaftliche Resonanz auf kritische Literatur. Nach der politisch engagierten, ästhetisch aber oft zweitklassigen Literatur und Publizistik der frühen Nachkriegsjahre setzte in den 50er Jahren einerseits ein ästhetischer Rückzug in die »reine Kunst« ein, andererseits öffnete sich die Bundesrepublik den westlichen Einflüssen. Die in der Nazizeit erzwungene Isolierung von den verschiedenen Kunst- und Stilrichtungen der Moderne wurde aufgebrochen, die Rezeption nachgeholt. Gottfried Benns Lyrik avancierte zum Credo einer ganzen intellektuellen Generation der 50er Jahre. Die großen Prosa-Werke der westeuropäischen und amerikanischen Autoren wurden übersetzt; die im »Tausendjährigen Reich« als entartet eingestufte moderne Kunst hielt ihren zweiten, erfolgreichen Einzug in Deutschland.

Politische Themen wie der nationalsozialistische Krieg und die Teilung Deutschlands erfuhren erst auffallend spät literarische Aufmerksamkeit (Heinrich Böll, Günter Grass, Uwe Johnson). Engagement für politische – auch parteipolitische – Fragen kam in den Jahren der Studentenbewegung in Mode und klang mit dem Abflauen der euphorischen Aufbruchstimmung in den 70er Jahren deutlich wieder ab. Das Thema deutsche Teilung hat die westdeutschen Literaten eher beiläufig beschäftigt. Auf deutsch-deutschen Schriftstellerkonferenzen und -foren wurde versucht, Tabus zu diskutieren, verfolgten DDR-Künstlern Solidarität auszudrücken und – in welcher Form auch immer – politische Probleme in beiden deutschen Staaten aufzugreifen. Erst im Zuge der Renaissance einer öffentlichen Debatte über nationale Identität und Wiedervereinigung ist Ende der 80er Jahre dieser Themenkomplex auch wieder von Schriftstellern (insbesondere Martin Walser) aufgenommen worden.

Zu den gravierenden Einschnitten für die Kultur der Bundesrepublik in einem umfassenderen Sinne gehörte die Studentenbewegung in der zweiten Hälfte der 60er Jahre. Sie ist in vielen ihrer radikalen Zielsetzungen gescheitert, und ihre Bedeutung ist bis heute umstritten. Für die Veränderung von Kultur im Sinne von Lebensgefühl und Lebensstil hat die Studentenbewegung jedoch eine enorme Rolle gespielt. Auch die politische Kultur als die Dimension der subjektiven Einstellungen und Wertschätzungen gegenüber Politik ist dadurch tiefgreifend verändert worden.

In der DDR hat es ein vergleichbares Phänomen nie gegeben. Für die Entwicklung des politischen Bewußtseins hatte das gravierende Auswirkungen. Obrigkeitsstaatliche Traditionen blieben so unter den Bedingungen eines diktatorischen Systems ungebrochener und länger wirksam. Ansätze einer »zivilen Gesellschaft« konnten sich erst spät unter mutigem persönlichen Einsatz kleiner Gruppen herausbilden, als sich eine jüngere Generation immer weniger zum Arrangement mit dem »real existierenden Sozialismus« bereit zeigte und als sich die außenpolitische Konstellation in Osteuropa schrittweise wandelte.

Der innere Zerfall des real existierenden Sozialismus und die Revolution in der DDR

1976 18.–22. Mai: IX. Parteitag der SED; Honecker nunmehr Generalsekretär des ZK der SED.
18. August: In der Bundesrepublik wird mit dem Anti-Terror-Gesetz die »Bildung terroristischer Vereinigungen« unter Strafe gestellt.
29. Oktober: Volkskammer wählt Honecker zum Staatsratsvorsitzenden; Stoph wird (wieder) Vorsitzender des Ministerrates und Sindermann Präsident der Volkskammer.
16. November: Dem Liedermacher Wolf Biermann wird die Wiedereinreise in die DDR versagt.
26. November: Robert Havemann wird unter Hausarrest gestellt (am 23. August 1978 verschärft und am 9. Mai 1979 aufgehoben).
15. Dezember: Helmut Schmidt wird vom Bundestag zum Kanzler der sozialliberalen Koalition wiedergewählt.

1977 17. Februar: Honecker bestätigt, daß etwa 10 000 DDR-Bürger Ausreiseanträge gestellt hätten.
23. August: Verhaftung Rudolf Bahros (1978 zu acht Jahren Gefängnis verurteilt) wegen seines in der Bundesrepublik erschienenen regimekritischen Buches *Die Alternative* (1979 Ausbürgerung und Ausreise in die Bundesrepublik).

1978 6. März: Gespräch zwischen Honecker und dem Vorstand der Evangelischen Kirchenleitungen in der DDR unter Leitung von Bischof Albrecht Schönherr.

1979 17./18. März: »Die Grünen« gründen sich als politische Vereinigung in Frankfurt a. M.
28. Juni: Volkskammer beschließt 3. Strafrechtsänderungsgesetz (erhebliche Verschärfung des politischen Strafrechts).
12. Dezember: NATO-Doppelbeschluß zur Stationierung von atomar bestückten Mittelstreckenraketen u. a. in der Bundesrepublik.

1980 13. Januar: »Die Grünen« konstituieren sich als Bundespartei.
13. Oktober: »Abgrenzungs«-Rede (gegenüber der Bundesrepublik) Honeckers vor Parteifunktionären in Gera.

1981 11.–16. April: X. Parteitag der SED.
10. Oktober: 300 000 Menschen nehmen an einer Massendemonstration der »Friedensbewegung« gegen den NATO-Doppelbeschluß in Bonn teil.
11.–13. Dezember: Gespräche zwischen Bundeskanzler Schmidt und dem Staatsratsvorsitzenden Honecker in der DDR (währenddessen Verhängung des Kriegsrechtes in Polen).

1982 14. Februar: Friedensforum von 5000 Anhängern der unabhängigen Friedensbewegung in der Dresdener Kreuzkirche.
17. September: Austritt der vier FDP-Minister aus dem Kabinett von Bundeskanzler Schmidt, der eine SPD-Minderheitsregierung bildet.
1. Oktober: Mit den Stimmen von CDU/CSU und FDP wird Bundeskanzler Helmut Schmidt (SPD) durch ein konstruktives Mißtrauensvotum gestürzt und Helmut Kohl (CDU) zu seinem Nachfolger gewählt.
10. November: Tod Breschnews.

1983 6. März: Bei den vorgezogenen Bundestagswahlen wird die CDU/CSU-FDP-Koalition bestätigt; erstmals ziehen die Grünen in den Bundestag ein.
29. Juni: Westdeutscher Kredit von 1 Milliarde DM an die DDR bewilligt.
24. Juli: Beginn eines mehrtägigen Besuchs des bayerischen Ministerpräsidenten Strauß (CSU) in der DDR; Treffen mit Honecker.

1984 13. Februar: Gespräch zwischen Honecker und Kohl in Moskau (am Rande der Beisetzungsfeierlichkeiten für J. Andropow).
25. Juli: Kredit von 950 Millionen DM der Bundesrepublik an die DDR.
4. September: Geplanter Staatsbesuch Honeckers in der Bundesrepublik abgesagt.

1985 10./12. März: Tod Tschernenkos; Michail Gorbatschow wird neuer KPdSU-Generalsekretär; am Rande der Trauerfeierlichkeiten in Moskau Gespräch zwischen Honecker und Kohl.
4. Mai: Besuch Honeckers bei Gorbatschow.
8. Mai: Vielbeachtete Gedenkrede des Bundespräsidenten R. von Weizsäcker anläßlich des 40. Jahrestages der deutschen Kapitulation.

1986 19. Februar: Horst Sindermann, Präsident der Volkskammer, trifft als bisher ranghöchster DDR-Politiker zu Besuch in Bonn ein.
6. Mai: Kulturabkommen zwischen beiden deutschen Staaten nach 12jährigen Verhandlungen unterzeichnet.

1987 7.–11. September: Erich Honecker als erster Staats- und Parteichef der DDR zu offiziellem Besuch in der Bundesrepublik.
8.–10. Dezember: Michail Gorbatschow und Ronald Reagan unterzeichnen in Washington einen Vertrag zur Beseitigung der Mittelstreckenraketen (INF).

1988 17. Januar: Am Rande der Luxemburg-Liebknecht-Demonstration in Ost-Berlin verhaftet der DDR-Staatssicherheitsdienst etwa 120 Menschen, die sich unter dem Motto »Freiheit ist immer Freiheit des Andersdenkenden« beteiligen wollten.
29. Mai: Honecker erklärt in einem Gespräch mit Heinz Galinski (Vorsitzender des Zentralrates der Juden in Deutschland) erstmals die Bereitschaft der DDR, Entschädigungen für die von Deutschen am jüdischen Volk begangenen Verbrechen zu zahlen.
25. Juni: Gemeinsame Erklärung von Vertretern der Europäischen Gemeinschaft (EG) und des Rates für Gegenseitige Wirtschaftshilfe (RGW) über die Aufnahme offizieller Beziehungen.
15. August: Aufnahme diplomatischer Beziehungen zwischen der DDR und der EG.
9./10. November: Kanzleramtsminister Schäuble zu Gesprächen mit Honecker in Ost-Berlin.

1989 7. Mai: Nach den Kommunalwahlen in der DDR (98,85 % für die Einheitsliste der Nationalen Front) sprechen Bürgerrechtler und Kirchenvertreter von Wahlfälschung.

10./11. September: Ungarn genehmigt allen DDR-Flüchtlingen die Ausreise in den Westen; Tausende DDR-Bürger treffen in Bayern ein. Das »Neue Forum« gründet sich bei Ost-Berlin; dessen Antrag auf offizielle Zulassung wird vom DDR-Innenministerium am 21. September abgelehnt.
2. Oktober: Die bisher größte Demonstration für Demokratie in der DDR (etwa 20 000 Teilnehmer) wird von der Leipziger Polizei gewaltsam aufgelöst.
7. Oktober: Besuch Michail Gorbatschows in Ost-Berlin anläßlich der Feiern zum 40jährigen Bestehen der DDR. Gründung der »Sozialdemokratischen Partei in der DDR« (SDP).
16. Oktober: In Leipzig demonstrieren 120 000 Menschen für Demokratie und Reformen.
18./24. Oktober: Egon Krenz löst Erich Honecker als Staats- und Parteichef ab.
4. November: 500 000 Menschen demonstrieren in Ost-Berlin für demokratische Reformen.
9. November: DDR-Führung gibt Grenzöffnung zur Bundesrepublik und zu West-Berlin bekannt.
13. November: Hans Modrow wird neuer DDR-Ministerpräsident.
1. Dezember: DDR-Volkskammer streicht Führungsanspruch der SED aus der Verfassung.

1990 15. Januar: 150 000 Menschen demonstrieren in Leipzig für die Wiedervereinigung; Ministerpräsident Modrow regt Teilnahme des Runden Tisches an der Regierungsarbeit an; ab 5. Februar Regierungsbeteiligung von Vertretern der Opposition.
10. Februar: Bundeskanzler Kohl erhält in Moskau von Gorbatschow die Zusage, daß sich die UdSSR der deutschen Einheit nicht in den Weg stellen werde.
18. März: Bei den ersten freien Wahlen zur DDR-Volkskammer erhält die konservative »Allianz für Deutschland« 48,15 %; die SPD 21,84 %.
12. April: Lothar de Maizière (CDU) wird neuer DDR-Ministerpräsident an der Spitze einer Großen Koalition.
18. Mai: Unterzeichnung des deutsch-deutschen »Staats-

vertrages über die Währungs-, Wirtschafts- und Sozialunion«, der am 1. Juli in Kraft tritt.
22./23. August: Volkskammer-Beschluß über Beitritt der DDR zur Bundesrepublik nach Art. 23 des Grundgesetzes.
3. Oktober: Beitritt der DDR zur Bundesrepublik Deutschland.

Die DDR ist in der Endphase der Ära Honecker durch zwei Problemkonstellationen geprägt worden, für die die SED keine Lösungen mehr fand: erstens die innenpolitischen Schwierigkeiten aufgrund eines überzogenen und nichtfinanzierbaren sozialpolitischen Programms und zweitens der äußere Reformdruck, der seit Gorbatschows Aufstieg und den Reformbewegungen in Polen und Ungarn den orthodoxen Sozialismus der DDR destabilisierte.

1971 verkündete der VIII. Parteitag das Ende des ökonomischen Reformexperimentes NÖSPL (Neues ökonomisches System der Planung und Leitung) von 1963, das auf mehr Spielraum der Betriebe gegenüber der Planungszentrale und auf Beachtung von Rentabilitätskriterien gesetzt hatte. Die direkte Planung des Wirtschaftsprozesses von oben wurde wieder verstärkt, große Betriebe wurden nach Produktionsschwerpunkten zu riesigen Kombinaten als sozialistische Konzerne zusammengefaßt. Zunächst schien der neue Anlauf erfolgreich zu sein, so daß sich das ehrgeizige Programm einer konsequenten Ausrichtung der Wirtschaft an erweiterten sozialpolitischen Zielsetzungen (»Einheit von Wirtschafts- und Sozialpolitik«) finanzieren ließ. Mit den auch für die sozialistischen Staaten einschneidenden Konsequenzen der westlichen Ölkrisen von 1973/1974 und 1978/1979 geriet das ökonomische Fundament der DDR jedoch zunehmend ins Wanken, weil die Führung sich entschloß, den entstandenen Kostendruck durch Subventionen aufzufangen, um den Lebensstandard nicht senken zu müssen. Kredite aus dem Westen, Drosselung der Westimporte, um die Schulden abzubauen, und Fortsetzung eines großangelegten Wohnungsprogramms, weitere Subventionierung von Lebensmitteln (1976 z. B. etwa 7 Milliarden Mark), Mieten sowie des öffentlichen Verkehrs führten in Verbindung mit dem Aufbau einer kostspieligen eigenen Computerindustrie zu einer Überforderung der wirtschaftlichen Ressourcen, zum Leben auf Pump und Wirtschaften auf Kosten der Substanz. Welches Ausmaß von Verfall an Industrieanlagen, Gebäuden und Verkehrswegen daraus resultierte und welche ökologischen Schäden entstanden, ist erst nach der Revolution völlig deutlich geworden, als Wirtschaftsstatistiken nicht mehr gefälscht und Umweltdaten nicht mehr wie Staatsgeheimnisse gehütet wurden.

Ob dieses Wirtschafts- und Gesellschaftssystem reformierbar gewesen wäre, ist zweifelhaft. Unter den gegebenen politischen Umständen stand es in den 80er Jahren bereits vor dem Kollaps, der nur dank westdeutscher Kredithilfe noch verdeckt wurde. Den schnellen Todesstoß versetzte der DDR aber erst die Herbstrevolution, die aus dem Druck der Fluchtbewegung des Sommers 1989 und der Massendemonstrationen, die eine politische »Wende« einforderten, hervorging.

Gorbatschows Umbauprogramm, das mit den Schlagworten »neues Denken«, »Perestroika« und »Glasnost« seit 1986 weltweit Popularität gewann, setzte die Gültigkeit der »Breschnew-Doktrin« (der begrenzten Souveränität der ostmitteleuropäischen Staaten im sowjetischen Einflußbereich) außer Kraft. Ohne Intervention oder Drohung damit konnten sich jetzt die Reformbewegungen in Polen und Ungarn selbst mit ihren innenpolitischen Gegnern, den kommunistischen Regierungen, auseinandersetzen. Für die DDR blieb das nicht ohne innere Rückwirkungen. Der Ruf nach Reformen des politischen Systems und seiner überalterten, immer selbstherrlicher agierenden

Führung unter Partei- und Staatschef Erich Honecker ließ sich auf die Dauer nicht mehr unterdrücken. Die Staatssicherheitspolizei (Stasi) versuchte zwar, durch den Ausbau ihres Apparates (1989 gab es 91 000 hauptamtliche Mitarbeiter, dazu 174 200 inoffizielle Mitarbeiter, IM) und eine völlig groteske Ausmaße annehmende Überwachungs- und Unterdrückungspraxis jede politische Opposition und Dissidenz im Keim zu ersticken oder zu kontrollieren. Das gelang jedoch immer weniger: Trotz Information und Kontrolle wuchs die Zahl der »feindlich-negativen Gruppen in personellen Zusammenschlüssen« (so der Stasi-Jargon) ständig an. Die Führungsspitze der SED sah sich jedoch nicht zu einer Kursänderung veranlaßt. So trat ein, was Gorbatschow mit seiner berühmt gewordenen Formulierung anläßlich seines Staatsbesuches zu den Feierlichkeiten des 40. Jahrestages der DDR-Gründung prophezeite: »Wer zu spät kommt, den bestraft das Leben!«

Eine angemessene Analyse des Endes der DDR muß einerseits die längerfristigen strukturellen Defizite aufzeigen, die den Zusammenbruch unvermeidlich machten. Da damit jedoch weder Zeitpunkt noch Form des Umbruchs zu erklären sind, muß der Blick genauso auf die friedliche Revolution gerichtet werden, die den schnellen Umsturz der SED-Herrschaft herbeiführte.

Die innere Konstellation des Herbstes 1989 war durch zwei Elemente geprägt, die sich mit den aufeinander bezogenen Demonstrationsparolen »Wir wollen raus« und »Wir bleiben hier« prägnant veranschaulichen lassen. Der Abbau des Stacheldrahtes an der ungarisch-österreichischen Grenze im Mai und die endgültige Öffnung dieser Grenze am 10. September 1989 führten ebenso wie die Massenflucht von DDR-Bürgern in die westdeutschen Botschaften in Prag und Warschau zu einer chaotischen und politisch kaum noch steuerbaren Entwicklung. Die zur Flucht entschlossenen DDR-Bürger waren nur noch mit einem rigorosen Verbot von Reisen nach Ungarn und in die Tschechoslowakei abzuhalten. Diesen Schritt wagte jedoch das Regime nicht

Die dramatisch anwachsende Fluchtbewegung wurde ergänzt durch die unter den Parolen »Wir bleiben hier« und »Wir sind das Volk« zuerst auf den Leipziger Montags-Demonstrationen erhobene Forderung nach demokratischen Reformen. Als am 9. Oktober in Leipzig eine große Massendemonstration trotz riesigen Aufgebots von Polizei und Betriebskampfgruppen friedlich verlief und der befürchtete Schießbefehl ausblieb, war der Damm gebrochen. In vielen Städten der DDR fanden in den folgenden Wochen Demonstrationen mit ständig wachsenden Teilnehmerzahlen statt. Innerhalb weniger Tage brach das scheinbar so festgefügte Regime der SED zusammen, Honecker wurde vom Politbüro gestürzt und für kurze Zeit durch Egon Krenz ersetzt, bis dieser im Dezember durch den als Reformer geltenden Dresdener SED-Bezirkschef Hans Modrow abgelöst wurde. Die unter nicht genau geklärten Umständen am 9. November 1989 erfolgte Öffnung der Mauer in Berlin löste jedoch eine Welle nationaler Begeisterung aus, die in kurzer Zeit eine solche Eigendynamik gewann, daß alle Forderungen nach grundlegenden Reformen der DDR von den Rufen »Wir sind ein Volk« und »Deutschland einig Vaterland« übertönt wurden. Das Ende einer eigenständigen DDR zeichnete sich ab, auch wenn man zunächst überall in Ost und West von langen Zeiträumen für eine Vereinigung – mit der Zwischenstufe einer Konföderation – ausging. Die politische Revolution schlug in eine nationale Revolution um.

Eine Erklärung für diesen Umschlag und auch für das in der ersten Hälfte des Jahres 1990 immer schneller werdende Tempo des Vereinigungsprozesses ist nicht einfach. Der Druck, der von dem ungebremsten Strom von Übersiedlern in die Bundesrepublik ausging, war nur oberflächlich gesehen der entscheidende Faktor der Tempobeschleunigung. Wichtiger dürfte gewesen sein, daß die Öffnung der Mauer und die anschließenden millionenfachen Reisen der früher eingesperrten DDR-Bürger in die Bundesrepublik neben Wut und Verbitterung über das SED-Regime und über den plötzlich offen zutage tretenden wirtschaftlichen und ökologischen Zustand der DDR auch Resignation produzierte. Der unübersehbaren Misere war – dieser Eindruck mußte sich aufdrängen – nur durch schnelle Hilfe aus dem Westen beizukommen. Insofern bot die nationale Forderung nach Einheit die einzige realistische soziale Zukunftsperspektive.

Ohne Zweifel hat die »deutsche Frage« als politisch erzwungene Teilung der Nation in der 40jährigen Existenz der DDR stets eine ungleich gewichtigere Bedeutung für die Bevölkerung gehabt als in der Bundesrepublik. Gleichwohl läßt sich ehrlicherweise nicht bestreiten, daß sich die Menschen in beiden Teilen Deutschlands in ihrer großen Mehrheit prinzipiell längst mit dem Faktum der Zweistaatlichkeit abgefunden hatten. Nicht abgefunden hatten sich die DDR-Bürger mit dem extremen und eher größer als kleiner gewordenen Wohlstandsgefälle und mit einem starrsinnigen, zu technologischer Innovation und politischen Reformen unfähigen Regime, das inmitten eines radikalen Umbauprozesses in Osteuropa verzweifelt auf seinen orthodoxen Positionen zu beharren versuchte.

Die alte und die neue Bundesrepublik

Die äußere und innere Entwicklung der 1949 als Provisorium geschaffenen Bundesrepublik ist zwar im wesentlichen aus der schon vor der Staatsgründung erfolgten Option für den Westen zu erklären, zugleich aber hat die Teilung Deutschlands und die unmittelbare Konfrontation der Bonner Republik mit der kommunistischen DDR zur

Akzeptanz der parlamentarischen Demokratie im zweiten Anlauf erheblich beigetragen.

Die bundesrepublikanische Gesellschaft, die sich schließlich in ihrem Teilstaat häuslich eingerichtet hatte, stand nach der Herbstrevolution von 1989 in der DDR durch den Wunsch der großen Mehrheit der ostdeutschen Bevölkerung nach nationaler Einheit vor einer Herausforderung, auf die sie nicht vorbereitet war. Der in atemberaubendem Tempo verlaufende Einigungsprozeß vollzog sich jedoch angesichts der Bedeutung dieses historischen Ereignisses in bemerkenswert unspektakulären Formen. Nicht nationalistischer Überschwang prägte den Vorgang, sondern – neben echter Freude und Erleichterung – Nüchternheit, vielfach auch Skepsis und Desinteresse.

Der Prozeß der Wiederherstellung der Einheit ist hier nicht mehr darzustellen. Zwei der wichtigsten Faktoren sind jedoch zu nennen:

1. die Zustimmung der früheren Kriegsalliierten und Besatzungsmächte zur deutschen Vereinigung in sogenannten »zwei plus vier Verhandlungen«, in denen die internationalen Rahmenbedingungen für die deutsche Einheit festgelegt wurden. Dazu gehörte nicht zuletzt, daß der Bundestag und die Volkskammer am 21. Juni 1990 in gleichlautenden Erklärungen die deutsch-polnische Grenze entlang der Oder-Neiße endgültig akzeptierten.

2. die Währungsunion von Bundesrepublik und DDR, die am 1. Juli 1990 in Kraft trat. Damit war ein einheitliches Währungsgebiet geschaffen, das schnell nach einer politischen Form verlangte. Mit dem Beitritt der DDR zur Bundesrepublik gemäß Art. 23 des Grundgesetzes am 3. Oktober 1990 wurde die Wiederherstellung eines einheitlichen Staates formal vollendet.

Die eigentlichen Probleme waren damit allerdings in keiner Weise gelöst. Wie schwierig sich der Prozeß des Zusammenwachsens zweier Teile einer Nation, die über

40 Jahre gespalten war, gestalten sollte, hat sich in der Folgezeit viel deutlicher gezeigt, als die meisten zunächst im Überschwang der neuerrungenen Einheit vermuteten.

Daß die Zweistaatlichkeit Deutschlands, die vor 1989 kaum jemand ernsthaft in Frage stellen wollte, plötzlich ihr Ende fand und aus dem Teilstaat Bundesrepublik die neue Bundesrepublik als Nationalstaat wurde, sollte jedoch nicht dazu führen, deutsche Geschichte nach 1945 nun in der Weise umzuschreiben, daß sie entsprechend der Präambel des Grundgesetzes auf die Wiederherstellung der Einheit zulaufen mußte. Sicher wird sich künftig unser Bild deutscher Nachkriegsgeschichte wieder stärker an der Verklammerung beider Teilstaaten orientieren, der Geschichte eines mißlungenen totalitär-sozialistischen und eines im großen und ganzen geglückten demokratischen Experiments, die beide als verschiedenartige Antworten auf das Scheitern der Weimarer Republik und das Fiasko des Nationalsozialismus verstanden wurden.

Literaturhinweise

Bender, Peter: Neue Ostpolitik. Vom Mauerbau bis zur Vereinigung. 3., überarb. und erw. Neuausg. München 1995.

– Episode oder Epoche? Zur Geschichte des geteilten Deutschland. München 1996.

Benz, Wolfgang: Deutschland seit 1945. Entwicklungen in der Bundesrepublik und in der DDR. Chronik – Dokumente – Bilder. München 1990.

Broszat, Martin / Weber, Hermann (Hrsg.): SBZ-Handbuch. Staatliche Verwaltungen, Parteien, gesellschaftliche Organisationen und ihre Führungskräfte in der sowjetischen Besatzungszone Deutschlands 1945–1949. München 1990.

Fischer, Alexander (Hrsg.): Ploetz. Die Deutsche Demokratische Republik. Daten – Fakten – Analysen. Freiburg i. Br. / Würzburg 1988.

Glaeßner, Gert-Joachim (Hrsg.): Die DDR in der Ära Honecker. Politik – Kultur – Gesellschaft. Opladen 1988.

Görtemaker, Manfred: Geschichte der Bundesrepublik Deutschland. Von der Gründung bis zur Gegenwart. München 1999.

Hertle, Hans-Hermann / Jarausch, Konrad H. / Kleßmann, Christoph (Hrsg.): Mauerbau und Mauerfall. Ursachen – Verlauf – Auswirkungen. Berlin 2002.

Hertle, Hans-Hermann / Wolle, Stefan: Damals in der DDR. Alltag im Arbeiter- und Bauernstaat. München 2004.

Hoffmann, Dierk / Schmidt, Karl-Heinz / Skyba, Peter (Hrsg.): Die DDR vor dem Mauerbau. Dokumente zur Geschichte des anderen deutschen Staates, 1949–1961. München 1993.

Jarausch, Konrad H.: Die Umkehr. Deutsche Wandlungen 1945 bis 1995. München 2004.

Judt, Matthias (Hrsg.): DDR-Geschichte in Dokumenten. Beschlüsse, Berichte, interne Materialien und Alltagszeugnisse. Berlin 1997.

Kaelble, Hartmut / Kocka, Jürgen / Zwahr, Hartmut (Hrsg.): Sozialgeschichte der DDR. Stuttgart 1994.

Kielmansegg, Peter Graf: Nach der Katastrophe. Eine Geschichte des geteilten Deutschland. Berlin 2000.

Kleßmann, Christoph: Zwei Staaten, eine Nation. Deutsche Geschichte 1955–1970. 2., überarb. und erw. Ausg. Bonn 1997.

Kleßmann, Christoph: Die doppelte Staatsgründung. Deutsche Geschichte 1945–1955. 5., überarb. und erw. Ausg. Bonn 1991.
Kleßmann, Christoph / Wagner, Georg: Das gespaltene Land. Leben in Deutschland 1945–1990. Texte und Dokumente. München 1993.
Korte, Karl-Rudolf: Deutschlandpolitik in Helmut Kohls Kanzlerschaft. Regierungsstil und Entscheidungen 1982–1989. Stuttgart 1998.
Kowalczuk, Ilko-Sascha: 17. 6. 1953 – Volksaufstand in der DDR. Ursachen – Abläufe – Folgen. Bremen 2003.
Mählert, Ulrich: Kleine Geschichte der DDR. 4., überarb. Ausg. München 2004.
Mitter, Armin / Wolle, Stefan: Untergang auf Raten. Unbekannte Kapitel aus der DDR-Geschichte. Gütersloh 1993.
Schöllgen, Gregor: Geschichte der Weltpolitik von Hitler bis Gorbatschow 1941–1991. München 1996.
Schwarz, Hans-Peter: Anmerkungen zu Adenauer. Stuttgart 2004.
Sontheimer, Kurt: Die Adenauer-Ära. Gründung der Bundesrepublik. München 1991.
Sontheimer, Kurt / Bleek, Wilhelm: Grundzüge des politischen Systems der Bundesrepublik Deutschlands. Neuausg. München 1998.
Staritz, Dietrich: Geschichte der DDR 1945–1985. Frankfurt a. M. [2]1987.
Steiner, André: Von Plan zu Plan. Eine Wirtschaftsgeschichte der DDR. Stuttgart 2004.
Steininger, Rolf: Deutsche Geschichte 1945–1961. Darstellung und Dokumentation in zwei Bänden. Frankfurt a. M. 1983.
Timmermann, H. (Hrsg.): Deutschland nach dem 2. Weltkrieg. Entwicklungen, Verflechtungen, Konflikte. Saarbrücken 1990.
Weber, Hermann (Hrsg.): DDR. Dokumente zur Geschichte der Deutschen Demokratischen Republik 1945–1985. München 1986, [3]1987.
– DDR. Grundriß der Geschichte 1945–1990. Vollst. überarb. und erw. Neuaufl. Hannover 1991.
Weidenfeld, Werner / Zimmermann, Hartmut (Hrsg.): Deutschland-Handbuch. Eine doppelte Bilanz 1949–1989. Bonn 1989.
Wolle, Stefan: Die heile Welt der Diktatur. Alltag und Herrschaft in der DDR 1971–1989. Berlin 1998.

Anfänge der Berliner Republik (1990–2005)

Von Konrad H. Jarausch

Epochenüberblick

Der Zusammenbruch des Kommunismus in Europa veränderte die Rahmenbedingungen für die Entwicklung Deutschlands im 21. Jahrhundert grundlegend. Zwar stoppte das Ende des Kalten Krieges das Wettrüsten der Supermächte und vertrieb die Angst vor einem nuklearen Armageddon. Auch bescherte der Zerfall des russischen Imperiums den Vasallenstaaten in Ostmitteleuropa die Möglichkeit unabhängiger Entwicklung und erleichterte ihre Rückkehr nach Europa. Zudem führte der Kollaps der Sowjetunion zu einer unipolaren Welt mit einer einzigen verbliebenen Hegemonialmacht – den Vereinigten Staaten von Amerika. Aber diese Veränderungen schufen auch neue Probleme, denn die antiwestlichen Ressentiments fundamentalistischer Muslime schürten einen weltweiten Terrorismus. Gleichzeitig verschärfte die Ausweitung des Freihandels im Rahmen der GATT-Verhandlungen den globalen Wirtschaftswettbewerb, der die bestehenden Sozialsysteme der entwickelten Industriestaaten bedrohte. Die Geschichte hörte also nicht auf – sie gewann nur eine andere, unerwartete Gestalt.

Einerseits bot die neue Konstellation erhebliche Chancen für die deutsche Politik, über eine Auseinandersetzung mit den Folgen des selbstverschuldeten Zweiten Weltkriegs hinauszugehen. So gewann die vereinigte Bundesrepublik durch den Abzug der Roten Armee im Jahre 1994 die Militärhoheit über ihr Staatsgebiet wieder. Auch stellte die Überwindung der langjährigen Teilung einen verkleinerten Nationalstaat her, diesmal aber mit von allen Seiten anerkannten Grenzen. Dadurch erhielten die Ostdeutschen trotz aller mit der Vereinigung verbundenen Schwierigkeiten endlich die Chance, an dem materiellen Wohlstand und der politischen Freiheit ihrer westdeutschen Verwandten teilzuhaben. Wie die ostmitteleuropäischen Dissidenten erhofft hatten, beseitigte die deutsche Vereinigung auch die Hindernisse für die Reintegration ihrer Länder in die europäische Entwicklung. Deutschland entkam seiner schwierigen Grenzlage und erlangte seine zentrale Position in Europa wieder, die gleichzeitig auch eine erhöhte Verantwortung mit sich brachte.

Andererseits entstanden durch den Umbruch aber auch neue Schwierigkeiten, mit denen die Bundesrepublik noch gegenwärtig zu kämpfen hat. Da die Wunden der Teilung tiefer als erwartet waren, verschlang ihre Heilung auch mehr Ressourcen als vorausgesagt. Die unverhoffte Einheit stellte die in postnationalen Kategorien denkenden westdeutschen Intellektuellen vor die Herausforderung einer Neugründung des Nationalstaats, auf die sie nicht vorbereitet waren. Die Verstärkung der Machtbasis vergrößerte im In- und Ausland Erwartungen an eine deutsche Führungsrolle in Europa und löste eine intensive Debatte über eine Neubestimmung des deutschen Verhaltens in der internationalen Politik aus. Der Zerfall des jugoslawischen Gesamtstaats und die Ausbreitung des islamistischen Terrorismus weckten internationale Wünsche nach einem deutschen Beitrag zu gemeinsamen Militäraktionen, die mit der Tradition bundesrepublikanischer Enthaltsamkeit brachen. Der Wettbewerbsdruck der Globalisierung stellte schließlich das Überleben des vielberufenen »Modell Deutschland« selbst in Frage.

Die mit diesen Veränderungen verbundenen Hoffnungen und Ängste verdichteten sich in dem Schlagwort einer »Berliner Republik«, das als Kürzel für den Neubeginn diente. Dieser von dem Journalisten Johannes Gross geprägte Begriff sollte den Unterschied zu der Selbstbescheidung der mit der Provinzstadt Bonn verbundenen alten Bundesrepublik andeuten und einen urbaneren, weltoffeneren Politikstil markieren. In den Feuilletons rief der mit knapper Bundestagsmehrheit vom Juni 1991 beschlossene Umzug der Bundesregierung in die alte Hauptstadt unterschiedliche Assoziationen hervor: Einerseits konnte man Berlin als Symbol des preußischen Militarismus, wilhelminischer Hybris und nationalsozialistischen Genozids anprangern, andererseits aber auch als Hort der Weimarer Demokratie, kultureller Innovation und des Freiheitswillens gegenüber dem Kommunismus verteidigen. Bei dieser Debatte ging es weniger um die korrekte Geschichtsbetrachtung als um alternative Entwürfe der Zukunft des vereinten Landes.

Anderthalb Jahrzehnte nach der »friedlichen Revolution« bleibt eine abgeklärte Beurteilung dieser Epoche der »neuesten Zeitgeschichte« (H.-P. Schwarz) schwierig. Noch fehlt die zeitliche Distanz, um kurzfristige Konsequenzen von langfristigen Folgen unterscheiden zu können. Auch ist der Quellenzugang blockiert, denn die west- und gesamtdeutschen Archive sind nach der 30-Jahres-Regel weiterhin geschlossen. Da aber in der Mediengesellschaft kaum etwas geheim bleibt, spiegeln die führenden Presseorgane zumindest die Umrisse der großen Entwicklungen wider. Ebenso suggerieren sozialwissenschaftliche Analysen erste Anhaltspunkte für Interpretationen. Auf dieser vorläufigen Informationsbasis lassen sich drei Leitfragen für die Jahre 1990 bis 2005 formulieren: Wie wurde die erweiterte Bundesrepublik mit den Folgen der unerwarteten Vereinigung fertig? Welches neue Selbstverständnis entwickelte sich aus den veränderten Möglichkeiten und Anforderungen? Und womit versuchte Deutschland seine soziale Marktwirtschaft für den Globalisierungswettbewerb tauglich zu machen?

Von Bonn nach Berlin

1990 3. Oktober: Beitritt der DDR zur Bundesrepublik.
2. Dezember: Bundestagswahl, deutlicher Sieg der CDU/FDP-Koalition mit 397 von 662 Sitzen, Helmut Kohl bleibt Bundeskanzler.

1991 17. Januar: Erster Irak-Krieg ohne direkte militärische deutsche Beteiligung.
8. März: Verabschiedung des Programms »Aufbau Ost«.
21. Dezember: Auflösung der Sowjetunion, Gründung der »Gemeinschaft unabhängiger Staaten« (GUS).

1992 7. Februar: Unterzeichnung des Vertrags von Maastricht.
30. Juni: Entscheidung zum Aufbau der Pflegeversicherung.

1993 13. März: Vereinbarung zur Schaffung des Solidarpakts zur Finanzierung der Einheit.
26. Mai: Kompromiß über ein Gesetz zur Einschränkung des Asylrechts.
29. Mai: Brandanschlag auf ein von Türken bewohntes Haus in Solingen.

1994 12. Juli: Billigung der Auslandseinsätze der Bundeswehr durch das Bundesverfassungsgericht.
17. Juni: Abschlußbericht der Enquete-Kommission zur SED-Diktatur.
16. Oktober: Bundestagswahl, knapper Sieg der CDU/FDP-Koalition mit 341 von 672 Sitzen, Helmut Kohl bleibt Bundeskanzler.

1995 1. Januar: Beitritt von Österreich, Schweden und Finnland zur EU.
26. März: Freier Grenzverkehr nach Inkraftsetzung des Schengen-Abkommens.
30. August: Bundeswehreinsatz in Bosnien-Herzegowina.

1996 1. Januar: Privatisierung der Bundespost.

1997 26. April: Aufruf von Bundespräsident Roman Herzog zur Reform (»Ruck-Rede«).

1998 1. Januar: Arbeitsaufnahme der Europäischen Zentralbank in Frankfurt a. M.

26. März: Zustimmung des Bundestags zur Osterweiterung der NATO.

27. September: Bundestagswahl, Sieg der SPD/Grüne-Koalition mit 345 von 669 Sitzen, Gerhard Schröder wird Bundeskanzler und Joschka Fischer Außenminister.

1999 24. März: Bundeswehrbeteiligung am NATO-Krieg gegen Serbien zur Befriedung des Kosovo.

19. April: Eröffnung des Reichstags, Regierungsumzug nach Berlin.

2000 18. Januar: Rücktritt von Helmut Kohl als Ehrenvorsitzender der CDU aufgrund der Parteispendenaffäre.

6. Juli: Entschädigung der NS-Zwangsarbeiter durch 10 Milliarden Euro.

13. Dezember: Umstrittene Wahl von George W. Bush zum US-Präsidenten.

2001 11. September: Angriff von Al-Qaida auf die Türme des World Trade Centers in New York.

16. November: Zustimmung des Bundestags zum Afghanistan-Einsatz der Bundeswehr.

4. Dezember: Enttäuschendes Abschneiden deutscher Schüler im internationalen PISA-Vergleich.

2002 1. Januar: Einführung des Euro als neue europäische Währung in 12 Ländern.

5. August: Ablehnung deutscher Beteiligung am US-Angriff auf Irak durch Bundeskanzler Schröder.

22. September: Bundestagswahl, überraschender Wahlsieg der rot-grünen Koalition mit 306 von 603 Sitzen, Gerhard Schröder bleibt Bundeskanzler.

2003 14. März: Vorstellung der Agenda 2010 im Bundestag.

20. März: Beginn des zweiten Irak-Krieges.

14. Dezember: Kompromiß im Vermittlungsausschuß über »Hartz IV«-Vorschläge zur Reform des Arbeitsmarkts und zur Steuerreform.

2004 26. April: Ankündigung des Kompromisses über das Einwanderungsgesetz.

6. Februar: Rücktritt Gerhard Schröders vom SPD-Parteivorsitz

1. Mai: Beitritt zehn neuer, meist osteuropäischer Staaten zur EU.

2005 2. Februar: Neuer Rekord der Arbeitslosigkeit von 5,22 Millionen.
30. Mai: Klarer CDU-Sieg bei der Landtagswahl in Nordrhein-Westfalen.
18. September: Vorgezogene Bundestagswahl, knapper Sieg der CDU (226 Sitze), aber aufgrund des Patts zwischen den Lagern Bildung einer großen Koalition mit der SPD (222 Sitze), Kanzlerin wird Angela Merkel.

Ambivalente Folgen der Vereinigung

Schon die Verwandlung des äußeren Erscheinungsbilds von Ostdeutschland in den anderthalb Jahrzehnten seit 1990 gibt Aufschlüsse über die ungleiche räumliche Auswirkung des Vereinigungsprozesses. In den westlichen Bundesländern änderte sich zumindest äußerlich wenig – bis auf einige Verkehrsverbindungen, die wiedereröffnet wurden, und die Zonenrandgebiete, die sich plötzlich mitten im Lande befanden. Im Osten war die Umgestaltung dagegen dramatisch: Bunte Farben auf maroden Häuserwänden signalisierten deren Sanierung, attraktive Auslagen in Geschäften illustrierten verbesserte Einkaufsmöglichkeiten, schicke Autos auf den Straßen demonstrierten die gewonnene Mobilität. Gleichzeitig verfielen aber von der Roten Armee oder der NVA geräumte Kasernen, verkamen frühere Stasi-Objekte und wurden zahlreiche Kulturhäuser oder Kindertagesstätten geschlossen. Riesige stillgelegte Industrieanlagen kontrastierten mit wenigen neuen Fabrikgebäuden, denn es dominierten eher Einkaufszentren mit Heimwerkermärkten. Zwar wurde die Infrastruktur oft moderner als im Westen, aber viele Landstriche blieben von den von Kanzler Kohl versprochenen »blühenden Landschaften« weit entfernt.

Im Bereich der Politik wirkte sich die Vereinigung eher

positiv auf die Chancen zur Beteiligung aus, obwohl auch hier manche Hoffnungen enttäuscht wurden. Die Übertragung des bewährten westdeutschen Grundgesetzes auf die neuen Bundesländer garantierte diejenigen Bürgerrechte, für die viele Oppositionelle im Herbst 1989 demonstriert hatten. Allerdings wurde dadurch der innovative Verfassungsentwurf des Runden Tisches vom Frühjahr 1990 ignoriert und auch die Möglichkeit weiterer Veränderung nach der Vereinigung kaum genutzt, denn konservative Juristen blockierten jede Ausweitung der Verfassungsziele und Partizipationsformen. Die Übertragung der westdeutschen Justizverwaltung auf den Osten und die Stasi-Überprüfung der Justiz verbesserten zweifellos die Rechtssicherheit – aber die Inanspruchnahme juristischer Verfahren verlangte von den Betroffenen Kenntnisse der neuen Regeln sowie genügend Geldmittel. Deswegen formulierte Bärbel Bohley etwas sarkastisch, die Bürgerbewegung hätte Gerechtigkeit gewollt, aber den Rechtsstaat bekommen.

Die Wiederbelebung der parlamentarischen Demokratie und die Wiederherstellung der ostdeutschen Länder beschleunigten zwar die staatliche Vereinigung, erfüllten aber nicht alle Wünsche nach größerer Selbstbestimmung. Die Übernahme der repräsentativen Demokratie aus dem Westen stellte ein erprobtes Institutionengefüge zur Verfügung, ließ jedoch kaum Raum, die Erfahrung direkter Bürgerbeteiligung im demokratischen Aufbruch einzubringen. Auch bot die Wiedererrichtung der bis 1952 geltenden Länderstrukturen den verunsicherten Bürgern eine regionale Heimat im vereinigten Deutschland, aber diese Einheiten erwiesen sich als zu klein, um im kompetitiven Föderalismus einen ausreichenden Einfluß zu gewinnen. Spätere Versuche der Bildung größerer Länder wie die Fusion von Berlin und Brandenburg scheiterten am Mißtrauen der involvierten Bürger. Auch diskreditierte die Stasi-Überprüfung des Personals viele ostdeutsche Führungsgestalten wie Lothar de Maizière, so daß außer dem ebenfalls umstrittenen Manfred Stolpe erfolgreiche Landesväter wie Kurt Biedenkopf oder Bernhard Vogel meist aus dem Westen kamen.

Die Aufnahme ostdeutscher Mitglieder in gesamtdeutsche Organisationen wirkte sich ähnlich zwiespältig auf die entstehende Zivilgesellschaft der neuen Bundesländer aus. Einerseits bot die Ausdehnung der Volksparteien den Bürgern die Möglichkeit, sich über mächtige politische Gruppierungen zu artikulieren. Andererseits befanden sich die Ostdeutschen jedoch in einer strukturellen Minderheitssituation, die es ihnen erschwerte, ihren besonderen Wünschen genügend Gehör zu verschaffen. Deswegen hatte auch die postkommunistische PDS einen so großen Zulauf bei den ostdeutschen Wählern, denn sie war die einzige Partei, die ostdeutsche Interessen vertrat und damit ähnlich wie die CSU in Bayern ihr regionales Identitätsgefühl ansprach. Bei den Gewerkschaften und anderen Verbänden wurden Ostdeutsche zwar als Mitglieder gern gesehen, doch konnten sich Führungskräfte aus dieser Region nur selten gesamtstaatlich durchsetzen. Kein Wunder, daß im Osten die Verankerung der Parteien schwach war und das zivilgesellschaftliche Engagement hinter den Erwartungen zurückblieb.

Im ökonomischen Bereich waren die Vereinigungsfolgen dagegen eher negativ, da in der präzedenzlosen Umstrukturierung einer Plan- in eine Marktwirtschaft durch Fehleinschätzung von DDR-Verhältnissen entscheidende Fehler gemacht wurden. Das großzügige Angebot einer Wirtschafts-, Währungs- und Sozialunion im Juli 1990 sollte unter anderem die Massenabwanderung ostdeutscher Bürger in den Westen stoppen, indem es die kaufkräftige D-Mark in Ostdeutschland einführte. Aber der von Helmut Kohl aus Wahlrücksicht konzedierte Umtauschkurs von 1:1 bei Löhnen und 1:2 bei größeren Sparguthaben war viel zu hoch, da die reale Produktivität der ostdeutschen Volkswirtschaft etwa ein Drittel der westdeutschen betrug. Auch wirkte sich die Gewerkschaftsforderung nach gleichen Löhnen verheerend aus, weil dadurch die Kosten für arbeitsintensive Ostprodukte stiegen. Schließlich hatte der verständliche Ansturm auf Westprodukte desaströse Folgen für viele Ostfirmen, die ihre Waren kaum mehr verkaufen konnten. Während der Westen anfangs einen Vereinigungsboom erlebte, brachen im Osten weite Teile der Volkswirtschaft zusammen.

Obwohl es zur Privatisierung des Staatseigentums keine Alternative gab, vergrößerte die Treuhandanstalt mit ihrer überstürzten Durchführung die Schwierigkeiten eher noch. Das von Juristen ausgehandelte Prinzip der Rückgabe vor Entschädigung erwies sich als ein erhebliches Investitionshindernis in den Städten, da langwierige Rechtsstreitigkeiten die Neuverwendung von Grundstükken hemmten. Ebensowenig half die von westdeutschen Landwirtschaftsverbänden geforderte Wiederherstellung von Bauernhöfen, die von einzelnen Familien betrieben wurden, da die großflächigeren Landwirtschaftlichen Produktions-Genossenschaften (LPGs) effizienter arbeiten konnten. Am problematischsten war jedoch der schnelle Verkauf der in einzelne Firmen zerlegten Kombinate an westdeutsche oder ausländische Investoren, da er zu sehr von kurzfristigen Profitgesichtspunkten geleitet wurde und ostdeutsche Käufer weitgehend ausschloß. Wenn sich keine Interessenten fanden, mußten auch renommierte Werke wie Pentacon stillgelegt werden, die bei langfristigerer Kreditgewährung und besserer Managementberatung wieder wettbewerbsfähig geworden wären. Das Resultat war, von wenigen Ausnahmen abgesehen, eine weitgehende Entindustrialisierung.

Kein Wunder, daß eine auf schnelle Transformation angelegte Politik gravierende soziale Probleme schuf, welche die Anpassung der ostdeutschen Bevölkerung an das westliche System belasteten. Zweifellos waren die Anerkennung der Bildungsabschlüsse und die Aufnahme in die Sozialversicherungssysteme positive Schritte, die die Lebensleistung der ostdeutschen Bevölkerung respektierten. Aber die Zahl der Gewinner, wie der Rentner, Kleinunternehmer, Beamten oder Politiker, die deutlich von der Vereinigung profitierten, war kaum größer als der Anteil der Verlierer unter den entmachteten Systemvertretern, wie frühere SED-Funktionäre, Stasi-Mitarbeiter und Berufssoldaten der NVA. Die Mehrheit war vor allem von der rapide wachsenden Arbeitslosigkeit verunsichert, denn innerhalb weniger Jahre verlor Ostdeutschland 2,5 Millionen Arbeitsplätze, etwa ein Drittel des vorherigen DDR-Bestandes. Entlassungen betrafen vor allem Frauen und ältere Leute, da Umschulungsmaßnahmen und ABM-Verträge den Schock nur abmildern, aber keine neuen Stellen schaffen konnten.

Die aus CDU und FDP bestehende Bundesregierung reagierte aufgrund ihrer neoliberalen Ausrichtung verspätet auf die Vereinigungskrise in Ostdeutschland. Da der Kanzler von Wirtschaft wenig verstand, hatte er die Warnungen vor einem »Mezzogiorno«, d. h. einer dauerhaft schwachen Region, nicht beachtet und auf einen marktwirtschaftlichen Urknall gesetzt. Deswegen erwies sich auch das im März 1991 verabschiedete Programm zum »Aufbau Ost« mit einem »Fonds deutsche Einheit« bald als völlig unzureichend. Weil die Ostmärkte der ostdeutschen Wirtschaft gleichzeitig wegbrachen, blieb das Steueraufkommen der neuen Bundesländer zu gering, um die Sanierung der Infrastruktur in Angriff zu nehmen und die steigenden Sozialkosten zu finanzieren. Aufgrund des Grundgesetzpostulats der »Einheitlichkeit der Lebensverhältnisse im Bundesgebiet« führte die Regierung dann am 13. März 1993 einen Solidarzuschlag von 7,5 % auf die Einkommenssteuer zur Finanzierung der Einheit ein. Die enormen jährlichen Transferleistungen von durchschnittlich 150 Milliarden Euro brutto und etwa der Hälfte davon netto verschlangen fast 4 % des gesamtdeutschen Bruttosozialprodukts.

West-Ost-Transferleistungen 1991–2003	
Arten	Mrd. Euro
Ausgaben für den Ausbau der Infrastruktur (Straßen, Schiene, Wasserstraßen, Wohnungs- und Städtebau)	160
Ausgaben für Wirtschaftsförderung (regionale Förderung, Landwirtschaft, Investitionszulage)	90
Sozialpolitische Ausgaben (Rente, Arbeitsmarkt, Kindergeld, BAföG)	630
Ungebundene Zuweisungen (Fonds dt. Einheit, Umsatzsteueranteile, Länderfinanzausgleich, Bundesergänzungszuweisungen)	295
Sonstige Ausgaben (Personal und Verteidigung)	105
Bruttotransfers	1280
Geleistete Abgaben in Ostdeutschland (Steuern und Sozialbeiträge)	300
Nettotransfers	**980**

Quelle: Jahresgutachten 2004/05 des Sachverständigenrats zur Beurteilung der gesamtwirtschaftlichen Entwicklung, Tab. 100

Trotz dieser kollektiven Kraftanstrengung war das Resultat enttäuschend, denn es entstanden nur einige regionale Wachstumskerne, aber kein flächendeckender Aufschwung Ost. Bis zum Jahre 1996 wuchs das Bruttosozialprodukt im Osten wegen der zahlreichen Baumaßnahmen schneller als im Westen, aber dann stagnierte auch dort die Wirtschaft, und die offizielle Arbeitslosigkeit lag bei etwa einem Fünftel der arbeitswilligen Bevölkerung. Nur in einigen Regionen, denen gezielte Industriepolitik Unterstützung gewährte, wie im Chemiedreieck, um Leipzig und Dresden, um Jena und im Berliner Speckgürtel, bildeten sich neue Industriekerne durch Ansiedlungen von Westfirmen wie Autoherstellern oder Chipfabriken. Aber diese neuen Leuchttürme brauchten allenfalls einen Bruchteil der früheren Arbeitskräfte und strahlten nur wenig auf den Mittelstand im direkten Umland aus. Daher monierte eine von Klaus von Dohnanyi geleitete Kommission der Bundesregierung im Juni 2004, daß die Mehrheit der Transferleistungen in die Finanzierung der öffentlichen Haushalte und Sozialausgaben, nicht aber in wirkliche Zukunftsinvestitionen floß. Obwohl sich ostdeutsche Produktivität und Einkommen verdoppelten, vertiefte sich der Kontrast zwischen Verödung und florierenden Standorten.

Aufgrund der Schwierigkeiten des Vereinigungsprozesses schlug die anfängliche Euphorie über die Selbstbefreiung langsam in eine kollektive Enttäuschung um, in der die Probleme größer zu sein schienen als die erreichten Fortschritte. Eigentlich hätte es nicht überraschen sollen, daß erst der Fall der Mauer die Unterschiede, die in jahrzehntelangem Auseinanderleben eingetreten waren, verdeutlichen würde. Darüber besorgt, versuchten individuelle Entwicklungshelfer und private Vereine, Brücken zwischen den entfremdeten »Brüdern und Schwestern« zu schlagen. Da Westdeutsche den Osten der Undankbarkeit bezichtigten und Ostdeutsche sich vom Westen überwältigt fühlten, kommentierten Intellektuelle den Stand der »inneren Einheit« mit fast zwanghaftem Interesse. Jedoch blieb der von Demoskopen gemessene Grundtenor der deutsch-deutschen Befindlichkeiten widersprüchlich: Einerseits befürworteten im Sommer 2005 84 % der Befragten vorbehaltlos die Vereinigung; andererseits gab es weiterhin erhebliche Unterschiede in der Bewertung von individueller Freiheit, der Betonung kollektiver Solidarität, der Einstellung gegenüber den USA oder dem Vertrauen in die Demokratie.

Ironischerweise bildete sich in Ostdeutschland eine eigentümliche (N-)Ostalgie, eine nachträgliche DDR-Identität heraus, die durch die Kampagne der PDS noch bestärkt wurde und sogar ehemalige Kommunisten und Dissidenten verband. Ursache dafür war einerseits der Verlust der gewohnten Warenwelt, der vertrauten institutionellen Ordnung und der fürsorglichen SED-Diktatur, der das Individuum schutzlos dem Ansturm westlicher Anforderungen auslieferte. Dabei vergaßen viele Ostdeutsche die häßliche Bevormundung und ärmliche Realität des realen Sozialismus und verklärten die DDR im Rückblick zu einem System kollektiver Nestwärme und sicherer Arbeitsplätze. Damit hing auch ein gewisser Trotz gegen die durch westliche Angriffe vermutete Abwertung des eigenen Lebenslaufs zusammen, dessen Richtigkeit im falschen System für ihr Selbstwertgefühl unabdingbar schien. Gefördert wurde der Trend schließlich durch eine bewußte Kommerzialisierung, die ostdeutsche Marken wie Rotkäppchen-Sekt wiederbelebte und in den besten Fällen, wie in dem Film *Good-bye, Lenin!* von Wolfgang Becker, sogar zu einer gewissen Selbstironisierung fand.

Erst langsam dämmerte es den Bürgern der alten wie neuen Bundesländer, daß die Vereinigung ein politischer, wirtschaftlicher und mentaler Prozeß war, der fast ebenso viele Jahrzehnte wie die vorherige Teilung benötigen würde. Zunächst betonten gegenseitige Stereotypisierungen wie »Jammerossi« und »Besserwessi« die Unterschiede der Frustration über östliche Klagen und westliche Bevormundung. Dabei hing die jeweilige Beurteilung fundamental von den Kriterien ab, an denen die innere Einheit gemessen wurde: Wenn es um die grundsätzliche Akzeptanz des parlamentarischen Systems und der Wirtschaftsordnung ging, so war die Vereinigung bereits erreicht; wenn man die psychologische Befindlichkeit oder die intellektuellen Horizonte betrachtete, dann würde ihre Vollendung noch lange brauchen. Daher schien es wahrscheinlich, daß erst die seit

1990 geborene Generation die Einheit als naturgemäß ansehen und mit ihr vorbehaltlos umgehen würde. Obwohl Verdikte wie dasjenige, die Einheit »habe sich als Schimäre erwiesen«, übertrieben waren, wird wohl noch lange in Analogie zur Nord-Süd-Differenz ein regionaler Ost-West-Unterschied bestehen bleiben.

Suche nach »normaler« Identität

Die unerwartete Wiederherstellung des Nationalstaats warf die Frage auf, wie die Deutschen sich nun selbst verstehen, welche innere Politik sie verfolgen und was für eine Rolle sie in der Welt spielen sollten. Ein zentrales Thema dieser Debatte war die Erinnerungskultur, denn dort kollidierten unterschiedliche Impulse der Entlastung einerseits und der Beschuldigungen an NS-Verbrechen andererseits. Irritiert über das gebrochene Selbstbewußtsein, propagierten neokonservative Intellektuelle wie Botho Strauß eine dezidierte Renationalisierung, die zu einer Normalität des Stolzes auf die eigene Nation, der inneren Geschlossenheit und des härteren Auftretens nach außen zurückführen sollte. Alarmiert von einem drohenden Rückfall in einen radikalen Nationalismus, warnten linke Kritiker wie Jürgen Habermas dagegen vor der Gefahr einer Wiederbelebung überholter Ideologien. Als möglichen Kompromiß betonten moderate Kommentatoren wie Richard Schröder schließlich die Notwendigkeit eines »demokratischen Patriotismus« als ideellem Kitt für das »schwierige Vaterland«.

Ebenso scharf war die Auseinandersetzung über das Erbe der DDR. Die Opfer der zweiten deutschen Diktatur bestanden verständlicherweise auf einer justitiellen Aufarbeitung kommunistischer Verbrechen. Auch viele Politiker hatten ein Interesse an einer öffentlichen Delegitimierung des SED-Regimes durch die Anhörungen der Enquete-Kommission des Bundestages zur Aufarbeitung der Geschichte der DDR-Diktatur. Schließlich sahen manche Journalisten ihre Aufgabe in der Skandalisierung der Stasi-Mitarbeit von prominenten Ostdeutschen. Drei kontrastierende Standpunkte bildeten sich in dieser scharfen Debatte: Antikommunistische Gegner verdammten die DDR als »Unrechtstaat«, der nur durch Repression die ostdeutsche Bevölkerung kontrollieren konnte. Postkommunistische frühere Vertreter verteidigten das Regime dagegen als ein fehlgeschlagenes, aber im Prinzip nobles Experiment. Erst langsam konnte sich eine differenziertere Sicht durchsetzen, die den Repressionscharakter der DDR betonte, aber auch auf die Möglichkeit eines quasi-normalen Lebens ihrer Bürger hinwies: Gerade die relative Alltäglichkeit zementierte die SED-Diktatur.

Dennoch erwies sich die im Ausland geäußerte Sorge, eine Beschäftigung mit kommunistischen Untaten könnte die NS-Verbrechen in den Schatten stellen, letztlich als grundlos. Zwar gab es wie in Martin Walsers Rede zur Verleihung des Friedenspreises des Deutschen Buchhandels manche Versuche, die Vergangenheit zu entsorgen, aber sie konnten sich nicht in der Öffentlichkeit durchsetzen. Einer Relativierung entgegen standen negative Jahrestage wie der des Pogroms der Kristallnacht, des Ausbruchs des Zweiten Weltkriegs oder der Befreiung von Auschwitz, die immer neue Beschäftigung mit dem NS-Thema verlangten. Auch die Errichtung eines zentralen europäischen Holocaust-Mahnmals in der Mitte der alt-neuen Hauptstadt Berlin ließ die böse Vergangenheit nicht zur Ruhe kommen. Die von rechten Politikern angezettelte Kontroverse über die Wehrmachtsausstellung hatte eher den gegenteiligen Effekt, die Mittäterschaft des Militärs erst richtig bekannt zu machen. Der Soziologe Bernhard Giesen konnte daher ohne viel Widerspruch von einer fest etablierten »Holocaust-Identität« der Intellektuellen sprechen.

Ein zweites Konfliktfeld der Neubestimmung von Normalität nach der Vereinigung war die Innenpolitik. Dabei erwies sich die Vorhersage des letzten ostdeutschen Ministerpräsidenten Lothar de Maizière, daß das Land östlicher, protestantischer und sozialistischer werden würde, als überzogen, denn die eingespielten Muster der alten Bundesrepublik blieben überraschend stabil. Durch Verschleierung der zu erwartenden Kosten konnte Helmut Kohl im Wahlkampf von Dezember 1990 den Vereinigungsbonus nutzen und einen klaren Sieg für die schwarzgelbe Koalition mit Außenminister Hans-Dietrich Genscher erringen. Die ein Jahr vorher so populäre Bürgerbewegung zersplitterte durch ihr teilweises Aufgehen in den Westparteien und Sammlung ihrer Reste im »Bündnis 90«, das mehr schlecht als recht mit den Grünen zusammenarbeitete. Dies überließ die Vertretung ostdeutscher Interessen de facto der postkommunistischen PDS. Die CDU/FDP-Koalition wertete ihren eindeutigen Wahlsieg als Bestätigung der Übertragung westlicher Institutionen auf den Osten und verpaßte dadurch die Chance zu einem gemeinsamen Neubeginn (vgl. Tabelle der Bundestagswahlen).

Bundestagswahlen 1990–2005

Wahl-Datum	02. 12. 1990	16. 10. 1994	27. 9. 1998	22. 9. 2002	18. 9. 2005
Wahlbeteil. (%)	77,8	79,0	82,2	79,1	77,7
Sitze insges.	662	672	669	603	614
CDU/CSU (%)	43,8	41,5	35,1	38,5	35,2
Sitze	319	294	245	248	226
SPD (%)	33,5	36,4	40,9	38,5	34,2
Sitze	239	252	298	251	222
FDP (%)	11,0	6,9	6,2	7,4	9,8
Sitze	79	49	43	37	61

Die Grünen (%)	0,38	7,3	6,3	8,6	8,1
Sitze	–	49	47	55	51
PDS/Linkspartei (%)	0,24	0,44	5,1	0,40	8,7
Sitze	17	30	36	2	54

Quelle: Wissensportal. URL: http://wispor.de (15. 10. 2005)

Diese Entscheidung gab ihrer weiteren Politik einen eher restaurativen Anstrich, da sie mehr auf die Perpetuierung älterer Muster als auf die Findung neuer Lösungen setzte. Zunächst konnte Bundeskanzler Kohl seine Macht durch ein System persönlicher Abhängigkeiten stärken, das potentielle Konkurrenten in den eigenen Reihen wie den liberalen Generalsekretär Heiner Geißler gnadenlos kaltstellte. Die als Vereinigungsgegner erscheinende SPD-Opposition blieb nach dem Rückzug des geschlagenen Oskar Lafontaine zu schwach, um diese Kanzlerdemokratie adenauerscher Prägung gefährden zu können. In der Wirtschaft zollte Kohl einerseits dem neoliberalen Zeitgeist Tribut, indem er eine moderate Steuerreform und die Privatisierung von Unternehmen wie der Deutschen Post unternahm. Andererseits gab er aber dem Drängen von Sozialpolitikern wie Norbert Blüm nach und führte eine Pflegeversicherung ein, die den Sozialhaushalt noch mehr belastete. Aufgrund der leichten Erholung der Konjunktur konnte Kohl im Jahr 1994 noch einmal seine Machtposition knapp verteidigen.

Aber vier Jahre später erzwang das Wählervotum einen Regierungswechsel, durch den eine regenerierte Opposition schließlich die sechzehn Jahre währende Kanzlerschaft von Kohl beendete. In den letzten Amtsjahren hatte sich der Immobilismus des Rekordkanzlers noch durch einen gewissen Realitätsverlust verschärft. Seine optimistischen Reden konnten weder den stockenden Aufbau des

Ostens noch die wachsenden Arbeitslosenzahlen oder die stagnierende Konjunktur verdecken. Einer glänzend nach amerikanischem Vorbild organisierten Wahlkampagne, der »SPD-Kampa«, gelang es, eine erhebliche Zahl von Wählern in der »neuen Mitte« anzusprechen, die einen Wechsel hin zu einer stärkeren Modernisierung des Landes wollten. Auch suggerierte das dynamische Duo von Gerhard Schröder und Joschka Fischer einen interessanteren, urbaneren Politikstil, der sich deutlich von der Kleinbürgerlichkeit Kohls abhob. Das Resultat des Wahlkampfs von 1998 war daher ein klarer Sieg des rot-grünen Bündnisses, der nach der lange regierenden Generation der Flakhelfer die Alterskohorte der Achtundsechziger an die Macht brachte (vgl. Tabelle der Ergebnisse der Bundestagswahlen).

Die hohen Erwartungen an eine überfällige Liberalisierung der deutschen Gesellschaft durch SPD und Grüne wurden zunächst ziemlich enttäuscht. Nach so langer Opposition hatten sie die Regierungsübernahme nicht genügend vorbereitet, so daß sich handwerkliche Fehler einschlichen, die den Eindruck von einer Chaostruppe vermittelten. In der Wirtschaftspolitik nahm das rot-grüne Kabinett sogar die leichten Einschnitte Kohls in das Sozialsystem wieder zurück – eine gravierende Fehlentscheidung, wie sich bald herausstellte. Viele der besonders von den Grünen propagierten Reformvorhaben verschreckten auch die neugewonnenen Anhänger in der politischen Mitte: Die schrittweise Erhöhung des Benzinpreises durch die Ökosteuer verärgerte viele Autofahrer, der vorgesehene Ausstieg aus der Atomkraft schürte unter den Armen die Sorge vor einer Verteuerung der Energiekosten, und die Erleichterung gleichgeschlechtlicher Partnerschaften verunsicherte manche traditionellen Arbeiter. Die Quittung kam in Form des Verlusts einiger Landtagswahlen, die die Mehrheit im Bundesrat kosteten. Auch der Charme des Medienkanzlers und die Popularität des Außenministers konnten die Sprunghaftigkeit ihrer Politik nicht kaschieren.

Dennoch zeigte die Reform des Staatsbürgerschaftsrechts und der Einwanderungsbestimmungen, daß eine rot-grüne Regierung wichtige Neuerungen durchsetzen konnte. In dieser Frage kollidierten verbreitete Ängste vor einer Überfremdung mit ebenso starken Wünschen nach einer multikulturellen Öffnung. SPD-Innenminister Schily verfolgte eher eine restriktive Linie, während vor allem die Grünen auf Veränderungen bestanden. Die Zulassung einer doppelten Staatsbürgerschaft scheiterte an der populistischen Unterschriftenkampagne von Roland Koch (CDU) im hessischen Wahlkampf. Deswegen sah der nach langen Verhandlungen mit der Opposition ausgehandelte Kompromiß ein zeitlich begrenztes Optionsmodell vor, das die Einbürgerung erleichterte und im Inland geborenen Ausländern bis zum 23. Lebensjahr die Möglichkeit gab, die deutsche Staatsbürgerschaft anzunehmen. Ähnlich schwierig erwies sich die Erarbeitung eines neuen Einwanderungsgesetzes, das den Zufluß von Ausländern steuern und deren kulturelle Eingliederung erleichtern sollte. Obwohl von nur begrenzter Reichweite, waren beide Vorhaben notwendige Schritte der Modernisierung.

Ein weiteres wichtiges Feld der Normalisierungsdebatte war die Ausrichtung der deutschen Außenpolitik nach Wiedergewinnung der vollen Souveränität. Während nationale Kritiker die »Machtvergessenheit« monierten und eine »realistische« Vertretung eigener Interessen forderten, verteidigten Internationalisten den Habitus einer »Zivilmacht« und die Multilateralität des Vorgehens. Vor allem auf dem Gebiet der Europapolitik dominierte deutlich die Kontinuität deutscher Unterstützung für weitere Integrationsbestrebungen. Dazu gehörte vor allem die Ratifizierung des Vertrags von Maastricht im Jahre 1993, der die politische und wirtschaftliche Integration entscheidend vorantrieb. Er sollte die Wirtschafts- und Währungsunion vollenden, eine Unionsbürgerschaft einführen, Kompetenzen in der Außen- und Sicherheitspolitik erweitern und Entscheidungen demokratisieren. Eine weitere Konsequenz deutscher Europapolitik war die Einführung einer gemeinsamen europäischen Währung, die sogar die D-Mark als Symbol des Wirtschaftswunders opferte und nur durch die Ansiedlung der Europäischen Zentralbank in Frankfurt am Main kompensiert wurde. Das vorläufige Scheitern des Verfassungsprojekts im Frühjahr 2005 enttäuschte jedoch Hoffnungen auf ein baldiges Aufgehen des wiedergewonnenen Nationalstaats in einem europäischen Superstaat.

Nicht ohne Sorge beobachtete das Ausland jedoch, trotz Beibehaltung der Form multilateraler Zusammenarbeit, das Erreichen einer gewissen regionalen Vormachtstellung Deutschlands. Teils lag dies an den erheblichen Investitionen der deutschen Wirtschaft in den östlichen Nachbarländern, die den finanziellen Einsatz anderer westlicher Länder deutlich übertrafen. Teils war dies aber ein Resultat der NATO-Osterweiterung, die den Sicherheitsperimeter an die polnische Ostgrenze verschob und die traditionelle Mittellage Deutschlands in Europa wiederherstellte. Diesen Effekt verstärkte gleichfalls die von der Bundesrepublik forcierte Öffnung der EU für die ostmitteleuropäischen Nachbarstaaten, die zwar kurzfristige Schwierigkeiten für lohnintensive Betriebe brachte, aber langfristig ein großes Hinterland erschloß. Die Ausdehnung westlicher Strukturen in den Raum des früheren sowjetischen Imperiums verlangte eine Absicherung durch Intensivierung der Beziehungen mit Rußland. Auch wenn dabei manchmal in den betroffenen Ländern negative Kriegserinnerungen wach wurden, vollzog sich dieser Doppelprozeß erstaunlich konfliktfrei.

Im Inneren kontroverser war die Durchsetzung von Auslandseinsätzen der Bundeswehr als Resultat internationaler Wünsche, weil dies einen Bruch mit vergangener

Enthaltsamkeit bedeutete. Die starke Antikriegstendenz des Grundgesetzes, die durch seine restriktive Auslegung im Vietnamkrieg unterstrichen wurde, hatte eine hohe Hürde errichtet, die das Bundesverfassungsgericht erst im Juli 1994 durch eine neue Grundsatzentscheidung überwand, die den Weg unter parlamentarischer Kontrolle freimachte. Im Herbst 1995 konnte daher die Kohl-Regierung erstmals dem UN-Mandat folgen und deutsche Truppen zur Friedenssicherung nach Bosnien-Herzegowina senden. Im Frühjahr 1999 überwand die rot-grüne Regierung nach schwierigen inneren Auseinandersetzungen ihre Skrupel und entsandte Truppen zu Kampfeinsätzen in das Kosovo, um dort einen Genozid zu verhindern. Nach dem 11. September 2001 schickte Berlin sogar Spezialkräfte in den Feldzug gegen die Taliban in Afghanistan. Ganz im Gegensatz zu militaristischer Großmachtpolitik blieben diese Auslandseinsätze aber allesamt Teil einer aktiven Friedenspolitik, die auf humanitäre Hilfe und Krisenprävention ausgerichtet war.

Am umstrittensten war jedoch der Versuch der Formulierung eigener Interessen, da er langfristige Beziehungen vor allem zu den USA aufs Spiel setzte. Washington war schon von der deutschen Nichtteilnahme am ersten Irak-Krieg enttäuscht gewesen, obwohl Bonn durch finanzielle Hilfe sein Versäumnis wettzumachen versuchte. Schröders Nein zum zweiten Irak-Feldzug traf Präsident George W. Bush um so härter, als es nicht nur im deutschen Wahlkampf antiamerikanische Ressentiments ansprach, sondern auch die Fadenscheinigkeit seiner Rechtfertigung des von der »Koalition der Willigen« geführten Präventivkriegs deutlich machte. Die von bedingungslosen Amerikafreunden beschworene Gefahr der Isolierung wurde zwar durch Zusammenarbeit mit Frankreich, Rußland und sogar China umgangen. Aber dieser erste ernsthafte Versuch, über deutsche Lebensinteressen selbst in Berlin zu entscheiden, hinterließ tiefe Verstimmung bei neokonservativen Bellizisten in Washington, die sich in ihrem Widerstand gegen einen deutschen UN-Sitz äußerte. Auch in der Außenpolitik erwies sich die Erlangung von Normalität als schwierig, da jeder deutsche Anflug von Selbständigkeit in Stil oder Substanz mit großen Vorbehalten belastet war.

In der Globalisierungsfalle

Der letzte Entwicklungsstrang, der die Zeit nach der Vereinigung dominierte, war die wirtschaftliche und soziale Auseinandersetzung mit der Herausforderung der Globalisierung. Ironischerweise hatte der relativ große Erfolg des »Modells Deutschland« dazu geführt, daß der rheinische Kapitalismus die notwendigen Reformen vertagen und das Problem zwei Jahrzehnte lang verschleppen konnte. Dabei waren bereits die scharfe Ölpreiserhöhung und der Kollaps des internationalen Währungssystems im Jahre 1973 eine dramatische Warnung, daß weiteres wirtschaftliches Wachstum nicht mehr automatisch erfolgen würde. Zwar gelang es Bundeskanzler Helmut Schmidt, durch eine Mischung von rigorosem Sparen, gezielten Konjunkturspritzen und der Begrenzung der Fluktuation europäischer Wechselkurse die erste Krise zu meistern. Aber infolge des zweiten Ölschocks von 1979 kletterte die Sockelarbeitslosigkeit auf über zwei Millionen, und nur Helmut Kohl schaffte es in den 80er Jahren mit seiner neoliberalen Wende, die Konjunktur noch einmal anzufachen. Schließlich enthüllte die Vereinigung mit ihren neuen Belastungen die dahinterstehende Strukturschwäche der deutschen Wirtschaft.

Die Beschäftigung mit den Teilungsfolgen erschwerte das politische Verständnis dafür, daß die rapide Zunahme des weltweiten Warenaustauschs, der Kommunikation und der Finanztransfers Teile eines Gesamtprozesses der Globalisierung waren. Durch den Sprung zur Hochtechnologie vor allem in der Mikroelektronik entstanden innovative Industriebereiche, die durch die verbesserte Steuerung von Produktionsprozessen andere Branchen beeinflußten. Die Entwicklung neuer technischer Geräte wie Fernseher, PCs und Mobilfunktelefone eröffnete weitere Horizonte der Kommunikation, die in der Populärkultur die Welt als ein »globales Dorf« erscheinen ließen. Die Beseitigung von Zollschranken zunächst in Europa, dann aber auch transatlantisch und schließlich weltweit sowie die Verbilligung des Transports von Massengütern durch Containerschiffe erlaubte in den letzten Jahrzehnten einen ungeahnten Zuwachs an Warenaustausch, der alte Standortabhängigkeiten beseitigte. Schließlich ermöglichte die fortschreitende interne und internationale Deregulierung von Finanzströmen eine globale Planung von Investitionsentscheidungen und Gewinntransfers. Durch diese Vernetzung änderten sich die wirtschaftlichen Rahmenbedingungen grundlegend.

Für diese Entwicklungen war die erweiterte Bundesrepublik nur teilweise gerüstet. Die relativ hohe Zahl von Patenten zeigte, daß hiesige Ingenieure weiterhin erfindungsreich waren – aber die Umsetzung in neue Produkte war bei verkrusteten Industriestrukturen schwierig. Weil sie bei den neuen Leittechnologien der IT-Branche nur eine untergeordnete Rolle spielten, mußten sich die Deutschen auf die Ebene von *medium high technology* wie etwa im Autosektor beschränken. Da die Intensivierung der Kommunikation in englischer Sprache vonstatten ging, konnten deutsche Firmen nur international überleben, wenn sie sich rigoros darauf umstellten. Als erfolgreiche Exporteure profitierten deutsche Geschäftsleute zwar von der Öffnung der internationalen Märkte – aber sie konnten ihre meist teuren Produkte nur durch einen Vorsprung in Design oder Qualität absetzen. Die Verbilligung des Verkehrs half anfangs dabei, heimische Standorte beizubehalten, mußte auf die Dauer jedoch auch zu einer Verlagerung nach außen führen. Schließlich erwies sich der industriell ausgerichtete Banksektor als zu konservativ, um von den weltweiten Spekulationen zu profitieren.

Die scharfe Zunahme des Wettbewerbsdrucks bot rührigen Unternehmern zwar neue Chancen, führte aber auch viele etablierte Firmen in den Bankrott. Aufgrund ihrer Vormachtstellung in der EU wuchsen einige erfolgreiche Großkonzerne zu Weltführern in ihren Branchen heran, die wie Siemens oder Daimler-Chrysler viele Arbeitnehmer im Ausland beschäftigen und einen Großteil ihrer Gewinne außerhalb Deutschlands machen. Dagegen folgten ganze andere Branchen wie die Unterhaltungselektronik oder die Hersteller von Kameras dem Beispiel der Textil- und Montanindustrie und verschwanden fast völlig aus Deutschland, weil die Produktion in den Schwellenländern wesentlich billiger und auf die Dauer die Qualität auch nicht schlechter war. Gleichzeitig führte die neue Management-Philosophie des Shareholder Value zu einer kurzfristigen Gewinnmaximierung durch Rationalisierung, d.h. die Entlassung immer weiterer Arbeitskräfte. Während Firmen von Standortverlagerungen in Billiglohnländer profitierten, gingen heimische Stellen verloren. Kein Wunder, daß betroffene Arbeiter die Globalisierung eher als Gefahr betrachteten.

Die öffentliche Diskussion dieser Veränderungen kreiste um die Ursachen des deutschen »Verlusts an Wettbewerbsfähigkeit«. Manche der Faktoren, die zunächst den Erfolg der Wirtschaft ermöglicht hatten, wie die enge Zusammenarbeit von Arbeitgebern und Arbeitnehmern, erwiesen sich nunmehr als Hindernisse. So konnte das unterfinanzierte und marode Bildungssystem kaum mehr einen Innovationsvorsprung garantieren. Ebenso bewirkten die Verkürzung der Arbeitszeit tendenziell auf die 35-Stundenwoche, die langen Ferienzeiten und die vielen Feiertage, daß deutsche Arbeiter wesentlich weniger als ihre Konkurrenten arbeiteten. Auch erwies sich die hohe Belastung des Arbeitseinkommens durch Lohnnebenkosten für die umfangreichen Leistungen des deutschen Sozialstaats als kontraproduktiv, weil sie zusammen mit der kurzen Arbeitszeit die von Lohnkosten abhängigen Produkte wesentlich verteuerte. Schließlich war der Vorsprung in Produktivität und Qualität nach der Erosion der traditionellen Arbeitsmoral durch den Wertewandel kaum mehr zu halten. In vielen Bereichen schien der Standort Deutschland schlicht nicht mehr wettbewerbsfähig zu sein.

Die Folge der Wettbewerbsverschärfung und Produktionsverlagerung ins Ausland war eine fortschreitende Entindustrialisierung, die nicht nur individuelle Betriebe, sondern ganze Branchen stillegte. In der führenden westdeutschen Seidenstadt Krefeld gibt es durch den Zusammenbruch der Textilindustrie zum Beispiel keine einzige Firma mehr, die noch vor Ort Stoffe herstellt. Im Ruhrgebiet, dem einstmaligen industriellen Herz von Europa, stehen die Fördertürme der meisten Zechen still und sprühen kaum noch Stahlkocher ihre Funken in den Abendhimmel. Im mitteldeutschen Chemiedreieck rosten kilometerlange Rohrleitungen vor sich hin, und zwischen den Produktionshallen wächst das Gras. Zwar hat die Stillegung dieser Industrien die Umweltbelastung verringert, aber der Verlust von Arbeitsplätzen hat eine negative Spirale in Gang gesetzt, die ganze Landstriche veröden ließ: Wegen sinkender Kaufkraft schlossen Geschäfte, wegen fallender Steuereinnahmen verkamen öffentliche Einrichtungen, wegen fehlender Arbeit zogen Leute weg und standen Hunderte von Wohnungen leer.

Das Resultat des Verlusts an Arbeitsplätzen war eine steigende Sockelarbeitslosigkeit, die sich unabhängig von leichten Konjunkturverbesserungen dauerhaft festsetzte. Im Westen stieg die Quote der Arbeitslosen ein Jahrzehnt nach der Vereinigung auf etwa 9 %, und im Osten war fast ein Fünftel der Erwerbstätigen ohne Arbeit (vgl. Tabelle)! Gegen diesen Strukturwandel waren die traditionellen Methoden des Sozialstaats machtlos, da sie von einer zeitlich begrenzten Entlassung ausgingen, die durch staatliche Vermittlung in eine neue Stelle zu beheben sei. Gutgemeinte Programme der Umschulung oder temporären Arbeitsbeschaffung konnten zwar einigen Menschen einen neuen Anfang vermitteln, aber kollektiv nicht greifen, solange die absolute Zahl an Arbeitsplätzen durch Verlagerung ins Ausland oder Abbau durch Rationalisierung weiter schrumpfte. Dazu kam die Verhinderung eines Billiglohnsektors durch Kündigungsschutz und Sozialabgaben, die Arbeitswillige in die Schwarzarbeit trieb, da Firmen aus Angst vor dauernder Belastung keine neuen Mitarbeiter einstellen wollten. Gewerkschaftlich durchgesetzte Lohnsteigerung und unternehmerische Kostensenkung führten zum Ausscheiden einer wachsenden Zahl von Menschen aus dem Arbeitsmarkt.

Arbeitslosenquote 1991–2004

	Alte Bundesländer	Neue Bundesländer	Gesamtdeutschland
1991	6,3	10,3	7,3
1992	6,6	14,8	8,5
1993	8,2	15,8	9,8
1994	9,2	16,0	10,6
1995	9,3	14,9	10,4
1996	10,1	16,7	11,5
1997	11,0	19,5	12,7
1998	10,5	19,0	12,3
1999	9,9	19,5	11,7
2000	8,7	18,8	10,7

2001	8,3	18,9	10,3
2002	8,7	19,5	10,8
2003	9,3	20,1	11,6
2004	9,4	20,1	11,7

Quelle: Bundesanstalt für Arbeit

Kein Wunder, daß die Kosten der Globalisierungsfolgen schließlich die Leistungsfähigkeit des Sozialstaats überstiegen. Durch den Anstieg vereinigungsbedingter Transferzahlungen und der von Globalisierung verursachten Arbeitslosigkeitsunterstützung rutschten die sorgsam austarierten Sozialkassen ins Defizit, mußten also aus allgemeinen Haushaltsmitteln aufgefüllt werden. Aber aufgrund der seit dem ersten Drittel der 90er Jahre anhaltenden Wachstumsschwäche der Wirtschaft stieg das Steueraufkommen langsamer als die notwendigen Sozialausgaben, was eine wachsende Aufnahme von Krediten erzwang. Versuche der Haushaltskonsolidierung durch Beschneidung mancher Leistungen führten meist zu wütenden Protesten der Betroffenen, so daß der Mut zu wirklich durchgreifenden Lösungen bei allen Parteien fehlte. Die steigende Zinsbelastung wiederum verringerte die Investitionsquote der öffentlichen Hand, verhinderte also eine Gegensteuerung durch Konjunkturprogramme. Gleichzeitig zog die überhöhte Neuverschuldung Brüsseler Mahnungen wegen Nichteinhaltung der Stabilitätskriterien nach sich.

Die politische Klasse reagierte auf diesen wachsenden Problemdruck durch eine eigenartige Lähmung, da sie zwar die Notwendigkeit von Reformen anerkannte, aber das Wahlvolk nicht verschrecken wollte. Schon im Jahre 1982 kam der sozialdemokratische Finanzminister Manfred Lahnstein zu der Einsicht: »Der Versuch, ein Wohlstandsniveau und sozialstaatliche Ansprüche unabhängig vom Erfolg des Wirtschaftens festzuschreiben, ist zum Fehlschlag verurteilt.« Ebenso forderte der FDP-Politiker Graf Lambsdorff zu dieser Zeit energische Maßnahmen zur Überwindung der »Wachstumsschwäche und zur Bekämpfung der Arbeitslosigkeit«, die jedoch nur in Ansätzen getroffen wurden. Auch fehlte es nicht an Mahnungen der Wirtschaftsweisen, daß die ausufernden Leistungen des Sozialstaats beschnitten und der durch endlose bürokratische Vorschriften gefesselte Gigant befreit werden müßte, um besser im internationalen Wettbewerb zu bestehen. Dadurch bildete sich in der Öffentlichkeit langsam die Einsicht, daß durchgreifende neoliberale Reformen notwendig seien, um die deutsche Wirtschaft wieder konkurrenzfähig zu machen.

Dennoch haperte es mit der politischen Umsetzung fast zwei Jahrzehnte lang. Schon vor der Vereinigung hatte die Regierung Helmut Kohls einen ersten Versuch der Reduzierung von Sozialausgaben, der Konsolidierung des Haushalts und des Abbaus einiger Wettbewerbshindernisse gemacht, ihn aber nach Wiederkehr des Wachstums wieder aufgegeben. Ein Jahrzehnt später unternahm die schwarz-gelbe Koalition einen weiteren Anlauf durch die Privatisierung von Bundesunternehmen wie der Telekom und der Post. Aber auf jeden Versuch der Beschneidung von staatlichen Leistungen, des Abbaus von Steuervergünstigungen oder der Reduzierung von bürokratischen Regelungen reagierten die SPD und die Gewerkschaften mit massivem Widerstand, weil sie die Privilegien ihrer Klientel verteidigen wollten. So wurde z. B. die längst überfällige Freistellung der Ladenschlußzeiten zu einem international belächelten Trauerspiel, das wegen der nur schrittweisen Einführung den Einzelhandel kaum belebte. Die Bevölkerung war zwar abstrakt von der Notwendigkeit von schmerzhaften Einschnitten überzeugt, wehrte diese aber im eigenen Bereich weiterhin konsequent ab.

Erst mit Schröders Agenda 2010, einem Versuch der Verbindung von Wettbewerb und Solidarität, kam 2003 eine umfassende Reform wirklich auf die politische Tagesordnung. Enttäuscht von dem Ausbleiben eines konjunkturellen Aufschwungs nach einer Reihe kleinerer Maßnahmen mußte der Bundeskanzler endlich handeln, da er bei Amtsantritt die Halbierung der Arbeitslosenzahlen versprochen hatte. Einerseits konzentrierten sich seine Bemühungen auf die Belebung des bürokratischen Apparats der Arbeitsämter durch ihre Umstrukturierung in effizientere Vermittlungsagenturen. Andererseits versuchte er durch Umsetzung der Empfehlungen einer von dem VW-Personalvorstand Peter Hartz geleiteten Kommission die Anreize zur Arbeitsaufnahme zu erhöhen, indem er das vergleichsweise hohe Arbeitslosengeld zeitlich begrenzte und auf Sozialhilfeniveau absenkte. Das Resultat dieser Anstrengungen blieb jedoch enttäuschend. Die Arbeitslosenzahl stieg auf über 5,2 Millionen an, da die Kommunen Sozialhilfeempfänger nun arbeitslos meldeten, und Massenproteste gegen »Hartz IV« führten zur Abspaltung linker Sozialdemokraten.

Die Quittung für diesen Fehlschlag war eine Serie von rot-grünen Niederlagen in den Landtagswahlen und die Niederlage bei der Bundestagswahl vom September 2005. In dem um ein Jahr vorgezogenen Wahlkampf bekannte sich nur die FDP uneingeschränkt zu drastischen wirtschaftlichen Veränderungen, allerdings haftete ihr der Geruch einer »Partei der Besserverdienenden« an. Die CDU unter Angela Merkel forderte ebenso tapfer weitere Reformen, machte aber mit der Ankündigung einer Mehrwertsteuererhöhung sowie der Heranziehung des Verfechters einer Einheitssteuer, Professor Kirchhof, taktische Fehler und ruderte aufgrund des Einspruchs ihres Arbeitnehmerflügels etwas zurück. Die SPD und die Grünen desavouierten ihre eigenen Reformversuche und polemisierten gegen die soziale Kälte einer zukünftigen schwarz-gelben Regierung. Am meisten profitierte die 2005 gegründete neue

Linkspartei vom Unwillen der Bürger, denn dieser Fusion von PDS und enttäuschten westdeutschen Linken gelang es auf Anhieb, zur drittstärksten Partei zu avancieren. Das Patt zwischen den Lagern beim Wahlausgang zeigte die Diskrepanz zwischen Einsicht in die Reformnotwendigkeit und fehlendem Willen zu ihrer Durchsetzung.

Perspektiven einer Berliner Republik

Der ambivalente Charakter der anderthalb Jahrzehnte seit dem Kollaps des Kommunismus suggeriert, daß es sich dabei um eine Zeit des Übergangs handelt, in der noch alte Probleme nachhallten, während sich bereits neue Konstellationen ankündigten. So wirkte der schnelle Wechsel von der Teilung zur Einheit des Landes gleichzeitig befreiend und verunsichernd, da er zwar die SED-Diktatur überwand, aber auch die alte Bundesrepublik beerdigte. Der Umzug der Regierung aus der rheinischen Universitätsstadt Bonn in die alte preußisch-deutsche Metropole Berlin signalisierte die Beendigung des friedlichen Provinzialismus, und die Überwindung der Teilung Deutschlands symbolisierte jedoch auch die Erweiterung der deutschen Verantwortung in Europa und der Welt. Das Ende der an der Amtszeit gemessenen Rekordkanzlerschaft von Helmut Kohl brachte den überfälligen Generationswechsel, stellte aber gleichzeitig die rot-grünen Ideologen vor die Herausforderung eines realistischen Umgangs mit den Regierungsaufgaben. Die Übertragung der D-Mark auf die neuen Bundesländer löste nur einen kurzen Vereinigungsboom aus, denn der Wettbewerbsdruck der Globalisierung stürzte die Wirtschaft in eine langanhaltende Wachstumsschwäche.

Der vorläufige Rückblick auf die halbe Generation nach der Vereinigung enthüllt daher eine eigenartige Mischung von Erfolgen und Fehlschlägen, deren endgültige Gewichtung von künftigen Entwicklungen abhängen wird. Einerseits ist die Stabilität der zivilisatorischen Errungenschaften Westdeutschlands auch nach der Eingliederung der ehemaligen DDR erstaunlich. So hat die negative Erfahrung des »demokratischen Zentralismus« der SED die Überlegenheit der parlamentarischen Demokratie westlichen Zuschnitts bestätigt. Auch nach der Vergrößerung des Landes ist die »Kultur der Zurückhaltung« weiterhin für die Außenpolitik bestimmend geblieben. Ebenso hat die vermeintliche Nestwärme der kommunistischen »Fürsorgediktatur« auch keine echte Alternative zu der wettbewerbsorientierten Dynamik der sozialen Marktwirtschaft geboten. Ausländischen Sorgen zum Trotz hat die Aufarbeitung kommunistischer Repression die Holocaust-Betroffenheit westlicher Intellektueller nicht überschatten können. Obwohl ostdeutsch sozialisierte Politiker wie Matthias Platzeck in Führungspositionen aufrückten, hat sich das Selbstverständnis der Bundesrepublik als überraschend stabil erwiesen.

Andererseits steckt das Land in einem erschreckenden Reformstau, der durch ein rückwärtsgewandtes soziales Sicherheitsdenken hervorgerufen wird. Aufgrund der niedrigen Geburtenrate von 1,3 Kindern pro Frau wird die Bevölkerung immer älter und dadurch die Finanzierung der Pensionsansprüche immer schwieriger. Der Klientelismus der großen Volksparteien führt in weiten Kreisen zu einer Mitnahmementalität, die die Privilegien des Sozialstaats rücksichtslos ausbeutet, ohne an die Folgekosten zu denken. Die an Konsens orientierte Praxis des Neokorporatismus, die alle gesellschaftlichen Interessen zu berücksichtigen sucht, erschwert unnötig fällige Entscheidungen zum Umbau der sozialen Marktwirtschaft. Gleichzeitig machen die Auswüchse des Föderalismus den Bundesrat zu einer Vetoinstanz und behindern durch unterschiedliche Mehrheiten in beiden Kammern die Gesetzgebung. Zwar setzt sich langsam die Erkenntnis durch, daß scharfe Einschnitte notwendig sind, aber keine Gruppe scheint bereit, die eigenen Privilegien aufzugeben. Es wird daher eine gewaltige Anstrengung nötig sein, um diese vielfältigen Blockaden zu durchbrechen.

Trotzdem scheint die in Entstehung begriffene Berliner Republik aus ihren gewachsenen Aufgaben allmählich ein größeres Selbstbewußtsein zu gewinnen, das sich auch in der repräsentativen Architektur des Regierungsviertels manifestiert. Da sich auf die Dauer Freundschaft nicht durch Selbstverleugnung erkaufen läßt, ist eine deutlichere Vertretung eigener Interessen auf dem internationalen Parkett, vor allem in Brüssel, aber auch in Washington, überfällig. Gleichzeitig bleibt eine militärische Beteiligung an multilateralen Friedensaktionen notwendig, um Menschenrechte in Krisenregionen notfalls mit der Waffe durchzusetzen. Trotz des Neids mancher Konkurrenten sind die Erfolge deutscher Firmen im Exportgeschäft durchaus legitim, denn sie sichern wenigstens einen Teil der Arbeitsplätze im Inland und schaffen neue Stellen im Ausland. Schließlich ist auch die Wiederkehr einer gewissen Ausstrahlung der Sprache und Kultur zu begrüßen, solange sie kein künstlich geschöntes Bild des Landes, sondern ein realistisches Porträt mit allen Schattenseiten vermittelt.

Die Konstituierung einer großen Koalition im Herbst 2005 bietet eine Chance, für diese vergrößerten Ansprüche eine solidere Basis durch tatkräftige Reformen zu schaffen. Die Kanzlerschaft der ostdeutschen Politikerin Angela Merkel könnte einen symbolischen Beitrag zur »inneren Einheit« durch ihr größeres Verständnis für die Schwierigkeiten des Übergangs vom Plan zum Markt leisten. Ebenso könnte der gemeinsame Erfolgszwang der großen Volksparteien die Möglichkeit eröffnen, über kurzfristiges Parteikalkül hinaus grundlegende Fragen wie die Aufgabenverteilung im Föderalismus einer Reform zuzuführen. Um die Stagnation endlich zu überwinden, steht die neue Regierung vor der zentralen Herausforderung, einen Weg zu finden, der mehr Wettbewerbsfähigkeit mit sozialer Verantwortung vereinbar macht. Deutschland muß wieder jünger, selbständiger und risikofreudiger werden, wenn es der internationalen Konkurrenz im 21. Jahrhundert standhalten will. Erst die kommenden Jahre werden zeigen, ob das Land die durch Wiedervereinigung und Zusammenwachsen Europas gegebenen Möglichkeiten zu einem neuen Aufbruch nutzen kann.

Literaturhinweise

Baring, Arnulf: Scheitert Deutschland? Abschied von unseren Wunschwelten. Stuttgart [3]1997.

Czada, Roland / Wollmann, Hellmut (Hrsg.): Von der Bonner zur Berliner Republik. 10 Jahre deutsche Einheit. Wiesbaden 2000.

Dettke, Dieter (Hrsg.): The Spirit of the Berlin Republic. New York 2003.

Fischer, Joschka: Die Rückkehr der Geschichte. Die Welt nach dem 11. September und die Erneuerung des Westens. Köln 2005.

Geyer, Matthias / Kurbjuweit, Dirk / Schnibben, Cordt: Operation Rot-Grün. Geschichte eines politischen Abenteuers. München 2005.

Gross, Johannes: Begründung der Berliner Republik. Deutschland am Ende des 20. Jahrhunderts. Stuttgart 1995.

Hennecke, Hans Jörg: Die dritte Republik. Aufbruch und Ernüchterung. München 2003.

Hoffmann, Gunter: Abschiede, Anfänge. Die Bundesrepublik – Eine Anatomie. München 2002.

Jarausch, Konrad H.: Die unverhoffte Einheit 1989–1990. Frankfurt a. M. 1995.

– Die Umkehr. Deutsche Wandlungen 1945–1995. München 2004.

Kitschelt, Herbert / Streeck, Wolfgang (Hrsg.): Germany Beyond the Stable State. London 2004.

Kocka, Jürgen: Die Vereinigungskrise. Zur Geschichte der Gegenwart. Göttingen 1995.

Kohl, Helmut: »Ich wollte Deutschlands Einheit«. Dargest. von Kai Dieckmann und Ralf Georg Reuth. Berlin 1996.

Nolte, Paul: Generation Reform. Jenseits der blockierten Republik. München 2004.

Süß, Werner (Hrsg.): Deutschland in den neunziger Jahren. Politik und Gesellschaft zwischen Wiedervereinigung und Globalisierung. Opladen 2002.

Weidenfeld, Werner / Korte, Karl-Rudolf (Hrsg.): Handbuch zur deutschen Einheit: 1949–1989–1999. Aktual. und erw. Neuausg. Frankfurt a. M. 1999. (Schriftenreihe der Bundeszentrale für Politische Bildung. 363.)

Verzeichnis der Karten

401 Die Besatzungszonen. Aus: Ebd. Bd. 4: Politik, Gesellschaft, Wirtschaft im 20. Jahrhundert. Tl. 2: Von 1945 bis zur Gegenwart. Bearb. von Bernard Willms. Ebd. 1986. S. 13. – Mit Genehmigung des Verlags Ferdinand Schöningh, Paderborn.

416 Die beiden deutschen Staaten. Aus: Ploetz. Deutsche Geschichte. Epochen und Daten. Hrsg. von Werner Conze und Volker Hentschel. Mit einer Einf. von Carlo Schmid. 3., aktual. Aufl. Freiburg i. Br. / Würzburg: Ploetz, 1983. S. [313]. – Mit Genehmigung des Verlags Ploetz, Freiburg/Würzburg.

Namenregister

Das Register enthält sämtliche in den Beiträgen vorkommenden Personennamen, von den Ortsnamen wurden nur jene aufgenommen, die mit einem bedeutenden historischen Ereignis verknüpft sind. Die Nationalität »deutsch« wird in der Regel nicht verzeichnet. Der Königstitel bezieht sich auf die Krone im ostfränkischen bzw. deutschen Reich, falls keine weiteren Zusätze angeführt sind.

Die genealogischen Tafeln wurden nicht berücksichtigt.